내가 만난 루만

Observing Luhmann

내가 만난 루만

한국사회체계이론학회 엮음

노진철 · 이철 · 스벤 쾨르너 · 김성재 · 박충식 ·
송형석 · 김미경 · 서송석 · 전동열 · 유승무 ·
전철 · 강희원 · 안성준 · 유근춘 지음

한울
아카데미

차례

제2부 각 학문 분과에서 본 루만

발간사

왜 우리가 다시 니클라스 루만(Niklas Luhmann, 1927~1998)에 관심을 가지는가? 그것은 현대사회가 직면하고 있는 문제들에 대한 이론적 기술을 더 이상 사회학에서 찾아볼 수 없기 때문이며, 그 난제들을 해결하는 데 루만의 자기준거적 체계이론이 타당성을 증명하고 있기 때문이다. 그동안 사회학에는 환경문제, 인권문제, 성문제 등에 대한 이론적 기술이 없었다. 개인을 둘러싼 문제도 마찬가지다. 치료할 필요성이 갈수록 높아지는 사회 영역들 전체 또는 여타 문제들에 대한 이론적 기술이 보이지 않는다. 지난 수십 년 동안 현대사회에서 진행된 급진적 변화에 접하여 사회학자들은 대체로 카를 마르크스나 막스 베버, 에밀 뒤르켐, 게오르그 짐멜, 조지 허버트 미드 등 고전학자들을 다시 소환하여 재해석하는 방식으로 폐쇄적이고 보수적인 이론적 기술을 시도하고 있다. 고전학자들이 사회학의 태동에 결정적 역할을 한 것은 당시 급진적이던 분과 과학들의 지적 성과물을 적극적으로 수용해 이론적 기술을 시도했던 데 있다. 그러나 현재 사회학자들이 최근의 문제들을 과거 시대의 낡은 문제의식에 기초해 기술하는 시도들은 이미 태생적인 한계를 안고 있다. 그것은 다른 분과 과학들이 사회학적 연구에 주목하는 일이 현저히 줄어드는 것으로 나타난다. 사회학이 과거 회귀적으로 작동하며 진부한 주제에 매여 있는 것과 달리, 다른 분과 과학들은 놀라울 만큼 급진적인 지적 발전을 이루어내고 있다. 양자물리학, 비평형 열역학, 인공두뇌학(Cybernetics), 인지 생물학, 뇌과학, 대수학, 소통이론, 정보이론 등이 컴퓨터와 인터넷의 발전을 통해 자극을 받으며 사상의 원천이나 개념적 경험이 고전학자들과는 전혀 다른 유형의 지적 산출물을 만들어내고 있다.

사회학은 어떻게 이런 막다른 골목에 서게 된 것인가? 우리가 현존하는 사회를 현대적(modern)이라고 표현하는 것은 이전 사회와 다르다는 것을 전제로 하기에 그렇게 한다. 마르크스와 베버는 각자 자신이 살던 시대를 이전 사회들과 비교해 진단했다. 그들의 진단은 신분제를 기반으로 했던 농업사회가 현대화의 물결에 의해 해체되면서 산업사회가 본격적으로 형성되던 19세기에 맞춰져 있었다. 그러나 현대사회는 지난 수십 년 동안 급격하게 변화했고, 지금도 지속적으로 변화하고 있다. 현대적과 전통적의 구별로는 이 두 사회의 차이가 어디에 있는지 알 수 없다. 우리가 현대사회를 과거의 유교적 신분사회나 구(舊)유럽적 귀족사회 혹은 계급사회와 단순 비교해서는 현대사회의 특수성이 무엇인지를 알 수 없다. 교통수단의 대중화나 대중매체의 확산, 정보기술의 발전, 세계시장의 형성, 국제 정치의 증가 등은 산업사회의 형식과 민족국가의 경계를 무너뜨리고 있다. 지구적으로 진행되는 현대화 과정은 직선적으로 진행되는 것이 아니라 분명한 목적도 없이 역설에 빠져 있다. 물론 이러한 변화를 기술하기 위해 다수 사회학자들이 다양한 사회과학적 시도들과 설명들을 제시하고 있다. 그러나 그들은 사회를 바라보는 다양한 층위에서 자신의 관점과 질문을 제시하고, 그에 따라 서로 다른 대답과 개념에 도달할 뿐이다. 사회는 이제 과거의 주어진 것이 아니라 현재의 조건 아래 역동적으로 작동하고 있다. 누구도 미래가 어떻게 될지 알 수 없다. 사회가 어디로 나아가는지 아무도 알지 못한다. 그런데 어느 순간부터 사회는 사회학자들의 시야에서 벗어나 있다. 사회학자들은 더 이상 사회에 대해서, 즉 사회의 동일성에 대해서 말하지 않는다. 이들과 달리 루만은 일찍이 홉스가 던졌던 질문인 "사회질서가 어떻게 가능한가?"를 사회학계의 핵심 질문으로 다시 소환한다. 현대사회는 이전 사회와 달리 매우 복잡한데도 "사회가 어떻게 가능한가?"라고 묻는다.

루만은 현대사회의 자기기술을 관찰하기 위해서는 우선 사회학의 이론 속에 배태되어 있는 몇 가지 인식론적 장애를 극복해야 한다고 보았다. 루만은 '인간', '주체', '자연' 개념이나 구유럽적 '세계' 관념처럼 이미 친숙해 있어서 실제 통제할 수 없는 전통적 개념들의 영향력에서 벗어나라고 말한다. 우선 그는 사회가 인간들로 구성되어 있다는 구유럽적 전제로부터 벗어날 것을 요구한다. 고전학자들도 이것을 알고 있었지만 개인과 사회의 관계에서 개인, 행위이론에서 행위자 등으로 유보 개념을 구축했다. 사회가 인간적이어야 한다는 인본주의적 관념을 버리지 못한 것이다. 그러나 사회를 인간 또는 주체의 의도나 행위자의 행위로 환원하는 경우, 우리는 생물학과 심리학의 발달에 따라 인간의 정체성인 인물은 인간의 몸이나 인간의 의식과 전혀 다른 규정을 갖는다는 사실로 인해 곤란에 부딪힌다. 인물로서의 인간이 몸으로서의 인간이나 의식으로서의 인간과 다르다는 것을 인정했을 때 우리는 인간의 더 많은 가능성을 관찰할 수 있다. 나아가 루만은 사회가 지역적인 경계를 갖는다는 생각을 버릴 것을 요구한다. 한국이 일본이나 중국, 미국 혹은 독일과는 다른 사회라는 생각, 민주화 이후의 한국은 민주화 이전과는 다른 사회라는 생각, 한술 더 떠 문재인 정권의 한국은 이명박·박근혜 정권과는 다른 사회라는 생각은 각각의 개별 사회를 이루는 다수의 사회들을 어떻게 다시 사회로서 파악할 수 있는가 하는 인식론적 문제를 안고 있다. 컴퓨터·인터넷 등 확산 매체의 발전이 낳은 사회구조의 변동은 이미 소통의 연결을 지역적 경계를 넘어 확장하고 있다. 그래서 루만은 기능적으로 분화된 현대사회가 세계사회일 수밖에 없다고 주장한다. 구체적인 연구 영역에서 국가 간 차이가 관찰된다면, 그것은 기능체계들의 작동이 다른 사태들을 야기하는 고유한 구조적 특징들이 '같은/다른'의 관점에서 비교될 경우이다. 마지막으로 루만은 사회가 연구될 수 있는 대상이며 사회학자가 대상의 바깥에 있다는 생각을 버릴 것을 요구한다. 사회학자가 주체로서 대상인 사회를 객관적으로 연구할 수 있다는 경험 연구에 내재하는 고전적인 주체-객체의 차이는 사회학이 사회 안에서 표현되고 소통, 언어, 과학적으로 확립된 입증 수단을 사용하며 다양한 제도에 의존하고 있다는 사실적 근거나, 자신의 대상 영역에서 실행하는 분석으로부터 자신을 분리시킬 수 없다는 인식론적 어려움에 빠지게 한다. 궁극적으로 주체-객체의 차이 배제는 '사회가 더 좋아질 수 있다'는 규범적 기대를 버리게 한다. 사회를 연구할 때 사회가 원래 어떠해야 할지를 확정하려는 생각은 버려야 한다. 실재는 대개 불투명하고, 어떤 것도 존재하지 않는 것을 이상화해도 좋을 만큼 규범적 설득력을 갖지는 않기 때문이다.

루만은 지식인들에게 무의식적으로 각인되어 있는 이들 개념이나 세계 관념들을 의미론의 맥락에서 계몽주의 시대의 역사적인 구성 요소로 자리매김할 때만 그 영향력에서 벗어날 수 있다고 확신한다. 그는 앞서 언급한 인식론적 장애들을 회피하기 위해서 사회를 분석 대상으로 하는 이론이 아니라 체계와 환경의 차이 이론인 체계이론을 선택하기로 결정한다. 그러나 그것은 사회학의 자기성찰을 요구하는 것이어서 일부 사회학자들이 루만의 일반체계이론과 대화하기보다 거부감을 드러내는 배경이 된다. 이것은 동시에 사회학이 20세기 동안 다른 분과 과학들에서 발전된 지적 성과물들을 초학제적으로 도입하는 시도로 귀결된다. 애초에 체계이론에서 개별 분과 과학들을 초월하는 학제 간 이론 구성의 가능성을 본 사회학자는 탤컷 파슨스(Talcott Parsons)였다. 그러나 그의 구조기능주의 이론은 사이버네틱적 사고와 접목을 시도하는 와중에 사회가 존속하기 위해 필요한 조건들의 목록을, 그가 사회이론의 대상으로 즉흥적으로 상정한 경제, 정치, 가족, 종교 등의 영역과 기본적인 가치들까지도 포함하는 AGIL-도식으로 구성하면서 난관에 봉착했다. 그와 더불어 이미 특정한 체계 구조를 가진 대상이 존재한다는 가정에 의해 개념적 작업이 제한되는 문제가 발생했다. 구조 자체의 기능에 대한 물음이 아무 의미가 없게 되었고, 사회질서의 전제 조건, 변수 같은 개념들이나 방법론적 도구들 전체를 다시 세분화하는 작업도 의미가 없어졌다. 게다가 구조기능주의는 '현상 유지(status quo)' 지향이라는 비판에 부딪혔고, 또 현대사회에 대한 비판이 불가능하리라는 이데올로기적 혐의까지 받으면서 사회학자들의 관심으로부터 멀어졌다. 1980년대에 들어서면서 체계이론은 완전히 한물간 이론으로 취급되었다.

물론 지식인들이 구조기능주의를 거부하고 그보다 훨씬 더 극단적이고 비판적인 사회이론을 선호한 것은 납득할 만한 충분한 이유가 있었다. 제2차 세계대전 이후 사회가 정상화되면서, 구조기능주의는 현대사회의 전반적인 구조에 상황의 개선 가능성이 내재해 있다는 신념에 의해 지배되었다. 그러나 20세기 후반 개발도상국들은 한국을 비롯한 몇몇 신흥공업국들의 성공 사례를 예외로 한다면 대부분 현대화에 실패했고, 시간이 갈수록 빈곤과 황폐화가 심화되는 현실에 처했다. 그리하여 '자본주의'라는 표제어 아래 현대사회의 구조가 분배 질서의 정의와 모든 인간의 포용이라는 사회 진보를 불가능하게 만드는 요인을 내재하고 있는 것이 아닌가 하는 의혹이 제기되었다. 선진국조차 계급 문제에서 벗어나지 못하고, 갈수록 부의 불평등한 분배가 심화되고 있다. 코로나19 팬데믹으로 빈부격차는 지구 전역에서 더 확대되고 있다. 복지국가의 한계가 드러나면서 이런 상황의 개선을 위해서는 엄청난 비용이 소요되거나 상황 개선이 전혀 불가능한 주변 영역을 수반할 수밖에 없다는 사실이 갈수록 분명해지고 있다. 또한 한국을 비롯한 다수 개발도상국에서 민주화가 이루어졌지만, 민주주의는 여당과 야당이 절차적 정당성을 놓고 다투는 정당민주주의로 변질되어 있다. 정당민주주의는 실제로 정치체계에 가해지는 모든 자극을 정책으로 전환하는 능력을 갖고 있지 않다. 이런 측면을 간과하는 체계이론적 접근은 기존의 지배 상태를 반복·개선하고 합리화하려는 의도를 가진 현대성 기획의 기술공학적 도구쯤으로 여겨졌다. 그렇게 된 데는 이유가 없는 것이 아니었다. 구조기능주의적 체계이론은 사회질서, 즉 체계 유지를 위한 명확한 기준을 제시하지 못한다는 이론적 약점을 내재하고 있었고, 이러한 현대사회의 부정적 속성을 폭로하는 비판적 이론에 대한 지식인들의 수요가 있었다. 후자는 마르크스주의적 사고를 원용한 비판이론에 의해 충족되는 것처럼 보였다. 그러나 그것은 고전학자들의 이론 구상에 의존해 일탈 및 역기능과 관련된 영역이나 구조적 모순, 가치 갈등을 처리하는 이론에 머무르는 한계를 보였다.

루만은 구조기능주의의 한계를 인정하고, 그러면서도 다른 분과 과학 간 장벽을 넘어 초학제적인 일반이론을 구성하기 위해서는 체계이론을 선택할 수밖에 없음을 명확히 한다. 체계이론이 이미 과학 분야에서 확실한 이론적 지위를 확보하고 있음은 적어도 1950년대 이후 사회학뿐만 아니라 경제학, 정치학, 법학, 교육학, 종교학, 심리학, 물리학, 화학, 생리학과 그 밖의 분과 과학들도 각자 그들의 대상을 체계로 간주하는 데서 드러난다. 이런 맥락에서 체계이론은 이미 특정 분과 과학의 경계를 뛰어넘어 다양한 사고를 집약하고 결합할 수 있는 토대를 갖추고 있다. 나아가 상호작용과 조직, 사회의 기능체계들(경제, 정치, 법, 과학, 교육, 종교, 예술, 대중매체, 스포츠, 사회운동 등)을 모두 사회적 체계로 다루는 체계이론의 구상은 최근까지 사회학이 이들을 아우르는 거대이론을 갖추지 못한 한계를 극복할 수 있음을 의미한다. 끝으로 루만은 다른 분과 과학들의 체계이론적 인식을 고찰하면서 자기준거적 체계이론의 개념들이 소통에 기반한 사회적 체계뿐만 아니라 의식에 기반한 심리적 체계, 생명(삶)에 기반한 생물학적 체계에 대해서도 타당하다는 보편성 주장을 한다. 이런 맥락에서 소통 개념은 의식을 전제하고 몸도 전제하며 몸의 지속적인 삶을 위해 필요한 모든 것을 전제한다. 개인은 어떤 식으로든 소통 그 자체 안에 들어 있게 된다. 그는 일반체계이론이 현실의 모든 영역을 포괄하고 있음을 『사회적 체계들: 일반 이론의 개요』에서 패러다임 전환이라는 이론 틀의 변화를 통해 보여주고자 한다. 루만의 원대한 거대이론 구상이 타당하다는 것은 이 책에 실려 있는 다양한 영역 전문가들의 논문이 일반 이론으로서 가지는 자기준거적 체계이론의 보편성과 각 분과 과학에서 난제들의 해결 방식을 보여주는 것으로 입증하고 있다.

파슨스가 사회학 외부에서 오는 이론적 자극들을 행위이론과 체계이론을 결합하는 체계/환경의 차이 패러다임에 의해 AGIL의 교차 도식화 기술로 구축하는 분석적 실재론의 이론 기획을 보였다면, 루만은 – 수학적 사고나 심리학적 사고일 수도 있고, 생물학적이거나 인식론적 또는 사이버네틱적 사고일 수도 있고, 아니면 또 다른 분과 과학에서 연원할 수도 있는 ― 개별 분과 과학들의 경계를 초월하는 초학제적 이론 구상을 소통이론과 체계이론을 결합하는 정체성과 차이의 차이 패러다임에 의해 순환적인 자기준거의 이론 기획을 제시한다. 여기서 루만은 의미 개념을 체계 자신이 각각 자기준거적 체계들로 재생산되는 소통체계나 의식체계의 자기준거적 작동의 일반 매체로 볼 것을 제안한다. 이에 따라 행위는 기초적 개념에서 배제된다. 그는 사람들이 대상에 대해 잘 모를 때 소통 ― 하버마스가 소통에서 화자와 청자 간 정보의 전달을 상정한 것과 달리 루만은 대리인(agent) 또는 기관에 의한 정보와 통지, 이해 각각의 선택들의 종합으로 파악 ― 이 일어난다는 전제에서 출발한다. 이에 따르면 소통으로서 실현되지 않은 것은 사회로서 실현되지 않은 것이다. 이에 상응하게 사회이론의 이론적 기술 대상은 상호작용과 조직, 사회의 기능체계들을 포괄하는 모든 사회적 체계의 작동 방식으로서의 소통, 역사적으로 언어에서 문자를 거쳐 책 인쇄, 최근의 전자매체에 이르는 특정한 소통 형식과 매체, 또한 고대 부족사회로부터 텔레비전과 컴퓨터·인터넷으로 연결된 세계사회에까지 이르는 소통의 진화를 포함한다. 사회적 체계가 사물이나 행위가 아니라 체계의 관점에서 환경과의 차이를 '자기준거적으로' 만들어내는 소통의 작동으로 구성된다는 자기준거 구상은 의식의 자기준거적 작동인 심리적 체계와 생명의 자기준거적 작동인 유기체에도 타당한 것이어서 인간 범주에 기반하는 세 가지 체계의 공진화를 이론적으로 기술하는 데까지 이른다. 이처럼 체계이론과 소통이론, 진화이론으로 짜인 일반체계이론의 구조는 루만의 체계이론을 처음 접하는 사람들에게 매우 복잡하다는 인상을 주기에 충분하다.

나아가 자기준거적 체계이론은 사회학이 태동기부터 안고 있던 이론적 딜레마들, 즉 거시와 미시의 관점 차이, 구조와 요소 작동(행위, 사건)의 관점 차이, 구조와 과정의 관점 차이, 합의와 갈등(이의)의 관점 차이 등에서 오는 딜레마를 동일한 유형의 작동들, 즉 소통체계 형성의 세 가지 분석 층위인 요소 층위와 과정(구조) 층위, 체계 층위로 구별함으로써 해결한다. 그것은 소통의 자기준거적 작동이 세 가지 층위 각각에서 진행된다는 이론 구상에 기반해 체계의 두 번째 핵심 활동인 관찰에 대한 언급에 이른다. 루만은 실증과학에서의 기본적인 연구 방법인 관찰 형식을 질적·양적의 전통적 구별에서 분리해서 대수학자인 조지 스펜서-브라운(George Spencer-Brown)을 인용해 '구별과 지시'라는 용어로 표현한다. 관찰에서도 체계와 환경의 차이는 핵심이다. 이에 따르면 체계는 관찰을 수행할 때 자신의 체계/환경-경계를 자기 내부에 복제하고, 이 경계를 자신의 관찰(구별과 지시)의 토대로서 사용한다는 것이다. 또한 루만은 이것을 스펜서-브라운의 재투입(reentry) 개념을 차용해 체계와 환경의 차이가 체계가 생산한 차이로, 그리고 체계 안에서 관찰된 차이로 두 번 나타난다며 자기준거와 타자준거라고 부른다. 요약하면, 체계는 체계와 환경의 차이에서 자기준거적으로 작동하고, 그리고 체계와 환경의 차이를 체계 안으로 재투입함으로써 모든 관찰의 토대로서 자기준거와 타자준거의 구별을 사용한다. 모든 체계가 환경에서 관찰하는 것은 자기 자신(자기준거)과는 다른 모든 것(타자준거)이다. 우리는 미국의 코로나 위기 대응의 실패를 TV 뉴스 보도로 접하면서 한국이 위기 대응에 어떻게 성공한 것인지를 헤아리게 된다. 이 자기관찰이 텍스트로 이루어지면 자기기술이 일어난다. 체계 형성의 모든 층위의 사회적 의미 차원에서 자기관찰과 자기기술이 일어난다. 루만은 무엇보다 과학체계가 사회의 자기관찰을 과제로 삼는 기능체계라고 본다. 사회학의 과제는 사회의 지속적인 자기관찰에 기여하며 현대사회의 자기기술을 제공하는 데 있다. 사회학 논문은 사회의 자기관찰을 기초적 개념들로 처리하는 기초적 자기준거로 인해 일상의 지식 획득과는 구별된다. 그리고 각종 학술지 혹은 전문 저서의 형식으로 발표된 지식들이 진리인가 허위인가는 이론과 방법론을 통해 재귀적으로 스스로 구별 짓는다. 상호작용 층위에서 진리와 허위의 약호에 의한 과학적 토론이 일어나면서, 이와 동시에 조직 층위에서 대학과 연구기관, 학회의 고유한 활동, 출판사의 출판, 저널의 투고 등을 통해 과학적 지식의 소통에 대한 기대(구조)와 그 기대된(구조화된) 진리 매체에 대한 기대, 즉 과학의 재귀성이 작동하고, 나아가 체계 층위에서 환경에 속하는 경제, 정치, 법(규범), 교육, 종교 등 다른 기능체계들 혹은 사회나 자연과 구별되는 과학의 동일성에 대한 자기관찰인 성찰이 때때로 일어난다.

루만의 체계이론이 개별 분과 과학들의 경계를 초월하는 초학제적 이론이라고 해서 모든 자연과학과 사회과학을 통합한 지식체계라는 뜻은 아니다. 루만의 사회이론은 사회에 대한 이론으로서 사회학에 속한다. 그리고 사회학은 앎의 문제나 우주의 근원을 탐구하는 철학에 속하는 것이 아니라 진리와 허위의 약호에 의해 작동하는 과학에 속한다. 그런 점에서 사회학은 과학의 한 분과로서 자신이 생성되는 사회를 연구하고 기술하면서, 또한 이러한 방법으로 스스로를 생성하고 있다. 다시 말해서, 루만의 사회이론은 사회의 기술이자 사회의 한 부분으로서 자기기술이다. 그러므로 사회이론은 그것이 분석하는 대상의 생산에 기여하고, 특히 대상의 생산이 곧 대상의 일부이기 때문에 이 대상을 변화시킨다. 사회이론은 정치적 영향이나 경제적 영향과 같은 외부의 영향과 상관없이 사회를 변화시킨다.

루만의 이론서들을 읽으면서 독자들이 가지는 어려움은 많은 개념이 그의 자기준거적 체계이론이 발전하는 데 따라 수정을 거듭해 온 데 있다. 그가 1984년에 출간된 『사회학적 체계들』에서 이전의 무수한 이론적 작업들을 습작에 지나지 않는 것으로 치부해 버렸던 것은 그의 점진적인 작업 방식의 단면을 보여주는 것이다. 물론 루만은 파슨스가 구축한 체계이론 구상에서 발원하는 체계이론의 기본 틀과 일반적인 개념들을 결코 포기하지는 않았다. 그런 점에서 루만 사상의 긴 역사를 재구성하는 것은 문헌사적 연구로서의 의의는 있다. 그러나 그는 사회학 밖의 다른 분과 과학들에서 이론적 지식이 발전하는 데 따라 새로운 개념들을 추가했으며, 그것들을 오래된 사회학적 기초 개념들과 통합시키는 작업을 계속했다. 1993년 정년 퇴임한 후에도 그는 체계이론의 기본 골격을 명확히 정립하는 작업을 계속했고, 그에 상응하게 체계이론의 개념들이 갱신을 거듭했다. 사회의 기능체계들에 대한 이론서는 『사회의 경제』(1988), 『사회의 과학』(1990), 『사회의 법』(1993), 『사회의 예술』(1995), 『대중매체의 실재』(1996)를 거쳐 혈액암으로 사망하기 직전에 사회이론의 최종 버전인 『사회의 사회』(1997)가 출간된다. 그리고 사후에 『사회의 정치』(2000), 『사회의 종교』(2000), 『사회의 교육』(2002), 『사회의 도덕』(2008) 순으로 출간된다. 이처럼 사후에 기능체계들에 대한 이론서의 지속적인 출간이 가능했던 것은 루만의 작업 방식이 여러 체계 영역들을 동시에 집필하면서 수십 년의 오랜 기간을 두고 장의 주제로 선택된 주요 개념들을 장의 배열을 바꿔가며 시험적 기술을 시도하거나 다른 분과 과학으로부터 도입된 지적 성과물들을 통해 그때그때 수정과 재수정을 거듭하다가 적절한 시기에 특정 기능체계에 대해 집중적으로 집필해 출판하던 데서 기인한다. 따라서 핵심 요소들이 정식화된 최종 버전인 『사회의 사회』와 일련의 '사회의 기능체계' 시리즈는 루만이 찾은 해결안의 가장 정확한 버전이 된다. 그 이전의 400여 편의 논문들은 그 습작인 셈이다.

루만의 체계이론의 복잡성은 현대사회의 복잡성을 반영한 어쩔 수 없는 결과이지만, 독자의 배경과 전문지식에 상관없이 루만 이론을 수용하려는 모든 독자에게 도전이다. 바로 이 도전이 사회의 다양한 영역에 대한 분석과 성찰의 큰 기회를 열어준다. 이 책은 인문학자, 사회학자, 경제학자, 정치학자, 법학자, 행정학자, 종교학자, 신학자, 언론학자, 인공지능학자, 스포츠학자, 여성학자 등 열네 분의 학자들이 2016년 6월 한국사회체계이론학회의 출범과 함께 진행된 '루만위크'에서 발표한 글들의 모음집이다. 집필자들은 각자 자기 전공 영역에서 루만의 체계이론을 만나 자신이 어떤 도전을 받았고 어떻게 응전했는지를 기술하고 있다. 필자는 루만을 석사과정과 박사과정의 지도교수로 만난 인연으로 서론을 맡았다. 돌이켜보면 사회학자로서의 필자의 삶 전체가 루만과 관련이 있다고 해도 과언이 아니다. 필자가 받은 도전에 대한 응전은 『환경과 사회』(한울, 2001), 『불확실성 시대의 위험사회학』(한울, 2010), 『불확실성 시대의 신뢰와 불신』(한울, 2014) 등의 다수의 논문에서 관찰할 수 있다. 집필자들의 초대에 응한 독자들은 자신이 속해 있는 전공 영역의 폐쇄적인 낡은 지식체계에서 벗어나 새로운 초학제적인 지식체계로 이행하는 경험을 할 수 있을 것이다. 우리 집필자들은 이 책에서 루만의 체계이론을 알아가면서 선입견에서 오는 의혹과 기존에 알던 지식과의 충돌로부터 받는 혼돈의 고통을 거쳐 진리에 도달하는 감동, 즉 “시작은 미약하였으나 그 끝은 심히 창대하리라(욥기 8장 7절)”는 말씀이 주는 벅찬 감동을 경험했음을 고백한다. 독자들도 이 책을 안내서로 해서 그 감동을 경험할 수 있기를 기대한다.

2021년 3월

노진철

서론

서구 중심의 패러다임을 버려라!
그리고 대상 영역을 사회 전체로 확장하라!

노진철 | 경북대학교 사회학과

1. 루만과의 우연한 만남

독일 빌레펠트(Bielefeld) 대학교로 유학을 떠난 것은 5·18 민주화운동이 일어났던 해 가을이었다. 박정희 대통령이 저격 사망한 후 민주화가 곧 도래할 것처럼 들떠 있던 '서울의 봄'은 공수특전단이 5·18 민주화운동을 무력으로 진압하면서 무참하게 짓밟혔고, 신군부 세력은 허수아비 대통령으로 앉혀 놓았던 최규하를 내쫓고 1980년 8월 27일 통일주체국민회의를 동원해 보안사령관이던 육군 소장 전두환을 제11대 대통령으로 선출하는 방식으로 재집권했다. 당시 학원가의 분위기는 군부의 재집권을 지켜보면서 현실 인식의 결여에 대한 자괴감과 무력감이 지배했다. 재야 세력과 학생운동권은 민주화의 기대가 총검으로 스러져가는 것을 속수무책으로 지켜봐야 했다. 또한 신군부의 전위기구인 '국가보위비상대책위원회'에 명망 있는 대학교수와 종교계, 언론계 인사들이 다수 참여해 시민들의 민주화 요구를 무력화시킨 행태는 이 땅의 지식인에 대한 강한 배신감과 실망을 안겼다. 미래가 암울한 상황에서 그 돌파구가 유학이었다.

군사정부가 유학 시험, 사상 검증 등으로 유학을 엄격히 통제했기 때문에 당시 유럽에는 한국 유학생이 많지 않았다. 왕복 비행기 가격이 웬만한 집 한 채

값과 맞먹던 시절이라 박사학위를 받기 이전에 한국에 들어오는 것은 꿈도 못 꿨다. 그래서 방학 기간 중에 대학 기숙사비를 더 올려 받는 영국과 프랑스의 유학생들은 여행 삼아 독일을 방문하곤 했다. 이들과 독일의 유학생들이 한데 모이는 '범유럽사회과학자학술대회'가 서너 차례 독일에서 개최되었다. 그해 겨울에는 빌레펠트 대학교에 있던 한상진, 이각범, 최재현 선배의 수고로 인근 파더본(Paderborn)에서 학회가 열렸다. 베를린 대학교에서 송두율, 박호성, 손영원, 프랑크푸르트 대학교에서 전태국, 괴팅겐(Göttingen) 대학교에서 이삼열, 김조년, 뮌스터(Münster) 대학교에서 박영은, 마르부르크(Marburg) 대학교에서 이종오, 정범구, 보훔(Bochum) 대학교에서 정현백, 벨기에 루뱅(Leuven) 대학교에서 정운영, 프랑스 사회과학고등연구원에서 정수복, 영국에서 이름이 기억나지 않는 몇몇 분 등 20여 명의 선배들이 유럽 각지에서 찾아왔다. 모두들 열정이 대단해서 이틀간 밤새워 토론이 진행되었다. 선배들은 5·18 민주화운동 이후 한국의 정치적 상황의 변화에 대해 듣고 싶어 했지만, 신군부 세력에 의해 보도 통제가 엄격히 이루어지던 상황에서 필자가 전해 줄 것은 별로 없었다. 광주 시민의 무력항쟁과 군부의 잔혹한 학살에 대한 얘기는 선배들로부터 전해 듣는 것이 더 많았다.

유학 생활은 정신없이 흘러갔다. 빌레펠트 대학교에서 마르크스주의 학자들이 개설한 강좌를 열심히 찾아 다녔지만, 마르크스주의는 한국 사회에 대한 설득력 있는 이론을 기대하던 젊은 유학생의 기대에 미치지 못했다. 그들에게서 배운 것은 카를 마르크스(Karl Marx)의 저작을 19세기 유럽 사회를 관찰했던 하나의 가설로 간주해 일정한 과학적 거리 두기를 유지하는 과학적 태도였다. 독일 마르크스주의의 최후 보루였던 마르부르크 대학교에서 몇 달을 보냈다. 마르부르크 대학교는 로자 룩셈부르크(Rosa Luxemburg), 한나 아렌트(Hanna Arendt) 등이 수학했던 대학으로 그때도 프랑크 데페(Frank Deppe), 디터 보리스(Dieter Boris) 등을 중심으로 마르크스주의연구회(Marxistischer Arbeitskreis)가 마르크스주의의 마지막 명맥을 잇고 있었다. 거기서 마르크스주의 연구를 계속할 것인지에 대한 고민을 하게 되었다. 150여 년 전에 쓰인 마르크스의 텍스트를 벗어나지 못하는 수업 내용이나 토론이 현실과 동떨어진 채 겉돈다는 생각을 지울 수 없었다. 20세기 세계 지도를 양분하던 거대 이념인 마르크스주의는 유럽에서 68혁명의 실패, 탈소련적 성격이 강한 유로커뮤니즘(Euro-Communism)의 등장, 신중간계급의 성장, 개인주의의 강화 등으로 인해 이미 하향길에 접어들어 있었다. 비록 유학생 사이에 마르크스주의에 근거해 강대국과 저소득국 간의 글로벌 불평등을 설명한 종속이론에 대한 관심이 증대하고는 있었지만 한국, 대만, 싱가포르 등 신흥공업국의 등장이 그 이론의 한계를 여실히 보여주는 상황에서 종속이론을 공부한다는 것은 무의미했다.

범유럽사회과학자학술대회(1981)

그러던 차에 루만 교수가 1년 동안의 연구년을 마치고 1984년 여름학기에 빌레펠트 대학교로 돌아와 세미나를 재개했다. 그는 평생 처음이자 마지막으로 독일연구재단(DFG)으로부터 연구비를 받아 연구에만 전념하는 연구년을 보냈다. 그 1년 동안에 그는 소통의 자기준거적 재생산을 — 요소 수준에서 기초적 자기준거, 과정 수준에서 재귀성, 체계 수준에서 성찰로 — 체계화한 자신의 재귀적 기제 구상을 신경생리학자인 움베르토 마투라나(Humberto Maturana)의 자기생산(autopoiesis) 개념과 수학자인 조지 스펜서 브라운(G. Spencer-Brown)의 형식 법칙(Laws of Form)에 접목해 사회적 체계의 일반 이론으로 집대성했다. 그의 세미나는 구서구의 계몽주의 이래 발전된 고전사상과 고전사회학적 지식에 기초하면서도 그것을 지양하는 과학적 지식 전체에 대한 열린 태도를 요구했다. 마르크스주의 관련 수업이 마르크스의 텍스트만 공부하면 충분했던 데 비해, 그의 세미나는 구서구의 형이상학적 전통에 대한 깊은 이해와 20세기 일부 자연과학과 컴퓨터공학에

다. 세미나는 최근 연구 작업의 주요 내용을 피력하고 토론하는 방식으로 진행했다. 강의실을 서성이면서 말을 한다거나 칠판에 판서하는 일 같은 것은 없었다. 옅은 회색 조끼 위에 짙은 회색 모직 재킷과 회색 바지를 입은 단조로운 모습으로 당신 자리에 앉아 강론하는 모습은 한 번도 바뀐 적이 없었다. 문어체 형식의 어투가 세 시간 동안 높낮이 없는 빠른 말투로 이어졌다. 가끔가다 재치 있는 유머를 말할 때 빙긋이 얼굴에 웃음을 떠올리며 의자에 몸을 기대거나, 다른 사람의 말이 길어지면 턱을 오른쪽 손바닥이나 손등으로 괴고 듣는 버릇 이외에는 항상 절제된 태도를 유지했다. 세미나에는 때로 사회학뿐만 아니라 문학, 역사학, 철학, 그리고 정치학, 경제학, 법학, 과학 이론, 생물학 등 다른 과학 분야의 교수들도 동석했다. 교수들이 공동 콜로키움(colloquium)이 아닌 다른 교수 주관의 세미나에 참석하는 일은 흔치않은 것이었다.

루만의 세미나 중에서 가장 인상 깊었던 세미나는 마투라나와 공동으로 진행했던 1985년 겨울학기 세미나이다. 루만이 누군가와 공동으로 세미나를 진행한 것도 처음이었지만, 한 해 전에 두 사람은 각각 『사회적 체계들: 일반 이론의 기초』(1984/한길사, 2007)와 『지식의 나무: 인간 이해의 생물학적 기초』(1984/자작아카데미, 1995)를 출간한 상태였다. 따라서 세미나는 두 사람이 서로 이론적인 입장 차이를 확인하는 자리였다. 마투라나는 완고하게 자기생산은 살아 있는 체계에서만 작동하는 원리라는 생물학적 인지론의 입장을 고수했다. 그에 반해 루만은 자기생산의 원리를 의미에 기초한 사회적 체계와 심리적 체계까지 확장해 자기준거적 폐쇄성과 그로 인한 개방성을 역설했다. 결론적으로 말하면, 두 사람의 논쟁은 평행선을 달렸지만 유기체와 심리적 체계, 사회적 체계는 비록 기본적인 요소는 분자 요소, 사고, 소통 등으로 다르지만 자기준거적 생산의 작동 원리는 동일하며, 세 가지 체계들이 긴밀하게 구조적으로 연동되어 있음을 확인할 수 있었다.

루만은 1968년 빌레펠트 대학교 개교 당시 설립자인 헬무트 셸스키(Helmut Schelsky)에 의해 제1호 교수로 임명되었다. 그의 학제적 구상이 일개 학과의 규

Niklas Luhmann WS 1988/89

Politische Begriffe soziologisch interpretiert
Themenplan

1. Funktion der Politik
2. Politische Theorie und soziologische Analyse
3. Alteuropäische Tradition
   a) "Civic humanism" (J.G.A. Pocock, The Machiavellian Moment, 1975)
   b) "Civil religion"
4. Souveränität
5. Staat
   a) Staatsräson
   b) Staat und Frieden
   c) Codierung Regierende/Regierte
6. Verfassung
   a) Zur Entstehung des Konstitutionalismus: Dieter Grimm in: Akten des 26. Deutschen Rechtshistorikertags, Frankfurt 1987
7. Gewaltenteilung
8. Interessen
9. Repräsentation, Mehrheitsprinzip und Minderheitenschutz
10. Grundrechte, Grundwerte
11. Legitimation und Legitimation durch Verfahren
12. Rechtsstaat
13. Öffentliche Meinung
14. Demokratie
15. Politische Opposition
16. Politik und Verwaltung
17. Unvermeidbarkeit des Wohlfahrtsstaates
18. Recht und Geld – die einzigen Instrumente?
19. Individuen und ihre Ansprüche
20. Umweltkompetenzen
21. Politische Steuerung

1988/89 겨울학기 세미나 정치개념 강의계획서

모가 아니라 학장(Dekan)이 있는 사회학대학으로 구성되는 데 얼마나 영향을 미쳤는지는 분명하지 않다. 다만 사회학대학의 구성이 그의 과학적 이상에 근접한 형태로 이루어진 것만은 분명하다. 빌레펠트 대학교의 사회학대학은 정치학, 정치경제학, 문화인류학, 행정학, 사회심리학, 사회복지학, 신문방송학, 사회통계학 등을 포괄하고 있으며 교수만 120여 명에 이르는 세계 최대 규모의 사회학대학이다. 1989년 여름학기에 학생회가 루만 교수에게 일반 학생들을 위한 강의를 요청하는 대자보를 붙이는 일이 일어났다. 그 때문에 루만은 1989/1990년 겨울학기부터 정년퇴직하던 1992/1993년 겨울학기까지 '체계이론 입문', '사회이론 입문' 등의 강의를 150명 정도의 학생이 들어가는 계단강의실에서 두세 차례 실시했다. 강의 역시 강단의 교탁을 잡고 별도의 강의안 없이 메모를 들여다보며 생각의 흐름에 따라 자유롭게 진행했다. 앞의 두 강의는 사전에 녹음하기로 약속이 되어 있었고, 『체계이론 입문(Einführung in die Systemtheorie)』(2014)과 『사회이론 입문(Einführung in die Theorie der Gesellschaft)』(2015) 두 권의 책으로 출판되어 있다. 그만큼 루만의 강의는 그대로 글로 옮겨 출간해도 무방할 정도로 문어체에 가까운 구어를 구사했다.

2. 냉정한 현대에서 낭만인 루만

필자가 루만 교수에게 박사학위 논문의 지도교수(Doktorvater)가 되어 주십사 하는 부탁의 말씀을 드렸을 때, 그의 첫 반응은 한국 사회에 대해 잘 모르니 한국 사회를 분석 대상으로 한다면 지도하기 어렵다는 것이었다. 그래서 당신의 이론을 배워 한국 사회에 소개하고 싶다고 했다. 그는 한 가지 조건을 붙여 제자로 받아주었다. 그는 탤컷 파슨스(Talcott Parsons)를 끝으로 특정 이론을 학자의 이름과 함께 거명하는 과학적 관행은 사라졌다면서, 만일 내가 사회체계이론 연구자의 한 사람이 되고자 한다면, 학문하는 방법을 익히도록 도와줄 의향이 있다고 했다. 그는 학파의 형성에 대해 부정적인 시각을 가지고 있었다. 그 때문에 제자를 키우는 데도 적극적이지 않았다. 세미나 이외에 학생들과의 사적인 만남은 거의 없는 편이었다. 엘레나 에스포지토(Elena Esposito)가 박사학위를 받던 날 자신의 집에서 파티를 열었을 때도 루만은 초대에 응하지 않았다.

1986년 겨울 크리스마스이브에 루만 교수는 집에서 가족과 함께 하는 점심 식사에 우리 부부를 초대했다. 우리 부부는 당시 대학 주변에 있던 부부용 학생 기숙사에 살고 있었는데, 루만 교수는 11시에 손수 차를 몰아 우리 부부를 데려갔다 데려오는 수고를 마다하지 않았다. 그 전해에 치른 독일 친구의 결혼식에서 한복을 입고 들러리를 섰던 우리 부부는 그때 독일 사람들의 호응이 좋았던 기억을 떠올려 한복 차림으로 초대에 응했다. 차가 비탈길을 올라 웰링하우젠 시내로 들어서자 그는 맏아들이 리모델링해 되팔아 큰 수입을 올렸다는 세 군데 술집을 우리에게 보여주고 싶어 했다. 아들 자랑을 할 때 그의 모습은 여느 아버지와 다름없는 다정다감함이 있었다. 로이터가(Reuterstraße)로 들어서자 바로 'Prof. Dr. Niklas Luhmann'이라는 문패가 눈에 들어왔다. 독일에는 교수나 박사의 경우 출생증명서, 결혼증명서 등 각종 공문서에도 이처럼 이름 앞에 교수 박사(Prof. Dr.)의 명칭을 병기하여 지식인에 대한 존경을 표현하는 문화가 있다. 로이터가에서 접근할 때는 1층집이었는데, 안에 들어서자 앞에 가문비나무, 전나무 등으로 둘러싸인 정원이 펼쳐진 2층집이었다. 본인은 2층에 기거하면서 1층은 큰아들에게 월세를 놓고 있었다. 그는 당신이 큰아들과 유일하게 대화를 할 기회는 월세를 받을 때라며 웃었다.

크리스마스 파티는 큰 딸 베로니카(Veronika)와 둘째 아들 클레멘스(Clemens)와 함께하는 자리였다. 큰아들 예르크(Jörg)는 술집을 운영하기 때문에 그 시간까지 잠을 자고 있어 식사를 함께하지 못했다. 베로니카는 파더본 대학교에서 교육학을, 클레멘스는 프라이부르크(Freiburg) 대학교에서 의학을 공부한다고 했다. 그날 식탁에는 커다란 구운 칠면조 요리가 준비되어 있었다. 집안일을 돕는 도우미 아주머니가 준비했다는 칠면조 요리도 맛있었지만, 요리를 담은 접시나 식기들이 품위 있는 오래된 도자기 세트여서 우아한 분위기를 연출했다. 루만 교수는 9년 전 부인 우줄라(Ursula)의 사망 후 빌레펠트에서 웰링하우젠으로 이사했는데 그때부터 큰딸이 집안 살림을 돌보고 동생들에게 엄마 역할을 해주어서 고맙다는 말을 했다. 클레멘스가 여자 친구를 데리고 와서 그녀의 관심과 한국의 명절 문화에 대해 몇 마디 대화가 오갔다. 그리고 오늘의 요리가 남다르다

크리스마스트리에 촛불을 밝히는 루만(1986)

는 찬사를 했고, 자연스럽게 대화는 코발트빛이 도는 청화백자의 요리 접시와 식기로 넘어갔다. 루만은 러시아 황실의 문장이 새겨져 있는 접시와 식기의 밑면을 보여주며 어머니 집안과 관련된 얘기를 했다. 어머님 집안은 스위스에서 호텔을 운영했는데 러시아 황제 알렉산드르 2세(Alexander II)가 겨울이면 찾아와 묵을 만큼 저명했다고 했다. 100여 년 전 할머니 결혼식 때 황제가 도자기 세트를 선물했고, 그 어머니가 남긴 그릇들이 거실 장식장을 채우고 있었다.

식사를 마친 후 응접실에 앉아 후식으로 자두를 넣은 크리스마스 케이크를 먹으며 담소를 나눴다. 응접실에는 현대 생활의 필수품이라는 텔레비전도 없었다. 마루와 벽에는 기하 문양의 카펫이 장식되고 높은 탁자의 응접실 세트에 짙은 녹색 비로드가 덮인 의자와 갓 씌운 스탠드 램프 두 개가 놓인 검소한 응접실이었다. 루만 교수는 전나무 크리스마스트리에 손수 촛불을 밝혔다. 그날 루만은 고향 뤼네부르크(Lüneburg)에서 보낸 어린 시절과 가족에 대한 얘기를 했다. 양조장집이어서 풍요한 삶이었는데도 가족 중에서 대학에 진학한 것은 둘째 아들인 그뿐이었다. 동독에 살고 있는 고모와 가족 모임을 갖기 위해 가끔 차를 몰고 동독을 다녀온다는 얘기는 남북 분단에 따른 이산가족의 아픔을 겪고 있는 우리에겐 생경한 것이었다. 동독 경찰이 100m를 유지하지 않았다고 범칙금을 물리더라는 얘기도 했다. 크리스마스 때가 되면 동독 경찰이 수입을 올릴 기회라고 생각해 법규를 엄격하게 적용한다는 것이었다.

루만은 정원이 보이는 서재로 가서 자신을 개념의 곡예사로 만든 메모 상자

(Zettelkasten)를 보여주었다. 그것은 그때까지 만들어진 26개의 메모 상자 중 하나였다. 그리고 메모 상자를 사용해서 논문을 작성하는 방법에 대해 설명했다. 메모 상자에는 1953년부터 책을 읽으면서 떠오른 그의 생각이 기록된 메모들이 1-a1, 2-a2, 2-a3-2와 같은 고정 번호와 기호를 달고 개념 트리에 따라 차곡차곡 정리되어 있었다. 책상 위 모퉁이에는 개념들을 가지치기해 일련의 숫자와 기호를 붙인 개념 트리가 붙어 있었다. 책상 위의 개념 트리는 모든 번호가 메모 상자 안의 다른 번호들과 연결될 수 있도록 짜여 있다고 했다. 때로 번호와 기호가 열두 자리까지 이어지는 이 개념 트리는 개념의 연결을 선형이 아니라 거미줄 모양의 비선형 구조로 만들었다고 한다. 그는 논문의 주제가 정해지면 그와 관련된 개념들을 떠올린 후 개념 트리에서 해당 기호를 파악해 메모 상자에서 그 항목에 속하는 메모들을 찾아 읽어보고 글을 쓴다고 했다. 이런 의미에서 메모 상자는 면밀하게 조직된 생각의 지시체계였다. 잘못된 장소에 정리된 메모는 다시는 찾지 못할 수도 있기 때문에 처음 정리할 때 개념들을 배치하고 배열하는 문제로 깊은 고민을 한다고 했다. 그래서 메모를 정리하는 데 드는 시간이 책을 읽으며 메모를 작성하는 시간보다 더 많이 들었다고 한다. 루만 자신도 그 메모들을 읽어보기 전에는 자신이 어떤 글을 쓸지 알 수 없다고 했다. 따라서 당신의 글은 자신이 어떤 의도를 갖고 쓴 글이라기보다 텍스트와 텍스트 사이에서 저절로 쓰인 것이나 다름없다고 했다. 글을 쓴 것은 루만이 아니라 메모 상자였던 것이다. 그의 논문에서 다른 학자들과 달리 저자에 지향된 글쓰기보다 개념에 지향된 논의가 많았던 것은 그 때문이다.

응접실에서 크리스마스 케이크를 함께 먹으며(1986)

루만 교수는 점심 식사 후 대략 한 시간쯤 큰아들이 기르는 셰퍼드를 운동시

메모 상자 사용법을 설명하는 루만

킬 겸 산책을 한다고 했다. 우리는 개를 데리고 비행선 발명자 체펠린(Zeppelin) 백작의 이름을 딴 체펠린가를 따라 걸었다. 그는 산책 중에 정치가 자기결정을 정당화하기 위해 역사를 이용한 사례로서 토이토부르크 숲(Teutoburger wald)과 헤르만기념비(Hermannsdenkmal)에 얽힌 얘기를 했다. 19세기 초 프로이센이 나폴레옹에게 패한 후 분열되는 독일을 통합하기 위해 게르만족의 역사에서 독일의 정체성을 찾으려는 반동적 움직임 속에서 게르만의 일족인 케루스커(Cherusker)의 족장인 헤르만의 드라마를 창조해냈다는 것이었다. 서기 9년에 로마군을 격파했다는 게르만 영웅 헤르만의 존재를 역사적으로 증명하기 위해 1830년대에 토이토부르크 숲을 뒤진 결과 웰링하우젠이 그 게르만 대승의 격전지였다는 고증이 이루어졌다. 그 고고학적 탐사 결과가 웰링하우젠의 고고학박물관에 보관되어 있지만, 로마 사가들이 주장하던 로마군 2만 명의 몰살 규모로 보기에는 형편없이 부족하다는 것이다. 서기 9년 로마제국의 아우구스투스 황제가 감찰관(censor)을 속주인 게르만에 파견했을 당시, 총독이 게르만족의 기습을 받아 로마군 2만 명이 몰살했다는 장계를 올렸다는 기록이 역사적 사료의 전부란다. 그의 주장에 따르면, 토이토부르크 숲 전투는 일어나지 않았던 사건일 가능성이 높으며, 게르만 총독이 군대의 규모를 2만 명 정도 부풀린 병무 자료를 로마 원로회에 올려 추가 지급된 군량미 등을 착복했다가 감찰관이 파견되자 대격전에서 2만 명이 몰살한 것으로 처리했을 가능성이 높다는 것이다.

웰링하우젠은 오랜 옛날 큰 전쟁터였다는 것이 실감나지 않을 정도로 토이토부르크 숲을 가로질러 발달된 작고 아담한 도시이다. 마리엔가(Marienstraße)와의 교차로에 이르렀을 때, 루만은 길가의 3층 집을 가리키며 그 집이 막스 베버(Max Weber)의 부인이던 마리안네(Marianne)가 태어나 살던 집이라고 했다. 베버는 외사촌 동생이던 마리안네와 결혼해 잠시 그 집에서 살았다고 한다. 우리는 그날 웰링하우젠 김나지움까지 산책을 나갔다가 돌아왔다. 루만의 사후인 2000년에 그 김나지움은 학교명을 니클라스-루만-김나지움(Niklas-Luhmann-Gymnasium)으로 개명했으며, 2008년에 고향인 뤼네부르크시에서도 그의 이름을 딴 도로명을 붙여 업적을 기리고 있다. 그리고 빌레펠트시는 2004년부터 2년마다 학제 간 융합 연구를 하는 과학자에게 수여하는 루만 과학상을 제정해 그의 뜻을 기리고 있다.

루만 교수의 이론에 대한 열정은 못난 제자를 항상 질리게 했다. 거의 매주 1편 정도의 논문이 연구실 문 밑으로 던져졌다. 그 전주에 던져 준 원고도 다 읽지 못하고 있는 데 다른 논문이 던져지곤 했다. 박사학위 논문 1편을 쓰겠다고 몇 년 동안 엎어져 있는 나로서는 매주 쏟아지는 루만의 글들이 버겁기만 했다. 그는 서로 다른 맥락에서 혹은 서로 다른 분야에서 동시에 여러 편의 논문을 작성했으며, 여러 권의 책을 동시에 저술했다. 메모 상자에 기반을 둔 그의 순환적 개념 구성은 항상 나중에야 설명할 어떤 것을 특정 논문에서는 전제로 글을 쓸 수밖에 없도록 했고, 그 설명할 어떤 것을 동시에 다른 논문에서 쓰도록 만들었다. 이러한 텍스트들 간 상호 교류는 과학적 논의의 완성도를 극도로 높였다.

또한 루만은 논문이나 책을 출간하기 전에 원고를 주제와 관련된 전문가인

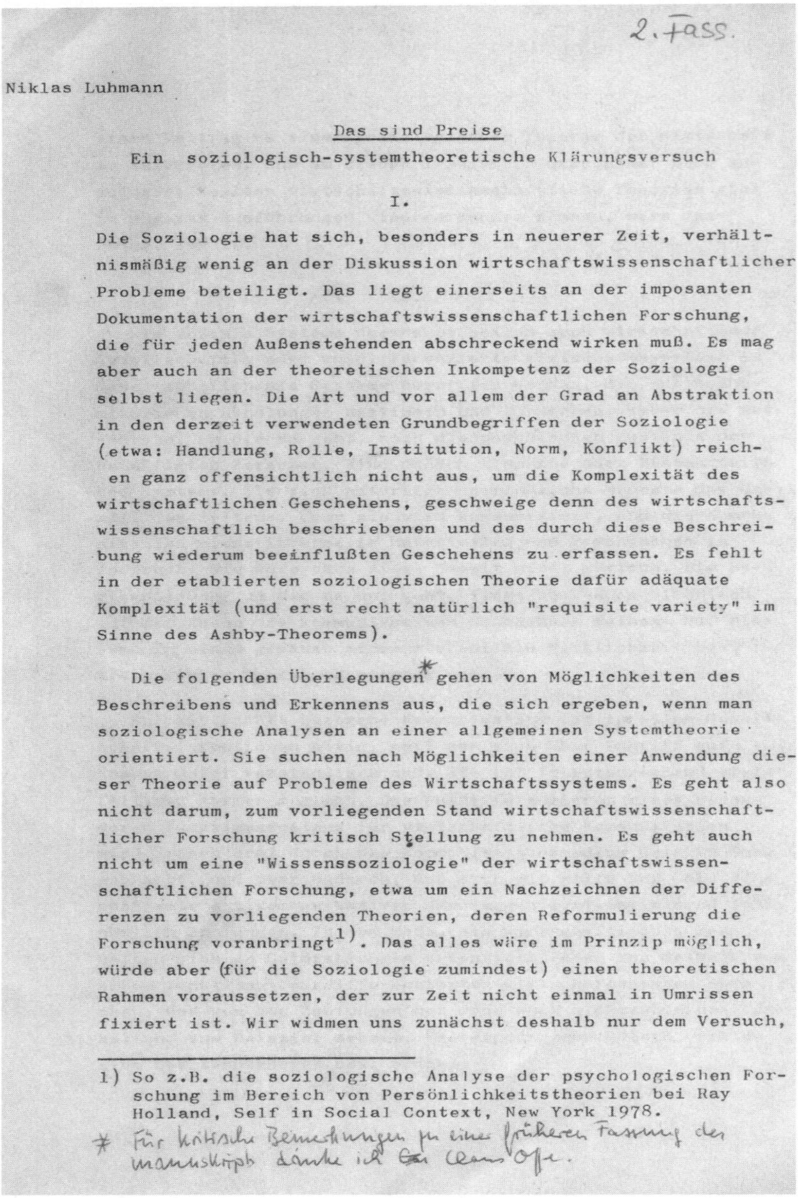

2. Fass.

Niklas Luhmann

Das sind Preise

Ein soziologisch-systemtheoretische Klärungsversuch

I.

Die Soziologie hat sich, besonders in neuerer Zeit, verhältnismäßig wenig an der Diskussion wirtschaftswissenschaftlicher Probleme beteiligt. Das liegt einerseits an der imposanten Dokumentation der wirtschaftswissenschaftlichen Forschung, die für jeden Außenstehenden abschreckend wirken muß. Es mag aber auch an der theoretischen Inkompetenz der Soziologie selbst liegen. Die Art und vor allem der Grad an Abstraktion in den derzeit verwendeten Grundbegriffen der Soziologie (etwa: Handlung, Rolle, Institution, Norm, Konflikt) reichen ganz offensichtlich nicht aus, um die Komplexität des wirtschaftlichen Geschehens, geschweige denn des wirtschaftswissenschaftlich beschriebenen und des durch diese Beschreibung wiederum beeinflußten Geschehens zu erfassen. Es fehlt in der etablierten soziologischen Theorie dafür adäquate Komplexität (und erst recht natürlich "requisite variety" im Sinne des Ashby-Theorems).

Die folgenden Überlegungen* gehen von Möglichkeiten des Beschreibens und Erkennens aus, die sich ergeben, wenn man soziologische Analysen an einer allgemeinen Systemtheorie orientiert. Sie suchen nach Möglichkeiten einer Anwendung dieser Theorie auf Probleme des Wirtschaftssystems. Es geht also nicht darum, zum vorliegenden Stand wirtschaftswissenschaftlicher Forschung kritisch Stellung zu nehmen. Es geht auch nicht um eine "Wissenssoziologie" der wirtschaftswissenschaftlichen Forschung, etwa um ein Nachzeichnen der Differenzen zu vorliegenden Theorien, deren Reformulierung die Forschung voranbringt[1]. Das alles wäre im Prinzip möglich, würde aber (für die Soziologie zumindest) einen theoretischen Rahmen voraussetzen, der zur Zeit nicht einmal in Umrissen fixiert ist. Wir widmen uns zunächst deshalb nur dem Versuch,

---

1) So z.B. die soziologische Analyse der psychologischen Forschung im Bereich von Persönlichkeitstheorien bei Ray Holland, Self in Social Context, New York 1978.

* Für kritische Bemerkungen zu einer früheren Fassung des Manuskripts danke ich Claus Offe.

루만의 원고 "Das sind Preise" 2판본

동료 학자나 제자들에게 돌려 논평을 받아 수정하는 일을 반복했다. 이러한 사례로서 제시된 원고(Das sind Preise)의 판본을 보면 첫 번째 판본에 대한 오페 교수의 논평에 감사하는 글이 자필로 써 있다. 대체로 한 원고는 서너 번 정도의 판본을 거쳐 완성되었다. 학계의 대가들 간 이런 비공식적인 교류는 루만이 사회의 다양한 기능체계와 관련해 어떤 주제이든 최고 논의 수준에서 접근하는 것을 가능하게 했다. 우리 학자들은 대체로 특정 연구 주제와 관련된 자신의 문제제기를 발표 전까지 외부에 알리는 것을 꺼려한다. 그와 달리 루만은 자신의 문제의식을 세미나와 판본 돌리기 등을 통해 공유함으로써 다른 동료들의 도움을 받아 더 확실히 하는 방법을 선택했다.

루만의 이러한 학문하는 방법은 그의 고유한 것이면서 동시에 빌레펠트 대학교가 추구하는 개혁대학(Reform-Hochschule)의 이념에 부응하는 것이기도 하다. 빌레펠트 대학교는 독일의 다른 전통적인 대학들과는 상이한 이념과 조직 구성을 가진 실험적인 연구·교육기관이다. 전통적인 독일 대학은 인문 정신을 모토로 삼아 보편적 교양 교육을 통해 전인적 인격을 갖춘 사회 엘리트를 양성하는 기관이다. 그에 비해 빌레펠트 대학교는 기능적으로 분화된 현대사회에서 개개인이 고도의 기능·전문성을 갖출 수 있도록 교육 프로그램을 마련하고, 연구-교육의 순환 구조를 형성하기 위해 다양한 분야의 학제 간 연구를 촉진시켜 전통적 과학 분과의 심화보다는 새로운 융합과학의 연구 영역 창출을 목표로 삼는다.

빌레펠트 대학교의 학제간연구센터에서는 특정한 주제와 관련해 다양한 과학 분야의 학자들과 박사과정의 후속 세대들이 모여 몇 년씩 공동 연구를 상시적으로 수행하고 있다. 문화사회학자인 노르베르트 엘리아스(Norbert Elias)가 1978년부터 1984년 세상을 뜨기까지 6년간 머물렀고, 구조주의 언어학자인 로만 야콥슨(Roman Jacobson)이 1975년에, 신다윈주의 진화생물학자인 에른스트 마이어(Ernst Mayr)가 1986년에, 게임이론가인 라인하르트 젤텐(Reinhard Selten)이 1987년에, 분석철학자인 도널드 데이비슨(Donald Davidson)이 1991에, 법철

환갑잔칫날 장녀 베로니카를 사회학대학장에게 소개하는 루만

학자인 로널드 드워킨(Ronald Dworkin)과 사회철학자인 위르겐 하버마스(Jürgen Habermas)가 1994년에 여기에 머물며 학제 간 공동연구와 콜로키움에 참여했다. 1984년 1년간 체류 예정이던 미셸 푸코(Michel Foucault)가 여행 직전 에이즈로 세상을 떠난 것은 유학 당시 큰 아쉬움이었다.

루만의 환갑잔치는 1987년 12월 8일 학제간연구센터에서 람스테드(Rammsted) 사회학대학장이 주관하는 형태로 성대하게 이루어졌다. 독일 전역에서 사회학자 50여 명이 참석하고 빌레펠트 대학교 교수들도 대거 참여해 마치 학회를 방불케 했다. 17세기 네덜란드 바로크 시대를 대표하는 거장 렘브란트(Rembrandt)의 작품인 〈야경〉 복사본에 사회학과의 교수들이 자신의 얼굴을 민병대 노인들의 얼굴에 하나하나 붙여서 만든 모자이크 작품을 환갑 선물로 증정했다. 그리고 루만의 영향을 받은 학자들이 자신들의 글을 모은 60회 기념논문집인 『열정으로서의 이론』을 헌정했다. 루만에게 헌정된 현악 3중주곡이 연주되었다. 필자는 아시아 유교문화권의 60갑자를 언급하며 한국에서는 환갑 잔칫날 새롭게 태어나 제2의 인생을 산다는 의미로 환갑 맞은 분을 자식이 업고 좌중을 도는 의례가 있다고 말했던 것 같다. 루만의 반응이 지금 기억나지 않는 것으로 봐서 특별한 공감은 없었던 듯하다.

1998년 11월 6일 루만 교수는 혈액암으로 세상을 떠났다. 71세 생신을 한 달 앞두고 있던 때였다. 그의 사망 소식은 너무나 갑작스러운 것이었다. 그가 1968

년 빌레펠트 대학교 사회학과 교수로 임용될 당시 제출했던 '30년 연구계획'의 마지막을 장식하는 『사회의 사회』(새물결, 2012)가 그 전해에 막 출간되어 있었다. 『사회의 사회』는 필자가 학위를 받던 해에 이미 상당 부분을 쓴 상태였는데도, 출간을 하지 않고 몇 년간 품에 안고 있던 것은 루만이 이 총결산 작품을 자신에게도 의미 있는 것으로 만들고자 하는 노력 때문이었을 것이다. 루만은 자신이 계획했던 30년을 다 채우지 못할 것이라는 생각에 세상을 떠나기 한 해 전에 그것을 세상에 내놓았다. 그의 사망 소식은 세상을 떠난 지 1주일이 지나서야 세상에 알려졌다. 루만의 자식들이 루만의 사망 소식을 학계에 알리지 않은 탓으로, 지인들은 장례식이 끝난 다음에야 그의 사망 사실을 알 수 있었다. 루만은 세상을 떠나기 직전까지 저술 활동에 매진하여 70권이 넘는 저서와 420편 이상의 논문을 세상에 남겼다. 그의 연구는 경제, 정치, 법, 과학, 교육, 종교, 예술, 사랑, 도덕, 대중매체, 스포츠, 젠더 등 광범위한 주제와 관련해 있었다. 그는 영어, 프랑스어, 라틴어, 그리스어, 스페인어, 이탈리아어, 네덜란드어, 스웨덴어 등 거의 모든 유럽권 언어와 다양한 과학 분야에 속하는 학자들의 저술을 빠뜨리지 않고 인용했다. 이렇게 복잡한 작업이 가능했던 것은 루만의 절제된 일상생활과 메모 상자의 자동기술 덕분이었을 것이다.

루만은 연구를 위해 자신의 일상적 삶조차 철저히 관리했다. 평소 아침에 일어나 독서와 글쓰기를 하고 점심 식사 후 잠시 요가를 한 후에 개를 데리고 한 시간 산책을 하고 다시 독서와 글쓰기에 들어가는 규칙적인 삶을 살았다. 베로니카의 말에 따르면 루만 교수는 온갖 생각으로 밤에 잠을 잘 이루지 못한다고 했다. 세마나도 평생 월요일과 화요일 저녁 7시부터 세 시간 동안만 가졌다. 외부인과의 접촉도 당일 5시부터 7시까지의 면접시간에 제한했다. 월요일과 화요일 저녁 루만 연구실 앞 복도에는 지도학생들뿐만 아니라 기자, 출판사 직원 등 외부인도 함께 줄을 서서 기다리는 진풍경이 펼쳐졌다. 루만은 외국에서 개최되는 학회에 가서도 당신 발표만 끝나면 곧바로 돌아온다고 했다. 일본 학회에 초청을 받아 다녀왔을 때, 일본인들이 보인 '예, 아니요' 대답의 모호성에 의한 확실한 결정의 회피와 저녁 술자리에서 보여준 파격에서 오는 문화적 충격을 나에게 술회했던 것으로 보아 일본만 예외였던 것 같다.

헤겔의 고향인 슈투트가르트(Stuttgart)시는 1970년부터 3년마다 국제헤겔협회와 함께 세계적인 철학자와 정신과학자에게 헤겔상(Hegel-Preis)을 수여해 왔는데, 1988년 루만에게 그 상을 수여했다. 국제헤겔협회는 다양한 영역으로 분열된 세계를 변증법적으로 통합시키기 위해 세계 정신을 요청했던 헤겔 역사철학의 한계를 넘어서는 자기준거적 체계이론 구상의 독창성을 인정해 이 상을 수여했다. 1997년에는 사회학 분야에서 과거 2년 동안 출판된 우수한 저서에 대해 수여하는 이탈리아의 상인 프레미오 아말피(Premio Amalfi)를 『사회의 사회』로 수상했다. 그리고 빌레펠트 대학교는 2005년부터 니클라스-루만-객원교수(Niklas-Luhmann- Gastprofessur) 자리를 만들어서 매년 저명한 사회이론가를 초빙하고 있다. 네트워크 이론가인 컬럼비아 대학교 해리슨 화이트(Harrison White) 교수를 시작으로 신제도 이론가인 존 마이어(John W. Meyer) 스탠포드 대학교 교수, 조직 이론가인 닐스 부룬손(Nils Brunsson) 스톡홀름 경제학과 교수, 종교사회학자인 알로이스 한(Alois Hahn) 트리어 대학교 교수, 객관적 해석학자인 울리히 외버만(Ulrich Oevermann) 교수 등이 객원교수 자리를 거쳐 갔다. 또한 2015년 페터 푹스(Peter Fuchs)가 중심이 되어 루만의 이론을 세계 전역으로 확대할 목적에서 세운 '일반 및 특수 체계이론연구소(Institut für allgemeine und spezielle Systemtheorie e.V.: IAST)'가 비스바덴(Wiesbaden)에 설립되어 있다.

3. 사회학에서 사회이론으로의 전환

루만의 가장 큰 매력은 서구 중심적인 사유로부터 벗어나는 일반 이론의 구축에 있다. 루만은 기능적으로 분화된 세계사회와 인터넷·사회연결망서비스(SNS)·기계·장치·인공지능·첨단기술 등을 통한 지식의 외부화가 가속되고 있는 현대사회에서 사회과학도 자연과학처럼 서구 중심의 지적 세계에서 해방될 것을 요구한다. 그는 고전사상가들의 개념적 추상화에만 의존해 있는 사회학을 구서구 근대사회로의 회귀 이데올로기로 간주해 과감히 결별한다. 애초 고전사회학 이론가들은 개인을 단위로 하는 자유주의적 정치경제학의 모델에 대한 비판에서 '사회' 개념을 발명했다. 그것은 또한 17세기 구서구의 계몽주의-인본주의 전통에서 나온 존재론적 가설, 선험철학적 전제와 주체 개념을 거부하는 것을 의미했다. '사회'는 인간의 의지나 개인의 행위 결과의 집합체가 아니라 인간의 의지나 개인의 행위를 규율하는 고유한 '실재'라는 것이 고전사회학의 기본 발상이었다. 루만은 사회학이 지난 100년 동안 이런 고전사회학의 기획으로부터 전혀 진전하지 못했다고 비판한다. 그 까닭은 '사회'라는 독자적 지평을 발견하고서도 여전히 사회를 개인들 간 관계망으로 구성된 집합체로 정의해 사회를 '인간'으로 환원한 데서 연유한다. 이는 '사회'를 '실재'가 아니라 인간관계의 총체에 붙여진 '명목'에 지나지 않는 것으로 치부한 탓이다. 이런 맥락에서 그는 사회과학 일반의 탈서구화를 위한 패러다임 전환을 시도한다. 왜냐하면 고전사회학 이론은 애당초 18~19세기 서구 지식인들이 가지고 있던 문제의식과 이론적 자원에 기초해 형성되었기 때문이다.

두 번째 그의 매력은 사회학의 대상 영역을 사회의 전체 영역으로 확장했다는 데 있다. 기존의 사회학은 그동안 연구 대상인 사회를 정치, 경제, 문화와 병치되는 좁은 의미의 사회에 제한해서 파악했다. 사회학 이론들이 지향하는 분석의 수준도 미시적 분석이나 거시적 분석 중 어느 하나를 선택해 모든 연구 대상을 그것으로 환원해 설명하는 데 국한되어 있었다. 이와 달리 루만의 사회이론은 사회를 모든 다른 사회적 체계들, 즉 상호작용들, 조직들, 기능체계들을 자체에 포함하는 포괄적인 사회적 체계로 기술하고 설명한다. 따라서 그 연구 대상은 면대면 상호작용의 일상적 행동에 대한 연구에서부터 정당, 기업, 법원, 학교, 학회, 교회 등의 조직에 대한 분석은 물론, 정치체계나 경제체계, 법체계, 교육체계, 과학체계, 종교체계와 같은 거대 사회체계에 관한 분석까지 포괄한다.

왜냐하면 사회적인 것들은 상이한 사회적 체계들로 기능적으로 분화하면서 경계가 설정되었기 때문이다. 기존의 사회학이 정치와 경제, 문화의 우월적 영향력을 전제하고서 그에 적응하는 네트워크 연구, 조직 연구, 공동체 연구 등에 연구의 범위를 제한했다면, 일반 체계이론으로서의 사회이론은 연구 대상을 사랑, 신뢰 같은 미시적 영역부터 공공 조직, 제도, 정책 등의 조직을 넘어 정치와 경제, 법, 교육, 과학, 예술, 종교, 의료, 가족, 대중매체, 항의운동 등으로 확장한다. 즉, 사회이론의 범위는 현실의 모든 영역을 아우른다. 이런 점에서 자기준거적 체계이론은 일반 이론으로서의 보편성 요구를 관철시킨다.

궁극적으로 루만의 진정한 매력은 모든 가능한 사회현상, 즉 다양한 사회학의 이론적 흐름이 지금까지 다뤄온 모든 대상 영역을 하나의 패러다임으로 통합한 거대 이론(super-theory)의 창안에 있다. 다시 말해 자기준거적 체계이론은 세계와 세계 내 가능한 모든 것을 하나의 이론 체계 안에 일관성과 체계적 통일성을 가지고 구축한 일반 이론이다. 루만은 이러한 일반 이론의 기초 작업을 위해 그동안 사회학이 서구 고전사상가에 뿌리를 두고 일궈온 사유 방식과 출발점으로부터 결별하고 생물학, 신경생리학, 사이버네틱스, 컴퓨터공학, 정보이론 등 다른 과학에서 얻은 성과와의 적극적 융합을 모색한다. 사회학 태동기에 활동했던 카를 마르크스, 막스 베버, 에밀 뒤르켐(Emile Durkheim), 게오르그 짐멜(Georg Simmel) 등의 저작에 기초해 20세기에 발달된 다양한 사회학 이론 및 그 개념적 추상화와 결별한다는 것은 마르크스주의, 실증주의, 갈등 이론, 구조기능주의, 상징적 상호작용론 등 기존 사회학 이론의 계보학적 전통으로부터 자유로워지는 것을 의미했다. 또한 그것은 지난 20세기를 통해 열역학, 유기체론, 신경생리학, 세포 이론, 컴퓨터 이론 등에서 이루어진 자연과학적 성과들을 사회이론과 융합하는 것을 의미했다. 이런 맥락에서 이미 학제 간 융합을 이루어낸 성과물인 정보이론, 사이버네틱스 등도 사회이론의 형성에 유용했다. 그가 이런 과학혁명을 일구어낼 수 있었던 것은 그의 본령이 법학이고, 사법관 시보와 고등행정법원 보좌관, 주정부 고위행정직 등을 두루 거친 사회이론가라는 사실에 있던 것 같다. 그는 법학도에게 요구되는 압축된 형태의 언어 구사와 소통 방식을 몸에 익히고 있었으며, 쟁점이 되는 문제와 관련해 상대방의 전문성을 인정하면서도 논란을 거듭하며 협상을 진행하는 법률가들의 개방적인 아비투스(habitus)를 갖고 있었다.

그동안 서구 사회학계는 미시와 거시, 행위와 구조의 어느 한쪽만 강조하는 사회학 이론의 한계를 인식하고, 그에 따라 미시사회학과 거시사회학을 융합하기 위한 시도나 그에 병행하여 행위와 구조를 융합하기 위한 시도들이 여러 형태로 이루어졌다. 우선 고전사상가들로부터 이론을 도출하는 방식으로 행위이론이 구조이론으로 재구성되었고, 다시 구조이론은 언어이론으로 재구성되었는가 하면, 또 언어이론은 텍스트이론으로 재구성되었으며, 텍스트이론은 행위이론으로 재구성되었다. 또한 미시 수준의 분석에서 출발해 거시 모델을 구축하거나 거시사회학의 미시적 토대를 재구성하기도 했으며, 행위와 구조를 상호 구성적인 관계로 보거나 아비투스와 장, 생활세계의 식민화 등의 개념을 가지고 행위와 구조를 연결시키는 시도들을 했다. 하지만 이러한 시도들은 여전히 고전사회학적 개념적 추상화의 성과와 분석 도구에 갇혀서 거시적 현상을 미시적 현상으로 축소시키는 환원론의 범주를 크게 벗어나지 못하거나 구조의 지배를 받는 행위자의 실천을 강조하는 규범적 대안 제시를 벗어나지 못했다. 사실 그들 시도의 근본적 차이는 이론적 뿌리, 즉 계보학적 전통의 차이에 있을 뿐이었다.

이에 반해 루만은 초기 고전사회학 이론가들이 가졌던 과학적 관심으로 되돌아갈 것을 요구한다. 그들은 정치, 경제, 법, 교육, 종교 등이 더 큰 '사회'의 한 부분이라는 점을 드러내서 정치학, 경제학, 법학, 교육학, 종교학 등 다른 분과과학으로부터 사회학적 관점을 분리시켰을 뿐만 아니라 사회현상을 과학적으로 설명하기 위해 실증주의나 진화론, 유기체론 등의 과학적 성과를 적극 수용했다. 그들은 모든 과학적 지식에 대해 개방적인 태도를 가지고 있었다. 하지만 한 세기가 넘는 사회학의 역사는 다른 분과과학과의 끊임없는 경계 설정을 통해 정체성 확보를 해야 했던 역사적 궤적으로부터 자유롭지 못하다. 고전사회학이 좀 더 넓은 사회적 맥락에서 정치, 경제, 법, 교육, 종교와 관련된 주제에 대해 관심을 가졌던 데 비해, 20세기 대부분의 기간 동안 사회학은 이들 주제들을 사회관계로부터 분리시키고 좁은 의미의 사회관계에만 연구를 집중하고 있다. 따라서 현대 사회학자들은 공산주의의 몰락, 정치의 위계적 지위 상실, 지식경제의 등장, 정보사회의 출현 등으로 고도로 복잡해진 현대사회에서도 여전히 기존의 사회학에 기반을 둔 자료의 생산에만 몰두해 있다. 그들은 이론의 설명력에 한계가 발생하면 고전사상가들에 의존해 이론의 추가적인 변형을 모색할 뿐이다. 이러한 사회학의 자기준거적 폐쇄성은 지난 한 세기 동안 다른 과학에서 이룩한 성과를 수용하는 학제 간 융합 연구를 배격할 뿐만 아니라 기초 이론적인 선행 작업의 부족으로 인해 학제적 맥락에서 학습하는 능력을 결여하고 있다. 그 때문에 초기 고전사회학 이론가들의 '사회' 구상에 연결되어 있을 뿐만 아니라 이후 20세기 동안에 이루어진 다른 과학의 이론적 성과와의 학제 간 융합을 모색하는 루만의 자기준거적 체계이론이 기존의 사회학적 기초 개념에 익숙해 있는 우리 사회학계에는 생소하기만 하다.

계층분화, 자율성, 합의, 갈등, 균형, 통합 등의 고전적인 개념에 익숙한 우리 사회학자들은 기능적 분화, 복잡성, 자기준거, 자기생산적 폐쇄성, 우연성, 차이 등의 낯선 개념들로 무장된 사회이론을 이방인처럼 외면하거나, 사회현상들에 대한 전혀 다른 접근법에 대해 회의적인 태도를 보인다. 하지만 조금만 주의를 기울여서 살펴본다면, 구서구의 전통에서는 이 개념들이 현재 우리 맥락에서와는 다른 것을 뜻했음이 금세 드러난다. 대체로 그래서 어떻다는 것이냐(so what?), 사회를 개선시킬 해법이 뭐냐(any solution?)는 등의 즉각적 반응을 보인다. 특히 행위를 하는 개인이나 단체를 지시하는 대리인(agent)을 실천적 행위의 능동성을 드러내는 "행위 주체"로, 정치적 주제화에 대한 공중의 접근 가능성을 뜻하는 공공성(öffentlichkeit)을 주체의 행위 공간으로 상정하는 "공론장"으로, 현대화가 자신과 마주 서는 재귀적 현대화(reflexive Modernization)를 성찰 능력을 가진 주체로 대체하는 "성찰적 근대화"로 의도적 오역을 하는 것에서 드러나듯이,

우리 지식인들 다수는 공산주의 사회의 붕괴 이후에도 여전히 자신들의 통찰 능력에 대한 맹목적인 과신에서 자신들이 주도하는 사회개혁 욕망을 포기하려 하지 않는다. 루만은 바로 자신들이 판단한 사회가 "좋은 사회"라는 우월 의식에 젖은 지식인을 계몽의 대상으로 삼아 6권으로 된 『사회학적 계몽』을 집필했다. 이런 지식인에게 자기준거적 체계이론은 거부감을 줄 수밖에 없다.

마르크스나 뒤르켐, 베버, 짐멜, 파슨스 등 유명 학자의 저서를 붙잡고 그 인물과 저서를 탐구하는 것을 이론적 연구로 간주하는 우리 학계의 풍토에서, 학자들은 고전사상가들과의 이론적 연결성에 큰 비중을 두지 않는 자기준거적 체계이론에 대해 결코 우호적이지 않다. 서구 사회도 아닌 한국 사회를 분석하고 연구하는 우리 학자들이 서구의 이론적 전통을 고수하는 태도를 보이거나 서구 유명 사상가들에 대한 지적 종속을 학자적 탐구 능력으로 간주한다면, 그것은 중심국인 미국이 주변국인 한국의 근대화에 미친 영향이 학자의 지적 능력까지도 지배할 만큼 크다는 뜻이다. 우리 학계가 서구 중심 사유로부터의 해방이라는 탈서구적 보편성을 요구하는 루만의 사회이론을 받아들이기 어려워하는 것은 1970년대 이후 민주화운동의 열기 속에서 구서구의 계몽주의-인본주의 철학의 전통에 침윤된 사회과학의 왜곡 탓이 크다. 우리 학자들이 한국 사회를 서구 고전사상가들의 저작에 의존해 그들의 문제의식과 관점에서 관찰하고 근대성, 보편성, 객관성 등의 이름으로 기술하는 것을 선호한다면, 나아가 지역적 조건화에 근거하는 서구와의 차이를 '후진적' 탓으로 돌리면서 여전히 '선진국 따라잡기' 유형의 사회 변화를 요구한다면, 그것은 우리의 과학 풍토가 서구의 고전사상가들에게 여전히 지적으로 종속되어 있다는 고백이다.

이처럼 사회학자들이 자신의 활동을 사회학적 전통에 정당성을 부여하는 분과과학 활동으로 제한하는 상황에 대해 루만은 비판적 입장을 취한다. 또한 루만은 뒤르켐에서 파슨스에 이르는 고전사회학 이론가들이 체계분화의 각 단계마다 그에 적합한 새로운 통합의 가능성을 추구해 왔던 사회통합론과도 결별한다. 루만은 분화와 통합의 도식을 자기생산과 구조적 연동의 차이로 대체하고 있다. 그리고 사회학이 '화해의 유토피아'나 억압받지 않은 상호주관성, '더 좋은 사회'로의 윤리적 요청 기준을 제시하는 규범적 과학이어야 한다는 실천에 지향된 지식인의 우월 의식도 그의 작업에서는 배제된다. 그는 어떤 사회가 더 좋은 사회라는 규범적 가치판단이나 어떻게 하면 사회가 더 좋아질 것이라는 문제 해결책을 제시하려는 유혹을 피하려고 노력한다. 왜냐하면 현대사회는 이전의 어떤 사회보다도 더 긍정적인 속성을 가지면서 부정적인 속성도 함께 가지고 있기 때문이다. 현대사회는 과거의 전통사회보다 더 좋은 동시에 더 나쁘다는 역설이 지배한다. 따라서 루만의 관심은 대학의 학과로서 사회학의 정체성을 지키는 것보다는 다양한 주제 영역을 다룰 수 있는 사회이론으로 그 해체 능력과 재조합 능력을 확장시키는 데 있다. 그런 점에서 루만은 사회학자라기보다 사회이론가이다. 그것은 학제 간 융합을 중시하는 빌레펠트 대학교 사회학과의 지적 분위기이기도 하다.

4. 서구 중심에서 벗어나기 위한 패러다임 전환

인간의 가치 탐구와 표현 활동을 대상으로 하는 인문학과 달리, 애초에 사회과학 일반은 사회가 인간의 집합으로 이루어진 것이 아니라는 데서 출발했다. 인문학이 고대 중국이나 고대 그리스에까지 거슬러 올라가는 철학, 역사학, 문학, 종교학 등을 포괄하는 학문 분야로서 '인간과 인간의 근원 문제, 사상과 문화를 탐구하는 학문'이라면, 사회과학은 19세기 후반에 자연과학의 발전에 영향을 받아 사회현상을 사실로서 관찰하고 과학적 방법을 사용해 경험적 지식체계로 만들어 가는 과학이다. 따라서 초기 고전사회학 이론가들은 사회가 해체 능력과 재조합 능력을 가진 어떤 요소들로 이루어졌다는 인식을 공유했다. 그들은 자연 질서를 더 이상 해체할 수 없는 요소를 발견해 그 요소들 간 재조합으로 설명했던 자연주의적 인식론의 영향을 받았다. 그래서 고전사회학 이론가들은 사회 질서를 해체 불가능한 요소와 그 요소들 간 관계에서 찾았다. 대표적으로 마르크스는 자본과 노동 같은 자본주의의 구조적 구성 요소에 관심을 가졌고, 뒤르켐은 사회적 사실로, 베버는 사회적 행위로, 짐멜은 상호작용 형식으로 사회를 설명하려 했다. 그에 비해 루만은 소통 개념이 갖는 해체 능력과 재조합 능력을 이들 요소보다 더 높은 것으로 평가한다. 소통이 소통하는 세계, 즉 사회를 생산한다는 것이다. 그는 소통 개념이 나타나자마자 사라지는 순간적 특성 때문에 지난 1세기 동안 이룩한 자연과학적 성과와의 융합을 가능케 하는 요소 개념으로서 타당하다고 본다. "상호작용, 조직, 사회 등 사회적 체계를 이루는 소통 요소들은 지속성이 없다"(루만, 2007: 132)는 요소 개념의 급진적 시간화는 요소들이 사회적 체계를 통해 중단 없이 재생산되어야 하는 문제, 즉 의미를 갖추지 못해 금방 사라지는 경향에 맞서 자신을 관철해 낼 수 있는 구조들을 발달시켜 온 다양한 역사적 맥락을 비교해 관찰할 수 있게 한다. 사회적 체계를 이루는 요소들의 급진적 시간화는 체계의 자율성을 고유한 방식으로 강제하는 의미 복잡성 축소 방식에 주목하게 한다. 요소 개념의 급진적 시간화는 그 해체 능력과 재조합 능력에 기초해 미시와 거시, 행위와 구조의 융합을 가능케 한다. 모든 개념은 원론적으로 다른 개념과 다양하게 연결할 수 있다. 루만이 선호하는 개념 조합은 행위와 사건, 사건과 과정, 사건과 자기생산, 사건과 시간 등이지만 다른 조합의 가능성도 항상 열려 있다.

사회학 이론의 기초적 개념 작업, 즉 개념적 추상화는 동일한 것과 동일하지 않은 것의 관점에서 사태들을 서로 비교하기 위한 목적에서 행해진다. 루만은 여기서 사회학자들이 새로운 이론 구성을 목표로 삼는 개념적 추상화와 사회적 구조를 지향하는 연구 대상의 자기추상화를 구별할 것을 요구한다. 그래야만 개념적 추상화가 어느 정도로 연구 대상의 자기추상화에 근거하는지, 그리고 어느 정도로 구조 비교를 통해 체계의 고유한 특징이 얻어지는지를 검토할 수 있다는 것이다. 이런 맥락에서 루만(2007: 60)은 세계에서 작동하는 체계 작동의 세 가지 층위를 구별해서 비교 방법을 사용할 것을 제안한다. 이 층위는 위계적인 것이 아니라 비교를 위한 분석적 층위이다. 세계에서 사회적 체계와 심리적 체계, 유기체, 기계가 같은 비교의 층위에 속한다면, 상호작용과 조직, 사회는 사회적 체계의 하위 체계인 또 다른 비교의 층위에 속한다. 따라서 사회가 유기체가 아니라는 것은 비교의 층위가 다른 것들을 비교하는 것으로서 의미 없는 말이 된다. 같은 맥락에서 미시 수준의 상징적 상호작용론을 토대로 사회에 대한 일반 이론을 구성하려는 시도는 비교의 층위가 어긋난 오류이다. 경제체계와 정치체계, 법체계, 교육체계, 과학체계, 종교체계 등은 비교가 가능한 동일한 층위에 있다. 예컨대 학교 전통의 의미에서 교육체계와 사회를 구별해 비교하는 것은 거의 의미 없는 말이 된다.

루만(2007: 67 이하)은 서구의 오랜 인문학 전통에 뿌리를 둔 사회과학의 서구 중심성이 20세기 자연과학이 일구어낸 지적 발전과의 교류에 장애가 된다고 보고, 사회적 체계의 비교 층위에서 일어난 두 단계의 패러다임 전환을 소개하는 방식으로 사회이론의 발전을 자기준거적 사건 연관의 급진화에 의해 재구성한다. 첫 번째 패러다임 전환은 우주론에 기초했던 전체와 부분의 전통적 차이가 체계와 환경의 차이로 대체되며 이루어졌다. 고대 그리스부터 근대 형이상학까지 이어지는 가장 오래된 이론 전통은 전체가 부분들로 이루어졌다는 전체와 부분의 차이 도식이다. 이것이 유기체론, 열역학, 진화론 등 자연주의적 인식론의 영향으로 개방체계와 폐쇄체계의 차이 도식으로 바뀐다. 전통적 도식은 전체가 이중으로 사유된다는 문제가 있었다. 구서구에서 전체는 모든 부분을 총체화시킨 통일성이면서, 동시에 부분들의 총합으로 사유되었다. 하지만 전체가 부분들의 단순한 합계 이상이라는 것은 어떻게 전체가 부분들의 층위에서 동일성으로서 유효한지를 해명하지 못한다는 문제가 있다. 사회가 개별 인간들로 이루어져 있다는 가정은 인간의 공동생활에 대한 통찰, 즉 부분적 존재로서의 인간의 조건, 따라서 인간 본질에 대한 인식을 전제로 했다. 이런 맥락에서 구서구의 계몽주의는 세계 전체가 특수자인 인간 안에 보편자로 현전할 수 있는 형식을 이성 개념, 또는 이와 유사한 선험론, 국가 개념 등에서 찾았다. 그렇게 해서 전통의 도식은 특수성과 보편성이라는 좀 더 요구 수준이 낮은 구별로 대체되었다. 이것은 근대 세계의 보편적 구조들과의 명백한 대립 속에서 지역적 특수성을 발전·유지시키고자 하는 노력의 조건이 되었다. 하지만 보편성과 특수성이 이렇게 서로 대립함으로써 성립한다는 것은 사회가 '전체성'의 틀 제시를 단념하는 것을 전제했다. 그래서 지역적으로 특수한 타당성 주장을 가진 구별들은 지구적으로 타당한 특정 기능체계에 할당되는 것을 거부한다는 이유 때문에 선택되었다. 루만은 비로소 프랑스혁명에서 인간 안에 보편자의 억눌리지 않는 현전을 위한 기본 조건으로 '지배로부터의 자유'가 요청되었다고 말한다.

모든 것이 전체와 그 부분들이라는 차이 도식에 의해 조건이 성취되고 동기가 유발된다는 인본주의적인 사유로부터 벗어나는 것은 체계분화이론에 의해 가능해졌다. 체계분화는 사회의 내부에서 체계와 환경의 차이가 반복되는 것으로, 이때 전체로서의 사회는 자기 자신을 부분체계의 형성을 위한 환경으로 이용한다는 발상이다. 루만에 따르면 전체로서 사회의 분화는 파슨스가 했던 것처럼 이미 확정된 AGIL 도식에 따라 경제, 정치, 사회, 문화 등 제한된 수의 기능체계로 분화되었다고 분석적으로 전제해서는 안 된다. 현대사회에서 체계분화는 다소 많은 수의 기능체계와 그 환경의 차이로 이루어지고 있기 때문이다. 경제가 지불과 비지불의 구별에 의해, 정치가 권력과 비권력의 구별에 의해 작동하듯이, 대중매체는 새로운 혹은 새롭지 않은 정보 가치의 구별에 의해 작동한다. 게다가 사랑조차 연인에게 속하는 것은 아니다. 사랑도 그때 그 시대의 이상적 사랑을 좇지 않던가! 이때 전체 사회는 각각 상이한 경계 설정에 의해 다수의 부분체계들과 그 환경의 동일성들로 재구성되면서 탈중심화된다.

체계와 환경의 분화 패러다임이 전체와 부분의 차이 패러다임보다 더 나은 분석 가능성을 제공한다는 것은 확실하다. 왜냐하면 체계분화 패러다임은 부분들이 전체와의 관계에서 동질적이라는 것과, 부분체계들의 분화에서 상이한 관점들을 동시에 사용할 수 있다는 장점이 있기 때문이다. 비록 고전사회학은 내부-단위 지향의 분화 개념, 즉 폐쇄체계를 선호했지만 사회학은 이후 환경과 관련한 분화 개념, 즉 개방체계를 선호하는 경향으로 바뀌었다. 이러한 개방체계로의 선회는 사회관계들의 '현상 유지(status quo)' 비판으로부터의 혁신과 사회구조의 개혁 경향과 연결되었으며, 입력과 출력의 도식에 의한 조직 연구가 선호되었다.

두 번째 패러다임의 전환은 체계와 환경의 분화 패러다임에서 정체성과 차이의 차이 패러다임으로 전환하는 것으로 이루어진다(루만, 2007: 69 이하). 이 패러다임 전환은 신경생리학, 세포 이론, 컴퓨터 이론에 의해 추동되었다. 첫 움직임은 1960년대에 자기조직 개념의 출현이었다. 당시 자기조직체계에 대한 관심은 오직 구조와 관련된 것이었기 때문에 체계 고유한 요소에 의한 구조 변화를 설명해야 하는 난제를 안고 있었다. 자기준거적 체계이론은 구조 관계를 요소 관계 논의로 대체하면서, 체계분화를 자기준거로 설명하는 방식으로 이 난제를 해결한다. 즉, 개방체계와 폐쇄체계의 고전적 구별이 체계의 자기준거적 폐쇄성이 어떻게 체계의 개방성을 만들어내느냐는 문제로 대체되면서 체계와 환경의 기본적 차이가 지양되는 두 번째 패러다임의 전환이 일어난다. 일부 학자들은 체계의 동일성조차 체계의 통일성으로 해석하기를 좋아하거나, 구별의 통일성으로 해석하기를 선호했지만, 루만은 이런 총체화하는 이해 방식을 거부한다. 체계의 자기준거적 폐쇄성은 오로지 환경 안에서만 가능하다는 주장에 의해 체계 안에서의 자기기술, 자기관찰, 자기단순화(즉, 복잡성 축소) 개념이 도입된다. 관찰자 관점의 도입은 실재론도 유아론도 거부하는 구성주의 인식론의 관점에서 체계와 환경의 차이와 체계 자체에서 사용되는 체계와 환경의 차이를 구별하게 한다. 이것은 사회학자의 관점에서 본 체계와 환경의 차이(즉, 개념적 추상화)와 연구 대상인 체계 자체에서 사용되는 체계와 환경의 차이(즉, 체계의 자기추상화)를 구별할 것을 요구한다. 관찰자인 사회학자도 역시 자기준거적 체계라는 성찰은 고전적인 주체-객체 인식론으로부터 벗어나게 한다. 이것이 자기준거적 체계이론의 디자인을 복잡하게 만든다.

자기준거적 체계이론은 내부 요인과 외부 요인을 고려하는 인과 모델도 역시 모든 종류의 비대칭화와 마찬가지로 관찰자에 의한 일종의 자기준거적 조직화로 간주해 무력화시킨다. 그에 따라 자기준거적 체계이론은 체계와 환경의 차이 대신에 정체성과 차이의 차이를 새로운 패러다임으로 가져온다. 자기준거가 체계의 작동에 의해 실현되려면 요소이든 과정이든 체계이든 자기 자신과는 동일화되고, 타자와는 차별화되어야 하기 때문이다. 체계의 자기준거적 재생산은 이론적인 문제가 아니라 실천적인 문제인 것이다. 따라서 자기준거적 체계이론은 정체성과 차이의 차이에 상응하는 수준으로 복잡해질 수밖에 없다.

두 번째 패러다임 전환이 가지는 장점은 이론 디자인과 사회개혁, 사회통제에서 자율성과 환경 민감성으로 관심을 이동하고, 계획에서 사회 진화로, 구조적 안정성에서 역동적 안정성으로 관심을 이동한다는 데 있다. 전체와 부분 패러다임이 전체를 대표하는 위계적 정점이 무엇인지를 개념적으로 상정하는 데 집중했다면, 자기준거적 체계이론은 부분체계들이 자기생산 과정에서 어떻게 위계, 경계 설정, 가치 과잉 등을 포괄하는지에 관심을 가질 뿐이다. 이러한 맥락에서 루만은 자기준거적 체계이론의 개념들과 구별들의 기초를 다룬 『사회적 체계들: 일반 이론의 기초』(1984/한길사, 2007)을 우선 완성하고, 그리고 상이하게 분화된 기능체계들을 이들 개념과 구별을 가지고 관찰하고 기술한 『사회의 경제』(1988), 『사회의 과학』(1990), 『사회의 법』(1993/새물결, 2014), 『대중매체의 실재』(1996/커뮤니케이션북스, 2006), 『사회의 예술』(1997/한길사, 2014) 등 일련의 연구서와 포괄적인 사회적 체계로서 사회를 설명한 『사회의 사회』(1997/새물결, 2012)를 내놓는다. 그 밖에 일련의 논저 시리즈로 『사회학적 계몽』 6권과 『사회구조와 의미론: 현대 사회의 지식사회학 연구』 4권을 내놓는다. 사회학적 계몽은 각각 『사회적 체계이론 논문』(1970), 『사회이론 논문』(1975), 『사회적 체계, 사회, 조직』(1981), 『사회의 기능적 분화 논문』(1987), 『구성주의적 관점』(1990), 『사회학과 인간』(1995) 등의 부제를 달고 있다. 구성주의적 지식사회학의 새 지평을 여는 『사회구조와 의미론』은 1980년, 1981년, 1989년, 1995년에 각각 출간된다. 그리고 사후에 루만이 남긴 미출간 원고들을 정리한 『사회의 정치』

(2000), 『사회의 종교』(2000), 『사회의 교육』(2002/이론출판, 2015), 『사회의 도덕』(2008) 등이 추가적으로 나온다.

5. 루만 사회이론의 미래

서구 중심의 사상이나 지적 종속에서 벗어나 자신이 살고 있는 사회를 관찰하고자 하는 학자라면, 자기준거적 체계이론은 그에게 비서구 사회를 근대화에 실패한 것으로 설명하거나 서구의 선진성에 기초해 모든 문제의 원인을 후진성에서 찾는 구태의연한 사고방식으로부터 벗어날 수 있는 영감을 줄 것이다. 기존의 사회학적 시선은 서구 중심적이어서 서구 사회와 비서구 사회를 근대 사회와 전근대 사회(혹은 전통 사회)로 구별하고, 세계화조차 서구 문화의 근본적 특징이 서구에서 비서구로 확산되는 자본주의 혹은 '근대화'를 수반하는 것으로 본다. 그러다 보니 사회학적 이론화는 하버마스나 앤서니 기든스(Anthony Giddens), 조지 리처(George Ritzer) 등에서 보듯이 서구 중심 사상의 핵심 개념과 이론을 수정하지 않은 채 이전과 다름없이 지속해 사용하는 것으로 나타난다. 그렇다고 해서 한국 사회에 맞는 이론화를 시도하는 것은 더 이상 과학이기를 포기하는 것이기에 타당치 못하다. 자기준거적 체계이론의 장점은 우리 사회에서 작동하는 다양한 주제가 과학적 지식과 만나는 플랫폼 역할을 한다는 데 있다. 더 나아가 학제 간 융합을 통한 창의적 연구로의 도약을 원하는 학자라면, 모든 사회학이론의 논의와 다른 자연과학적 지식을 하나로 융합시켰다 해서 "진공청소기"라는 별칭을 가지고 있는 거대 이론으로부터 시대와 함께 움직이고 변화하는 디딤판을 얻을 수 있을 것이다. 루만의 사회이론은 사회학이 직면할 수 있는 다양한 도전에 적응해 학제적 분업을 넘어서는 새로운 이론, 급속히 변화하는 사회적 세계를 받아들이는 것을 가능하게 한다. 하지만 자신의 지식을 자랑하기 좋아하는 대중적 지식인에게 자기준거적 체계이론은 어울리지 않는다.

왜냐하면 진지하고 어려우면 바로 외면하는 그들의 가벼운 풍조가 넓고 얕은 지식을 선호하게 만들기 때문이다. 자신의 사고 뿌리를 서구의 고전사상에서 찾는 지식인들이라면 루만의 사회이론을 이해하는 데 많은 시간을 들이고 노력을 기울여야 한다. 그들에겐 서구 고전사상의 전통적인 관념으로부터 벗어나는 일은 자신의 정체성에 혼란을 초래하는 만큼 쉽지 않다. 바로 서구 고전사상의 전통적인 관념의 굴레에서 벗어나 현실 사회에 대한 깊은 생각을 갈구하는 지식인만이 새로운 세계를 경험할 수 있을 것이다.

루만으로부터 지적 영향을 받은 학자로는 사회철학자인 하버마스는 물론, 덴마크 마르크스주의자이며 사회철학자인 올레 티센(Ole Thyssen), 미국 네트워크 이론가이며 수리사회학자인 해리슨 화이트(Harrison White), 프랑스 사회심리학자인 장 클램(Jean Clam), 이탈리아 법 이론가인 마리오 로자노(Mario Losano), 독일 사회학자인 헬무트 빌케(Helmut Willke)와 법 이론가인 군터 토이브너(Gunther Teubner), 문화사회학자인 아민 낫세이(Armin Nassehi), 경제사회학자인 디어크 벡커(Dirk Baecker), 문예사회학자인 페터 푹스, 과학사회학자인 루돌프 스티히베(Rudolph Stichweh) 등이 언급된다.[1] 하버마스의 언급에 대해 의아해 하는 사람들도 있겠지만, 당시 루만과 하버마스의 논쟁은 '지배 없는 담론', '이상적 대화 상황', '개인'을 여전히 선호하는 개념들로 무장한 좌파의 이론적 자원들이 시대에 뒤떨어진 것으로 판명되면서 루만의 승리로 끝났다. 이후 하버마스는 『소통행

1 자기준거적 체계이론은 영미권에서 주저인 *Social Systems*가 1995년에 등장할 정도로 늦게 알려졌다. 루만 저서의 영문 번역서는 *Trust and Power*(1979), *The differentiation of society*(1982), *Religious dogmatics and the evolution of societies*(1984), *Love as Passion*(1986), *Ecological Communication*(1989), *Political Theory in the Welfare State*(1990), *Risk: a sociological Theory*(1993) 등으로 영미권에서 그는 주변적인 관심 영역에 머물러 있었다. 루만의 사후에야 *Observations on modernity*(1998), *Art as a social system*(2000), *The reality of the mass media*(2000), *Theories of Distinction: Redescribing the Descriptions of Modernity*(2002), *Law as a social system*(2004) 등 다섯 권이 번역되었고, 최근 *Introduction to Systems Theory*(2012), *A Systems Theory of Religion*(2013), *A Sociological Theory of Law*(2013), *Theory of Society*』 Vol.1(2012). Vol.2(2013) 등으로 다시 활기를 찾고 있다.

위이론』(1981/나남, 2006)에서 체계의 합리화 명제와 자신의 생활세계의 합리화 구상을 결합시키기 위해 19세기 중·후반 서구 사회를 기술했던 베버, 조지 허버트 미드(George Herbert Mead), 뒤르켐, 마르크스 등 고전사회학 이론가들의 문제의식에서 출발하지만 20세기 중반 서구 사회를 기술했던 파슨스의 체계이론에 안착하는 형태로 루만의 체계이론 구상의 수용과 차별화를 동시에 시도했다. 필자는 현대사회의 다양하고 복잡한 문제에 대한 해법을 구서구의 계몽주의적 이성과 주체 개념에 의지하고 고전사회학 이론들과의 접목을 통해 모호한 생활세계 개념을 구상하는 하버마스보다도 그런 하버마스에 열광하는 한국에서 철학 혹은 사회과학을 하는 사람들을 훨씬 더 이해하지 못한다. 그들은 처음부터 우리 사회를 관찰하고자 하는 욕구도 의지도 없으며, 하버마스가 우리 사회를 잘 설명하고 있다고 전제하고서 그의 해법을 맹목적으로 믿고 따르는 지적 노예일 뿐이다. 때로 당혹스럽기까지 한 그들의 우월 의식을 접할 때면 우리 철학이나 사회과학에 뿌리내린 구서구의 계몽주의-인본주의 전통의 가늠할 수 없는 침윤의 범위와 깊이에 아찔하다. 이런 예외적 예증에 현혹되지만 않는다면, 우리는 자기준거적 체계이론이 사회학뿐만 아니라 경제학, 경영학, 정치학, 법학, 교육학, 철학, 과학이론, 신문방송학, 심리학, 상담학(가족치료), 문학이론, 사이버네틱스 등에 두루 영향을 미치고 있는 것을 쉽게 관찰할 수 있다.

루만은 자기준거적 체계이론과 그 개념을 순환적으로 구상했다. 그는 책을 출판하기 직전까지 셀 수 없이 장의 배열을 변경하며 고민했을 정도로 개념들을 순환적으로 구성했다. 이는 독자들이 어떤 장에서부터 읽는 것을 시작해도 무방하다는 의미이다. 이것은 또한 독자들이 루만의 저서를 읽을 때 어려움을 느끼는 이유이기도 하다. 독자들은 특정한 장을 읽을 때 나중에 나오는 다른 장의 내용을 미리 숙지하고 있어야 한다는 역설에 처하기 때문이다. 독자들의 이해를 돕기 위한 루만-사전이나 입문서들이 다수 시장을 떠도는 이유도 여기에 있다. 이런 개념 구성의 순환성 때문에 독자의 이해를 돕기 위해 루만 생전에 벌써 주어캄프(Suhrkamp)에서 주해서인 GLU(Glossar zu Niklas Luhmanns Theorie sozialer

Systeme)를 내놓고 있다. 더 나아가 루만은 이런 순환성의 맥락에서 사회가 자기기술을 만들어내고 그 자기기술에 사회이론도 포함된다고 주장한다. 사회이론은 그것에 의해 기술되고 설명되는 사회에서 생기는 순환적 산물이기 때문이다. 그는 사회를 사회로부터 독립된 이론에 의해 기술될 수도 설명될 수도 없는 어떤 존재로 간주하지 않는다. 그래서 루만은 다른 사회학자들과의 소통을 위해 비록 구서구의 초기 고전사회학 이론가들의 사회 개념과의 연계는 유지하지만, 순환성의 사유 방식을 통해 구서구 고전사상 전통과 고전적인 이분법적 논리, 서구 형이상학적 전통의 존재론적인 실재 파악과는 일정한 거리를 둔다. 루만은 구서구의 전통적인 논리학 대신에 이러한 순환성에 근거하는 역설을 이론에 도입한다. 그리고 이와 관련해 구서구의 전통적 문헌 및 역사와 논쟁을 벌이는 방식으로 서구 중심의 인식론적·사회학적 견해와 결별한다. 이런 점에서 루만의 연구서들은 서구 중심의 인식이론 및 사회학의 경계를 설정하는 과학적 작업의 공간이다.

루만이 자기준거적 체계이론에 대해 진술할 때마다 빈번히 거론하는 주도적 질문은 "어떻게 사회적인 것의 자기생산이 가능한지?", "왜 사회의 다양한 영역에서 차이가 일어나는지?", "사회는 차이의 고정화로 인해 발생하는 문제를 어떻게 극복할 수 있는지?" 등이다. 이것은 체계를 잘 작동하는 체계로 보는 잘못된 관점에서 벗어나 현재 진행 중이고 지속적으로 변화하는 자기준거적 체계로 볼 것, 시간의 경과에 따라 체계의 내부 구조가 어떻게 변화해 나가는지를 관찰할 것과, 체계들 간이나 외부 환경과의 변화하는 관계에도 주의를 기울일 것을 요구한다. 이것은 자기준거적 체계가 비구조화되었다거나 본질적으로 불안정하다고 말하는 것은 아니다. 왜냐하면 모든 사회적 체계는 어떤 고정된 목표나 목적을 가진 것이 아닐 뿐만 아니라 사회로부터 구분되고 분리된 것이 아니기 때문이다. 사회적 체계는 사회 안에서 작동할 뿐만 아니라 사회에 개방되어 있다.

그렇다면 루만은 인간을 어떻게 보는가? 루만에게서 인간은 사회이론의 출발점이 되어서는 안 되며 종착점이어야 한다. 왜냐하면 인문학처럼 인간을 출발점으로 삼을 경우 사회현상을 제대로 파악할 수 없다고 보기 때문이다. 우선 인간이 가지는 다양한 측면을 보편적 인간 개념에 의지해 단순화하다 보면, 사회문화적 진화의 결과 문제에 대한 사회학적 문제 제기가 불분명해진다. 또한 인간을 분석 단위로 할 경우 사회를 구체적 인간과 인간들 간의 관계로 환원하는 명제가 인식의 장애를 일으킨다. 인간이 육체와 정신을 가진 존재라는 것을 부정하는 사람이 어디에 있겠는가! 루만은 인간에 대해 적대적이지도 비인간적이지도 않다. 그는 인간을 과학적으로 사소하다고 생각하지도 않는다. 다만 루만은 인간을 체계이론의 분석 단위로 보지 않을 뿐이다. 인간은 사회의 전제이기는 하지만 사회의 영역에 속하지는 않기 때문이다. 인간이 자신에게나 관찰자에게 동일성으로 나타난다고 해서 인간이 사회적 체계인 것은 아니다. 그보다는 인간이 여러 사회적 체계 유형에 참여해서 사회는 작동한다. 이런 맥락에서 루만은 기능적 분석(존재론적 기술이 아니라)의 측면에서 인간 개인을 상호작용들, 조직들, 사회의 기능체계들로 이루어진 다양한 층위의 사회적 체계들의 혼합체로 간주한다.

18세기 말경에 서구의 형이상학은 세계를 이해하기 위해 전통적인 사물 도식 대신에 인간의 본질을 해명하는 데 집중했다. 전통적 사물 도식은 세계 개념을 물질적인 의미로 구상했으며, 사물들은 이름과 종류에 따라 정리될 수 있었다. 세계는 사물들의 총합인 우주만물(universitas rerum)로, 나아가 모든 생명체를 포함하는 대규모의 가시적 생명체로 파악되었다. 그에 따라 수수께끼로 남는 모든 것에 대해 세계 안에 자리가 마련되었고, 세계는 물질적 사물과 비물질적 사물로 구별되었다. 하지만 아시아, 아프리카, 아메리카 등 지구 전체의 발견에 따른 문화적 다양성에 대한 인정은 서구 형이상학이 신학적 형이상학에서 근대의 존재론적 형이상학으로 전환하는 조건이 되었다. 이에 따라 세계는 우주의 생성과 소멸에 따라 자연으로 간주되던 것에서 인간에게 귀속되는 의식으로 협소화되었다. 서구의 존재론적 형이상학은 삶의 실현 가능성을 탐색하기 위해 선행하는 세계 밖의 주체로서 의식을 상정했다. 르네 데카르트(René Descartes)는 '회의'를 통한 비약으로 사전 결정을 주체 안에 수용했고 의미 없는 것, 즉 무의미를 세계에서 배제했다. 그와 함께 보편성은 주체의 사실성에 내재된 규범성, 즉 '이성'과 연관되었다. 전체와 부분의 차이에서 전체에서 드러난 부분으로의 이동, 다시 말해 무의미를 배제하지 않고 '외부'를 지시하는 본질, 선험적인 순수 직관 형식인 시간과 장소, 생각의 명증성과 관계있는 주체의 의식구조로의 이동이 일어났다. 그리고 근대에서 현대로의 이행 과정에서 근대 주관주의에 반대해 객관주의가 대두되었다. 그와 함께 보편성은 포기되었지만, 물상화에 대한 '비판'은 역설적으로 주체의 입장을 다시 강화했다. 이러한 사고방식은 전통사회의 신분적 계층구조를 해체시킨 근대 시민사회를 반영하는 것이었다.

주관주의에 대한 극단적인 비판 이래 비로소 해석학이 '무의미성의 경험'을 포괄적 연관성에 대한 이해적 적응의 실패로서, 즉 우연성으로서 파악했다. 하지만 초기 고전사회학 이론가들은 우연성 개념을 수용할 입장에 있지 못했다. 뒤르켐은 무의미성과 우연성의 경험을 아노미 개념으로 처리해 포괄적인 체계로서 사회에 귀속시켰다. 베버는 체험과 행위의 사회적 맥락에서 주관적 의미 부여자인 행위자를 상정했으며, 그와 함께 그의 방법론적 개인주의는 의미 맥락에서 일어나는 무의미성의 경험을 처리하는 데 방법론상 어려움을 겪었다. 파슨스가 비로소 다른 체계들의 체험과 행위를 체계와 환경의 차이 도식을 통한 관찰로서, 즉 '이해'의 기초적 작동으로서 파악하는 시도를 한다.

이런 맥락에서 루만은 사회와 개인을 대립된 것, 배타적인 것으로 전제하던 서구 중심의 사회학적 전통으로부터 벗어나 사회적 체계와 심리적 체계를 의미 개념에 의해 연동시키는 급진적 시도를 한다. 이것은 주체 개념을 포기하는 작업이다. 루만에 따르면 사회적 체계와 심리적 체계는 모두 의미를 처리하는 체계로서, 의미는 양자에게 고유한 세계 형식이다. 이러한 루만의 의미 개념은 에드문트 후설(Edmund Husserl)의 현상학에 의존하고 있지만, 사회적 체계 및 심리적 체계의 고유한 복잡성 축소 방식의 표시로서 파악한다는 점에서 다르다. 사회적 체계들은 각기 고유한 복잡성 축소를 통해 불특정한 세계복잡성과 심리적 체계의 복잡성 처리 능력을 매개한다는 것이다. 이런 맥락에서 자기준거적 체계 이론의 출발점은 체계의 분화가 된다. 경험의 측면에서든 의식의 측면에서든 체계이론은 체계와 환경이 동시적으로 작동해 발생하고 발전한다는 체계의 분화를 전제로 한다.

의미 개념을 통한 사회적 체계와 심리적 체계의 매개 구상은 그동안 서구의 고전사상과 고전사회학 이론에 뿌리를 두고 축적된 모든 지식을 흡수할 수 있는 장치라는 점에서 급진적이다. 어떤 사람(ego)이 다른 사람(alter)과 동일한 경험을 하거나 그 자체라는 것은 불가능하며, 결과적으로 그의 생각을 다른 사람의 생각에 직접 연결할 수는 없다. 그런 판단의 근거는 생각된 모든 것이 말해지는 것은 아니라는 경험, 즉 모든 생각이 소통되지는 않는다는 경험에 있다. 또한 통지된 모든 것이 완전히 이해되지도 않으며, 생각 형식으로 계속 진행되지도 않는다는 경험에 있다. 이에 따라 루만은 생각을 의식, 즉 심리적 체계의 최종 요소로 간주한다. 모든 생각은 의미 매체에 의해 다른 생각으로 이어진다. 그리고 사회에서 소통에 의해 생겨난 이해 가능성이 모두 현실화되는 것도 아니다. 이런 맥락에서 루만은 소통을 정보, 통지, 이해로 구분하고, 세 가지 선택의 종합(즉, 상위 상징 층위인 소통에서 보면 동일성)으로 파악할 것을 제안한다. 사회를 구성하는 최종 요소는 인간이나 생각, 개인적 행위가 아니라 소통이라는 것이다. 이런 의미에서 자기생산적 작동인 소통은 전달도 아니며 행위도 아니고, 세 가지 선택의 포괄적 과정이다. 루만의 소통 개념은 의도성, 언어성과 관계가 없다. 루만은 통지가 행위에 귀속되고 소통이 단순하게 행위 개념으로 기술되는 것을 피할 수 없다고 하더라도, 소통의 진행에서 개별적 의식이나 개인은 재수용될 수 없다고 본다. 이런 맥락에서 루만은 소통을 사회적 체계들이 발생하는 작동으로 기술한다. 소통이 특정 매체에 의해 특수한 방식으로 선행하는 동종의 소통 작동에 연결되면서, 비로소 사회적 체계는 '현재'에서 작동한다는 것이다.

역사적으로 루만은 18세기 이래 서구에서 사회문화적 진화의 결과로서 정보를 만들어내는 의미 차원이 사실적 차원, 시간적 차원, 사회적 차원으로 분화했음을 경험적으로 증명한다. 『사회구조와 의미론 I~IV』의 경험적 연구들을 섭렵한 결과, 그는 모든 작동의 연계 가능성이 세 가지 의미 차원에서 사전 결정으로 소통을 가속화시키는 일련의 도식화가 발달되어 있음을 발견한다. 사실적 차원에서는 사회에서 일어나는 모든 체험과 행위를 의미 선택의 내적 귀속과 외적 귀속으로 처리하고, 시간적 차원에서는 사회의 대상이나 사건을 불변적 요인과 가변적 요인으로 귀속시켜 처리하며, 사회적 차원에서는 외적 지시물인 인물 혹은 특정 사회적 체계를 자아와 타자로 동일시하는 것으로 단순화해 처리한다는 것이다. 물론 세 가지 의미 차원은 이처럼 분석적으로 구분되어 역사적으로 증명 가능하지만, 실재에서는 동시에 나타난다.

루만은 늦어도 18세기에는 서구에서 사실 질서로부터 구별되는 시간 의미론과 동물로부터 구별되는 사회적인 것의 의미론이 생성되었음을 지적한다. 전통사회에서는 사물 도식이 세계를 실재로서 이해했다면, 18세기 초에는 모든 의미 차원에서 본래 사실세계와 관련된 변종(varietas), 현재형(praesens), 새로움(novus)의 용어가 과거와 미래의 시간적 차이로서 생각하도록 강제되는 일이 일어났다. 시간은 내부 세계와 외부 세계의 차이를 비대칭적으로 생각하도록 강제했다. 이런 역사적 맥락에서 인간 개인은 사실적 차원으로는 처음에 시간적-사회적으로 관련된 특수한 동물종으로서, 그다음에 창조의 걸작과 목적으로서, 마지막으로 세계와 관련된 살아 있는 개인으로서 표시되었다. 사실적 차원과 사회적 차원의 분화는 세계와 나의 지평의 무한성에 대한 성찰을 통해 '이해'를 체계와 환경, 나〔자아(ego)〕와 너〔타자적 자아(alter ego)〕의 차이와 연결시켰다.

루만의 자기준거적 체계이론은 20세기 들어 새로운 정보소통기술이 관찰자의 위치를 사소한 것으로 만들어버리는 세계에 대한 가장 설득력 있는 이론으로서 미래의 학제 간 융합을 이끌어갈 것으로 기대된다. 전자 매체는 상호작용과 지각을 통해 도달할 수 없는 것에서조차 소통을 통해 사건의 동시성을 산출한다. 루만에 따르면, 이런 세계는 더 이상 사물들의 총합도 아니고 채워져야 할 무한성도 아니며, 다만 의미를 기반으로 하는 모든 체험의 전체 지평일 따름이다. 이런 맥락에서 루만은 "처음에 정체성이 아니라 차이가 있다"고 차이-구성주의 인식론을 선언한다. 왜냐하면 차이만이 정보 가치를 주고, 그로써 질서의 구축이 가능하기 때문이다. 그리하여 의미의 분해는 단순히 차이뿐만 아니라 세 가지 차원의 의미 차이들로 분해된다. 그렇게 해서 의미의 지시 구조는 대상이든 인물 혹은 집단을 포함하는 주제이든 이것과 다른 것의 차이, 즉 내부와 외부의 이중 지평으로 연장되는 후속 작동을 가능케 한다. 즉, 이것은 의미의 확정이 일어나서 다른-것이-아닌-이것이 된다. 또한 시간적 차원에서 실재를 해석하는 의미의 지시 구조는 모든 사건을 이전과 이후의 차이, 즉 과거와 미래의 이중 지평으로 연장되는 후속 작동을 가능케 한다. 어떤 변화이든 현재에서 경험되기 때문에 현재는 변동과 지속의 차이로서 양극화된다. 의미의 역사는 현재의 사건을 과거의 작용으로서 혹은 미래의 원인으로서의 단순한 연속이 아니라 연속을 해제시킨 현재적 과거나 현재적 미래이다. 즉, 미래는 의미의 확정이 일어나서 과거-있는-현재의 미래가 된다. 나아가 사회적 차원에서 모든 대상이든 인물을 포함하는 주제이든 각기 자아로 그리고 타자로 기능하는 차이, 즉 인칭대명사인 나와 너의 이중 지평으로 연장되는 후속 작동이 가능하다. 즉, 타자는 자아-인-타자가 된다. 결론적으로 사실적 차원에서는 확정성과 불확정성의 문제가 일차적인 대립이고, 시간적 차원에서는 가역성(=구조)과 비가역성(=과정)의 문제가 대립하고, 사회적 차원에서는 합의와 이의의 문제가 대립하기 때문에 이것들을 주체에 귀속시키거나 상호주관성의 주관적 구성이론으로 해결하려는 시도는 실패할 수밖에 없는 것이다.

자기준거적 체계이론의 분석적 장점은 기능적 분석 방법과 결합해 기능적 등가성을 관찰해 대안을 제시하는 데 있다. 여기서 기능적 분석은 구조기능주의자인 파슨스가 제안했던 것처럼 해당 사회체계의 작동 현상을 내적 구조의 유지라는 방법론적 관점에서 기술하거나 그 구성 요소들의 작동이 구조 유지에 기여하는 방식을 분석하는 것이 아니다. 자기준거적 체계이론과 연계된 기능적 분석은 체계의 상태이든 사건이든 주어진 것을 문제 관점과 관련지어서, 그 문제가 이런 식 혹은 다른 식으로 해결될 수 있음을 이해하고 추체험할 수 있도록 기능적 설명을 하는 데 있다. 그렇다고 해서 이런저런 문제 해결 방법들을 찾아내고, 그 기능적 등가물들 간의 관계를 규명하지 않은 채 열거만 한다는 의미는 아니다. 루만이 제안하는 기능적 설명은 임의적 방법이 아니라 다른 가능성에 대한 질문, 즉 문제 관점을 추가해서 기능적으로 가능한 것을 확장하고 제한하는 데 있다. 기능적 설명은 기존의 인과적 관계를 다른 인과적 관계들과 비교해서 기존의 것과 다른 문제 해결 방식을 관련짓는 작업을 말한다. 기능적 분석은 기능적 등가물을 규명하는 작업과 배제하는 작업을 다 같이 실행한다.

기능적 분석의 성공 여부는 연구자가 문제와 가능한 문제 해결의 관계를 어떻게 특수화할 수 있는가에 달려 있다. 즉, 문제를 어떻게 구성하느냐에 달려 있다. 적어도 문제의 구성은 단순히 체계의 존속이나 안정성을 문제로서 제기하는 것이 아니라 자기준거적 체계이론의 주제들인 체계와 환경의 차이, 복잡성, 자기준거성, 가역성(=구조)과 비가역성(=과정) 등의 시간적 조합을 통해 더 나은 분석 가능성이나 비교 가능성을 추론하는 데 있다. 이런 맥락에서 기본적인 문제는 소통의 어려움이므로, 기능적 분석은 이중의 관점에서 특수한 형태를 가진다. 기능적 분석은 우선 잠재적인 구조와 기능을 밝히는 데 있으며, 둘째로 알려진 것과 친숙한 것, 즉 명시적인 구조와 기능을 다른 가능성의 맥락으로 옮기는 데 있다.

6. 한국 사회에서 루만의 매력

한국 사회를 비롯한 비서구 사회에서 루만의 자기준거적 체계이론이 가지는 매력은 비서구 사회에서 일어나는 사회적 분열을 제대로 파악하기 위해서는 "지구상에 오직 단일한 세계사회만이 있다"(루만, 2012: 191)는 사실을 사회이론의 구성에서부터 고려해야 한다는 역설에 있다. 근대화 과정에서 일어나는 사회적 분열은 지역적으로만 주어져 있어서 매우 상이한 유형을 낳는 조건들이 기능적 분화를 방해하기 때문이라는 것이다. 이 사회적 분열은 바로 모든 기능체계의 작동이 세계사회를 배경으로 한다는 사실의 증거가 된다. 세계사회에 대한 개별 국가들의 참여 및 의존성의 차이가 주변부 국가들에서 기능체계들의 영향들을 서로 결합하고 강화하고 방해하며 정치, 경제, 법, 교육, 과학 등 기능체계에 포용과 배제의 논리가 작동하는 맥락을 루만은 시대착오적이라고 비판한다. 주변부 국가들에서는 세계사회의 발전 수준에 적응하면서 정치적으로 촉진된 산업화, 그리고 도시화가 진행되고, 토지 소유에 기초한 전통적 신분 구조는 무너지고, 포용과 배제의 극심한 차이로 대체된다. 이에 따라 인구의 상당 부분이 상대적으로 빈곤화되면서 사회 양극화가 심화된다.

루만에 따르면 18세기부터 서구에서 진행된 기능적 체계분화는 근대 인쇄문화에 의한 텍스트의 대량생산으로 구성된 세계사회를 배경으로 했다. 인쇄문화의 발달에 기초해 시민혁명, 산업혁명, 과학혁명, 종교개혁, 기술혁신 등은 어느 지역에서 변화의 돌파구를 먼저 열었는가와 상관없이 세계사회의 보편적인 것이 되었다. 그리고 여기서 세계시민 의식이 생겨났다. 대부분의 학자들이 국민국가에 여전히 중심 역할을 부여하고 지구적 체계를 사회로 인정하기를 거부하는 반면에, 루만은 각 국가의 영토적 경계는 더 이상 결정적 역할을 하지 못한다고 지적한다. 루만은 모든 소통에 이미 세계사회가 함축되어 있고, 구체적인 주제나 소통 참여자들 간 공간적 거리와 전혀 상관없이 그러하다고 말한다. 세계화와 함께 점점 더 광범위한 소통 가능성이 전제되고, 영토적 경계에 고정되지 않는 일반화된 상징적 소통 매체들이 항상 사용된다. "복수의 세계는 사회체계들 사이에 소통을 통한 결합이 없을 경우에만 생각할 수 있겠지만, 우리가 살고 있는 현대사회는 무엇이 소통으로 실현되는가에 따라 마치 맥박이 뛰면서 성장하고 수축하는 세계사회를 가정할 수밖에 없게 한다"(루만, 2012: 103)는 것이다.

세계사회의 존재를 뒷받침하는 논거는 수없이 많다. 한국에서 훈련받은 전문의의 의료기술은 지구적으로 탁월한 실력을 인정받고 있으며, 해외 방문 환자의 범위도 러시아, 중국, 동남아 등지로 확산되고 있다. 경제는 영국의 유럽연합 탈퇴〔브렉시트(Brexit)〕 결정이 즉시 한국의 주식 시장에 영향을 미칠 정도로 하나가 되었다. 한국의 경제 상황은 중국, 일본, 미국 등 주요 교역 국가의 경제 상황과 밀접하게 연계되어 작동한다. 미국 대통령 선거의 진행 과정에 대해 한국뿐만 아니라 세계 각국이 민감한 반응을 보일 정도로 정치 또한 연계되어 작동한다. 미국 고도미사일방어체계(사드)의 한국 배치 결정은 바로 중국의 경제보복 위협으로 연결된다. 이런 자기준거적 체계이론에는 다양한 영역으로 분열된 세계를 변증법적으로 통합시키는 헤겔(F. Hegel)의 세계정신 같은 것은 없다. 또한 루만은 정치에서 전능한 조종을 기대하는 비판이론의 환상과도 결별하고 담론윤리의 자제를 요구한다. 선과 악의 작동은 선이 정말 선한 것인지 알지 못하며, 도덕은 궁극적인 논증일 수 없기 때문이다. 비체계적인 수다를 늘어놓는 철학적 에세이가 사람들의 사고와 행동에 영향을 미치던 시대는 지나갔다.

20세기 들어 전자 매체의 추진력은 지구적 소통이 일상적 삶에서 실현될 수 있는 조건을 형성한다. 텔레비전과 원격통신, 컴퓨터와 클라우드 컴퓨팅, 인터넷과 월드와이드웹, 스마트폰과 와이파이, 페이스북과 카카오톡 등 전자 매체는 사람들이 어떤 것을 보는 위치를 사소한 것으로 만들어버린다. 전자 매체의 발달은 다른 곳에서 일어나는 사건들을 동시에 보는 것을 가능케 한다. 지구적으로 작동하는 연결망은 전자 매체의 기술적 발명에만 국한되는 것이 아니다. 가령 특수한 주제에 한정되긴 하지만, 공간적 제약 없이 작동하는 것은 의료 분야도 마찬가지이다. 정치, 경제, 법, 과학, 교육, 예술, 종교 등 어느 기능체계도 작동하는 데 공간적 제약을 받는 일은 더 이상 없다. 나아가 이동 가능성과 소통 속도의 증가는 공간 체험이 장소 연관에서 운동 연관으로 전화되는 계기가 된다. 이에 따라 세계사회는 지각과 소통이 이를 수 있는 모든 것이 된다. 이제 세계사회에서 공간은 중요하지 않다. 장소와 공간적 경계는 매우 구체적이지만, 전용이라는 의미에서의 입지와 위치는 사소한 것으로 사라진다. 세계 인구의 절반 이상이 인터넷 연결망이 구축한 상호 연결된 세계에 살고 있다. 이 세계사회는 세계국가를 필요로 하지 않는다. 정치든 경제든 과학이든 교육이든 기술이든 단일한 중심이라는 것은 그 의미를 상실한 지 오래다. 다중심적이 되거나 탈중심화가 일어나고 있다. 루만은 이것들을 계층적 분화에 대한 기능적 분화의 우선성으로 설명한다. 그는 계층적 분화 혹은 계급 분화 개념을 중세 신분제 사회의 자기기술을 현대사회에 투사한 진부한 구상으로 간주한다. 현대사회에서는 기능적 분화에 따라 계층적 분화나 분절적 분화도 일어나는 것이지, 그 역은 아니라는 것이다. 경제체계에서는 직업 유형, 소득 격차, 생활양식, 소비 패턴 등의 상대적 위치에 따라 계급의 분화가 일어나지만, 정치체계에서는 절편적으로 분화된 국가들이 세계화와 지역화의 협공으로 독립성과 자치 능력도 유지하면서 회원국으로서 지구적 협치(governance)도 이룬다.

루만은 사회적 체계의 작동에서 공간이 의미를 상실하면, 그 대신 시간이 더욱 중요해진다는 사실을 애초에 간파했다. 텔레비전, 컴퓨터, 인터넷, 모바일폰 덕분에 우리는 "지구의 곳곳에서 지역 시간에 상관없이 모든 다른 장소에서 사건의 동시성을 만들어낼 수 있다. 그리고 지구적으로 즉각적으로 소통할 수 있다(루만, 2012: 182)." 이전의 공간적이며 물질적이며 위계적인 세계 질서의 안정성은 정보 흐름의 역동성 속에서 해체된다. 19세기 이래 지구의 시간대 구분이 지역 시간들의 환산 가능성을 보장했지만 세계 시간이 실현된 것은 현재이다. 대중매체는 정보와 비정보의 차이를 끊임없이 생산하고 폐기하고 다시 재생산하면서 세계 도처에서 24시간 내내 소통의 속도와 역동성을 자극한다. 현재는 과거와 미래 사이의 단순한 전환 시점일 뿐이다. 그 자체가 지속성을 가지고 있지 않다. 그래서 현대사회에서 우리는 시간이 없다. 과거와 미래의 구별은 세계사회를 관찰하는 중심 도식이다. 전체적인 생각, 행위와 소통은 시간 차원의 우위에 쏠린다. 이것은 현대사회가 지금까지 전혀 존재한 적이 없던 미지의 세계를 향해 나아간다는 뜻이다.

마지막으로 세계사회는 시간의미론이 과거로부터 미래로 이동하는 데서, 즉 정체성으로부터 우연성으로 이동하는 데서 자신의 운명을 자기 안에서 타결해 내야 한다는 불가항력적인 증거를 얻는다. 이는 경제적 관점이든 기술적 관점이든, 생태학적 관점이든 인간적 관점이든 지역적 차이는 세계사회에서 해결해야 한다는 의미이다. 20세기 후반 전자 매체는 시공간의 제한을 받지 않는 확산 매체로서 탈중심화된 세계사회를 실현시키고 있다. 이 탈중심화된 세계사회에서 세계화와 지역화 사이에 긴장이 발생한다. 이렇게 된 원인은 세계사회가 목표, 규범 혹은 지침을 정해 놓고 그것들이 지역에서 준수되는지를 검사하고, 경우에 따라 교정 조치를 내리는 방식으로 자신을 조종하는 것이 불가능하기 때문이다. 루만은 세계사회의 지역적 분화가 일어나더라도 세계사회체계의 동일성은 그대로 유지된다는 전제에서, 세계사회체계의 지배적 구조에 참여하는 정도의 차이로부터, 그리고 그런 구조들에 대한 반응으로부터 지역적 차이들에 대해 설명한다. 다시 말해 세계사회체계가 여러 중심들에서 변동을 산출하면서, 이 변동이 지역에서 다양한 자기조직화의 필요성을 낳는다는 것이다.

2016년 6월 24일 한국사회체계이론학회가 출범하면서 1대 학회장으로 필자가 선출되었다.[2] 그것은 6월 20일부터 24일까지 5일간에 걸쳐 성균관대학교에서 치러진 '루만위크'의 마무리 행사로 준비되었다. 루만위크에서는 사회학, 정치학, 경제학, 법학, 신학, 불교학, 문학, 신문방송학, 역사학, 기호학, 여성학, 체육학, 인공지능 등 15개 분야에서 활동하던 자기준거적 체계이론의 전문가들이 자신의 연구 주제를 중심으로 루만의 자기준거적 체계이론을 소개하는 대중강연을 했다. 매 강연마다 일반인들도 다수 참여했지만, 5일 동안 꾸준히 상호 토

---

2 사회체계이론학회의 출범은 강희원(경희대), 김동휴·김미경(광주대), 김성재(조선대), 김형래(한국외대), 유승무(중앙승가대), 박여성(제주대), 박충식(유원대), 서송석(한국외대), 서영조(동의대), 송영섭(몸살림), 송해룡(성균관대), 송형석(계명대), 심지원, 안성준(김&장 법률사무소), 유권종(중앙대), 유근춘(한국사회정책연구원 선임연구위원), 이철(동양대), 임진수(정의당), 전동열(홍익대), 전명산, 전철(한신대), 정광진(빌레펠트대), 조정혜(갈등연구소), 한부영(지방행정연구원) 등 다양한 분야의 연구자들(가나다순)의 헌신적 노력이 이뤄낸 성과이다.

론을 이어간 분들은 그동안 학회 창립을 위해 노력한 대학과 연구소의 학자들이었다. 만일 이분들의 헌신적인 노력과 과학적 열정이 없었다면, 루만위크도 학회도 구체적인 형태를 갖추기는 어려웠을 것이다. 독일 유학생 시절부터 루만의 자기준거적 체계이론을 연구했던 분들도 있었지만 한국에서 루만의 이론에 우회적으로 접근한 분들이 다수였다.

과거 루만의 이론을 연구하는 학자들이 학회를 만들자는 움직임이 없었던 것은 아니다. 1990년대 말에 독문학자가 중심이 되어 구성주의 문예학의 맥락에서 루만의 자기준거적 체계이론을 연구하자는 움직임이 일었다. 그러나 필자 역시 그때는 학회 출범의 요구에 선뜻 응하지 못했다. 무엇보다도 국내 사회학계가 루만의 사회이론에 우호적이지 않았다. 1960~1970년대 미국 유학파들이 사회학계의 중진으로 다수를 점하고 있는 상황에서 루만의 사회이론은 미국에서처럼 파슨스의 구조기능주의 아류로 취급받았다. 그들은 서구 고전사상사와 논쟁을 벌이고 학제적 융합을 시도하는 사회이론을 사회학으로 간주하지 않았다. 하지만 그동안 사회학계도 루만의 사회이론이 가진 설명력과 학제 간 융합 능력에 관심을 가질 만큼 변화했다. 이는 사회이론이 사회에 의해 기술되고 설명되는 사회에서 생기는 순환적 산물이기 때문일 것이다.

루만의 자기준거적 체계이론에 대한 관심이 고조된 것은 다양한 과학 분야에서 여러 전공자가 한국에서의 수용 가능성을 타진하는 시도들을 했기 때문이다. 세계화와 지역화의 차이는 지역적으로 조건화된 국가에서 비로소 가시적으로 드러나기 때문에 그것을 파악하고자 하는 의지의 발로가 학회로 모습을 드러낸 것이다. 비록 정치체계는 개별 국가들을 독립된 단위로 보는 것을 더 이상 허용하지 않지만, 다양한 기능체계의 작동은 한 국가 내에서 관찰이 가능하기 때문이다. 기능체계들은 끊임없이 영토적 경계를 넘어설 뿐 아니라 세계사회는 원격통신, 인터넷 등을 통해 모든 작동과 사건의 동시성을 실현시킨다. 이 동시성은 인과적으로 통제할 수 있는 것이 아니기 때문에 효과에 대한 통제는 불가능하다. 그래서 루만은 비서구 사회의 학자들에게 지역화도 세계사회의 완전한 실현으로부터 출발할 수밖에 없음을 인정할 것을 충고한다. 공산주의 국가의 붕괴는 바로 지역적 단위들이 세계사회의 영향을 결코 이겨낼 수 없음을 보여주는 산 증거이다.

자기준거적 체계이론의 매력은 이처럼 지역적 차이들이 작용할 수 있는 출발점으로 기능적 분화의 조건을 전제한다는 데 있다. 물론 기능적 분화의 우선성이 원리적으로 자기실현이 보장된다는 의미는 아니다. 오히려 세계사회의 층위에서 관철된 기능적 분화가 비서구 사회인 주변부 국가에서 지역적 조건화를 위한 조건을 부과하는 선행 구조로 작동한다는 말이 맞다. 지역적 특수 조건들은 기능적 분화를 촉진할 수도 있고 방해할 수도 있다. 루만은 근대화 과정에서 기능적 분화가 지배적인 조건에서 기능체계들은 바로 합리적 선택 방식이 차이를 강화하는 쪽으로 작용한다는 점을 언급한다. 근대화의 진전에 따라 경제체계에서는 초국적 기업들이나 투자펀드들이 변동을 일으키고 지역은 세계경제에 의존하게 된다. 지역에서 세계경제는 생산과 판매, 노동과 신용의 측면에서 영향을 미친다. 이미 재산과 소득이 많은 부자는 더 쉽게 대부를 받아 부를 더 많이 축적한다. 정치체계에서는 냉전체제로 대변되던 초강대국인 미국과 소련의 지배적 위치가 무너지고 이 변동이 유럽연합(EU), 동남아시아국가연합(ASEAN) 등 지역적 단위들의 협치로 나타난다. 특히 국민국가들은 세계사회에서 변동을 이용하면서 지역적 이해 관심을 대변하고 강화하려 한다. 국가들은 국제금융시장에서 지역에 대한 투자 자본을 두고 경쟁을 벌인다. 과학 연구의 중심에서 그때그때 최신 정보들을 접하면서 작업하지 않는 지역의 학자들은 세계 학계와의 연결점을 잃어버리고, 기껏해야 다른 곳에서 이미 연구된 것을 뒤늦게 접할 수 있을 따름이다. 종교체계에서는 개별화된 개인에게 매력적인 믿음과 실행 풍조의 변동을 일으키고 이 변동이 지역에서 보수적인 정치적 힘과 동맹하여 공격적이고 신념에 찬 종교적 근본주의의 흐름을 낳는다.

세계사회에서는 이처럼 중심부와 주변부의 차이가 관철되고 있으며, 어느 지역이 중심부이고 어느 지역이 주변부인가는 유동적이다. 비록 세계사회가 매우 천천히 변화하는 경향이 있긴 하지만, 무게 중심의 이동은 언제나 일어날 수 있다. 루만은 각 지역이 그때마다 고유한 전통을 발명하거나 재구성하는 것은 세계사회적 현상이라고 보고, 그것을 현대사회의 비교 가능성에 대한 반작용으로 간주한다. 전통사회에서 현대사회로 이행할 때 전통에 기초한 구조들이 유리하게 작용할 수 있는 다양한 지역의 조건들이 있다. 세계사회는 지역이 스스로 전통에서 세계화를 촉진하는 계층, 조직, 노동 의욕, 종교적 덕목(예컨대 유교의 권위에 대한 순종, 검소, 근면, 성공 지향성) 등을 선별해 내도록 강제한다. 그 결과 이제 지역에서 토착적 조건에 기초한 삶의 질서는 가시적으로 드러나지 않는다. 하지만 세계사회의 구조적 여건과 기능적 분화의 작동 방식은 지역적·지리적·문화적 특수 조건들과 만나면서 상이한 효과들을 생산해 낸다. 가령 가족적 충성에 기반을 둔 유교적 덕목은 경제체계의 경계를 넘어 비공식적 관계 형식으로 경제와 정치의 분화를 촉진할 수도 있다. 하지만 정치가 개입해 노사 관계를 조종할 경우 그러한 경제적 관계를 방해할 뿐이다. 나아가 정치의 개입은 법체계의 자기생산을 방해할 수도 있다. 이는 정치체계가 스스로 부패의 길을 걷는 선행조건이 될 수 있다.

이런 맥락에서 포용과 배제의 차이는 주변부 국가에서 심각한 결과를 낳는다. 왜냐하면 포용과 배제의 차이는 세계사회의 기능적 분화를 통해 유발된 것이면서도, 이것이 지역에서 기능적 분화의 조건들이 형성되는 것을 방해하기 때문이다. 주변부 국가는 세계경제에서 경쟁력을 확보하기 위해 국가의 발전 정책을 추구할 때 특히 포용과 배제의 차이가 심화된다. 그 차이는 세계시장을 겨냥한 대량생산을 택하면서도 지역 시장이 발달하는 것을 막는다. 그래서 주변부 국가는 세계경제의 경기변동에 취약한 수출 의존적인 경제를 갖게 된다. 또한 그 차이는 노동자, 실업자, 장애자 등 시민의 상당 부분이 법체계에 포용되지 않는 것으로 이어진다. 외국인 노동자도 경제적 이유 때문에 이주운동이 강제된 탓으로 법체계에 포용되지 못한다. 이렇게 되면 법체계의 합법과 불법 약호는 관철되거나 관철되지 않거나, 아니면 매우 제한적으로만 관철될 수 있다. 그러면 시민들은 헌법을 비롯한 법 프로그램이 어떤 것은 합법이고 어떤 것은 불법인지를 실제로 규제할 것이라고 신뢰할 수 없게 된다. 그러한 규제가 상당 정도 이루어지긴 하겠지만, 법질서는 포용과 배제의 차이에 따라 상이하게 작동한다. 정치 집단과 기업에 유리하게 이루어진다. 헌법조차도 집권자들의 권력 의지에 따라 개헌이 이루어진다. 이것은 정치가 화폐와 법을 단지 제한된 의미에서만 정책 수단으로 사용한다는 것을 의미한다. 정치적 문제가 법 문제와 엄격히 구분되지 않는다.

포용과 배제의 차이는 학교와 대학의 교육도 삶의 현실에 대비한 준비를 하기 어렵게 만든다. 교육 내용은 추상적인 것에 머물고, 상당 부분 선진국의 모범에 비추어 정당화된다. 그런 탓에 학교교육은 창의성보다 암기와 반복 학습에 치우쳐 기업이 원하는 지식이나 기술을 가르치는 산업예비군 양성소가 되었다. 또한 학교교육 초기의 작은 성취도 차이는 이후 중등교육과 고등교육의 진행 과정에서 강화되도록 작용한다. 이에 따라 사교육이 대학 진학을 위한 필수적인 준비교육 형태로서 학부모에게 비용 부담을 과중시키며 입시 경쟁의 불공정 요인으로 등장해 있다. 사회과학은 이런 것들을 계층화로 설명하면서 정상적 사회질서로 간주하기도 하고, 국가 중심의 발전 정책을 정당화하기도 한다. 다시 말해 과학과 기술은 수출 의존적인 경제의 경쟁력을 강화하는데 기여한다.

이처럼 세계사회적으로 작동하는 기능체계들의 보편주의는 온갖 종류의 지역적 특수주의를 배격하는 것이 아니라 오히려 자극한다. 세계사회가 기능체계들의 구조를 쉽게 변화시키는 경향은 오히려 토착적인 결속력을 통해 보상된다. 이점 공유, 미래 보장, 보직 선발(취업 청탁 포함), 영향력 행사 전략들은 여러모로 혈연(혼맥)·학연·지연 등 특수한 연고를 바탕으로 한 직간접적인 개인적 추천의 연결망을 따른다. 이들 포용과 배제에 따른 사회적 분열이 한국 사회의 다양한 영역에서 민주주의, 평등 혹은 재분배를 위한 노력들과는 완전히 다른 종류의 혼란을 유발하고 있다는 것은 분명하다.

자기준거적 체계이론의 장점은 사회이론의 연구 대상을 전체 사회로 확장해 다른 과학 분야들과의 학제 간 융합을 활성화시키는 데 있다. 이런 학제 간 융합이 자기준거적 체계이론의 구상과 개념들에 기초해 어떤 과학 분야에서 지식의 융합을 통한 역동성을 추동해 낼지는 온전히 우리 후학들의 손에 달려 있다. 물론 자기준거적 체계이론은 기존의 접근법과는 다른 접근법을 통해 새로운 성과를 창출하는 것을 넘어서 사회에 다른 변화 가능성을 제시하는 것을 목적으로 한다. 이제 후학들의 과제는 기존의 사회학에서 다루던 주제들을 자기준거적 체계이론의 개념 도구와 기능적 분석을 결합시킨 설명 방식을 통해 새롭게 재구성해서 사회에 다른 변화 가능성을 제시하는 일이다. 이러한 재구성 작업은 노력한 만큼 한국 사회의 다양한 영역에서 일어나는 사건들과 현상들에 대해 새로운 의미를 부여하고, 그를 통해 다른 변화 가능성을 열어낼 것으로 기대한다.

한국의 사회과학자들이여, 루만의 자기준거적 체계이론을 받아들이는 것을 두려워하지 말라!

참고문헌

루만, 니클라스(N. Luhmann). (2007). 『사회체계이론』. 1~2권. 박여성 옮김. 한길사〔Niklas Luhmann. (1984). *Soziale Systeme: Grundriß einer allgemeinen Theorie*. Suhrkamp: Frankfurt a.M.〕.

루만, 니클라스(N. Luhmann). (2012). 『사회의 사회』. 1~2권. 장춘익 옮김. 새물결〔Niklas Luhmann. (1997). *Die Gesellschaft der Gesellschaft*. Vol.1 Vol.2. Suhrkamp: Frankfurt a.M.〕.

World Bank. (2007). *World Development Indicators*. New York: Oxford University Press.

제1부

이론

제 1장

의미처리 사건으로서의 소통과 형식으로서의 의미론*

사회와 문화의 통합 프레임

이철 | 동양대학교 경찰범죄심리학과

1. 문화와 사회, 구조와 사건

주류 사회학은 사회를 중립적으로 관찰할 수 있는 기본 개념들을 아직 갖추지 못하고 있다. 주류 사회학을 삼분하는 행위사회학, 구조사회학, 상호작용론은 행위, 구조, 상호작용을 단순히 전제하는 데서 출발한다. 어떤 관점도 자기 출발점의 유래를 설명하지 못한다. 또한 이 관점들은 모두 문화 개념에 전권을 내어준다. 행위의 미시 차원, 상호작용의 중간 차원, 구조의 거시 차원은 모두 초차원의 가치, 이념, 규범의 지배를 받는다. 이때 문화 개념은 이러한 주도적인

---

* 이 글은 『사회와이론』, 29집(2016)에 실린 글을 소폭 수정한 글이다. 이 글은 또한 2016년에 출범한 한국사회체계이론학회의 노진철 회장이 주관한 『사회적 체계들(soziale systeme)』 번역본 초벌에 대한 강독회에서 많은 사고의 단초를 얻었다. 이 글과 문제의식을 공유하는 작업으로는 이철, 「소통, 사회구조와 의미론: 코젤렉의 개념사 연구의 대안으로서 루만의 의미론」, ≪개념과 소통≫, 12호, 309~343쪽이 있다. 이 연구는 소통과 사회구조 및 의미론의 관계들을 전체적으로 조망한 반면, 이 글은 기존의 사회 개념과 문화 개념에 대한 대안으로서, 소통과 의미론의 관계에 집중할 것이다. 이 글은 또한 루만의 인식론적 토대에 기초하여 논의를 전개한다. 그래서 두 글을 함께 참조하면 루만 사상의 요체에 접근하는 데에 도움이 될 것이다. ≪현상과 인식≫ 2016년 가을호에 실린「작동이론의 인식론적 장점들: 니클라스 루만의 자기생산체계이론의 보기에서」는 가장 근본적인 논의를 다루고 있다.

지위를 — 과학적인 정의와 다른 개념과의 관계 분석이 아니라 — 개념의 문화적인(?) 함의에 근거하여 확보한다. 사회와 문화에 관한 이러한 개념의 부재 문제는 사회학이 방법론적 원칙을 과학 이론에 의존하는 한 해결하기 어렵다. 관념론과 실재론 또한 전제되었고, 그래서 관념과 실재의 유래를 설명하지 못하기 때문이다.

문제의 실마리는 관념론과 실재론의 이전을 파고들어, 중립적인 출발점을 발견할 때에야 비로소 모색할 수 있다. 독일의 사회학적 체계이론가인 니클라스 루만은 바로 이런 정도의 근본적인 발상에 기초하여 이론을 구축했기에, 이 문제에 대한 해법도 제안하고 있다. 루만은 구조/사건에서 출발한다. 여기서 사건은 과정을 실행시키기 때문에 구조/과정에서 출발한다고 할 수도 있다. 구조와 사건 또는 과정을 여기서 "/"으로 연결하여 표현한 것은, 그 둘이 동시적으로 발생하며 상보적으로 작용한다는 것을 뜻한다. 즉, 구조는 사건(과정)에 대해 구조이며, 사건(과정)은 구조의 작용을 현재화시킨다. 서로가 서로를 상대화한다. 그 둘 가운데 어떤 것도 독자적인 출발점으로서 기능하지 않는다. 그 둘은 이론적으로 대등한 지위에 있다.

이러한 특이한 설정은 루만이 — 실체이론이나 관계이론이 아니라 — 발생하자마자 사라지는 사건이론을 구상한 것과 맥을 같이 한다. 루만은 사건을 요소로 취한 후, 자기이론을 유지하기 위해 후속 사건이 발생하는 기제를 설명할 수 있어야 한다. 루만은 사회적 체계이론의 맥락에서 소통의 발생과 이어짐을 설명해야 하는데, 특정한 구조의 조건하에서 소통이 발생한다는 논리를 가지고 이 문제를 해결한다. 소통은 사회적인 진공 상태에서는 발생할 수 없다. 소통이 발생하려면 두 심리적 체계들, 음성이나 시각 기호가 인지될 수 있는 조건들이 필요하다. 이 조건들이 소통에 대해 구조로 작용한다. 그런데 소통이 발생하면 소통된 것, 즉 말해진 것(또는 읽힌 것)이 남는다. 이렇게 남겨진 것은 후속 소통(이나 추후의 소통)을 발생시키는 구조로 작용한다. 그래서 후속 구조/후속 소통이 발생할 개연성이 높아진다.

이러한 구조/사건 반복의 관점에서 소통을 분석하면, 한편으로는 의미를 처리하는 소통 사건과, 다른 한편으로는 그 소통을 통해 처리된 의미 형식에 유의하게 된다. 여기서 "사건"이란 다른 것으로부터 자신을 구별하는 작동이며, "형식"이란 다른 것으로부터 자신이 분리된 상태이다. 자기, 다른 것, 경계의 세 가지만 있으면 "형식"으로 부를 수 있다. 그래서 사건은 형식을 발생시키며, 그렇게 생성된 형식은 "흔적"으로서 남는다. 소통의 경우에 소통 사건은 다른 것으로부터 소통 자신을 구별하는 작동이다. 소통은 "말해진 것" 또는 "기록된 것"의 흔적을 남긴다. 이런 식의 사건/형식, 소통/결과의 반복이 사건/구조 또는 구조와 과정 프레임을 구축한다.

소통 사건과 의미 형식들은 항상 동시에 발생하며 상보적으로 작용한다. 소통 사건은 이미 생성된 의미 형식들(흔적들)의 제한을 받는 반면, 의미 형식들은 소통 사건에 의해 생성되며 소통에 의해 재생되는 한에서 유지된다. 이러한 소통의 반복을 통해 특정한 의미 형식들이 공고화되는데, 루만은 이러한 형식들을 "의미론"(Semantik)이라고 부른다. 우리는 한편의 의미처리 사건으로서의 소통과 다른 한편의 의미 형식으로서의 의미론을 갖게 된다. 루만은 바로 이 "의미론" 개념을 "문화(Kultur)" 개념의 대안으로서 제출한다.

루만의 작동이론에서 구조와 과정, 또는 사건과 형식은 근본적인 개념이다. 루만은 초기 저작에서부터 한편의 사건들과 다른 한편의 형식들을 중심으로 이론을 구축하고 있다. 루만의 또 다른 프로젝트인 『사회구조와 의미론』 또한 사건들의 총체와 형식들의 총체를 대비시키는 데서 출발한다.

> (의미를 현재화하는 체험과 행위 사건들의 총체와는 달리), 〔의미 기대의 반복이라는〕 기능을 위해 사용될 수 있는 사회의 형식들의 총체를 사회의 의미론이라고 … 부를 것이다(Luhmann, 1980: 19, 원문 강조).

사건과 구조, 소통과 의미론은 서로 맞물려 있다. 소통은 의미론을 생산하며,

표 1-1 루만 작동이론의 기본 구도

과정	사건	소통	사회	동학	역동성(과정성)
구조	형식	의미론	문화	정학	안정성

의미론은 소통을 용이하게 한다. 의미론은 소통에 대해 구조로서 작용하며, 소통은 의미론을 그때그때 현재화하면서 재생한다. 그 둘은 그러한 조건에서 각자 사회의 동학과 사회의 정학, 즉 사회의 역동적인 측면과 사회의 안정적인 측면을 담당한다. 여기서 역동성 또는 과정성과 안정성은 그 자체로서 절대적인 변수가 아니라, 서로에 의해 상대화된 변수이다. 그 둘은 실행되는 모든 순간 변화될 수 있고, 그러한 변화가 반복되면 새로운 방식의 소통과 의미론이 굳어진다. 지금까지 논의한 개념 쌍들은 〈표 1-1〉 루만 작동이론의 기본 구도와 같이 정리할 수 있다.

이 글은 문화/사회 개념의 대안으로 제시된 소통/의미론 개념의 골자를 소개하고, 그 효용을 분석하고자 한다. 이어지는 2절에서는 구조/사건 프레임에서의 작동이론적 관찰이론이 실재론이나 관념론, 구조나 행위 또는 상호작용 가운데 어떤 것도 전제하지 않는 데서 출발하며, 그럼에도 개념의 경험성을 확보하고 있다는 점을 먼저 밝힐 것이다. 이러한 인식론적 토대를 갖춘 다음, 3절에서는 — 기존의 사유에서처럼 주체가 세계로부터 의미를 끌어내는 것이 아니라 — 의미와 작동의 공동 작용 결과 세계로부터 의미를 끌어내는 작동이 이루어진다는 것을 분석하겠다. 세계-주체-의미의 구도는 세계-의미-의미체계들로 바뀐다. 4절에서는 이러한 사건-형식 프레임을 가지고, 인간의 역사를 소통과 의미론 분화의 역사로 파악한 체계이론적 역사사회학의 요지를 살펴보겠다.

2. 구조/사건 프레임에서의 작동론적 관찰론

"구조/사건" 프레임은 "구조/과정" 프레임과 같은 의미이다. 여기서 과정 개념은 동어반복적으로 들리는 기든스의 "구조화(structuration)" 개념과 좋은 대비가 된다. 루만은 "구조화"라는 불분명한 개념 대신 "과정"을 사용한다. 앞서 말한 것처럼, 구조와 과정은 동시에 발생하며 상보적으로 작용한다. 구조/과정 프레임이란, 특정한 사건의 발생을 용이하게 하는 구조와, 그러한 구조를 작동을 통해 변환시키는 특수한 사건들의 공동 작용의 반복을 뜻한다. 그래서 구조는 사건의 발생 개연성을 높이며, 사건은 그러한 조건에서 하나의 선택을 실행한다. 즉, 과정을 실행시킨다. 소통을 예로 들면, 이중의 우연성 같은 맥락적 상황이 구조로서 작용한다. 그래서 그러한 구조에 처해 소통이 발생할 개연성은 높아지며, 소통은 그러한 조건에서 하나의 선택을 실행한다. 우리는 낯선 사람과 함께 있어야만 하는 상황에서는 소통을 개시하는 선한 역할을 먼저 하고자 한다. 일단 소통이 개시되면, 그 소통이 만들어낸 맥락(구조)과 후속 소통의 공동 작용이 개시된 소통으로 인해 촉진된다. 소통은 그렇게 이어진다(또는 어떤 이유에서든 후속 소통이 발생하지 않는 한에서, 중단된다). 이런 식의 구조/사건의 반복이 루만이 말하는 체계이며, 이런 식의 소통 사건의 이어짐이 루만이 말하는 사회적 체계이다. 그리고 일반 체계와 사회적 체계는 하나의 공통된 원리에 따라 작동한다(이철, 2016).

그 원리는 체계의 요소인 모든 작동이 관찰 작동이라는 데에 있다. 관찰은 "구별함-그리고-지시함(Unterscheiden-und-Bezeichnen)"이다. 여기서 "구별함-그리고-지시함"에는 특정한 실체가 전제되지 않았다는 점에 유의할 일이다. 양자물리학의 용어로 말하면, 장소가 정해지기 이전에 운동에너지가 관건인 차원이다. 구별함은 구별되는 두 면과 관련되고, 지시함은 그 가운데 하나의 면과 관련된다. 그래서 구별함-그리고-지시함이 실행되면, 〈그림 1-1〉 '두 면 구별함과 한 면 지시함'의 관찰 작동에 그려진 일련의 사태들이 일어난다.

〈그림 1-1〉의 사태는 모든 관찰 작동, 모든 '구별함-그리고-지시함'에서 예외 없이 일어난다. 저쪽 면과 이쪽 면의 구별함 및 이쪽 면 지시함의 실행을 통해, 저쪽 면의 배제와 이쪽 면의 지시가 실행된다. 이 관계를 루만은 간명하게 "구별

그림 1-1 '두 면 구별함과 한 면 지시함'의 관찰 작동

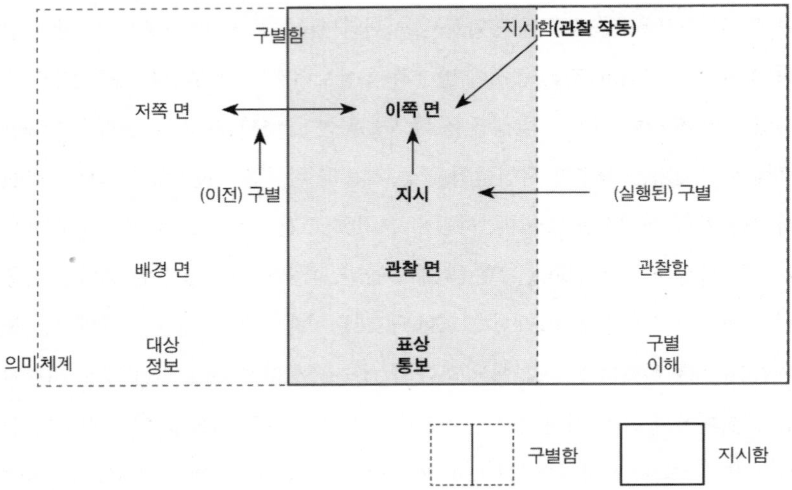

자료: 필자 작성.

과 지시의 구별"이라고 정식화하는데, 이것은 (실행된) 구별이 그 구별 이전에 생성하여 그 구별의 실행을 가능하게 한 저쪽 면/이쪽 면 구별이 아니라, 이쪽 면 지시를 선택했음을 뜻한다. 이것은 시간 관계를 시사한다. 즉, 실행된 구별은 (양면에 관계한) 이전의 구별과 (한 면에 관련된) 현재의 지시 사이의 구별이다. 이전 구별과 이후 구별의 차이가 생기면서, 그 구별은 같으면서 다른 구별이 된다.

이 관계를 정확하게 파악하려면, 일단 실행된 구별, 즉 〈그림 1-1〉의 오른쪽을 관찰 지점으로 잡아야 한다. 오른쪽 관찰함의 입지점에서, 왼쪽 배경 면을 디딤돌로 하여 가운데 관찰 면을 관찰한다는 것이다. 그러면 왼쪽 배경 면이 비가시화되는 조건에서 가운데 관찰 면이 가시화되며, 이렇게 가시화되는 면을 보는 관찰함 자신은 관찰함의 순간에 보이지 않는다. 루만은 이 그림에서 도식화된 설명을 종이 위에 선을 그어 나눈 후 한쪽 면에 점을 찍고 그 면을 보는 실험을 통해 체험해 보라고 했다고 한다.[1] 점이 있는 면을 볼 때는 점이 없는 다른 면을 보지 못한다. 즉, 그 경우 다른 쪽 면이 숨겨지는 조건에서 드러나는 면만 본다.

또한 그 면의 관찰자가 그 면을 보는 순간 관찰자 자신을 볼 수는 없다. 요약하면, 관찰의 순간 숨겨지는 면, 드러나는 면, 숨겨지는 관찰자 자신이 동시에 발생한다.

이것은 비가시화된 내적 구별과 가시화된 외적 지시의, 다시금 비가시화된 내적 구별로 표현할 수 있다. 이 정식화는 모든 관찰 작동에서 예외 없이 일어난다. 그래서 루만은 "하나의 구별을 그리라(Draw a distinction)"는 지침을 내린다. 일단 구별을 실행하면, 실행된 구별을 가능하게 한 이전의 구별이 작용했음을 생각할 수 있다. 그래서 구별은 경험적이다. 그리고 이전 구별과 실행된 구별은 공동으로 시간 차원을 만들고 그 차원에서 이행되었기 때문에, 그래서 같지만 다른 것으로 바뀌었기 때문에 기든스의 동어반복의 문제를 겪지 않는다. 그리고 이러한 구별의 실행은 어떤 것이 다른 것으로부터 구별되는 과정을 거쳐, 그렇게 구별된 결과를 남긴다. 루만은 이것을 스펜서 브라운(G. Spencer-Brown)의 『형식의 법칙들(Laws of Form)』의 논리를 따라 "형식"이라고 부른다. 한 번 더 말하면, 자기, 다른 것, 경계만 갖추면 "형식"이 된다. 그래서 "구조/과정"이 작용한 결과 "사건/형식"의 짝이 남는다. 사건은 사라지면서 "형식"을 남기고, 이 형식은 그다음 순간 후속 사건의 구조로서 작용해 후속 구조/후속 사건의 생성을 야기할 수 있다.

그래서 우리는 – 그것이 관념론이든 실재론이든 – 모든 과학철학의 전제가 있던 자리에 구별을 그려서 동종의 사건 연쇄를 경험적으로 발견하는 방법을 선택할 수 있다. 루만은 존재론 자체를 관찰 작동의 결과 나타나는 것으로 본다. 루만에게 존재론은 비존재와 존재의 구별로부터 존재를 지시하는 선택의 연쇄이다. 실행된 구별이 다른 것으로부터 구별되는 자신을 관찰한다는 것이며, 그러한 관찰이 지속하는 한 존재 또한 지속한다는 것이다(관찰이 비존재를 선택하는 경우, 존재

---

1 점을 재료로 삼는 이 이야기는 1980년대 루만의 수업을 직접 들었던 노진철 교수와 전임 본(Bonn) 대학 총장이었던 위르겐 포어만(Jürgen Pohrmann) 교수에게서 들었다.

는 소멸한다).

루만은 귀납이나 연역 같은 형식 논리적 방법을 따르지 않고, 이러한 추상적인 자기생산체계 개념을 채우는 경험적인 사례들을 탐색하는 전략을 취한다(루만, 2014: 1042). 그 결과 루만은 비의미체계인 생명과 의미체계인 의식, 소통의 세 가지 경험적인 관찰체계들을 발견했다. 생명은 부적합과 적합의 구별로부터 적합을 지시하는 선택의 연쇄이다. 의식은 대상과 표상의 구별로부터 표상을 지시하는 선택의 연쇄이다. 소통은 정보와 통보[2]의 구별로부터 통보를 지시하는 선택의 연쇄이다. 루만은 이제 이 세 가지 종류의 경험적인 관찰체계들을 가지고 육체/정신의 이원론을 생명/의식/소통의 삼원론으로 대체한다.

이 모든 체계는 첫째, 다른 것으로부터 자신을 구별해 내는 관찰 작동의 이어짐이다. 이러한 자기생산체계들은 특별히, 자신의 관찰 작동을 통해 체계와 환경의 차이를 체계 안에 기록할 수 있다. 이 특징은 〈그림 1-1〉에서 오른쪽 사각

---

2 원어인 mitteilung은 표현되는 정보 외에도, 자아(ego)에 대한 타자(alter)의 의도를 담고 있다. 예를 들어 타자의 "비가 온다"라는 mitteilung은 "비가 온다"는 정보와 자아가 우산을 갖고 가게 하려는 타자의 의도를 동시에 담고 있다. 이 개념의 후보로는 "통지(通知)"와 "통보(通報)"를 생각할 수 있겠다. 표준국어대사전에 따르면 "통지(通知)"는 "기별하여 알게 함"이며, 통보(通報)는 "통지하여 보고함. 또는 그 보고"를 뜻한다. 통지는 "알게 함"이라는 의도를 명시한다는 특징과, "다른 곳에 있는 사람에게 소식을 전한다는(기별)"의 의미로 인해 사전적으로도 의미가 제한될 뿐만 아니라 일상어적으로도 "통지표"의 예에서 볼 수 있는 것처럼 개념의 외연이 그렇게 넓지 못하다. 반면 "통보"는 보고한다는 점을 강조하는 약점이 있지만, 통지의 거리로 인한 제한이 없어서 외연이 더 넓다. 그러나 이 두 역어의 차이는 무엇보다도 "통지"는 발신인의 입장을 반영하며, "통보"는 수신인의 입장을 반영한다는 점에 있다. 그래서 루만이 — 발신인이 아니라 — 수신인을 소통의 자아로 선택한다는 점을 역어 선택에 철저하게 반영하여, 발신인이 수신인에게 어떤 것을 통보하는 순간을 소통으로 표현하는 것이 오해를 발생시킬 여지가 적을 것이다. 사소하지만 통지의 "지(知)"자가 지닌 인식론적 암시는 적지 않기 때문이다. 실제 국내에서 "정보-통지-이해의 소통"으로 사회학계에서 통용된 개념이 철학자들에 의해 "정보-전달-이해의 커뮤니케이션"으로 번역된 사고(?)가 있기도 했다. 이 역어 세트는 뚜렷하게 주체 연관을 명시하면서 실체이론적 해석을 불러일으키기에, 현명하지 못한 선택이다. 루만의 "소통" **개념**은 심리적 연관이 없다. 소통은 소통의 수신자(자아)가, 타자(발신자)가 고유한 정보를 자기에게 통보하는 순간으로 이해하는 것이 최선의 선택일 것이다.

형의 관찰 작동이 배경 면, 즉 환경이 아니라 관찰 면, 즉 체계 자신을 관찰한다는 내용을 진술한다. 이 진술은 사실 경험적이다. 소통에서 우리의 경험 순간들을 세말하게 나누면, 타자가 나에게 어떤 말을 한 것을 내가 들은 순간이 있었다. 그것을 들은 순간이 없었다면, 우리는 그렇게 들은 것을 생각할 수 없었을 것이다. 그래서 소통의 순간 어떤 사람이 나에게 어떤 말을 한 바로 그 순간, 그 사람이 어떤 것을 말했다는 사실을 내가 인지했음은 분명하게 경험적인 순간이다. 말함에 의해 발현된 들음이 말함을 인지한 순간, 체계는 다른 것으로부터 자신을 구별해 내는 관찰 작동을 실행했다. 이 작동은 다른 것, 경계, 자신으로 구성된 "형식"을 남긴다. 그래서 모든 체계의 관찰 작동은 동시에 분화 작동이다. 그리고 한 번 실행된 분화는 후속 작동과 후속 형식에 의해 반복되면, 굳어진다.

3. 의미처리 사건의 연쇄로서의 생각들과 소통들

루만에게 "의미"는 주체의 산물도, 의식체계의 독점물도 아니다. 의미는 심리적 체계와 사회적 체계의 관찰 작동의 매체로 투입되어, 그러한 관찰 작동의 결과 "잠재화와 현재화[3]의 차이"라는 형식으로 나타난다. 의미는 구별함-그리고-지시함의 작동 결과, 그 작동에 의해 선택되지 않은 것이 저쪽 면에서 잠재화되는 대가로 그 작동에 의한 이쪽 면의 현재화로서 나타난다. 여기서 현재적 선택을 통해 작동에서 배제된 것은 그 순간 완전히 폐기된 것이 아니라, 다음 순간에 언제라도 다시 현재화될 수 있는 상태로 잠재화되기만 할 뿐이라는 점이 중요하다. 그래서 의미는 보편 개념으로서 세계와 체계들 사이를 매개한다. 즉, 세계-의미-체계의 관계를 형성한다. 이 관계는 세계-주체-의미 관계의 대안이다.

3 원어인 aktualisieren은 잠재화(potentialisieren)와 짝을 이룰 때는 "현재화"로, 가상화(virtualisieren)와 짝을 이룰 때는 "현실화"로 번역하는 것이 적절해 보인다.

이러한 관계에서 두 가지 유형의 의미체계들, 즉 심리적 체계와 사회적 체계는 생각과 소통을 통해 각자 자신의 변화를 관찰한다. 우리는 소통의 개별 단위를 주체의 관점에서 이해하여, 내가 말한 것을 상대방이 그대로 알아들었다고 생각한다. 상대 역시 마찬가지로 생각한다. 하지만 개별 인간의 의식 작동은 타인의 의식 작동과 중첩될 수 없다. 그래서 개별 의식 작동은 제각기 독자적으로 진행된다. 그렇다면 소통은 어떻게 실행되는가? 소통은 의식들의 우회로로서 두 심리적 체계들 사이에서 실행되는 독자적인 의미처리 방식이다. 소통 역시 의식 작동과 중첩되지 않는다. 우리는 말을 하거나 들음을 통해 소통에 참여하면서도, 잠시 다른 생각을 하거나 다음에 말할 것을 생각할 수 있다. 의식은 의식대로 소통은 소통대로 자기 길을 찾아간다. 일상생활에서 우리는 계약서를 통해 소통된 것, 그 계약서 내용에 대한 계약 당사자들의 두 가지 고유한 생각들, 이 셋이 모두 다른 경우를 어렵지 않게 발견한다. 그래서 법률 산업이 번성하지 않는가?

루만은 바로 이 관계를 급진적으로 사회학화(社會學化)한다. 즉, 상호작용론에서 우리가 말해진 것에 구속되어 제한받는 경우나 주식 시장에서 주가 변동을 파악한 순간, 그렇게 파악된 변동에 따라 후속 행동을 결정하는 순간들에 주목한다. 그렇게 본다면, 하나의 단위 소통 이전의 생각과 이후의 생각은 소통에 의한 의미처리의 결과에 의해 조종 받을 수 있다. 그러한 소통 이전과 소통 이후의 관찰 작동, 앞서 의식과 의식의 우회로라고 표현된 소통을 루만은 정보로부터 통보의 이해로 개념화한다. 여기서 이해는 (통보의) 선택을 뜻한다. 이 관계를 〈그림 1-2〉로 자세히 살펴보자.

여기서 소통은 자기생산체계의 원리, 즉 구별함-그리고-지시함이라는 관찰 작동의 원리에 따라 통보함-그리고-이해함의 관찰 작동으로 일어난다. 이러한 소통의 관찰 작동은 저쪽 면의 정보가 숨겨지는 대가로 이쪽 면의 통보를 드러낸다. 소통은 정보를 배제하는 조건에서, 통보를 지시하는 이해를 통해 자기를 구성한다. 즉, 환경으로부터 자신을 구별하는 작동을 실행한다. 그래서 소통은 이해가 정보로부터 통보를 분리하는 작동이다. 이 작동의 순간 정보가 잠재화되는 대가로 통보가 현재화된다. 정보는 의식으로서 소통의 환경이 되며, 통보와 이해가 사회적 체계를 구성한다.

그림 1-2 정보의 통보를 이해함의 관찰 작동

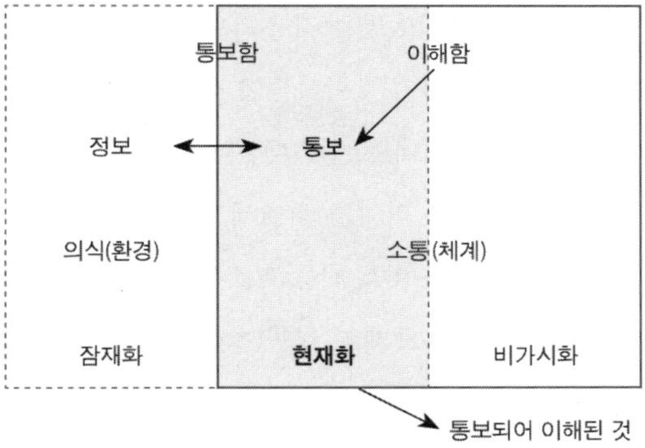

자료: 필자 작성.

여기서 소통이 정보로부터 통보를 떼어내는 작동을 통해, 인간의 행위체계와는 구별되는 독자적인 체계를 형성한다는 점이 중요하다. 그리고 이 독자적인 체계는 통보가 정보에 근거한다는 사실성으로 인해 잠재적인 행위 능력을 가진다. 정보 단계에 의도가, 통보 단계에 행동이 작용했다고 보면, 정보로부터 통보를 구별해 낸다는 것은 소통체계가 행동만 선택할 수 있지, 그 행동의 의도를 선택할 수는 없다는 것을 뜻한다. 하지만 이 순간 잠재화된 정보는 다음 소통에서 통보를 통해 사회적 체계에 진입할 수 있다. 앞에서 말한 것처럼 의미는 잠재화와 현재화의 차이이다. 그래서 의미는 선택되지 않는 순간 영원히 폐기되는 것이 아니라 다음 순간 언제라도 현재화될 수 있다. 하지만 잠재화된 정보는 항상 통보를 통해서만 현재화될 수 있다. 그래서 소통은 통보 행동에 반응할 수도 있고, 숨겨진 정보에 반응할 수도 있다. 예를 들어 커피 한잔 사겠다는 소통을 순순히 수용하는 후속 소통이 이어지면 통보 행동에 반응한 것이고, 커피 초대의 의도를 질문하는 후속 소통은 정보에 반응한 것이다.

여기서 정보와 통보를 생각의 작동으로, 통보의 이해를 소통의 작동으로 보면, 소통은 널리 알려진 것처럼 인간의 의식을 환경에 둔다. 하지만 이 조건을 소통의 관점이 아니라 통보의 관점에서 보면, 정보를 형성하는 의식(인간)과 이해를 구성하는 소통(사회)은 원칙적으로 대등하다. 통보는 심리적 체계(의식)와 사회적 체계(소통)의 공동 작용의 결과이다. 루만이 인간을 사회의 환경에 둔다는 데에 불만을 가지는 학자들이 적지 않은데, 루만 이론은 사회가 인간을 자신의 환경에 두는 외에도, 인간이 사회를 자신의 환경에 두는 구상도 포괄한다. 루만 구상의 중요한 의의는 의미세계를 주체의 독점으로 보지 않는다는 데에 있다. 오히려 주체가 의식 작동과 소통 작동의 구성물로서 나타난다.

의미는 심리적 체계의 작동(정보-통보)과 사회적 체계의 작동(통보-이해)의 공동 작용의 결과 차이로서 나타난다. 역으로 의미의 차이가 두 가지 체계의 작동을 가능하게 한다고 말할 수도 있다. 의미세계는 심리적 체계(정보), 차이로서의 의미(통보), 사회적 체계(이해)의 공(共)진화 과정의 결과이다. 의미는 주체의 결정에 내맡겨져 있지 않다. 그래서 심리적 체계와 사회적 체계의 관찰 작동이 의미세계를 창출·변화시켜 왔으며, 역으로 그렇게 변화된 의미세계가 심리적 체계와 사회적 체계의 관찰 작동에 영향을 미쳐왔다는 점을 분석의 출발점으로 삼아야 한다. 이러한 과정의 모든 순간에 사건-형식 프레임이 작용했음은 물론이다.

루만의 소통 개념은 짐멜(Simmel)과 미드(Mead) 전통의 상징적 상호작용론을 급진적으로 사회학화한 것이다. 이 개념은 우리의 소통에서 발화자의 행동을 인지한 순간이 있다는 점에서 경험성을 확보할 수 있다. 인지하지 않았다면 어떻게 그다음에 그것을 생각할 수 있었겠는가? 이 개념은 또한 완전한 중립성의 장점이 있다. 베버의 이념형도 뒤르켐의 사회적 사실도 연구자의 가공을 거쳐야 하는 반면, 루만의 소통은 연구자가 그냥 집어내기만 하면 된다. 통보 의도가 인지되어 소통의 후속 맥락이 만들어지기만 하면, 하나의 사회적 체계가 생성된 것이다. 루만은 이러한 중립적인 개념을 가지고 전통사회와 근대사회를 비교하는 단순한 분석이 아니라, 인류 역사 전체에 대해 하나의 통시적인 역사사회학적 분석을 실행한다.

4. 사건으로서의 소통과 형식으로서의 의미론

위의 분석에서 명시화되지는 않았지만, 사회적 차원의 모든 의미는 소통 사건에 의해 만들어진다. 개인인 주체가 자기만 아는 어떤 것을 어떻게 다른 개인에게 알릴 수 있었을까? 언어가 신의 로고스(logos)로서 주어져 있다는 생각은 유대인들의 신앙고백일 뿐이지, 사회과학적 논거로 볼 수는 없다. 언어는 소통과 함께 생성되었다. 언어의 특징은 예/아니오-차이에 있다. 인간은 바로 이 차이에 힘입어 자연의 세계를, 상상된 부정의 세계와 가능한 긍정의 세계로 인지할 수 있게 되었다. 이 차이를 통해 세계를 잠재화와 현재화의 차이로서 소통할 수 있게 되었다. 다른 것으로부터 자신을 구별해 내는 소통이 '아니오'의 배경에서 '예'를, '예'의 배경에서 '아니오'를 관찰할 수 있게 되었다. 그러한 소통의 결과 의식도 잠재화와 현재화의 차이를 인지할 수 있게 되었다.

의미는 분화를 통해 생성되었고, 또 사회를 분화시킨다. 즉, 소통의 영역은 예/아니오-코드에 힘입어, 통보의 목록에 추가되는 사물들에 대한 개념과 함께 분화되어 나갔다. 언어 매체를 기반으로 문자 매체가 생성되었고, 그 결과 구어 세계와 문어 세계의 분화가 가능해졌다. 의미세계는 이렇게 차이, 즉 의미의 분화를 통해 생성된 사회적 차원의 의미가 지속적으로 분화되어 나온 과정과 다르지 않다. 의미와 사회의 분화 과정에서 소통 사건과 소통된 것은 형식은 항상 서로를 동반했다.

이 과정에서 의식체계들은 소통의 실현 가능성, 특히 성공적인 의미 전달이 그렇게 쉽지 않다는 것을 경험하게 되었다. 의식체계들은 이러한 경험에 대한 반응으로, 성공적인 것으로 이미 입증된 소통의 형식을 추후 소통 사건에 투입하는 습관을 갖게 되었다. 바로 이러한 형식들의 총체가, 소통 사건들의 총체와는 다른 '의미론'이라는 것이다. 그리고 그러한 의미론 가운데 특별히 다듬어진 형식들을 '보전된 의미론'이라고 한다. 루만을 인용하겠다.

(의미를 현재화하는 체험과 행위의 사건들의 총체와는 달리), 〔의미 기대의 반복이라는〕 기능을 위해 사용될 수 있는 사회의 형식들의 총체를 사회의 의미론, 사회의 의미론적 도구, 준비된 의미처리 규칙들의 비축이라 부를 것이다. 따라서 우리는 의미론을 보다 높은 단계에서 일반화된, 상대적으로 상황에 무관하게 이용될 수 있는 의미라고 이해한다(Luhmann, 1980: 19).

이 인용문에서 강조는 루만의 것이다. 루만의 중심 범주인 사건과 형식 개념에 따라 인용문을 분석하면, 의미론은 사건들의 총체의 다른 편에 있는 형식들의 총체이다. 의미론은 형식으로서 장차 사용될 경우에 대비해 준비된 의미처리 규칙들이다. 그리고 의미론은 바로 이 목적에 부합하게 "높은 단계에서 일반화되었고, 상대적으로 상황에 무관하게 이용될 수 있는 의미" 형식으로 보전된다. 의미론은 기억과 문자로 보전되는 소통 보조물로서, "소통의 자기생산을 위한 구조"(Luhmann, 1990: 109)로 작용한다.

간단히 말하면, 의미론은 우리가 소통 사건에서 떠올리거나 동원할 수 있는 의미 자원들의 총체이다. 일반적인 개념들, 관념들과 "세계관들, 과학철학 이론, 견해들, 에세이들, 토론 자료들"(Baraldi, Corsi and Esposito, 2006) 외에도 격언들, 뱃사람들의 노동가 등도 의미론의 일종이다. 루만은 의미론 개념을 역사학자인 라인하르트 코젤렉(R. Koselleck, 1978)의 역사적 의미론 개념을 참조한다는 것을 명시적으로 밝힌다(Luhmann, 1980: 각주 13). 그 밖에도 이 개념과 유사 개념으로는 미셸 푸코(1973)의 "담론" 개념, 기억이론의 "사회적 기억" 개념(Holl, 2003) 등이 있다(Kirchmeier, 2012).

하지만 루만의 의미론은 절대적인 위상의 지식 보고와 같은 어떤 것이 아니다. 의미론에서 유물론적 지식사회학(Mannheim, 1929)의 존재구속성 문제는 사건 연관으로 대체된다. 의미론은 사회적 기억에서 현실적인 소통에 영향을 미칠 수 있기는 하지만 자신의 사회적인 현실성을 소통을 통해 보장받아야 한다. 소통은 의미론에, 의미론은 소통에 고유한 영향력을 행사하는 가운데 서로를 생성·유지·변형시킨다는 것이다.

의미의 전형화(Schutz)는 체계이론적으로 소통이 "응축"이나 "일반화하는 확정" 기제를 통해 의미론에 영향을 미친 결과이다. 응축은 비슷한 사건들을 언어를 통해 하나의 개념으로 합치는 것이다. 그러면 사람들은 그러한 언어와 그 언어로 포괄될 수 있는 사건들에 익숙해져서 습관적인 행동을 할 수 있게 되며, 이러한 변화는 다시금 비슷한 사건들이 반복해 일어나는 것을 도와준다. 일반화하는 확정은 유사한 사건들을 동일한 해석 틀을 갖고 파악하는 것이며, 이 과정에서 기존의 규칙은 새로운 의미 연관으로 더해지면서 검증된다(Luhmann, 1990: 109). 의미론은 소통에 의한 의미처리가 반복된 결과로서 특정한 의미 또는 의미기대들이 전형화된 것이다.

앞서 말한 것처럼, 인간들의 최초의 소통은 '아니오'였으며, 그것은 최초의 의미론으로서 '아니오' 의미론을 생성시켰다. '아니오' 의미론이 '아니오' 소통을 사회적으로 착근시켰다고 할 수도 있겠다. 이 소통은 주체의 능력에 의한 것도 아니지만, 일회적인 소통을 통해 일종의 전환을 이루어낸 것으로 볼 수도 없다. '아니오'라는 통보는 유사한 상황들이 수없이 반복된 후에야 사회적 차원에 뿌리내렸을 것으로 보아야 할 것이다. 새로운 낱말들이 언어 목록에 추가되는 모든 경우, 소통 사건과 의미론 형식의 반복과 의미 전형화가 동반되었다. 이 과정에서 인간의 인지 능력도 강화되었다. 전체적으로 보면, 의식과 언어의 발전은 구별 능력의 발전과 다르지 않다. 인간은 구어적 버전에서 긍정적 현실과 부정적 현실을 구별할 수 있었다가, 문어적 버전에서는 단순한 긍정과 부정 외에도, 가능성, 필연성 같은 상이한 양상들을 구별할 수 있게 된다. 그리고 이러한 구별 능력은 전통사회에서 근대사회로의 이행기에 인쇄술의 확장으로 문어가 대중화되는 시기에 결정적으로 복잡해진다.

이러한 역사 발전은 의미론 발전에 의해 추동되었다. 구어 매체만 갖는 분절적 분화 사회는 구두 의미론에 의해 발전되고 지탱되었다. 구어 소통이 구두 의미론 생성과 유지에 기여했음은 물론이다. 다음 단계에서 도시/농민 사회로의 분화와 귀족/평민 사회로의 분화가 동시에 진행되는 가운데, 문자 매체가 소통에 활용되면서 사회의 권력 격차와 신분 질서가 강화되기에 이르렀다. 문자 소통은 불참자들에게도 전달될 수 있었고, 그래서 참석자들에게 제한된 언어 소통보다 높은 파급력과 속도를 실현시킬 수 있었다는 것이다. 이 과정에서 발전되고 기록된 의미론은 계층적 분화 사회를 안정시켰으며, 이렇게 안정화된 신분사회는 기록된 의미론을 안정시켰다.

수천 년 동안 지속된 전통사회는 인쇄술의 확산으로 소통의 성공 가능성이 불확실해진 상황에 처하는 한편, 인간들의 기본 욕구를 해결하는 새로운 제도를 필요로 하게 되었다. 문자 소통의 대중화는 '정보와 통보와 이해'가 각각 '저자, 인쇄 매체, 독자들'에 할당됨으로써 성사되기 어려워졌다. 이 조건에서 인간들의 욕구를 해결하는 문제들을 중심으로 특수한 소통 경로들이 전문화되면서, 그러한 특수 소통들에 어울리는 특수 의미론들이 생성되었다.

경제체계는 희소한 자원을 배분하는 문제가 화폐 매체에 기반하는 전문적인 소통을 통해 해결되는 과정을 통해 수립되었다. 시장에서의 교환은 갈수록 좋은 상품이나 좋은 서비스 같은 경제적 기준에 따라 이루어지기 시작했고, 이러한 소통을 촉진하는 의미론들이 생성되고 체계화되기에 이르렀다. 정치체계는 사회 차원에서 특정한 행위 요청들이 거부될 가능성을 통제하려는 필요를 중심으로 형성되었다. 이 문제의 해결은 권력 매체에 기반을 두고 집합적 차원의 구속적인 결정을 대리인에게 위임하는 방식으로 모색되었다. 위임자와 대리인 사이의 소통이 특수한 주제 범위를 다루고 소통을 결정하는 특수 기준이 생성됨에 따라 그에 부합하는 특수 의미론들이 생성되었다.

신의 뜻 안에서 아버지들이 결정했던 결혼 문제는 성애와 사랑을 결혼의 조건으로 삼는 역사적으로 특이한 제도를 만들어내었다. 근대의 친밀체계는 전통적인 합리적 사랑의 의미론이 낭만적 사랑의 의미론을 거쳐, (결혼 이후에 대비하지 못하는) 열정적 사랑의 의미론과 짝을 이루게 되었다. 사회가 복잡해져 감에 따라 사회화만으로는 충분한 미래 대비가 어려워지는 시점에 '선한' 의도를 통해 사회화와 구별되는 교육 소통이 생성되었고, 교육의 성찰이론이 이러한 교육 소통의 의미론으로서 생성되었다. 물론 이 둘은 서로를 촉진하는 가운데 생성되었다.

그 밖에도 과학체계, 예술체계, 스포츠체계 등

그림 1-3 프로그램의 코드를 이해함의 관찰 작동

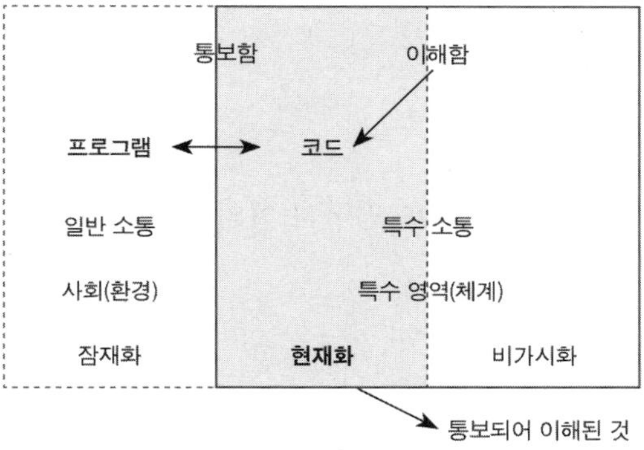

자료: 필자 작성.

이 사회의 관련 욕구들을 충족시키는 가운데 생성되었다. 이러한 근대의 사건들에서 획기적인 것은 '복수의' 의미론들이 생성되었다는 것이며, 이 의미론들이 '복수의' 기능체계들을 생성시켰다는 데에 있다(복수의 기능체계들이 복수의 의미론을 생성시켰다고도 보아야 한다). 이러한 유사하면서도 상이한 특수 소통과 특수 의미론은 일반적인 소통 내에서 특수한 유형의 소통이 생성되는 것으로 나타난다. 이러한 특수 소통이 생성되는 원리 또한, 체계가 환경으로부터 자신을 구별하는 사건과 형식의 반복으로 설명할 수 있다. 〈그림 1-3〉을 보라.

이러한 특수 소통은 지불/비지불, 권력/권력 없음(여당/야당), 진리/허위, 사랑/사랑 아님과 같은 코드의 생성을 통해 가능해진다. 이 각각은 경제 소통, 정치 소통, 과학 소통, 친밀 소통을 생성시킨다. 각각의 경우 코드와 소통의 반복은 그때그때 발생하는 소통이 자기 안에 새로운 소통을 듣거나 기록함의 반복으로 이어진다. 이러한 사건들의 반복을 통해 주어진 상황에서 어떤 코드를 선택할 것인가의 근거를 강화하는 프로그램들이 생성된다. 이 프로그램들 또한 그 자체가 코드와 소통의 실행을 통해 강화될 수 있다. 여기서 프로그램과 코드의 차이가 이해되는 특수 소통을 통해 그러한 특수 소통과 특수 형식이 반복 발생하며, 마침내 상대적으로 안정적인 특수 소통의 영역을 형성한다. 이것이 이른바 단일 맥락 영역의 사회로부터 다맥락 영역의 사회(polykontexturale Gesellschaft)가 생성되는 과정이다.

5. 결론: 의미론 연구의 의의와 전망

체계이론은 "문화" 개념을 "의미론" 개념으로 대체하면서 그것을 의미를 처리하는 소통 사건과의 연관에 묶었다. 그래서 서로에 의해 상대화된 소통과 의미론은 각각 동학과 정학, 과정성과 안정성을 — 역시 상대화된 조건에서 — 실행한다. 루만은 자신의 프로젝트 『사회구조와 의미론』의 두 개념을 정확하게 이 맥락에서 이해한다. 사회구조는 소통 사건들의 발생이 만들어내는 구조이며, 의미론은 의미 형식들의 구조이다. 루만은 자신의 마지막 대작 『사회의 사회』(1997)에서 이 둘의 관계를 다음처럼 분명하게 밝힌다.

> … 우리는 작동과 관찰의 구별에 근거해서 상응하는 구조들, 즉 (사회구조로 나타나는) 체계분화의 구조들과 … 의미론적 구조들을 구별해야 한다(Luhmann, 1997: 538).

여기서 작동은 통보로 인한 소통의 작동을 뜻한다. 이 작동, 즉 사건은 사회구조라는 형식을 만든다. 관찰은 이해에 의한 소통의 관찰을 뜻한다. 이 작동, 즉 사건은 의미론이라는 형식을 만든다. 그러면 한편의 작동과 관찰, 다른 한편의 동학과 정학을 기준으로 〈표 1-2〉의 교차표를 얻을 수 있다.

〈표 1-2〉에는 사회 작동의 원리가 함축되어 있다. 사회는 구별함-그리고-지시함의 작동으로 이어지면서, 자기(재)생산과 자기관찰을 반복한다. 그리고 그러한 (재)생산과 관찰의 결과 각각 사회구조와 의미론이라는 형식을 남긴다. 재생산과 사회구조, 관찰과 의미론은 이 전체적인 틀 안에서 후속 사건/후속 형식

표 1-2 사회의 작동과 관찰 및 동학과 정학

구분	작동	관찰	동학과 정학
사건	소통(통보함)	소통(이해함)	동학(사회의 과정성)
형식	사회구조	의미론	정학(사회의 안정성)

으로 대체되어 나간다. 우리는 이 네 가지 변수로부터 예를 들면, 소통과 사회구조, 소통과 의미론의 관계, 또는 사회구조와 의미론을 사회 분석의 기본 관점으로 삼을 수 있다. 루만은 이 점을 위의 인용문에서 시사하기는 했지만, 변수들의 전체적인 연관에 대해서는 인용문의 암시를 넘어서는 작업에 직접 착수하지는 않았다(Stäheli, 2012). 이 점은 향후 중요한 연구의 과제라 하겠다. 하지만 루만은 세 번째 관계에 대해 앞서 말한 『사회구조와 의미론』 프로젝트를 통해 주요한 결과들을 남겼으며(이철, 2013b: 324~326), 후속 연구도 이어졌다.

사회구조란 'societal structur'를 말하며 분절적 분화, 계층적 분화, 기능적 분화의 세 가지 역사적 형식으로 나타났다. 루만은 기본적으로, 사회구조 형식이 확정된 후에야 그에 어울리는 의미론이 실현된다고 보았다(Luhmann, 1980: 39). 예외적으로는 의미론이 사회구조에 선행할 수도 있지만, 궁극적으로는 사회구조와 호환될 수 있을 때만 지속할 수 있다. 이 경우를 "전(前) 적응적 진전(pre-adaptive advance)"이라고 하며, 그리스 도시국가에서 민주주의가 실험된 것이 좋은 보기가 된다. 시대를 앞서는 생활양식과 사고방식을 문학에서 실험적으로 시도하는 것도 '전 적응적 진전'의 좋은 보기가 된다. 사회구조와 의미론의 관계를 소통의 통보와 소통의 이해의 연관에서 보면, 이 둘의 일치는 소통의 안정성을 시사한다고 하겠다.

하지만 현실적으로 이 둘의 관계는 사회구조에 의해 결정될 수도 있고 의미론에 의해 결정될 수도 있다. 슈텔리(Stählie, 1998)는 이 경우들을 "순차적 추후성"과 "구성적 추후성"이라는 개념으로 설명한다. 순차적 추후성은 사회구조가 먼저 확립되고 의미론으로 보완되는 경우이다. 구성적 추후성은 나중에 생성되는 의미론이 사회구조를 추후적으로 구성하는 경우를 말한다. 슈텔리는 구성적 추후성을 기억되는 과거가 새로운 관계로 재배열되면서 매 순간 일종의 "고쳐 쓰기"가 발생하는 것으로 설명한다. 고쳐 쓰기에서는 시간이 순차적으로 작용하지 않는다. 시간적으로 지체된 가운데 사건이 관찰되고, 이 관찰에 의해 사건이 나중에 구성된다. 심리적 체계가 과거에 겪은 사건을 최근의 해석을 통해 새롭게 인지하는 경우나, 집권한 정치 세력들이 자신의 관점에서 "역사 다시 쓰기"를 하는 경우를 보기로 들 수 있겠다.[4]

이 내용들은 사건으로 일어나는 사회와, 형식으로 나타나는 문화의 관계를 직접적으로 분석하지는 않았지만 상대적으로 안정적인 사회의 발생 패턴과 상대적으로 안정적인 문화 형식의 조건을 간접적으로 보여준다. 이 결과들은 사회와 문화의 관계에 대한 루만의 대안적 연구의 정수에 해당된다. 물론 루만은 인류 역사 전체를 대상으로 하는 사회구조/의미론의 태동과 변천에 대한 연구를 했기에, 일반적으로 시대 범위와 사회 단위를 좁게 잡아서 실행하는 문화사회학적 연구와는 다른 느낌을 줄 수 있을 것이다. 그럼에도 이 결과에서 분석된 사회구조와 의미론의 관계들은 사회학 연구의 방향성을 보여줄 뿐만 아니라 사회(소통)가 의미론을 통해, 또는 의미론이 사회를 통해 바뀌는 주요 원리들을 알려준다는 의미가 있다.

루만은 사회와 문화를 전제하는 데서 출발하는 주류 사회학의 한계에 대해 하나의 근본적인 해결책을 제안했다. 그는 과학철학을 차이 이론적 작동이론으로 대체하여, 의미를 처리하는 소통 사건과 의미처리 형식으로서의 의미론을 상보적인 관계에 두고서 사회의 작동 원리를 파악하자고 제안했다. 이 관점은 현

---

4 비슷한 개념으로는 슈티베(Stichweh, 2000)의 예상적 변이와 (재)구성적 변이가 있다. 예상적 변이는 푸코의 "담론적 명령(diskursive Imperative)"이나 루만의 "전적응적 진전"과 유사하며, (재)구성적 변이는 사회구조의 변화가 의미론으로 완성되는 경우를 말한다. 여기서 구성적 변이는 의미론이 뒤따르면서 사회구조를 완성시키는 슈텔리의 순차적 추후성과, 추가되는 함의들로 사회구조의 구성이 완결되는 구성적 추후성을 포괄한다.

실적인 사회 사건들과 현상들을 중립적으로 관찰할 수 있을 정도의 추상성을 확보하고 있다. 베버의 '이념형'이나 뒤르켐의 '사회적 사실' 개념에서 출발하면 그 개념들로 포착할 수 있는 사회적 현실에 대한 연구자의 주관적 판단을 완전히 배제할 수 없는 반면, 루만은 소통 사건과 그 결과물을 있는 그대로 잡아낼 수 있는 개념 도구를 통해 이런 가능성들을 방법론상 완전하게 배제했다. 이 개념은 "사실과 이론에서의 점화된 평형 상태(puntuated equlibria)"를 관찰 지점으로 삼고 있기 때문이다(Gould, 1989).

참고문헌

루만, 니클라스(N. Luhmann). (2015). 『사회이론 입문』. 이철 옮김. 이론출판.

이철. (2013a). 「인식하는 주체에서 관찰하는 체계들로」. ≪개념과 소통≫, 11호.

이철. (2013b). 「소통, 사회구조와 의미론 - 코젤렉의 개념사 연구의 대안으로서 루만의 의미론」, ≪개념과 소통≫, 12호, 309~343쪽.

루만, 니클라스. (2015a). 「니클라스 루만의 생애와 사회이론 프로젝트: 근대 인식론과 사회학을 계몽함」. 이철 옮김. 『사회이론 입문』. 이론출판.

이철. (2015b). 「스펜서브라운의 '재진입' 개념과 그 과학철학적 의의들: x2+1=0에 숨겨진 시간과 상상의 세계」. ≪사회사상과 문화≫, 여름호.

이철. (2015c). 「루만의 '재진입' 개념과 그 인식이론적 함의들: 스펜서브라운의 '재진입' 개념에 기초하여」. 『사회사상과 문화』, 여름호.

이철. (2016). 「작동이론의 인식론적 장점들: 니클라스 루만의 자기생산체계이론의 보기에서」. ≪현상과 인식≫, 가을호.

Baraldi, C., G. Corsi, E. Esposito. (2006). *GLU: Glossar zu Niklas Luhmanns Theorie sozialer Systeme*. Frankfurt am Main: Suhrkamp.

Foucault, M. 1973. *Archäologie des Wissens*. Frankfurt am Main: Suhrkamp

Gould, St. J. (1989). "Punktuated Equilibria in Fact and Theory." *Journal of Social and Biological Structures*, 12, pp.117~136.

Holl, M.-K. (2003). *Semantik und soziales Gedächtnis. Die Systemtheorie Niklas Luhmanns und die Gedächtnistheorie von Aleida und Jan Assmann*.Würzburg.

Kirchmeier, Ch. (2012). "Semantik." Oliver O. Jahraus, Armin Nassehi, Mario Grizelj, Irimhild Saake, Christian Kirchmeier, und Julian Müller(eds.). *Luhmann - Handbuch: Leben-Werk-Wirkung*, Stuttgart: Metzler, pp.115~117.

Koselleck, R.(ed.). (1978). *Historische Semantik und Begriffsgeschichte*. Stuttgart.

Luhmann, N. 1980. *Gesellschaftsstruktur und Semantik - Studien zur Wissenssoziologie der modernen Gesellschaft*. Bd. 1-4. Frankfurt am Main: Suhrkamp.

Luhmann, N. (1984). *Soziale Systeme: Grundriß einer allgemeinen Szstemtheorie*. Frankfurt am Main: Suhrkamp.

Luhmann, N. (1990). *Die Wissenschaft der Gesellschaft*. Frankfurt am Main: Suhrkamp.

Luhmann, N. (1997). *Die Gesellschaft der Gesellschaft*. Frankfurt am Main: Suhrkamp.

Luhmann, N. (2008). "Ich sehe was, was du nicht siehst." N. Luhmann(ed.) *Soziologische Aufklä rung 5: Konstruktivistische Perspektiven*. Opladen: Westdeutscher Verlag.

Mannheim, K. (1929/1978). *Ideologie und Utopie*. Frankfurt am Main.

Stäheli, U. (1998). "Zum Verhältnis von Struktur und Semantik." *Soziale Systeme*, 4, pp.315~340.

Stäheli, U. (2012). "Gesellschaftsstruktur und Semantik." Oliver Jahraus, Armin Nassehi, Mario Grizelj, Irmhild Saake, Christian Kirchmeier, Julian Müller. *Luhmann - Handbuch: Leben-*

Werk-Wirkung. Stuttgart: Metzler, pp. 214~218.

Stichweh, R. (2000). "Semantik und Sozialstruktur: Zur Logik einer systemtheoretischen Unterscheidung." *Soziale Systeme*, 4, pp. 237~250.

제2장

재귀적 기제들과 스포츠 과학

사회와 문화의 통합 프레임

스벤 쾨르너(Swen Körner) | 쾰른체육대학교 교육학 및 철학연구소
[옮긴이] **이철** | 동양대학교 경찰범죄심리학과 · **송형석** | 계명대학교 태권도학과

1. 출발 상황

옛 기준의 관점에서 볼 때 새로운 이론적 가능성들은 때때로 아주 오래된 것으로 나타난다. 잘 알려져 있다시피 그레고어 멘델(Gregor J. Mendel)이 옳았지만, 그가 옳았다는 것이 19세기 초 유전학에서 그 어떤 역할도 하지 못했다. 대략적으로 쿤(Thomas Kuhn)에 근거하자면 새로운 것의 차단은 옛것(Kuhn, 1967: 111)의 임시(ad hoc) 수정과 마찬가지로 정상 과학의 관례에 속한다(Kuhn, 1967).[1] 스포츠 과학이 자신이 응용 지향 학문이라고 어쩔 수 없이 고백하는 일과 그에 부수하여 경험적 패러다임을 지향한 점 외에도, 재귀성(Reflexivität)을 확정된 자기기술의 목록에 추가하려는 노력이 오늘날까지 진지하게 이루어지지 않았던 것을 정상이라고 말한다면, 그런 의미에서의 정상일 것이다.

재귀성은 대략적으로 자기관계적인 관계들을 표현한다. 칼 하인리히 베테(K.-H. Bette)는 1992년 이 개념을 "지금까지 이행되지 않은 인식 프로그램"(Bette,

1 스포츠 과학이 쿤의 의미에서 실제로 일반적인 과학에 속하는지 아니면 전(前)과학적 과학들에 속하는지는 아직 분명하게 답변되지 못했다. 이 인용도 느슨하다.

1992: 177)으로 스포츠 과학에 소개했다. 스포츠 과학은 지금까지 그 이상의 어떤 성과도 제출하지 못했다. 이에 대한 충분한 이유는 2005년의 스포츠 과학 발달 기록물에서 발견할 수 있다. 개인과 사회에 대한 스포츠의 위상, 훈련 성과와 경기 성과의 조종, 스포츠 활동의 심리-신체적 효과 및 사회적 효과의 분석, 도핑 확산에 대한 평가 등에 대해 스포츠 과학은 문제 해결 방안들, 즉 실행을 통해 훈련 성과와 경기 성과의 조종, 스포츠 활동의 심리-신체적 효과 및 사회적 효과의 분석, 도핑 확산에 대한 평가 등에 대한 수요를 그 자체로부터 지속적으로 만들어내는 해결 방안들을 가지고 있다.

숫자 언어로 된 연구 결과들은 체험에 긴장을 불어넣을 뿐만 아니라, 행위 사슬들을 세계에 펼쳐낸다. 1976년에 제자리멀리뛰기에서 어린이와 청소년이 자신의 신장을 기준으로 평균 16% 더 멀리 뛸 수 있었는데 30년 뒤에는 단 4% 더 멀리 뛸 수 있었다면(Bös et al., 2006), 그 이유가 무엇인지 질문이 있을 수 있다. 이러한 상황은 바뀔 수 있을까? 전혀 새로운 운동 능력 검사를 통해서? 개입 후에는 어떤 숫자 관계들이 만들어질까? 연구의 동학을 만들어내는 것은 숫자의 차별적인 본질이다. 숫자는 항상 그 숫자가 분명히 아닌 것(예를 들어 16)으로 바뀌며(예를 들어 4), 항상 그 숫자가 분명히 의미하지 않는 것(예를 들어 더 많이)을 의미하게 된다(예를 들어 더 적게).[2]

스포츠 과학에서 재귀성이 등장한다면, 대개 문제 지시자로서 나타난다. 지금까지 간과해 왔지만 중요한 것은 공동교육(Schmerbitz and Seidensticker, 1998)이나 문화상호주의(Interkulturalität; Gieß-Stüber et al., 2009)가 언젠가 어떤 방식으로든[3] 재귀적이 되고, 철학적 개념 형성이 엄밀한 구별 논리에서 재귀적인 형성을

2 이에 대해 그리고 현재 운동능력 검사연구의 예에서 (이중적인) 이중배열 효과에 대해서는 Körner(2008a: 137~138)과 비교하기 바란다.

3 또는 전제되는 것이 "'재귀적 문화상호주의성'의 개념이 햄버거로 거슬러 올라간다(1999). 여기서는 더 이상 상론하지 않을 재귀적 근대화, 재귀적 교육학, 재귀적 공교육 등의 개념에 대한 비유들이 생겨날 수 있다"(Gieß-Stüber, 2008: 237, Fn 5).

모순적으로 구조화된 상황들의 개방성에 연결하고(Schürmann, 2008), 도핑이 근대 성과 스포츠의 부작용으로서 토대에 대한 반작용으로 기술될 때(Gugutzer, 2009: 8~9), 또는 성찰성 결핍과 분석 결핍이 자신과 환경에 대해 이런 저런 역관련들 위에 새로운 "인식 프로그램"을 수립할 때에(Bette, 1992: 177) 첨가된다. 비록 재귀성은 여기서 제각기 상이한 것을 의미하지만 그 의도는 항상 비판적이고,[4] 해법 제안은 종종 혼란스러우며,[5] 반향은 전체적으로 개관될 수 있는 범위를 넘지 못한다. 자기 안에서 자기 자신 쪽으로 굴절된 스포츠 과학 개념은 오늘날까지도 주변적이며, 언급할 가치가 있는 치열한 재귀 사례들은 예외이다(Rütten, 1999; Bette, 1999).

이 논의는 여기에서 시작한다. 이 글에서는 새로운 체계이론의 제안에 따른 재귀성 이해를 발전시킬 것이다.[6] 첫 단계는 자기준거의 세 가지 연주법 가운데 하나로서 재귀성을 도입할 것이며, 재귀성(Reflexivität)과 성찰(Reflexion)을 더 이상 동일시하지 않을 것이며, 이것은 명시적인 (구별) 결과를 가져올 것이다(II). 관찰의 관찰을 재귀적 스포츠 과학의 기제로서 제안하고, 그 형식과 기능을 개관하겠다(III). 재귀적인 스포츠 과학과 교육 과학의 기존 기획에 기초하면서, 마지막 고려는 재귀적 관찰의 모범적인 가능성과 결과를 예시할 것이다(IV). 이 계획은 배경 테제(these), 즉 재귀성이 분과의 집합적 활동에서 계획에 따라 가동되거나 중단되는 것이 아니라, 초의도적(trans-intentional) 효과로서 스포츠 과학과 스포츠 교육학의 복잡성 수준과 함께 공(共)진화한다는 테제의 일원으로 표현될 것이다.

---

4 이것은 앞에 제시된 진단들 및 규정 시도들과 거리를 두면서 — 모든 차이에도 불구하고 — 그리스어 krinein(구별하다, 분리시키다)의 의미에서 비판적이다.

5 만일 지금까지의 도핑문제 해결 시도들(계몽, 통제)이 문제로서 확인되고, 새로운 해법은 스포츠를 변화시키는 것이 아니라 스포츠에 관한 이야기를 재귀적 근대화의 상황에 알맞게 만드는 것에 본질이 있다면 그렇다는 것이다(Gugutzer, 2009와 비교할 것).

6 이러한 요청은 기존 입장들을 떼어내고, 포괄하고, 통일시키는 데 그 본질이 있는 것이 아니다. 모든 형식의 과학적 관찰에 적용 가능한 고유하며 다른 재귀성 개념을 개발할 것이다.

2. 체계이론에서 재귀성

성찰성과 재귀성은 체계이론에서 자기준거의 특수 형식들을 표현한다. 여기서 자기준거는 자기 자신에 대한 자기의 관련을 뜻한다. 자기는 무엇이 "준거의 '자기'로서 기능하는가에 따라"(Luhmann, 2009: 135) 요소, 과정, 또는 체계가 된다. 자기가 (1) 체계일 경우에[7] 자기준거는 성찰의 형식을 취한다. 성찰은 체계들이 자기준거(체계)와 타자준거(환경)의 구별을 내적으로 집행하면서 환경으로부터 자신을 구별해 내는 작동을 표현한다. 체계/환경(의 차이)은 이중적으로, 즉 관찰된 구별로서 그리고 관찰하는 차이로서 나타난다. 성찰을 통해 상상의 영역, 즉 관찰된 것과 관찰(실행)자를 분리시키고 이런 방식으로 체계 내에서 체계의 기술들을 가능하게 만들어주는 영역이 생겨난다. 이 영역에서 가능성들이 고려되고, 기대들이 형성되며, 특징적으로 체계의 동일성(einheit) 주변을 맴도는 – 그리고 이를 위해 차이들을 필요로 하는 – 연계들이 준비된다. 성찰을 통해 체계는 자기 자신의 단순화된 기술을 발전시키며, 그러한 기술로부터 중요한 방향 및 조종 지침을 끌어온다.

자기가 (2) 요소일 경우에 자기준거는 기초적 자기준거의 형식을 갖는다. 이 생각 속에서 요소들은 오직 동일 유형의 요소들, 예를 들어 정보들은 정보들과, 생각들은 생각들과, 해머 던지기는 해머 던지기와, 지불은 지불과 관계를 맺는다. 체계의 단위 행위(unit act), 즉 시간에 묶여 구별된(distinkte) 관계들에 들어서는 구별된 요소들이 주목을 끌게 된다. 따라서 무시간적 실체가 아니라, 작동상 연결이 체계 형성의 전제이다. 따라서 기초적 자기준거는 체계 내부에서 허용되는, 모든 요소, 모든 관계, 관계 맺어진 관계의 제한으로 이해할 수도 있다. 컴퓨

---

7 체계, 과정, 요소의 구별은 분석적 성격을 갖는다. 이것은 특히, 유익하게(praktisch) 서로가 서로를 조건 짓는(제한하는), 상이한 자기준거 형식들의 규정을 가능하게 만들어준다. 예컨대 (동일 유형의) 요소들은 (동일 유형의) 과정들을 형성하고, (동일 유형의) 과정들은 (동일 유형의) 체계들을 형성하며, (동일 유형의) 체계들은 (동일 유형의) 요소들을 만들어낸다.

터 프로그래밍에서는 생각이 생각에 연결되는 것이 아니라, 정보가 정보에 연결된다. 해머 던지기에서는 해머 던지기가 다음 해머 던지기로 연결된다. 이때 (해머 던지기가 지불로 중개되어 다음 해머 던지기로 연결되는 경우 같은) 혼합된 연속화는 배제된다. 지불과 지불의 관계 맺음은 경제체계의 사안이다. 따라서 기초적 자기준거는 무엇보다도 체계가 지는 고유한 거부 가능성들을 조절 가능케 한다. 가능한 것만 가능하고 그 외의 어떤 것도 가능하지 않다.

마지막으로 준거(기능을 갖는) 자기로서 기능하는 자기가 과정일 경우에, 자기준거는 재귀성의 형식을 갖는다. 재귀성은 체계 내부에서 요소에 기초한 사건들이 과정들로 압축되고 이 과정들이 동일한 유형의 과정들을 지향할 때 나타난다. 학습함의 학습함 또는 규범 설정의 규범화가 과정적 재귀성의 보기가 될 수 있다. 과정은 모든 경우에 자신이 관계를 맺는 과정에 소속되는 특징을 지닌다. 학습함의 학습함은 언제나 그 자체가 학습 과정이고, 규범 설정의 규범화는 언제나 그 자체가 규범 설정이다. 따라서 과정의 재귀성은, 외적 사태들의 위치에 진입하는 동일 유형의 과정에 과정을 적용하는 데에 그 본질이 있다. 우리는 그것을 "유예된 사안 연관을 동반하는 동일 행위들의 사슬"(Luhmann, 1991: 99)이라고 생각할 수 있다. 이득은 상실에 있다. 세계와의 거리 두기를 통해 체계의 "통제 복잡성(control complexity)"이 상승한다(Luhmann, 2008: 137). 재귀성은 발전된 기제로서 체계 문제들을 해결하고, 재귀성은 일종의 릴레이 기법과 유사하게 기능한다. 즉, 하나의 계획함(계획함의 계획함)은 늘 새롭게, 미지의 영역에 대해 많은 계획을 가능하게 한다. 또는 일회적인 권력(합법적인 교체 규칙에 따라 권력자들에 대한 권력의 적용)은 다수의 상이한 권력 적용들을 조종할 수 있게 해준다.

체계들은 재귀성이라는 우회로에 근거하여, 과정들을 동일 유형의 과정들로 굴절시킴으로써 좀 더 높은 처리 능력에 도달한다. 즉, 체계들은 "하나 또는 비교적 적은 동작들로써, 즉 최소한의 시간과 정력의 투입으로 릴레이 변속 장치처럼 다른 동작에 대해 같은 것을 동기부여하고 조종할 수 있다. 즉, 그러한 투입은 일종의 배열을 통해 효과를 강화할 수 있다"(Luhmann, 2008: 104). 하나의 체계가 학습을 학습했다면, 그 체계는 원리적으로 알려지지 않은 미래들을 준비한 것이다. 일반화된 습득 규칙들은 익숙하지 않은 것, 즉 직장에서의 업무 교체나 낯선 문화 영역에 익숙해지는 일 또는 가사노동에서 혁신적 창문청소 로봇의 서비스 등을 다룰 수 있게 해준다. 재귀성은 미래의 요청에서 그리고 그 요청을 위해 일반화된 과정 조종 가능성을 열어준다.

그 밖에도 과정들은 재귀적 기제를 수단으로 하여 "자신의 발생하지 않음"(Luhmann, 1996: 612)의 이유를 물어볼 수 있으며, 그로부터 학습할 수 있다. 직장 동료를 외면할 수도 있고, 나중에 이 일에 대해 이야기를 꺼낼 수도 있다. 그 외면은 명백하게 인지됨의 인지함이라는 반응으로서, 달리 표현하면 어떤 정보의 통보로서 인지되었다.[8] 우리는 그런 식으로 그것을 인지했던 것이 아니라, 호주머니 안에서 진동하는 휴대폰에 반응했던 것이다. 여기서 배울 수 있는 것은 인지함과 인지됨의 인지가 사회적으로 진지하게 생각되어야 하고 우리의 행동을 그러한 생각에 맞추고 경우에 따라서는 그러한 점들에 특화된 행동학의 지침을 벗어나지 않는 것이다.[9] 재귀성의 "발전"은 "통제된 구조 변경에 대한 높은 수요가 있을 때 갑자기 나타난다"(Luhmann, 1996: 612). 직업 일상에서 그런 경우가 자주 나타난다.

따라서 재귀성은 성찰과 기초적 자기준거 외에 체계이론에서 의미기반체계들(의식체계들과 소통체계들)의 자기관계성의 연주법을 표현한다. 재귀성의 특수형식은 과정들을, 그 과정들의 설치에 필연적으로 선행하는 동일 유형의 과정에 적용한다는 것이다. 기제라는 말을 기능적으로 특화된 성과를 신뢰할 만한 방식으로 제출하는 장치로 이해한 조건에서, "단순한" 기제가 없으면 어떤 재귀적인 기제도 없다(Luhmann, 1991: 92). "단순한" 학습 없이는 그 어떤 학습함의 학습함

---

8 이 보기는 덧붙여 말하자면, 체계이론의 소통 개념이 결코 함께 이야기를 나누는 것으로 환원되지 못한다는 점을 보여준다.

9 유럽적 도덕주의의 행동학〔카스틸리오네(Castiglione), 그라시안(Gracian)〕은 바로 궁전의 상호작용 공간에서 재귀적인 인지 관계들의 중요성에 기초를 둔다.

도 없으며, "단순한" 계획함 없이는 그 어떤 계획의 계획도 없다. 재귀성은 체계에서 갈수록 상승하는 환경 복잡성에 대한 반응으로 생겨난다. 학습 재료가 증가하면, 인지가 규칙적으로 사회적인 것 속으로 꿰뚫고 들어가거나 역할의 형식들로 정체된 권력이 위협적인 진행을 드러내고, 재귀적 기제의 시간이 도래한다. 권력의 권력 강화 절차를 법제화하게 되고, 재귀적으로 인지하는 가운데 교육받겠다는 기대를 하게 되고, 인지 규칙들과 개념체계들이 분화하게 되며, 그리고 학습함 자체를 학습 과정의 대상이 되게 하는 조직 형식들이 분화한다.

이 보기들은 재귀성 관계들의 형성이 사회적 진화 과정들의 결과이자 전제조건으로서, 꼭 필요한 신중함을 가지고 파악될 수 있음을 암시한다(Luhmann, 1991: 92; Luhmann, 1996: 616). 재귀성은 세분화하고, 어떤 면에서는 자신이 발휘할 수 있는 모든 영역의 성과 능력을 향상시킨다. 재귀성은 적은 노력으로 더 많은 차이를 처리할 수 있게 해주고, 미지의 미래들과의 만남을 수월하게 만들어주며, 이와 동시에 — 그것을 통해 배제된 것에 유념하면서 — 체계의 자기 통제 및 변화 가능성을 쉽게 해준다.

자기준거의 사안에서 오리엔테이션을 위해 체계이론 "상표"의 안경을 쓰면, 우리는 무엇을 볼 수 있는가? 우리는 과정들로 농축되는 요소들로 구축된 체계들을 본다. 그리고 우리는 모든 차원, 즉 의미 기반 체계들의 경우 상호적으로 조건 짓는 차원에서 회귀(Rekursion)를 볼 수 있다.[10] 이러한 방식으로 보는 것은

---

10 요소들과 과정들에서 그것은 명백하지만 성찰 역시 회귀적 체계 형성의 조건과 결과이다. 자신의 동일성을 지시하는 체계는 자신의 구성적인 차이의 재진입을 어쨌든 이미 실행했으며, 이것을 자기 자신의 관찰(자기관찰)을 위한 관찰 도식으로서 이용하거나(그럴 경우에 그것은 자신의 차이에 근거하고 있는 체계로 생각된다) 관찰 체계의 환경에 있는 다른 체계들의 관찰(타자관찰)을 위한 관찰 도식으로서 이용한다(그럴 경우에 다른 체계들도 자신에 근거하여 차이들을 생산하고 이것에 대한 관찰을 주도하는 도식(따라서 마찬가지로 체계 형성을 위해)으로서 이용한 것처럼 보인다. 체계/환경은 이로써 한편으로 (관찰된) 작동적 차이이고, 다른 한편으로 관찰을 주도하는 (작동적) 구별이다. 구별은 자신을 통해 구별된 것 안으로의 재진입을 통해, 그 구별을 가능하게 하는 작동들과 그 구별을 통해 가능해진 작동들의 회귀적 관계망 안으로 공급되며, 그럼으로써 작동적 자기생산의 조건을 충족시킨다. 체계는 자기구성

무엇을 전제하는가? 구별들을 전제한다. 성찰을 위한 체계와 환경의 구별, 기초적 자기준거를 위한 요소와 관계의 구별, 재귀성을 위한 이전(before)과 이후(after)의 구별. 이러한 방식의 보는 행동에서는 어떤 배제 영역이 생겨나는가? 자기준거적 관계들의 이러한 3중의 구별에 따라 의식이론과 사회이론을 다른 방식으로 발전시킬 가능성과 다른 가능성(그리고 그러한 이론 내에 구축된, 타자준거가 늘 자기준거적인 타자준거로서만 나타난다는 생각과는 다른 가능성)이 배제될 것이다.

여기서 고려된 체계이론의 연주 방식을 위해 관찰자의 유형이 주어졌다. 관찰자가 만들어낸 사회이론은 항상 사회에 관한 이론이며, 사회에 의한 그리고 사회를 통한 이론이기도 하다. 루만의 저서 제목 "사회의 사회"(1997)는 바로 이것을 말한다. 이 이론은 대상을 수단으로 하여 대상 안으로의 재진입으로서 실행된다. 관찰자는 자신이 기술하는 것 안에서 출현하며, 이 기술은 그 자신이 대상에 부착한 것을 자기 자신에게 실행한다. 여기까지 재귀적 기제에 대한 기본 설명을 마쳤으며, 이제는 이 설명에 기초해 스포츠 과학 연구를 위한 재귀적 기제의 중요성을 설명될 수 있게 되었다. 이제 관건이 되는 것은 관찰의 관찰이다.

3. 관찰의 관찰

재귀성은 과학의 오래된 모자이다. 사고와 존재, 단어와 사물, 주체와 객체 또는 인식과 대상 같은 과학의 주도적 쌍에 따라 항상 사전에 반사 형식들(Reflexivformen)이 명백해졌다. 아리스토텔레스의 노에시스 노에소스(noesis noesos, 사유의 사유) 유형도 그중 하나이며, "인식의 인식" 또는 "연구에 관한 연구"도 마찬가지이다. 위에서 다룬 것들과 연결해서 스포츠 과학을 위해 "관찰의 관찰"이

요소들로부터 자기구성 요소들을 생산한다(Luhmann, 1997: 179 이하와 비교하라).

통제 복잡성을 위한 흥미로운 개발 후보로서 도입되었다.

관찰의 관찰은 관찰을 전제한다. 관찰이 포괄적인 의미에서(물론 이와 관련된 "방법 문헌"에서 전혀 일치하지 않는다) 기대 가능한 방식으로 과학체계에 전문화된 성과를 이루어내는, 즉 체계 문제를 해결해 주는 "단순한" 기제에 속한다는 점은 과학에 대해서도 분명하게 주장할 수 있게 될 것이다. 관찰은 세계 사태들에 관한 인식을 생산한다. 양자물리학, 세포생물학 또는 스포츠 사회학에서도 상황은 마찬가지이다. 관찰의 관찰은 이제 관찰 자신을 외적 세계 사태들의 위치에 진입시킨다. 그러면 관찰은 자기 자신이라는 수단을 통해 자기 자신에 관한 인식을 생산한다.

이제 아마 양자물리학(Fuchs, 2009)이나 생명 체계들(Varela, Maturana and Uribe, 1974)에도 적용 가능하지만 먼저 여기서는 자신의 관찰 작동과 스포츠 과학의 관찰 작동에 적용하는 데 유용한 관찰 개념을 체계이론으로부터 끌어낼 수 있다. 이러한 관찰 이해는 다음과 같은 형식적인 출발점을 선택한다. 즉, 모든 관찰은, 구별과 구별된 것의 면을 지시하는 작동으로서 정의된다. 이것이 의미하는 바는 지시된 모든 것은 항상 다른 것과 구별된 가운데 지시된 것이라는 점이다. 남성이 지시되었다면 여성과의 차이에서일 것이다. 또는 결혼한 남성 또는 "남성답지 않은 남성"과의 차이에서일 것이다. 자연적인 "운동"이 관건이면, "비(非)운동 또는 자기 몸을 움직이지 않음, 또는 다른 말로 하면 운동 능력 테스트와의 차이에서일 것이다. 결핍이 드러났다면 표준 수치(또는 그 밖의 완전성)과의 차이에서일 것이다. 이론이 프로그램 선상에 있다면 경험(또는 실천이나 노동)과의 차이에서일 것이다. 관찰은 지시, 즉 구별의 틀 안에서 이루어지는 어느 한 면의 지시이다. 이것은 이론과 경험이 이론적 경험으로 한데 합치는, 즉 동시에 지시하는 경우에도 타당하다. 그럴 경우에도 여전히 차이 가운데서 지시한다. 이를테면 이론 없는 경험, 경험 없는 이론 또는 이와 전혀 다른, 예컨대 막스 베버를 인용하자면 일상의 "지루한 익숙함(dumpfe Gewöhnung)"으로 언급할 수 있는 것과의 차이에서 지시한다(Weber, 1980: 192).

여기서 흥미로운 점은 무엇보다도 관찰체계들은 그 토대에 놓여 있는 구별의 선택에 따라 각기 상이한 결과에 도달하며, 이로써 상이한 "실재들(Realitäten)"에 도달한다는 점이다. 남성을 여성이나 남편들과 구별하거나 이 구별 실행 자체를 그것의 사회-문화적 제약성(자연적 제약성이 아니라)과 관련해 의문시하거나 아니거나에 따라, 그것은 생물학적·법학적 또는 젠더이론적 맥락 영역(Kontexturen) 사이에 미세한 차이를 만든다. 또한 그 차이를 밝히기 위해 출생증명서, 유전자 검사 또는 젊은 부부의 진술을 요구하는지, 최종적으로 통계, 판단, 내러티브 등을 생산하는지의 여부는 하나의 차이를 만들 것이다. 서로 다른 관찰자들은 같은 것을 지시할 수 있지만, 이렇게 할 때 철저하게 다른 방식으로 구별할 수 있다. 이것이 바로 정보 기술적으로 차이를 만들어내는 것이다.

최초 구별의 선택은 (루만의 의미에서) 숙명적이다(Luhmann, 2000). 그 구별의 선택은 그 선택을 통해 보도록 허용된 것을 일관성 있게 시야에 나타나게 할 뿐이다. 사람들은 다르게가 아니라 그렇게 보기 때문에 자신들이 보는 것을 본다. 예를 들면 체계이론가가 체계, 기능, 코드화 등의 사회를 보는 곳에서 행위이론가는 주체, 동기, 의도의 사회를 본다. 양자물리학이 입자로 시작하느냐 아니면 파동으로 시작하느냐에 따라 차이가 만들어질 뿐만 아니라, 각각은 다른 것을 배제한다. 상징적 상호작용주의의 주도적 전제하에서 토대 이론(Grounded Theory)을 구축하려는 사람이 혼수상태의 환자를 만나면 그 이론의 틀 이론 형식에서는 환자들을 행위하는 개인으로 볼 준비가 되어 있지 않기 때문에 할 말을 잃게 된다(Lindemann, 2002). 그러나 다른 이론을 취하면 상황이 좋아질 것이다. 특정한 어떤 것이 구별에 의존하여 시선을 개방하면, 그 순간 다른 모든 것에 대해서는 선택적인 폐쇄가 발생한다. 어린이들을 대상으로 제자리높이뛰기를 측정하는 사람은 (어린이들이 높이뛰기 중에 겪는) 신체 경험을 알아채지 못할 것이다. 교육자로서 결핍이 있다고 말하려는 사람은 (결핍 주장의 근거가 될) 가능성들을 지명할 수 있어야 하며 이때 그가 할 의욕을 가져야 하는 것을 할 수 없다는 사실을 차단한 채 그렇게 해야 할 것이다. 조언을 하거나 행동을 따르게 하고자 시도하는 사람은 이미 이러한 문제를 무시하고서 자기 행동을 감행했다.

구별(즉, 구별의 다른 면도 지시함) 자체 외에도, 구별을 통해 조건 지어진 배제 영역(이 구별 저 편에 있는 모든 것)은 모든 관찰의 맹점를 만들어낸다. 그 영역을 보기 위해서는 관찰의 과정을 관찰 과정에 적용해야 한다. 즉, 구별을 구별해야 한다. 달리 말해 관찰자를 관찰해야 한다. 그렇게 하기 위해서는 시간적으로 옮겨진 또 다른 구별이 필요하다. 이 구별은 물론 특권화된 인식지위들을 덜 특권화된 인식지위들로부터 구별하여, 세련되고 깔끔하게 이 지위들에 더 높은 순위를 매기도록 허용하지 않는다. 이는 이미 다음과 같은 이유 때문에 그렇지 못하다. 즉, 이것은 "관찰들의 관찰함에서도 관찰함의 분명한 특징이 유지되며 '더 높은 위치'를 추구하지 못하기 때문이다"(Luhmann, 1990a: 110). 재귀적 관찰은 관찰이 어떻게, 즉 어떤 구별의 틀 내에서 관찰자가 관찰하는지를 관찰한다. 그리고 이 모든 것은 물론 하나의 고유한 구별, 그 구별의 동일성이 관찰 실행의 순간에 접근될 수 없는 구별을 적용한 가운데 이루어진다. "구별 실행에서 사용되는 구별을 구별할 수 없음은 단순하게 말해 인식의 기본 조건이다"(Luhmann, 1990b: 44). 관찰은 관찰의 순간에 "고유한 준거와 관련하여 무비판적으로"(Luhmann, 1990a: 85, 필자 강조), 즉 구별하지 않으면서 진행한다.

배타적으로 사안들의 지시에만 고정되지 구별에 고정되지는 않은 관찰 방식과는 달리, 재귀적 관찰은 모든 관찰의 "작동적 순진성(operative Naivität)"(Luhmann, 1990a: 86)을 볼 수 있게 해주고, 그런 점에서 자기 자신에 대한 역(逆)추론을 허용한다. 관찰자들을 관찰하며 이때 그 관찰자들이 볼 수 없는 것을 보는 사람은 자신도 보지 못하는 것은 보지 못한다는 것을 볼 수 없다는 것을 출발점으로 삼을 수 있다. 모든 관찰함은 맹점에 의해 동반된다. 이것이 구축된 자기 적용을 가진 반사 형식의 핵심이다.

이 점을 진지하게 수용한다면 관찰과 무관한 세계 인식의 가능성은 배제될 뿐만 아니라, 이와 함께 비판을 넘어선 절대적인 입지들을 점유하여 사용할 수 있다는 생각 또한 불가능하다. 관찰의 관찰은 결코 자기 바깥에 있는 진리에 근사적으로 접근하는 것이 아니다. 관찰(함) 자체는 자신의 대상에 부착된 것이며, 부착된 것으로서 남는다. 관찰은 하나의 구별 내에서의 지시이며, 맹점을 포함한다. 관찰의 특수성은 관찰된 관찰자가 사용하는, 심지어 안정적인 관찰자 주소 및 체계 주소를 분화시키기 위해 오랜 시간 이어지는 그 구별을 지시하는 바로 거기에 있다.[11]

따라서 재귀적 관찰의 기제는 과학적 인식의 귀빈석에 앉아 샴페인을 들고 "단순한" 관찰과의 경쟁에서 거둔 승리를 자축하면서 건배할 이유가 전혀 없다.[12] 그것의 순수한 형식이 제공해야만 하는 것은 ("구별을 구별하라!"는) 교훈, 즉 각기 세계에 투입한 지시를 그 지시의 특화된 구별 맥락에서 되물어보고, 이것을 다른 가능한 구별 맥락에서 따져보라는 것이다. 따라서 재귀적 스포츠 과학은 "과학적 관찰자(그는 재귀적 스포츠 과학 자신일 수 있다: 필자)가 관찰을 통해 자신의 대상을 어떻게 구성하는가"라는 물음에 전념해야 한다(Nassehi and Saake, 2002: 70). 어떤 구별에 기초하여 대상을 구성하는가? 그렇게 구성한 결과 어떤 결과들이 구별로서 남는가? 재귀적 관찰의 일반화된 형식은 비전문적인 다수의 동일 유형 작동들에 대한 적용을 가능하게 하고, 그럼으로써 마치 방법적으로 통제된 진술 생산을 가능하게 해준다. 우리는 보고 있는 것(그리고 이와 함께 볼 수 없는 것)을 어떻게 보는지를 볼 수 있게 된다. 재귀적 관찰의 기제가 스포츠 과학의 현재 지배적인 동일성(Identität) 성찰을 결정적인 지점에서 변화시킬 것이라는 점은 너무도 자명하다.

---

11 텍스트 자체가 그 점을 보여준다. 관찰(기술)로서 텍스트는 구별과 지시의 바로 그 구별을 사용하여, 그 구별을 가지고 구별과 지시의 구별을 관찰할 수 있다. 관찰된 구별은 관찰하는 구별이다. 그것은 동일한 구별이며, 그럼에도 다른 구별이다.

12 그곳에서는 체계이론이 비판적인 관찰자들에 의해 좌지우지된다. 그러한 일은 종종 개인화되면서("루만" — 그러나 "루만"은 텍스트 밖에서 도대체 무엇이냔 말인가?) 일어난다. 이에 대해서는 Fischer-Lescano(2013)과 비교하기 바란다.

4. 성찰적 스포츠 과학

울리히 벡(Ulrich Beck)은 재귀성이 단순한 근대와 거리를 두는 획기적인 명칭이라고 설명했다(Beck, 1986: 254). 그렇다면 재귀적인 근대의 사회란 현재로서는 아직 알려져 있지 않은 정도로 자기 자신과 관계를 맺으며, 고유한 실행으로부터 의도된 결과와 의도되지 않은 결과를 함께 얻어내는 사회일 것이다. 과학기술[13]은 안전을 생산하지만 새로운 불안을 대가로 치른다.[14] 과학은 해법을 제공하고, 모든 해법을 새로운 문제로 만들어낸다. 벡의 위험사회 분석에서는 너무 적은 재귀성만 문제가 되는 것이 아니라, 너무 많은 재귀성도 문제가 된다. 이 너무 많음이 문제이다. 재귀성은 여기서 확실히 대상에 대한 재귀성(대상 재귀성)이다. 여기서는 과학이 사회에 미치는 통제될 수 없는 장·단기 영향과 과학 자신에 미치는 역효과가 문제가 된다. 이것은 원리 면에서 베테(Bette, 1992: 185)가 의도한 성찰적 스포츠 과학의 출발점이기도 하다. 그가 도입한, 대상에서 출현하는 관찰자 유형은 일단은 다음을 진술한다. 스포츠 과학의 관찰자들은 스스로를 자신들이 관찰하는 스포츠 체계의 부분으로 간주한다. 스포츠 과학은 스포츠가 어떻게 관찰하는지를(1차 질서 관찰) 관찰하며(2차 질서 관찰), 이 과정에서 자기 자신을 만난다(Bette, 1992). 여기서 자기 자신과의 만남은 스포츠 과학의 관찰 방식이 스포츠 관찰의 방식에 매몰되어 있음을 지적하며, 그렇게 함으로써 스포츠

---

13 근대의 성찰적 상태에 대한 반작용에서 기술결과의 평가와 함께 방법적으로 통제된 부수 성찰성의 패러다임이 분화되었다. 1960년대 미국에서 입법부와 행정부 사이의 정보 흐름(격차)이 제거되면서 기술결과 평가는 예측 분석을 통해 테크놀로지 발달의 영역을 에스코트하고 있다. 이에 대해 보편적 측면에 대해서는 Grunwald(2010: 65), 도핑의 사례에서 최정상 스포츠의 기술결과 평가에 대해서는 Körner(2014)와 비교하기 바란다.

14 지속적으로 시사성 있는 사례로서 원자력이 있다. 현재 핵에너지를 통해 투입된 전력 공급망의 정도는 전 세계적으로 11% 정도이지만, 방사성 핵융합의 위험은 계산하기 어려울 정도로 크며, 핵 차단 공학기술 영역에 투입되는 비용은 어마어마할 정도이다(vgl. Lelieveld, Kunkel and Lawrence, 2012).

과학의 결과 통제에서 벗어난다는 점을 지적한다는 것을 뜻한다.

여기서 제출하는 기획은 이 관찰 관계를 약간 다르게 구상한다. 첫째, 여기서 도입한 의미의 관찰에서 관찰 대상은 자신의 관찰로부터 분리될 수 없다. 스포츠를 과학적 관찰의 대상으로 삼는다는 것은 항상 스포츠를 과학적으로 관찰한다는 뜻이다. 스포츠(환경)가 아니라 과학(체계)이 구별을 선택할 의무를 진다. 따라서 과학은 타자의 모든 관찰을 통해 자기 자신을 만나며, 역으로 말하면 자기에 대한 모든 관찰을 가지고 타자준거의 자기준거적 구성을 만나게 된다. 둘째, 재귀성은 여기서 체계들이 관찰 체계의 환경(예를 들어, 스포츠) 내부에서 관찰하는 방식을 스포츠 과학적 관점에서 관찰한다는 것을 뜻한다. 재귀성은 스포츠 과학의 관찰자들이 관찰하는 방식을 알기 위해 스포츠 과학의 (1차 질서) 관찰자들을 (2차 질서) 관찰한다는 것을 뜻한다. 소개된 재귀적 관찰의 기제는 하나의 절차 제안, 즉 과학적 관찰을 원칙적으로 모든 동일 유형의 경우와 관련짓고 이로써 고유한 사안의 과정 조종(Prozesssteuerung)을 가능하게 하는 제안을 제출한다.

관찰 형식은 그 형식만 숙고하고 다른 것은 숙고하지 않는다는 이유로 성찰이라고 불리지 않는다. 또한 대상 영역에서 만들어진 과잉에 관해 결국에는 – 어떤 식으로든 – 재귀성을 생각하기 때문에 성찰적이라고 불리는 것도 아니다. 관찰 형식은 연구 관점을 지탱하고 속행하는 '구별 작동'으로 소급되기도 선취되기도 하기 때문에 성찰적이라고 불린다. 구별 작동에 대한 소급이나 구별 작동의 선취를 통해, 성찰적 스포츠 과학은 통제 가능한 방식으로 연구 전제와 결과에 집중할 수 있다. 스포츠 과학은 또한 고유한 지식 생산에 내재된 위험부담, 인과성 통제 가능성, 기능의 확실성 같은 스포츠 과학의 완고한 신화에 관심을 집중할 수 있다.

전제조건은, 모든 지시가 항상 명시적이거나 암묵적으로 구별의 맥락에 배치되어 있으며 모든 구별이 다시금 다른 가능한 구별의 공간을 지시하고 있음을 재귀적인 관찰이 볼 수 있게 해주기 때문에 시야에 나타난다. 렌첸(D. Lenzen)[15]

의 성찰적 신화 지식, 즉 영향력 있는 교육학적 신화들의 드러나거나 숨겨진 전제조건, 예를 들어 어린이다움, 전체성,[16] 교육의 필요 또는 더 큰 발전 능력에서 전제하는 지식의 제안은 이 점과 연결되고 분석적으로 재-특화될 수 있다. 결과는 하나의 구별의 틀 속에서의 지시가 시간에 묶인 조건에서 특정한 연계 구별(다른 구별이 아니라)을 떠올리고 포함한다는 것, 그리고 이 연계 구별이 체험과 행위의 도식체계로서 실천적인 효과를 발휘한다는 것을 성찰적 스포츠 과학이 볼 수 있을 때 시야에 나타난다. 우리는 어린이들을 측정하고 체중을 잴 수 있으며, 과체중으로 판단하여 딱하게 여기고, 많은 스포츠와 건강한 영양 섭취를 통해 올바른 길로 인도할 수 있다. 스포츠 과학의 결과 평가는 그 영향력의 폭과 깊이를 외부적 관계와 회귀적 관계의 교차점에서 측정하고 주제화한다. 예컨대 다음과 같은 물음을 제기한다. 스포츠 과학이 공공의 위기 주체들의 생산에 어느 정도나 관여했으며, 스포츠 과학적 연구들이 어린이와 청소년의 사회적 발달 기대 및 정상성 기대에 또는 사회적 낙인찍기 과정에 어떤 영향을 미쳤을까? 이 모든 것은 이 분과과학의 정체성에 무엇을 의미할까? 그것은 위험한가?(Körner,

---

15 렌첸의 성찰적 교육과학 프로그램은 하버마스에 근거하여 하버마스가 성찰적이라는 표현을 부가한 세 가지 지식 형식들을 구별한다. 그 형식들은 기술적 활용 지식(technisches Verfügungswissen), 실천적 방향안내 지식(praktisches Orientierungswissen), 해방적 지식(emanzipatorisches Wissen)이다. 렌첸에게 과학적 지식 형식들의 위기의 마지막에 중요한 것은 "성찰적인 교육학적 지식 형식들을 마련하는 일, 이를테면 과학 생산의 결과들로 되돌아가는(zurückbeugen) 활동을 마련하는 일, 자신에 의해 추정적으로 생산된 계몽을 계몽하는 일"(Lenzen, 1996: 119), 그리고 여기서 "더 나은 지식이라는 태도를 회피하기 위해"(Lenzen, 1996: 131) 자기 자신에게 되돌아가는 일이다. 마테시스(공유, 관여)의 지식 형식은 해방적 지식에 대해 성찰적으로 유지된다. 그러나 렌첸은 여기서 "무엇보다 단지 하나의 사유 방향"(Lenzen, 1996: 130)을 보았다. 기술적 활용 지식의 위기에 대해서는 위험 지식이 반응한다. 위험 지식은 사회적·심리적·신체적 차원에서 교육의 결과들과 함축들에, 아울러 가능한 결과회피 선택들과 함의회피 선택들에 열중한다. 실천적 방향안내 지식의 위기에 대해서는 신화 지식이 반응한다. 그는 신화 지식에 대해 무엇보다 대상, 분석 관점, 결과라는 삼중적 역사성과 그 안에 들어 있는 담론 및 기호 분석에 방향을 맞추는 역사학적 인간학의 방법을 제안한다.

16 전체성에 대해서는 Koerner(2008c: 140)을 참조하기 바란다..

2008; 2012).

성찰적 스포츠 과학의 기제로서 관찰의 관찰은 연구로부터 발췌한 사례들에서 계몽에 관한 계몽을 집행한다.

- 재귀적 젠더 분석은 예를 들어 자신들의 분석이 정확하게 바로 그 구별들(즉 남자/여자, 자연/문화)을 사용하며, 그 구별들의 정당한 사용을 비판적으로 캐물으며, 그러한 정당한 사용이 "단순한" 관찰로서 자신들의 요구에 따라 결국 극복된 것으로 간주되는 것, 즉 자연화하는 성별 스테레오 타입(stereo type)과 일반화하는 성별 스테레오 타입 뒤로 뒤처진다는 것을 깨닫게 된다. 행동하는 젠더의 분석은 행동하는 젠더가 반드시 거쳐야 하는 부분이다. 이 점이 그 분석의 맹점이다. 젠더 분석은 언제나 하루의 끝, 모든 계몽 작업의 마지막에 아직도 스포츠를 행하(지 않)는 남자와 여자, 소년, 소녀가 있다는 사실에 얽혀 있으며, 그런 상태로 남는다. 우리는 그것을 볼 수 있게 될 것이다(Körner, 2009).
- 그러면 재귀적 전문 교수법은 자신이 자가 창출된 세계들 속에서 활동하며, — 예를 들어 성찰/비성찰(Körner, 2009)의 주목할 만한 구별의 토대에서 — 결국에는 문제들의 구성, 즉 교수법이 없다면 존재하지 않을 것이며, 관찰된 실무와 자문이 필요한 실무에서는 아마도 전혀 존재하지 않는 문제 구성으로부터 자신의 계도 제안을 이끌어낸다는 것을 알게 된다. 스포츠 수업은 전문 교수법의 그러한 문제 구성에 감응될 필요가 없다. 스포츠 수업은 다른 일을 해야 하기 때문이다.
- 그다음에 재귀적인 경험적 (신체와 스포츠) 연구는 청소년 체중 세계와 운동 세계의 영역에서, 이 세계를 통보하는 것이 아니라 나누는 것이라는 점을 깨닫게 된다 — 그것은 또한 이 세계를 (체중 세계와 운동 세계를 취하고 그밖의 세계를 배제하는) 과정에서 포괄적인 연결을 제시한다는 것을 깨닫는다. 예를 들어, 뚱뚱한 아이들은[17] 단지 날씬하지 않은 상태로 평가되지 않는다. 그들은

정상에서 일탈적(일탈적/정상적)이며, 그 때문에 처우가 필요하고(즉, 처우가 필요하지 않은 상태가 아니라) 동정을 사며 무시받을 만하고, 나태하기는 하지만 어쨌든 좋아질(날씬해질) 수 있는 것으로 평가받는다. 체중 자료들은 재귀적인 관점에서는 더 이상 경험적 관찰에서 나타난 "지방질" 존재의 객관적인 재현들을 지시하지 않는다. 이 자료들은 구별사슬 자체의 모든 지점에서 스스로를 구별해야 할, 즉 다른 것에 맞서 관찰해야 할 구별 실천의 결과이자 관련점이다(Körner, 2008a; 2008b; 2012).

- 재귀적 스포츠 교육학은 유소년 신체의 경험세계에서 도출된 자료에 연계한다는 사실에서, 개인적인 지방 수치와 체력 수치를 향상시키려는 모든 시도와 아직은 그렇게 좋은 의도들이 일단 그리고 특히 그 결핍을 사실상 가시화시킨다는 것을 본다. 하지만 그러한 시도들은 사회적 층위와 심리적 층위에서의 결과의 통제 방안을 알고 있지는 못하다. 선한 의도는 동시적으로 (다른 것을) 강조하지 않고서는 전혀 어떤 것도 지시할 수 없기 때문에 차별의 효과를 발휘한다(Körner, 2008c).[18]

---

17 어린이들을 구별하는 관찰은 이것과는 전혀 다르게 시작될 수 있다.

18 스포츠 교육학은 스포츠, 놀이, 운동을 매개로 하여 교육의 업무를 집행한다. 그와 동시에 그 업무가 정확하게 무엇인지 평범하게도, 최종적으로 결정하지도 않는다. 교육학적 본질주의 또는 규범적 목표 공식 및 열정 공식의 맞수로서 체계이론적인 기초적 자기준거 형상을 통해, 교육을 '실행-중-작동(operation-in-vollzug)'으로서 과정적으로 파악하는 것을 허용하는 제안들이 마련될 수 있었다. 근본적으로, 의미 기반 체계들의 특징 표시를 위해 독특한(명확한) 요소들과 관계들의 작동적 연쇄를 고려하는 기초적 자기준거의 시각하에서 사회는 서로서로 도달 가능한 소통들의 앙상블(합주)로 나타난다. 차이들은 그 경우에 의례적인 절차(형식상의 문제)이다. 경제에서 소통이 지불의 형식을 또는 과학에서 소통이 출간의 형식을 가정하는 것과 마찬가지로, 교육적인 것은 교육적인 것을 특별한 소통 형식에서 추구해야만 한다. 예컨대 지식(그리고 가치들)을 매개로 하여 전유와 관련된 중재 작동 및 시험 작동들의 연속으로서, 결핍 전제들을 출발점으로 하지만, 결국에는 변화 기대들에 의해 주도되면서 특별한 소통 형식을 추구해야 한다. 교육학적 소통의 형식에 대해서는 근본적으로 Kade(1997)을 참고하기 바란다.

여기서 발전시킨 재귀성은 단호한 태도로 요구하거나 거절하는 어떤 것이 아니다. 재귀성은 연구에 관한 연구로서 스포츠 과학에서 이미 오래전부터 일어나는 일이다. 재귀성은 불확정된 성찰성을 의미하는 것이 아니다. 관찰의 관찰이라는 재귀 형식은 분과의 통제 복합성을 확장시킨다. 그 형식은 관찰의 모든 경우에 적용될 수 있다. 그 형식은 결과에서 스포츠 과학 연구의 포함 영역과 배제 영역을 자신의 전제들의 결과로서 표시한다. 재귀 형식은 주제화된(되지 않은) 것의 주제화로서 기대와 기대의 기대를 투명하게 드러낸다. 재귀 형식은 이 모든 것에서 자기 자신을 포함하고, 그렇게 함으로써 자신의 고유한 관찰의 근거 있는 선택성을 반대 관찰에 노출시킨다.[19]

(체계 내에서의 체계의 자기기술로서) 성찰을 위해 재귀성의 구축은 숙명적이다. 위에서 개관한 관점들은 스포츠 과학적 정체성 기술들을 재귀적 기술로 바꾸어 쓰면 어떤 방향을 취할 것인지를 보여준다. 그러한 기술 방식은 그 기술이 역설적으로 바로 대상과 함께 발생하는 것을 통해 자신의 대상과 거리를 둔다. 우리는 물론 재귀적 관찰의 작용(과 그것으로부터 더 많은 것)을 당연히 요구할 수 있다. 이 요구는 물론 소통에 일반적이며 매우 진지하게 생각해야 할 비개연성의 문턱을 넘어서야 한다(Luhmann, 1984: 217~218). 그 요구는 자신의 수취인에게 도달할까? 만일 도달한다면 그것은 그럼에도 이해되지 못한 채 남아 있을 수 있다. 그것이 이해될지라도 거절될 수 있다. 수용될지라도 여전히 그 위험이 잊힌 채로 머물러 있을 수 있다. 만일 그것이 기억된다면, 그다음에 그것은 변화에 예속된다.[20]

---

19 성찰적 재귀성으로서 그것은 자신의 "지루한 익숙함(weber)"을 표시되지 않은 채 내버려두지 않게 하는데, 즉 자신의 편견들 넘어서 그로부터 결과인 제한들과 가능한 결과들을 함께 계몽하는 데에 치중한다. 기술결과의 평가에 대해 그것은 예컨대 기술결과들을 항상 또한 기술결과들에 관한 이야기의 결과로 파악하고 이를 통해 자기 자신도 "문제"(Körner, 2014)의 부분으로 파악한다는 것을 의미한다. 여기서의 제안에 대해서는 II장의 마지막 두 문단의 설명을 보라.

20 시리즈 편집물을 기획하는 것은 시작이 된다.

참고문헌

Beck, U. (1986). Risikogesellschaft. Auf dem Weg in eine andere Moderne. Frankfurt: Suhrkamp.

Bette, K.-H. (1992). reflexivee Sportwissenschaft. In: Ders.: Theorie als Herausforderung: Beiträge zur systemtheoretischen Reflexion der Sportwissenschaft. Aachen: Meyer & Meyer, 176-211.

Bette, K.-H. (1999). Lob der Selbstbezüglichkeit. Stellungnahme zu A. Rütten, Diesseits des Elfenbeinturms - Sportentwicklung, Wissenschaftsentwicklung und die Aufgabe einer angewandten Sportsoziologie (1/99, 5- 27). Spectrum der Sportwisssenschaften 11, 92-96.

Bös, K., Oberger, J., Opper, E., Romahn, N., Wagner, M. & Worth, A. (2006). Motorik-Modul: Motorische Leistungsfähigkeit und körperlich-sportliche Aktivität von Kindern und Jugendlichen. [Symposium des Robert-Koch- Instituts am 25. September 2006].

Fischer-Lescano, A. (2013). Systemtheorie als kritische Gesellschaftstheorie. In: Amstutz, M. & ders. (Hg.): Kritische Systemtheorie. Zur Evolution einer normativen Theorie. Bielefeld: Transcript, 13-38.

Fuchs, P. (2009). Die doppelte Verschränkung - das Konzept der Beobachtung in der Quantenphysik und in der. Allgemeinen Theorie der Sinnsysteme ATS. Manuskript (download unter: http://www.ats-institut.de/index.php?id=81)

Gieß-Stüber, P. (2008). reflexivee Interkulturalität und der Umgang mit Fremdheit im und durch Sport. In: Dies. & D. Blecking (Hrsg.). Sport - Integration - Europa. Neue Horizonte für interkulturelle Bildung. Hohengehren: Schneider, 234-248.

Gieß-Stüber, P. Grimminger, E. Schmerbitz, H. & Seidensticker, W. (2009). reflexivee Interkulturalität als Schul(sport)entwicklungsperspektive - Die Laborschule in Bewegung. In: H. P. Brandl-Bredenbeck & M. Stefanie (Hrsg.). Schulen in Bewegung - Schulsport in Bewegung. Jahrestagung der dvs-Sektion Sportpädagogik vom 22.-24. Mai 2008 in Köln. Hamburg: Czwalina, 246-252.

Grunwald, A. (2010). Technikfolgenabschätzung - eine Einführung. 2. Auflage. Berlin.

Gugutzer, R. (2008). Doping im Spitzensport der reflexiveen Moderne. Sport und Gesellschaft 6, 3-29.

Kade, J. (1997). Vermittelbar/Nicht-Vermittelbar: Vermitteln: Aneignen. Im Prozeß der Systembildung des Pädagogischen. In: Luhmann, N./Lenzen, D. (Hrsg.): Bildung und Weiterbildung im Erziehungssystem. Frankfurt/M.: Suhrkamp 1997, S. 30-80.

Körner, S. (2008a). Dicke Kinder - revisited. Zur Kommunikation juveniler Körperkrisen. Bielefeld: transcript.

Körner, S. (2008b). "Natürlich gibt es dicke Kinder…" - Beobachtungen zur Konstruktion der Nichtkonstruiertheit juveniler Körperdefizite. Spectrum der Sportwissenschaften 2, 20, 6-20.

Körner, S. (2008c). In-Form durch Re-Form: Systemtheoretische Notizen zur Pädagogisierung juveniler Körperkrisen. Sport und Gesellschaft 2, 5, 134-152.

Körner, S. (2009). Beobachterperspektive: Reflexion von Kontingenz und Kontingenz der Reflexion. Ein systemtheoretischer Kommentar. In: I. Lüsebrink, C. Krieger, P. Wolters. Sportunterricht reflektieren. Ein Arbeitsbuch zur theoriegeleiteten Unterrichtsauswertung. Köln: Strauß, S. 141-160.

Körner, S. (2012). "'Zeitbomben'" - Adipositas und die Gefräßigkeit der Systeme. In: Ders. / P. Frei (Hrsg.). Die Möglichkeit des Sports. Kontingenz im Brennpunkt sportwissenschaftlicher Analysen. Bielefeld: Transcript, S. 195-217.

Körner, S. (2014). Technology assessment of elite sports. A systems theoretical approach to doping of the next society. Athens Journal of Sports 1 (3), 163-172.

Kuhn, T. S. (1967). Die Struktur wissenschaftlicher Revolutionen. Suhrkamp, Frankfurt am Main.

Lelieveld, J., Kunkel, D. & Lawrence, M. G. (2012). Global risk of radioactive fallout after nuclear reactor accidents. Atmospheric Chemistry and Physics 12, 4245-4258.

Lenzen, D. (1996). Handlung und Reflexion. Vom pädagogischen Theoriedefizit zur reflexiveen Erziehungswissenschaft. Weinheim; Basel: Beltz.

Lindemann, G. (2002). Die Grenzen des Sozialen. Zur sozio-technischen Konstruktion von Leben und Tod in der Intensivmedizin. München: Fink.

Luhmann, N. (1990a). Die Wissenschaft der Gesellschaft. Frankfurt am Main. Suhrkamp.

Luhmann, N. (1990b). Das Erkenntnisprogramm des Konstruktivismus und die unbekannt bleibende Realität. In: Ders., Soziologische Aufklärung. Bd. 5. Konstruktivistische Perspektiven. Opladen: Westdeutscher Verlag, S. 31-57.

Luhmann, N. (1991). reflexivee Mechanismen. In: Ders., Soziologische Aufklärung 1. Aufsätze zur Theorie sozialer Systeme (6. Aufl.). Opladen: Westdeutscher Verlag, 92-112.

Luhmann, N. (1996). Soziale Systeme. Grundriß einer allgemeinen Theorie (6. Aufl.). Frankfurt am Main: Suhrkamp.

Luhmann, N. (1997). Die Gesellschaft der Gesellschaft. 2 Bde. Frankfurt am Main: Suhrkamp.

Luhmann, N. (2000). Statistische Depression. Zahlen in den Massenmedien. In: Ders. Short Cuts 1. Herausgeg. V. P. Gente, H. Paris/M. Weinmann. Frankfurt am Main: Zweitausendeins, S. 107-112.

Luhmann, N. (2008). Die Ausdifferenzierung des Erkenntnisgewinn: Zur Genese von Wissenschaft. In: Ders.: Ideenevolution. Beiträge zur Wissenssoziologie. Herausg. Von A. Kieserling. Frankfurt: Suhrkamp, 132-185.

Nassehi, A./Saake, I. (2002). Kontingenz: Methodisch verhindert oder beobachtet? Ein Beitrag zur Methodologie der qualitativen Sozialforschung. Zeitschrift für Soziologie, 31 (1), S. 66-86.

Rütten, A. (1999). Diesseits des Elfenbeinturms - Sportentwicklung, Wissenschaftsentwicklung und die Aufgabe einer angewandten Sportsoziologie. Spectrum der Sportwissenschaften 11, 5-27.

Schmerbitz H. and Seidensticker, W. (1998). reflexivee Koedukation im Sportunterricht als

Bestandteil des Schulprogramms. In: G. Stibbe (Hrsg.). Bewegung, Spiel und Sport als Elemente des Schulprogramms: Grundlagen, Ansätze, Beispiele. Schneider: Hohengehren, 100-112. Unterrichtsbeispiele Sport

Schürmann, V. (2008). reflexive Bildung, Antinomien und die Offenheit von Erfahrung. In: Franke, E. (Hg.). Erfahrungsbasierte Bildung im Spiegel der Standardisierungsdebatte. Baltmannsweiler: Schneider, 125-143.

Varela, F., Maturna, H. and Uribe, R. (1974). Autopoiesis: The organization of living systems, its characterization and a model. Biosystems 5, 187-196.

Weber, M. (1980). Wirtschaft und Gesellschaft. Grundriß der verstehenden Soziologie. Besorgt von J. Winckelmann. 5. rev. Aufl. Tübingen: Mohr.

제3장

루만의 체계이론에서 관찰된 커뮤니케이션과 대중매체

김성재 | 조선대학교 신문방송학과

1. 체계이론의 기본 구상

루만은 영어권 사회학에서 포스트 파슨시아너(Post-Parsonsianer)로 인정된다. 탤컷 파슨스(Talcott Parsons)는 구조적-기능적(structural-functional) 방법론을 적용한 사회적 체계이론(Parsons, 1951: vii; 김성재, 2005: 88)의 창시자라고 할 수 있다. 그는 생물체의 기능 분석에서 사용되는 생리학적 방법론을 사회적 행위에 적용해 체계 유지가 목적인 존재론적 체계이론('AGIL 도식' 참고)[1]을 완성했다. 그의 체계이론에서 환경은 체계를 위해 부수적으로 존재하기 때문에 체계가 환경보다 우선한다.

파슨스의 영향을 받아 기능적-구조적(functional-structural) 방법론을 적용한 루만의 체계이론은 생물체의 기능 분석 측면에서 파슨시아너의 전통을 잇는다. 그러나 루만의 체계이론에서 세상의 모든 존재는 파슨스의 존재론적 체계이론과

---

1 파슨스는 적응(Adoption)-경제, 목적달성(Goal-attainment)-정치, 통합(Intergation)-사회공동체, 문화 및 사회화의 잠재적 재생산(Latent pattern maintenance)-문화체계라는 유명한 'AGIL 도식'을 그의 체계이론에 일관되게 적용한다.

는 달리 자신과 환경과의 차이를 만드는 작동의 결과("make difference", "draw a distinction")라는 베이트슨(G. Bateson)과 스펜서-브라운(G. Spencer-Brown)의 차별 이론에서 시작된다(Bateson, 1972; Spencer-Brown, 1969). 그리고 체계를 형성하는 모든 작동은 차이에서 시작되기에 전통적인 존재론과 초월적 형이상학을 극복한다. 동시에 체계와 환경은 동전의 양면처럼 하나가 존재하지 않으면 다른 하나도 존재할 수 없는 등가성을 갖는다.

2. 체계의 형성과 작동 원리

루만의 체계이론에서 모든 체계는 자기관계적(self-referential/not intertwined, each operation connects only to itself; Selbstreferenz=für sich selbst)이고 폐쇄적으로 작동한다. 이러한 체계의 작동 방식은 유기체 이론에서 살아 있는 체계의 자기재생산(autopoiesis)의 원리에서 유래한다(Maturana and Valela, 1991). 그리고 그 작동은 선구조화된 차별 기준, 긍정·부정의 이원코드(binary code=Leitdifferenz=Unterscheidung=contrast set)에 따른 관찰이다. 이때 관찰은 이원코드 중 한쪽(긍정 혹은 부정)을 표시하는 것을 의미한다. 그리고 차별 기준은 지속적인 체계 형성을 위해 한 번의 관찰로 끝나지 않고 재등장(re-entry)한다(Spencer-Brown, 1969). 따라서 관찰에서 미셸 세르(Michel Serres)가 말한 "배제되고 통합된 제3자(기생자)"는 제외된다. 무엇보다도 관찰에서 관찰자가 볼 수 없는 맹점(blinder Fleck)은 패러다임(프레임)으로 작용한다(Serres, 1987).

한편 체계는 신경생리학적 인지이론, 곧 급진적 구성주의 또는 제2계 사이버네틱스(Spencer-Brown, 1969; V. Foerster, 1984; V. Glasersfeld, 1997; Roth, 2001)에 따라 복합성의 축소(Reduktion von Komplexität)를 통해 기능적인 체계분화를 수행한다. 체계를 형성하는 데 두 개의 기본 단위를 이루고 있는 의식체계는 이중의 우연성(doppelte Kontigenz=two black boxes)과 상호침투(Interpenetration, 복합성의 상호 인정=alter Ego=너 같은 나)를 전제로 한다. 이때 우연성은 불확실성이고 그 해결책은 헤겔적 변증법의 전략인 부정의 부정(Negation der Negation)이라고 할 수 있다(Hegel, 1988). 또한 체계 형성에서 시간은 항상성, 신속성, 시간 관계들의 집합과 통합을 유도하면서 복합성을 시간화하고, 의미는 가능성들의 지속적인 현재화, 곧 의도 중심(Intentionalität) 또는 가능성들의 현재화와 잠재화의 한 단위로서 사물(이것/다른 것의 차이), 시간(전/후의 차이), 사회(모두가 alter Ego)라는 세 가지 차원으로 분해될 수 있다(Husserl, 1948; 1950).

3. 사회적 체계와 커뮤니케이션

루만에게 커뮤니케이션은 막스 베버(Max Weber)의 사회적 행위, 파슨스의 행위를 통한 행위주체의 체계(action unit)로의 전이가 아닌 행위 속에 분해되어 구성된 것이다(Luhmann, 1984). 그리고 커뮤니케이션은 복합성의 축소(선택)를 통해 차후 커뮤니케이션과 연계되는 오토포이에시스(autopoiesis)의 기본 원리에 따라 수행된다. 사회적 체계를 이루고 있는 커뮤니케이션은 기존의 송신자와 수신자의 양분적 중계 메타포를 극복하고, 의미에서 시작되는 스스로 구성한 현재적 지시 지평으로서 '어떤 것'을 현재화하고 '다른 것'은 잠재화하는 삼분적 과정으로서 정보(Information), 전달(Mitteilung) 그리고 이해(Verstehen)라는 세 선택의 종합이다. 선택된 이해는 전달된 의미의 네 번째 선택으로서 수긍과 거절(예/아니오)의 전제조건이다. 여기서 네 번째 선택은 지속적인 커뮤니케이션인 오토포이에시스를 가능케 하는 연계 행위다. 무엇보다도 거절의 커뮤니케이션〔Nein-Sage-Kommunikation=갈등=면역체계(Immunsystem)〕은 커뮤니케이션의 방향 전환을 유도할 뿐 지속적인 커뮤니케이션인 오토포이에시스를 유지한다. 생태학적 커뮤니케이션에서 등장하는 환경운동, 평화운동, 노동자운동 등 사회운동은 주로 면역체계에 의해 추동된다.

4. 루만의 커뮤니케이션 모델

그림 3-1 루만의 커뮤니케이션 모델

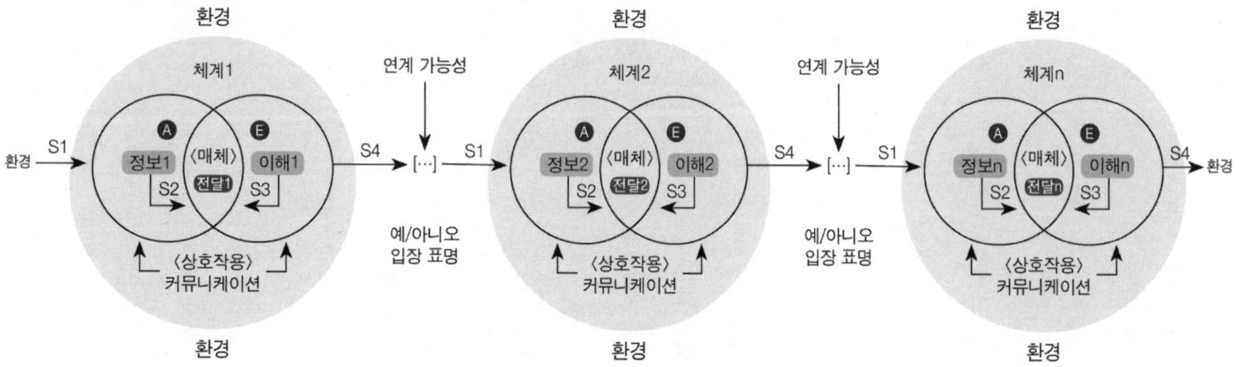

환경=사건, 대상
A=Alter(전달자)
E=Ego(수용자)

S1=제1선택
S2=제2선택
S3=제3선택
S4=제4선택(커뮤니케이션에 속하지 않음)
체계1~체계n=오토포이에시스(autopoiesis)

자료: 김성재(2005: 35).

5. 커뮤니케이션 매체

루만에게 현대사회의 3대 매체는 언어, 대중매체 그리고 상징적으로 일반화된 매체 또는 성공 매체(symbolisch generalisierte kommunikationsmedien, erfolgsmedien)이다(Luhmann, 1984). 루만은 하이더(F. Heider)의 매체관을 도입해 매체와 형식을 구별한다(Luhmann, 1990; Heider, 2005). 여기서 매체는 느슨하게 연결된 대량의 요소로서 독립된 사건들이고, 형식은 견고하게 결합된 요소들이다. 매체와 형식의 차별은 형식 내에서 반복되는 진화적 특징을 가지고 있다. 예컨대 공기의 흐름 → 소음 → 음성기호 → 말 → 표음문자로의 발전이 그것이다. 이때 형식은 더 높은 차원의 형식을 위한 매체로 기능한다. 빛, 공기, 소리는 매체지만 더 높은 차원에서 추상적인 매체인 돈, 권력, 자유로 기능할 수 있다. 이러한 맥락에서 인쇄된 언어와 신문의 권력은 요하네스 구텐베르크(Johannes Gutenberg)의 활자 발명 이래 400여 년 동안 인쇄된 언어의 매체(어휘)와 형식(문장) 사이에서 거듭된 단련의 결과라고 할 수 있다.

루만이 제시한 상징적으로 일반화된 커뮤니케이션 매체 또는 성공 매체는 파슨스의 AGIL 도식에서 도입한 상징적인 교환 매체(symbolically generalized media of exchange)인 돈, 권력, 영향력, 가치구속력에 진리, 사랑, 종교적 믿음, 예술, 문명적으로 표준화된 기본 가치를 추가한다(Luhmann, 1984). 성공 매체는 커뮤니케이션의 선택을 조건 지움과 동시에 동기 유발의 수단이 되어 성공적인 커뮤니케이션을 관철시킨다. 위르겐 하버마스(Jürgen Habermas)는 이들 성공 매체 중 돈과 권력을 체계(경제, 정치)를 조종하는 조종 매체(Steuerungsmedien) 또는 탈언어적 매체(entsprachlichte Medien)라고 부른다(Habermas, 1987).

6. 대중매체

루만에게 사회, 세계에 대한 인간의 앎(지식)은 대중매체를 통해 형성된다(Luhmann, 1996/2006). 그는 조작을 의심하면서도 그 의심 위에 지식을 쌓고 믿을 수밖에 없는 현대인의 숙명 앞에서 작동적인 구성주의(operativer Konstruktivismus) 시각에서 현대사회의 기능체계들 중 하나인 대중매체는 어떻게 현실을 구성하는가?라는 질문을 제기한다.

루만은 대중매체를 커뮤니케이션의 확산을 위해 기술적인 복제 수단으로 사용되는 사회의 모든 장치(강연, 연극 공연, 전시회, 콘서트는 대중매체가 아님)라고 파악한다. 기능체계로서 대중매체는 보편주의(Universalism: 다루어지지 않을 주제가 없음)와 특수화(Spezifikation: 특정 이념, 고유의 커뮤니케이션)의 보완 관계(특수화된 보편성)를 확립해야 한다. 대중매체의 작동 방식은 주제/기능의 차별 기준, 곧 타자관계(Fremdreferenz)/자기관계(Selbstreferenz)의 차별 기준을 가지고 주제를 자유롭게 선정하는 것이다. 대중매체는 시간과 관련된 정보/비정보의 코드화(차별 기준)를 사용하기 때문에 정보는 반복될 수 없고, 정보는 사건이 되는 순간 비정보가 되고, 한 뉴스는 두 번 사용될 경우 유의미하지만 그 가치를 상실한다.

대중매체의 기능은 공시를 통해 놀라움의 가치를 상실하는, 곧 비정보로 변형되는 정보에 맞서 꾸준히 정보를 창조하고 처리하면서 공중을 자극하는 데 있으며, 인식의 증대나 규범과 타협하는 사회화나 교육에 있지 않다. 대중매체의 세 가지 기능 영역은 뉴스와 보도, 오락 그리고 광고이다.

1) 뉴스와 보도

루만은 뉴스와 보도에서 사용되는 선택 장치를 10가지 범주로 제시한다.

① 의외는 현저한 단절을 통해 강화: 정보는 새로워야 함

② 갈등 선호: 갈등은 주제로서 스스로 생산한 불확실성 암시

③ 효과적인 주의 환기 장치는 양(量): 계량적 정보(예: 실업률, 수출증가율 등)

④ 지역적 관계는 정보에 큰 비중 부여

⑤ 규범 위반은 특별한 주의를 끎

⑥ 규범 위반 + 도덕적 평가: 위반자에 대한 존경 혹은 무시

⑦ 규범 위반을 알리고, 독자/시청자의 의견 형성을 쉽게 하기 위해 매체는 위반자에게 그 원인을 귀속시킴

⑧ 현재성 요구: 돌발 사건, 사고, 장애, 내습의 경우 집중적인 보도

⑨ 의견 개진을 뉴스로 유포

⑩ 뉴스 선택을 위한 조직적인 일상 업무(관행)

2) 광고

루만에 따르면 타인의 어리석음에 대한 믿음을 확인하기 위해 많은 돈이 광고에 지출된다. 광고는 조작하는 것을 찾고, 조작이 전제된 것으로 가정하고, 대중매체는 "죽을 죄를 지었다"는 사실을 받아들인다. 또한 광고는 동기를 선포하고, 수단을 세련시키며, 무엇인가를 자주 숨긴다. 극단적, 단기적, 의식적인 주의 환기는 비판적 가치의 인정이나 숙고의 시간을 주지 않고 노골적으로 이루어진다.

광고의 잠재적(전략적)인 기능은 취향이 없는 사람에게 취향을 선사하는 것이고, 취향은 욕망의 구조화에 이용되며, 소비자들은 동일한 의미로 취향에 반응한다. 특히 광고가 유행과 함께 가는 것은 강요와 같은 효력을 갖는다.

광고가 기호 사용의 차원에서 진행되면 시장의 이윤 추구에 부합된 현실 구성을 할 수밖에 없다. 광고의 성공은 경제적인 것 외에도 대중매체를 통한 정보 과잉(Redundanz)을 창조한다. 대중매체의 고유한 기능은 일상에서 정보 과잉과 변종(새로운 모델) 관계의 안정화에 기여하기 때문이다. 정보 과잉은 잘 팔리는

것을 통해 창조되고 시장에서 고유한 생산품을 차별할 수 있음으로써 창조된다.

3) 오락

오락은 남은 시간을 제거하는 기능을 수행하는 여가문화의 구성 요소이다. 인간은 정상적인 현실에서 분리된 일종의 현실 복제인 게임에 몰두한다. 오락은 상호 보완적인 파트너의 태도나 합의된 법칙을 전제로 하지 않는 사회적 게임이다. 대중매체(책, 모니터)에서 시청각적으로 표시되는 현실 단면은 고유한 허구적 현실이 통용되는 해방적인 세계이다. 오락은 현실적인 현실에서 허구적인 현실로 이행되는(경계의 교차를 가능케 하는) 양면을 가진 대상들을 전제로 한다.

오락은 게임법칙이 필요 없는 대신 정보가 필요하기 때문에 대중매체의 다른 기능에서와 마찬가지로 정보/비정보의 코드화(차별 기준)를 적용한다. 독자/시청자는 빠른 이야기(허구적인 것)를 위해 재단된 기억을 형성하는 상황에 몰입한다. 이때 오락은 그림과 텍스트 속에서 공중에게 알려진 상세한 정보를 충분히 제공한다. 정보는 하나의 차이를 만드는 차이이며, 사건들의 연속을 전제로 한다. 회귀적인 정보망 형성과 함께 불개연적인 결과들과 관련해 연속성 내에서 정보는 정돈된다. 독자/시청자는 허구적인 정체성을 개인적인 정체성으로 비약시킴으로써 정보의 주체가 된다. 정보에 의존하는 불안정성이 창조되어 전달되는 과정에서 독자/시청자는 스스로 생산된 놀라움, 스스로 구축된 긴장에 의존하는 기능적 폐쇄성이 현실적인 현실성과 허구적인 현실성을 차별한다.

참고문헌

김성재. (2005). 『체계이론과 커뮤니케이션: 루만의 커뮤니케이션 이론』. 커뮤니케이션북스.

Bateson, G. (1972). *Steps to an Ecology of Mind.* New York: Chandler Publishing Company.

Glasersfeld, E. (1997). *Radikaler Konstruktivismus. Ideen, Ergebnisse, Probleme.* Frankfurt a. M.: Suhrkamp.

Habermas, J. (1987). *Theorie des kommunikativen Handelns.* Vol.1 & Vol.2. Frankfurt a. M.: Suhrkamp.

Hegel, G. W. F. (1988). *Phänomenologie des Geistes.* Hamburg: Felix Meiner.

Heider, F. (2005). *Ding und Medium.* Berlin: Kulturverlag Kadmos.

Husserl, E. (1948). *Erfahrung und Urteil: Untersuchungen zur Genealogie der Logik.* Hamburg: Claassen & Goverts.

Husserl, E. (1950). *Ideen zu einer reinen Phänomenologie und phänomenologischen Philosophie. Bd.1.* In Husserliana Bd.III. Den Haag: Springer.

Luhmann, N. (1984). *Soziale Systeme. Grundriß einer allgemeinen Theorie.* Frankfurt a. M.: Suhrkamp.

Luhmann, N. (1996). *Die Realität der Massenmedien*[김성재 옮김. 2006. 『대중매체의 현실』. 커뮤니케이션북스].

Maturana, H. R. and F. J. Valela. (1991). *Der Baum der Erkenntnis: Die biologischen Wurzeln des menschlichen Erkennens.* München: Goldmann.

Parsons, T. (1951). *The Social System.* Glencoe, III.: The Free Press.

Roth, G. (2001). *Fühlen, Denken, Handeln. Wie das Gehirn unser Verhalten steuert.* Frankfurt. a. M.: Suhrkamp.

Serres, M. (1987). *Der Parasit.* Frankfurt a. M.: Suhrkamp.

Spencer-Brown, G. (1969). *Laws of Form.* London: Allen and Union.

V. Foerster, H. (1984). *Observing Systems(The Systems Inquiry Series).* Seaside, CA.: Intersystem Publications.

제2부

각 학문 분과에서 본 루만

제4장

인공지능과 루만*

어쩌다 루만?

박충식 | U1대학교 아산캠퍼스 스마트IT학과 교수

1. 인공지능?

필자가 25년 이상 인공지능을 공부해 오면서 구글 딥마인드(DeepMind)의 알파고(AlphaGo)가 세계 최고의 바둑기사 중 한 사람인 이세돌를 이기고 나서 한국 사회에 지금처럼 인공지능이라는 말이 회자된 적은 없는 듯하다. 어느 날 갑자기 AI(에이아이)가 조류 인플루엔자(Air Influenza)로 된 적도 있었으나 이제는 다시 인공지능(Artificial Intelligence)이 된 것은 인공지능 연구자로서 다행스러운 일이었다.

인공지능은 컴퓨터를 '지능'적으로 만들기 위한 이론과 기술을 연구하는 컴퓨

* 이 글은 2016년 6월 20일부터 닷새간 진행되었던 루만위크에서 발표한 「인공지능과 루만」을 글로 작성한 것이다. 이 원고는 인공지능을 공부하는 공학자가 어쩌다 루만을 공부하게 되었는지 편하게 서술하는 글이다. 불가피하게 개인적인 경험에 비춰진 인공지능이나 루만에 대한 논의가 이루어질 것이고 루만위크 기획의 의도에 따라 다른 글들과의 중복적인 서술의 위험으로 루만에 대한 전반적인 이론의 설명은 지양하고 인공지능과 루만의 접점을 위주로 서술했다. 서술 순서는 인공지능에 대한 필요한 만큼의 설명, 인공지능에 대한 필자의 생각(구성적 인공지능), 그러한 생각으로부터 루만과의 연결점, 그리고 루만의 사회체계이론 관점에서의 인공지능 연구의 순으로 이루어진다.

터 과학의 한 분야로 정의할 수 있다. 이러한 정의에서 밝혀져야 할 것은 '지능'적이라는 것이 '무엇'을 의미하는 것인가와 그것을 "어떻게" 만들 것인가일 것이다. 하지만 인문학적으로 '지능'이라는 개념을 정의하기가 애매할 뿐더러 그것이 어떻게 가능한지는 아직도 진행 중인 요원한 연구라고 할 수밖에 없다. 그럼에도 두 가지 모두 공통된 키워드를 가지고 있는데 그것은 바로 '인간'이다.

'지능'이라는 개념이 심리학, 철학, 교육학, 신경과학 등 여러 분야에 걸쳐 다루어지는 주제일 뿐만 아니라 정확히 정의하기 어렵지만 쉽게 논의되는 방식은 정의가 아니라 '인간'처럼이라는 것이다. 또한 '지능'을 어떻게 만들 수 있을지 지금까지 연구되어 왔지만 정확히 이렇게 만든다가 아니고 '인간'들이 하는 것처럼 만들어보자라는 것이다.

청소년 시절, 물리학도가 되기를 꿈꾸기도 했으나 철이 들면서 물리학계의 놀라운 천재들을 보고 '이건 내가 잘할 수 있는 것이 아니야'라고 생각하고 아톰 같은 로봇을 만들어보려고 전자공학과로 진학했다. 하지만 전자공학을 공부하면서 로봇의 팔, 다리만을 만드는 것 같아서 도무지 이렇게 반도체나 전자 장치만으로 사람처럼 생각하는 장치는 만들 수 있을 것 같지 않던 차에 컴퓨터 프로그램을 접하게 되었고, 결정적으로 'IEEE 스펙트럼'이라는 해외 전공 잡지에서 '인공지능'이라는 분야를 알게 되어 그것이 일생 무엇을 하고 살지를 결정하는 계기가 되었다. 그것이 1982년 여름쯤이었다.

인공지능에 대한 많은 연구와 우여곡절이 있었지만 본인은 원리적으로 인공지능을 만들기 위한 아이디어는 크게 세 가지이거나 이들의 조합이라고 생각한다. 그것은 기호적 인공지능(Symbolic Artificial Intelligence), 인공 신경망(Artificial Neural Network), 유전자 알고리즘(Genetic Algorithm)이다. 기호적 인공지능은 인간의 지적 능력은 언어나 수학과 같이 기호로 이루어지기 때문에 이의 구현을 통해야 한다는 입장이다. 인공 신경망은 인간의 지적 능력은 두뇌에서 이루어지고 두뇌는 신경세포로 이루어지기 때문에 신경세포들이 이루고 있는 신경망을 연구함으로써 인간의 능력을 구현할 수 있다고 생각한다. 유전자 알고리즘은 인간의 지적 능력은 환경 속에서 적자생존을 통해 진화해 온 유전자로 이루어졌기 때문에 유전자의 메커니즘으로 구현할 수 있을 것으로 생각한다.

그림 4-1 유전자 알고리즘, 인공 신경망, 기호적 인공지능

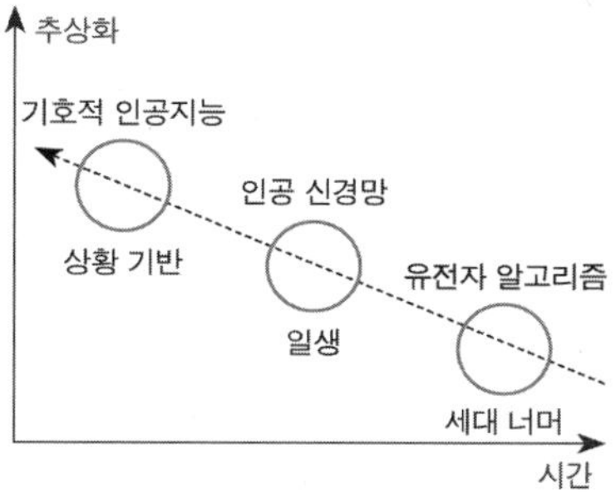

자료: 필자 작성.

이러한 아이디어들은 그 나름대로 가능성을 보이면서 몇몇의 성과를 보였으나 누구나 기대하는 수준에는 많이 미치지 못하고 있는 실정이다. 누가 보아도 그럴듯한 아이디어로 보이면서도 무엇인가 부족한 느낌을 주는 이유는 일면만을 고려한 방법임을 누구나 알 수 있기 때문일 것이다. 유전자 알고리즘은 개체의 세대를 넘어서는 적응 방법이고, 인공 신경망은 일생동안 이루어지는 방법이며, 전통적 인공지능은 상황별로 이루어지는 방법이다. 또한 유전자 알고리즘은 정보처리의 수준으로 볼 때 가장 물리적이며, 전통적인 인공지능은 기호로 표현되어 있기 때문에 가장 정보처리 수준이 높다. 하지만 인간의 지능은 이러한 각각이 한 측면일 뿐인 모든 속성을 다가지고 있다.

역사적으로 보면 처음 기호적 인공지능이 득세했으나, 이후 인공 신경망과 유전자 알고리즘이 승기를 잡은 적도 있지만(득세와 승기는 인공지능의 완성이 아니라 당시 작은 계기를 보여줌으로써 형성된 연구 분야의 유행으로 결정된 연구 자금의 지원) 어느 날 이후 모두 비슷비슷하게 명맥을 이어왔다.

전형적인 인공지능 교과서에서 인공지능의 3대 아이디어에 대한 분량은 대개 공통적인 내용을 제외하고, 반 이상이 기호적 인공지능이며, 그 반이 못되게 인공 신경망, 그리고 또 그 반이 못되게 유전자 알고리즘으로 이루어져 있다. 이것은 어떤 아이디어가 더 낫다는 의미는 아니고, 그 아이디어에 대해 해놓은 연구가 다양하고 많다는 의미일 것이다.

기호적 인공지능은 대개 대상으로 삼는 지능을 표현하고 처리하는 것으로 연

구된다. 기호적 인공지능에서는 컴퓨터 스스로 학습하는 방법과 과정도 표현하고 처리하고자 한다. 하지만 신경망은 태생부터가 외부 환경으로부터의 직접적인 자료를 바로, 소위 신경망 학습 알고리즘에 적용함으로써 학습과 처리를 수행한다. 유전자 알고리즘도 그런 면에서는 신경망과 유사한 방식으로 수행된다.

요즘 버즈 워드(buzz word)인 딥러닝(deep learning)은 바로 이러한 신경망의 일종이다. 그런데 왜 갑자기 이 말이 뜨게 된 것일까? 그 배후에는 빅데이터가 있는데, 빅데이터는 과거에는 상상할 수 없었던 양의 데이터를 저장하고 처리하게 되었다는 것을 의미한다. 빅데이터 자체는 인공지능 분야에만 국한된 말이 전혀 아니고, 컴퓨터를 포함한 정보통신 기술 전체, 나아가 인문사회학까지 관련된 기술이라고 할 수 있다.

딥러닝은 과거 신경망 기술이 빅데이터 기술에 힘입어 엄청나게 많은 학습 자료를, 말 그래도 여러 단계로 '깊이' 처리할 수 있도록 신경망 학습 알고리즘을 개선하고 빠르게 처리할 수 있게 되었기 때문에 성공할 수 있었다. 여기서 "깊이"라는 말을 쉽게 설명하면 신경망은 여러 개의 처리 장치(노드)로 이루어진 여러 개의 층으로 이뤄져 있는데, 예전에는 기껏 수십 개의 처리 장치로 이루어진 3층 정도였지만, 지금은 수많은 처리 장치로 이루어진 더 많은 층으로 처리하게 되었다는 것이다. 지금은 꼭 그렇지도 않지만 처음 딥러닝이 등장했을 때 엄청난 저장 용량과 처리 속도를 갖추지 않으면 연구 시도조차 어려울 것이라고 했다.

구글의 딥러닝 고양이 인식에는 1만 6000개의 컴퓨터 프로세서, 10억 개 이상의 처리 단위를 가지는 신경망으로 유튜브 내 1000만 개 이상의 동영상이 동원되었다. 이를 필두로 세계적인 기업들이 관련 기술에 막대한 투자를 하고, 음성 인식〔텍사스 인스트루먼트(Texas Instruments)와 IBM〕과 얼굴 인식〔페이스북(Facebook)〕 등에서 예전에 없던 성과를 내고 많은 분야에 딥러닝 기술을 적용하는 바람이 불면서 딥러닝이 떠오른 것이다.

세상을 뒤집어 놓을 것 같은 딥러닝은 인공지능의 끝일까? 딥러닝이 고양이의 개념을 스스로 만들었다고 주장하지만 결단코 말해질 수 없는 개념은 개념이 아니다. 딥러닝이 고양이의 종류까지 알아내게 되겠지만 어떤 고양이가 귀엽다거나, 특정 고양이에게 이름을 붙여서 부르지는 않을 것이고, 고양이에 대한 시를 쓰게 되지는 않을 것이다.

사실 딥러닝이 기반을 두고 있는 인공 신경망에 의한 인공지능 프로그램들은 치명적인 문제점을 가지고 있다. 현재 수많은 사람이 사용하는 구글 번역만 하더라도 이 영어 문장이 왜 이 한국어 문장으로 번역되는지에 대해서는 알 수도 없고 물어볼 수도 없고 대답도 해주지 않는다. 왜 이 사진이 개가 아니고 고양이인지 알려주지 않는다. 알려주지 않는 것이 아니고 알려줄 수가 없는 것이다.

이러한 인공 신경망의 원리는 매우 단순하다. 간략히 말하면 입력단과 출력단이 있고 그 사이가 중간단이 있다. 해당 입력이 주어질 때 해당 출력이 나오도록 학습 알고리즘이 입력단, 중간단, 출력단 사이의 연결을 조정하는 것이다. 가령 많은 고양이 사진의 점의 위치와 색깔을 입력단에 제공하고 출력단에 고양이인지 아닌지를 0 또는 1로 알려주는 것이다(지도 학습). 그러면 많은 고양이 사진을 통해 조정된 입력단, 중간단, 출력단 사이의 연결들의 총합이 고양이를 알고 있는 것이고, 다시 고양이 사진이 입력단에 제시되어 출력단이 1로 표시되면 고양이라고 하는 것이다.

물론 고양이 사진과 개 사진을 같이 사용해 출력단이 1일 때는 고양이, 0일 때는 개라고 학습시킬 수도 있다. 조금 다르게 고양이 사진들과 개 사진들을 입력단에 제시하고 적당한 차이를 구별할 수 함수를 정해주고 다른 것으로 학습시킬 수도 있다(비지도 학습). 또한 이러한 방법이 항상 성공하는 것이 아니기 때문에 여러 번 조금씩 학습 알고리즘을 조정할 필요가 있다. 이것이 인공 신경망이며, 수식을 쓰지 않고 설명한다면 이것이 인공 신경망에 대해 알아야 하는 전부이다. 딥러닝은 최근 빅데이터 처리 기술에 힘입어 이러한 인공 신경망에 대해 수많은 사진을 제공할 수 있고, 수많은 중간단을 빠르게 처리할 수 있게 되어 좋

그림 4-2 고양이 인식을 위한 딥러닝

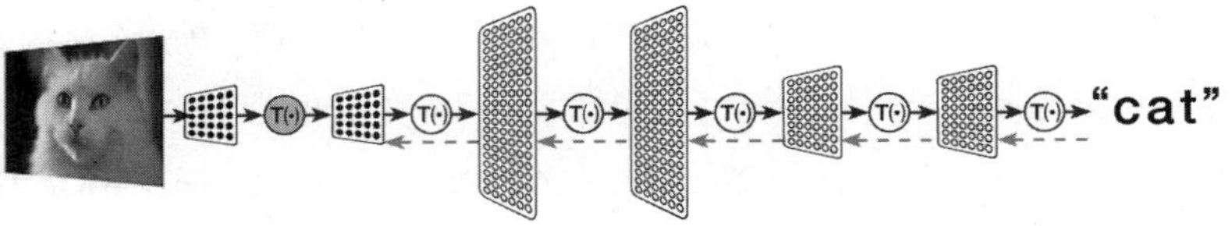

자료: http://redcatlabs.com [online]. [cited 2015.12.14.]

은 성과를 내게 된 것이다. 하지만 누구라도 신경망 알고리즘이 이루어지는 간단한 원리만 이해한다면 이러한 방법으로 딥러닝이 인간과 같은 지능을 가지게 될 것 같지는 않다는 것을 쉽게 알 수 있을 것이다.

인간의 두뇌가 신경세포들로 이루어져 있기는 하지만 이러한 신경세포들은 '지능'이라는 현상을 위해 아주 복잡한 기능을 하는 많은 덩어리(모듈)들로 이루어져 있다. 딥러닝은 그러한 단 하나의 아주 단순한 덩어리조차 충분히 구현하지 못하고 있는 것이다.

그렇다면 인간의 두뇌는 어떻게 단순한 신경세포들로부터 '지능'을 발현하는 복잡한 기능을 가지게 되었을까? 인간도 딥러닝처럼 스스로 가지고 있는 자신의 '지능'을 설명하지 못하지만 자신의 '지능'을 설명하려고 하고, 자신의 '지능'을 재현하려고 한다. 여기에 관련된 핵심적인 키워드는 바로 '생명'을 기반으로 하는 '진화'와 '의식'이다.

필자가 좋아하는 지능에 대한 설명은 "지능은 잘해보려고(또는 잘 살아보려고) 머리를 쓰는 것인데 머리를 쓴다는 것은 외부의 대상을 지각해 자신의 목적을 충족하도록 행동을 하려는 것"이다. 사실 '인공지능'이라는 말은 인간들이 자연에서 발견한 인간이나 동물의 '자연지능'이라고 부르는 현상에 상대적으로 만든 말이다. 그러므로 진짜 인공지능은 자연지능인 셈이다.

인간의 두뇌는 어떻게 단순한 신경세포들로부터 '진짜 지능'을 가지게 되었을까? 인간이 이러한 지능을 가지게 된 것은 '생명'으로서 '진화'의 과정을 거쳐 '의식'을 가지게 되었기 때문이다. 이러한 설명이 최소한 하느님의 에덴동산으로부터 생겨난 '지능'보다는 좀 더 그럴 듯하게 여겨지기 때문이다. 종교적 논쟁을 하려는 뜻은 전혀 없으며 인간이 이러한 과정으로 '지능'을 가지게 된 것이 '은총'이라는 데는 충분히 동의할 수도 있다. 사실 생물의 역사를 살펴보면 우주는 차치하고라도 지구라는 행성에서 생명이 탄생하고 인간과 같은 지능적인 존재가 나타났다는 것은 기적에 기적이 거듭되고 거듭되어야만 가능한 일이다.

'생명'도 정의하기 매우 어려운 개념이긴 하지만 간략히 자체 신호를 가지고 스스로를 유지할 수 있는 물체를 의미한다. 일반적으로 지구상의 생물들은 세포라는 요소로 정의되지만 물질대사와 정보처리를 하는 자율적인 체계라는 의미에서 꼭 탄소 유기체일 필요는 없다. 생명은 지능의 최소 요건이라고 할 수 있으며 이러한 생명의 정보처리적 연구 분야를 인공생명이라고 한다. 이러한 생명은 유전자의 돌연변이를 기반으로 한 자연도태라는 '진화' 과정을 거치면서 다양한 생물체가 등장하게 되고 날카로운 발톱이나 날개가 아닌 중추신경계의 뇌를 발전시킨 종들도 출현하게 된다.

'의식'이란 말이 철학적으로나 심리학적으로 매우 복잡한 설명이 난무하고 있지만 아직도 명료히 설명되지 않은 개념이다. 하지만 통상적으로는 "깨어 있어서 대상을 경험하는 상태"를 의미한다. 여기서 경험은 대상을 인식해 무엇인가 일어난다는 것이다. 무엇이 일어나는지를 의식하지 못하면 무의식이라고 할 수 있고, 인간의 인지는 90% 이상 무의식적으로 일어난다. 그러므로 인간은 자신의 인지를 대부분 인지할 수 없는 세포로 이루어진 자동기계에 가깝다고 할 수 있을 것이다.

의식을 이런 식으로 이해한다면 의식이라는 현상은 자기 자신 이외에는 알 수 없는 경험이고 추정만 가능한 현상일 것이다. 그러므로 바람에 흔들거리는 코스모스나 동물원에 갇힌 침팬지, 이 글을 쓰고 있는 필자까지 의식 정도의 차이는 있을지언정 의식이 있다고 추정한다. 이러한 의식에서 인간과 같은 지능의 출현에는 의식을 가진 다른 생명체와 결정적인 다른 하나가 있는데 그것은 언어를 포함한 모든 상징체계의 기반이 되는 '심볼(symbol)'이다.

딥러닝이 자율적 생명체계로서 스스로 심볼을 만들지 않는다면, 그리고 그렇게 만들어진 심볼을 다른 자율적 생명체계와 소통하지 않는다면 결코 인간과 같은 지능을 가지게 될 수는 없을 것이다. 그러므로 인공지능은 단순히 컴퓨터의 응용 프로그램이 아니고 광범위한 인문사회학과의 접점이라고 생각하는 것이다.

2. 구성적 인공지능

구성주의라는 이름이 붙어 있는 많은 곳이 있지만 한국에서 가장 많이 이 용어를 사용하는 곳은 교육 분야이다. 복잡하고 어려운 용어들에 앞서 교육 분야에서 사용하는 의미가 가장 간단하고 가장 명료하다. 교육 분야에서 구성주의의 의미는 교사들이 학생들에게 일방적으로 전달하는 지식은 절대로 제대로 된 지식이 될 수 없으므로 교사는 학생들이 스스로 생각할 수 있도록 함으로써 스스로 지식을 구성하도록 한다는 것이다. 요즘 초중고 학교와 학원가에서 회자되는 '자기 주도 학습'이라는 유행어는 그 배후에 바로 구성주의가 있는 것이다.

교육 분야에서 사용하고 있는 이 말을 곰곰이 생각해 보면 실로 놀라운 두 가지 함의를 지니고 있다. 그 첫째는 스스로 지식을 구성하려면 어떤 이유이든 의식적으로나 무의식적으로 자신의 흥미와 부합되는, 하지만 주어진 환경으로부터의 직접적인 체험으로서만 능동적으로 지식이 구성될 수 있다는 것이며, 그 둘째로는 서로 다른 사람의 주장에 대해 설득을 시도할 수는 있어도 강요하는 것은 온당하지도 효과적이지도 않다는 것이다.

이 두 가지를 인간이 가진 모든 지식, 즉 모든 과학과 사상을 포함하는 모든 앎에 적용하면 놀라운 결론에 도달하게 된다(이러한 태도를 철학적으로는 '구성주의적 인식론'이라고 한다). 우리가 개인적으로든 집단적으로든 믿고 있는 모든 것과 그 믿음에 따른 모든 행동은 자연과 그 자연에 대한 주장들의 협력과 갈등으로 이루어진 문화라는 환경으로부터 온 것이며, 이 또한 끊임없이 변화되어 왔고 변화되어 갈 것이라는 것이다.

구성주의는 "지식이 어떻게 정의되든 사람의 머릿속에 있는 것이며 자신의 경험에 기반을 두고 구성될 수밖에 없는 것"이라고 가정한다. 구성주의의 연원을 따지면 소크라테스(Socrates), 버클리(George Berkeley), 칸트(Immanuel Kant), 비코(Giambattista Vico)까지 거슬러 올라갈 수 있지만 최근의 구성주의는 근간에 이루어진 생물학, 심리학, 컴퓨터과학, 인지과학과 시스템과학 등의 연구 성과와 깊은 관련을 맺고 있다.

그러한 예는 피아제(Jean Piaget)의 발생인식론과 관련된 글라저스펠트(Ernst von Glasersfeld)의 급진적 구성주의, 웩스켈(Uexkuwll)의 움벨트(Umwelt), 마투라나(Humberto Maturana)와 바렐라(Francisco Varela)의 오토포이에시스(autopoiesis), 푀스터(Heinz von Foerster)의 제2계 사이버네틱스 이론(second order cybernetics), 루만의 체계이론, 슈미트(Siegfried J. Schmidt)의 경험구성적 문예학, 레이코프(George Lakoff)의 은유이론, 켈리(George Alexander Kelly)의 PCP(Personal Construct Psychology), 파스크(Gordon Pask)의 대화이론 등 관련된 많은 것을 모두 언급하기 어려울 정도로 많고 복잡하게 얽혀 있다.

뭐가 이렇게 복잡하게 많은 사람과 많은 이론이 언급되는지 머리 아픈 얘기로 여겨질 수 있지만 현재 이루어지고 있는 인공지능 기술들은 인공지능 초창기에 이루어진 지능에 대한 가설들을 기반으로 하고 있을 뿐만 아니라 실용적인 응용기술 위주로 개발이 이루어지고 있기 때문에 지능에 대한 기술이 단편화되어 보편지능(general intelligence)에 대한 이론과 기술 개발에는 다소 멀어져 있는 형편이다.

구성주의는 넓은 의미의 인공지능을 이해하고 구현하는 데 청사진을 그려볼 수 있을 뿐만 아니라 지능에 대한 이해를 도모할 수 있도록 해준다. 구성주의적 입장에서 지능을 정의하면 "지능이란 불확실한 환경에 대한 개체(시스템)의 적응"이라고 할 수 있다. 이러한 지능은 진화의 결과로서 자연선택과 자기 조직화

(self-organizing)하는 창발적인(emergent) 복잡적응 시스템(complex adaptive system)의 기능으로 볼 수 있다. 이러한 입장에 서면 동기, 감정, 자아, 의지, 욕망, 의식, 마음 등에 개념에 대한 새로운 관점을 가질 수 있고 나아가 사회, 윤리, 예술, 종교 등에 대한 연결고리도 찾을 수 있다.

한편 심리학, 철학, 생물학, 언어학, 뇌과학, 인공지능 등이 힘을 합쳐서, 인간의 인지에 대해 행해지는 종합적이고 학제적인 연구를 인지과학이라고 하는데 인지과학의 아이디어에 힘입어 인지종교학, 인지사회학, 인지경제학 등으로까지 확장되고 있다. 인공지능은 인지과학의 초창기의 일원으로서 다른 분야와는 다소 다른 특성을 지니고 있는데 그것은 실현 가능한 기술로 만들어볼 수 있고, 만들어야 한다는 것이다. 즉, 인공지능은 인지과학의 다른 분야의 수혜자이면서도 "만들 수 있을 정도의 이해"를 도모하는 것이다(박충식, 2004).

이렇게 구성주의와 만들 수 있는 정도의 이해로서의 인공지능, 즉 '구성적 인공지능'에서는 동기나 욕망은 장단기 목표조절 시스템이라고 볼 수 있으며, 정서나 감정은 외부 혹은 내부 자극에 대한 평가 시스템이라고 할 수 있으며, 의식은 자신에 대한 모델링, 자의식은 자신에 대한 모델링으로 간주한다. 자아는 세계에서 환경으로부터 자신을 구별하는 메커니즘이고 자유의지는 자신의 의사결정 과정을 스스로 모델링하기 때문에 현상이라고 볼 수 있다.

이러한 구성적 인공지능 구현의 핵심은, 또는 인간 지능의 핵심이기도 해야 하는, 그 핵심은 바로 '심볼 그라운딩(symbol grounding)'이다(Harnad, 1990). 심볼 그라운딩은 의식적인 존재에게 심볼이 의미를 가지게 되는 것을 뜻하는데 욕망을 가진 존재만이 행위를 통해 심볼의 의미를 가치 기반적으로 획득하게 된다, 모든 생명은 욕망 충족을 위해 심볼 그라운딩을 통해 세계를 모델링한다. 이러한 심볼 그라운딩은 유전자와 문화에 의해 재귀적으로 일어난다. 드디어는 심볼 그라운딩 자체도 심볼 그라운딩이라는 재귀적인 관계라는 것을 관찰함에 이르게 된다.

인간은 생명체로서 자연환경에서 진화의 과정을 겪으면서 의식을 가지게 되었고, 의식의 대상을 심볼로 만들고, 심볼처리 능력을 가지게 되었다. 인간이라는 생명체에게 생존을 위한 복잡한 집단적 협력의 필요가 심볼처리 능력에 대한 진화적 압력이었는지, 돌연변이에 의한 우연적 심볼처리 능력이 고도의 집단적 협력을 가능하게 했는지는 알 수 없지만 말이다.

결국 지식을 처리하는 능력으로서의 지능은 개인적으로든 집단적으로든 자연과 문화라는 환경에서 최대로 적응하기 위한 정보처리 능력이라고 할 수 있으며, 그 내용은 심볼체계를 이용한, 세상에 대한 모델링이라고 할 수 있다. 이러한 심볼체계와 세상에 대한 모델링은 외재화되어 공유되고 확장됨으로써 인간은 지금과 같은 문명을 이루게 된 것이다.

구성적 인공지능의 핵심 개념인 심볼 그라운딩을 조금 더 쉽게 이해하기 위해 '자기주도적 학습'을 하는 '호기심 많은 온도조절기'에 대한 사고실험을 해볼 수 있다. 하나의 온도 센서와 히터를 켜고 끌 수 있는 스위치를 가진 흔한 온도조절기를 생각해 보자.

온도조절기가 기억하고 추론할 수 있는 인지적 능력을 가지고 있다면 무엇을 알게 될까? 온도조절기는 히터를 켜는 것과 온도가 올라가는 것 사이에 인과관계를 알아낼 수 있다. 언젠가 수리를 위해 히터가 작동하지 않거나, 날씨가 갑자기 변하거나, 문이 열려 있다면 이러한 인과관계가 유지되지 않는다는 것을 알게 될 수도 있다. 하지만 온도조절기가 그러한 상황을 직접적으로 감각할 수 있는 방법은 없다.

시간이 충분히 주어진다면 하루 또는 일 년 동안에 온도의 순환 패턴이 있다는 것을 알게 될 수도 있다. 물론 온도조절기는 시간을 감지하는 수단이 필요할 것이다. 이러한 시간감지 수단은 온도조절기에 시계와 같은 또 다른 센서를 부여함으로써 가능하다.

자유의지가 주어진다면 특정한 온도 이하로 내려가더라도 히터를 켜지 않을 것을 결정할 수도 있다. 정보처리적으로 온도조절기가 두 가지 가능한 행동, 즉 히터를 켜거나 끄는 행위와 히터를 켜거나 끌 것인지 결정하는 행동을 취할 수 있다는 것을 의미한다. 결정을 표현하고 기억하는 것은 온도조절기에 초보적인 내적 반성의 기능을 제공한다.

만약 온도조절기에게 호기심이 주어진다면 히터의 온도를 계속 올려서 최고 온도를 발견할 수도 있을 것이다. 온도조절기가 이러한 실험을 해내기 위해서는 온도의 변화에 대응하기 위해 자신의 알고리즘을 변경할 수 있는 능력이 필요할 것이다. 호기심이 의식에 필수적이지는 않지만 온도조절 기능에 대한 자각을 가진다는 것을 의미한다.

하지만 온도조절기는 할 수 있는 자신의 실험을 많이 할 수는 없을 것이다. 인지 능력이 제한되어 있기 때문이 아니라 센서와 행동이 제한되기 때문이다. 여기까지가 훈스(Michael N. Huhns) 교수의 사고실험을 간략히 재구성한 것이다.

이 온도조절기가 호기심을 가지고 자기주도적 학습을 하는 것처럼 보이기는 하지만 구성적 인공지능을 보여주기에는 충분하지 않다. 이 사고실험에서 핵심적으로 빠져 있는 것이 무엇일까? 그것은 바로 심볼(symbol)이다. 심볼은 어떤 뜻을 나타내기 위한 부호, 문자, 표지를 의미하는 말이다. 상징, 기호, 표상이라고 번역되기도 한다. '온도조절기가 기억하고 추론할 수 있는 능력을 가지고 있다면'이라고 했을 때 기억하고 추론하기 위해서는 센서로부터 들어오는 물리적인 패턴의 차이를 구별할 수 있어야만 기억할 수 있고, 그 구별된 패턴에 표시를 해야만 추론할 수 있다.

그것이 바로 '정보'가 될 수 있고, 그래서 베이트슨은 정보를 '차이를 만드는 차이'라고 정의하는 것이다. 설리번 선생(Anne Sullivan)이 헬렌 켈러(Helen Keller)에게 물에 이름이 있다는 것을 가르치는 유명한 장면이 바로 그것이다. 카시러(Ernst Cassirer)는 저서 『언어와 신화(Sprache und Mythos)』에서 설리번 부인의 말을 인용한다. "우리가 알고 있듯이, 헬렌은 물건마다 이름이 있다는 것과 수화 문자가 자신이 알고자 하는 모든 것에 대한 열쇠임을 깨달았다. 오늘 아침 그 애가 세수하면서 '물'의 이름을 알고자 했다."

구별하고 표시하는 것이 바로 정보를 아는 것이고 정보를 사용할 수 있는 것이다. 온도조절기의 경우 히터를 켠다, 또 히터를 끈다는 차이를 구별하고 표시할 수 있어야, 그리고 온도가 올라간다는 것과 온도가 내려간다는 것의 차이를 구별하고 표시할 수 있어야만 그 히터와 온도의 인과관계를 깨달을 수 있다. 기계든 사람이든 외부 세계에 행하는 자신의 행동을 통해 어떤 효과를 발휘하는지를 알게 되는 것이 깨닫는 것이고, 그러한 상태를 '의식'이라고 할 수 있다. 이러한 상태가 내부로 향해 있을 때를 '자의식'이라고 한다.

결국 모든 정보의 기억과 추론은 의식적이든 무의식적이든 자신과 관련된 것일 수밖에 없으며 자신과 관련되어 있다는 것은 자신의 목적에 부합되는 것만을 대상으로 삼는다. 자신에 목적에 부합되는 것은 '생존'일 수도 있고, '호기심'일 수도 있다. 그래서 모든 정보는 대상의 심볼화를 통해 의미를 가지게 되는 것이다.

호기심 많은 온도조절기에 충분한 시간이 주어진다면 하루 또는 일 년 동안의 온도 순환 패턴을 알게 되기 위해서도 시간이 심볼화되어야만 가능한 일이다. 온도조절기에게 자유의지가 주어져서 히터를 켜거나 끄는 결정을 스스로 하기 위해서는 켜고 끄는 상태를 구별하고 심볼화할 수 있어야 하며, 그 결정 또한 표현하고 기억할 수 있음으로써 내적 반성의 기능을 발휘할 수 있다. 만약 온도조절기에게 호기심이 주어져서 히터의 온도를 계속 올려서 최고 온도를 발견하게 되는 것은 사실 정보들 사이의 관계, 즉 심볼들 사이의 관계를 체계화하는 것이다.

인간과 같은 지능을 가지기 위해서는 여기까지의 심볼로도 부족하다. 이렇게 만들어진 심볼들은 다른 호기심 많은 온도조절기들과 공유되어야만 의사소통이 가능해지고 자신을 설명할 수 있는 기회를 가지게 된다. 다른 온도조절기들도 자신에게는 환경인 것이고 다른 온도조절기들이 적인지 동지인지 알아야 하기 때문이다. 다른 온도조절기들과의 이러한 심볼 공유가 점진적으로 풍부해지고 복잡해지면서 더욱 발전하게 된다.

그러므로 모든 의미는 인간들처럼 다른 온도조절기와 영향을 주고받으면서 생성되는 것이다. 이러한 심볼 공유를 통해 서로의 목적에 부합된다면 협력하게 되어 온도조절기의 문화라는 것을 만들 수도 있게 될 것이다. 이러한 온도조절기들이 세상에 대한 정보를 공유하고, 최고의 호기심으로, 즉 온도조절기 자체의 있고 없음을 심볼화하게 되면 온도조절기들의 종교를 만들게 될지도 모른다. 또한 전기를 독점하는 다른 온도조절기에 맞서는 투쟁에 나서게 될 수 있다. 여기까지가 필자의 구성적 인공지능 심볼 그라운딩 사고실험이다.

3. 어쩌다 루만?

인공지능을 구성주의적인 '구성적 인공지능'으로 생각해 온 사람이 루만을 알게 되었다면 어떻게 될지 상상할 수 있지 않을까? 이제까지 장황하게 구성적 인공지능을 설명해 온 이유도 인공지능에 대한 이해가 필요하기도 했지만 구성적 인공지능에서 루만을 떠올리게 되기를 바라는 면도 있었다. 인공지능의 구현을 위해 인간의 자연지능에 대한 이해가 필수적인 것은 지능의 핵심이 심볼 그라운딩이고 심볼 그라운딩은 심볼 그라운딩이 가능한 존재들의 사회를 떠나서는 생각할 수 없기 때문이다. 그런 점에서 구성적 인공지능의 심볼 그라운딩의 메커니즘은 루만의 사회체계이론에 의해 완전한 그림을 갖추게 되는 것이라고 여겨진다.

루만은 독일의 사회학자로서 1998년 71세로 사망했으니 당대의 인물이라고 할 수 있다. 루만은 한국에서도 유명한, 소위 프랑크푸르트학파의 사회철학자인 하버마스와의 논쟁으로 잠깐 유명세를 타기도 했지만 한국에서는 사회학 분야에서조차 그리 알려져 있지 않다.

루만은 우리가 '사회'라고 부르는 것을 이해하기 위해 이제까지 존재했던 주류의 모든 사회학 이론을 거부하고 전대미문의 이론을 제안했고, 그 이론이 소위 '사회체계이론'이다. 사회체계이론이라고는 하지만 사회에는 사람이 있고,

이 사람들이 사회에 대한 이론도 만드는 것이기 때문에 이러한 논의들이 어떻게 가능한지, 어디까지 가능한지, 즉 인식론의 바닥까지 파고들어서 일관된 설명의 틀을 마련하고 법, 정치, 경제, 종교, 학문, 미디어, 예술, 문학, 교육, 조직, 도덕, 환경, 사랑 등 거의 모든 분야를 500여 편의 논문과 100여 권의 저서를 통해 다루고 있다.

이러한 사회체계이론의 틀을 마련하는 데 동원된 주요이론들을 보면 오토포이에시스 개념의 마투라나와 바렐라, 시스템 이론의 버틀란피(Ludwig von Bertalanffy), 2계 사이버네틱스의 폰 푀스터, 자기기술과 차이를 위한 수학의 괴델(Kurt Gödel)과 조지 스펜서-브라운, 현상학적 의미 이론의 후설, 정보 이론의 베이트슨과 섀논(Claude Elwood Shannon), 사회학의 파슨스와 미드, 매체/형식의 하이더, 진화론의 다윈(Charles Robert Darwin), 다차원 체계의 귄터(Günter Thomas), 기호학의 퍼스(Charles Sanders Peirce), 민속학적 사회학의 레드클리프 브라운(Alfred Reginald Radcliffe-Brown)과 말리노프스키(Bronisław Kasper Malinowski), 실체-기능의 카시러 등이 있으며 이러한 이론은 해당 개념의 확장과 변용을 통해 잘 맞추어져 정합적인 거대 체계를 이루고 있다. 그래서 이해하기도 매우 어렵지만 그래서 더욱 매력적이기도 하다.

필자는 과한 농담(?)으로 "지금은 아리스토텔레스보다 루만이 낫지 않을까? 아리스토텔레스가 철학으로부터 다른 많은 학문을 갈라서 시작을 했지만, 루만은 현재까지의 거의 모든 이론을 꿰어 연결했으니"라고 말하곤 한다. 또 다른 과한, 이런 농담도 있다. "하늘 아래 새로운 것은 없다지만 루만에는 웬만한 건 다 있다." 그런 점에서 필자의 소견으로는 루만은 가장 창의적인, 최고의 편집자라고 생각한다. 필자가 그 낱낱의 이론들을 전혀 모르는 바는 아니었으나 그것들을 꿰어서 그런 구슬들로 이뤄진 목걸이로 보여줬다고 생각한다. 게다가 구슬을 다시 잘 다듬어서.

욕망과 감각에 기반한 정보를 심볼화할 수 있는 생물들은 정보를 심볼화하는 다른 생물들과 제한된 교류를 통해 공적인 심볼체계, 즉 문화를 형성하게 된다.

그림 4-3 세 개의 오토포이시스: 생물학적, 심리-논리적, 사회 소통적

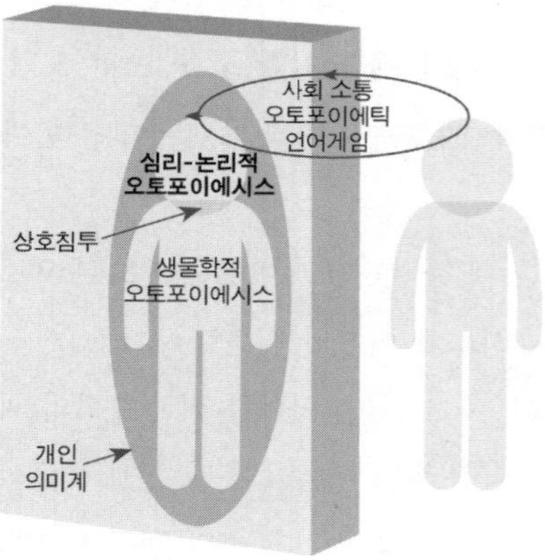

자료: Brier(2003, 2009).

그 문화는 다시 정보를 심볼화하는 생물체계에 영향을 미치는데, 심지어 욕망과 감각에조차 영향을 미치고, 이러한 반복은 계속된다.

심볼은 사회적 소통을 통해서만 존재하고 진화할 수 있으니 이에 대한 가능한 설명이 없다면 어떻게 인간과 같이 하는 인공지능이 가능하겠는가? 알파고가 세계 최고의 바둑기사와의 대국에서 이기고도 단 한마디의 설명도 할 수 없는 것이 그 이유이다. 모든 사회적 체계는 소통과 소통에 의해, 그리고 심리적 체계는 생각과 생각에 의해, 공히 '의미'라는 매체에 의해 작동된다는 루만의 설명은 영악스러운 정도로 잘 짜놓은 핵심적인 키포인트라고 여겨진다. 〈그림 4-3〉은 루만의 생물학적 체계, 의식체계, 사회체계에 해당되는 것을 사이버세미오틱(cybersemiotic) 관점에서 세 개의 오토포이에시스인 생물학적 오토포이에시스, 심리-논리적 오토포이에시스, 그리고 사회 소통적 오토포이에틱 언어게임으로 표현한 것이다. 기호학에 대한 루만의 사회체계이론적 해명은 기호학이 이루어놓은 인문학적 성과들을 해명할 수 있다는 점에서 매우 중요한 작업이라고 생각한다. 당연히 이러한 작업은 구성적 인공지능을 구현하는 핵심 개념인 심볼 그라운딩과 맞닿아 있기 때문이다.

루만은 구성주의자이다. 어디에도 자신의 말만 맞다고 한 적은 없다. 항상 설득력 있는 더 나은 설명을 요구한다. 루만의 멋진 글들을 보면 설득력 있는 설명을 하려고 애쓰는 고민을 곳곳에서 볼 수 있다. 루만의 사회체계이론도 소통의 결과물이다. 루만과의 소통을 통해 우리도 세상에 더 나은 설명을 소통할 수 있기를 소망한다. 필자는 루만의 사회체계이론을 통해 구성적 인공지능의 더 나은

설명을 소통하기를 소망하며 인공지능에서의 연구가 무엇을 보여줄지는 아직 알 수 없지만 많은 기대를 가지고 공부하고 있다.

4. 사회체계이론에 의한 구성적 인공지능 연구

본인이 주장하는 구성적 인공지능을 루만의 체계이론으로 재정의하면 적어도 다음과 같은 세 가지 논점을 고려해 볼 수 있다. 첫째, 인공지능(또는 자연지능)의 본질적인 측면에서 인공지능이 가능한가? 가능하다면 어떻게 가능한가라는 것이다. 둘째, 본인이 인공지능(또는 자연지능)의 핵심이라고 생각하는 심볼 그라운딩을 소통, 의미, 매체와 형식적인 측면에서 활용하여 실제적인 인공지능 프로그램을 개발하는 것이고, 셋째, 인공지능이 도래할 세상을 위한 포스트휴먼 시대의 사회이론으로서의 인공지능과 사회가 그것이다.

첫째, 인공지능(또는 자연지능)은 관찰자에 의한 차이와 구별, 그리고 지칭에 의한 것일 수밖에 없으므로 이를 통한 인공지능의 자기기술이 시도되어야 한다. 이러한 시도를 토대로 좀 더 넓은 관점에서 정보철학(Floridi, 2011)과 루만 체계이론의 연결을 생각해 볼 수 있을 것이다. 여기에 오랫동안 이어지고 있는 강인공지능과 약인공지능 논쟁에서 의식과 자의식, 자유의지, 감각질과 감정/정서에 대한 논의가 실마리를 찾을 수 있기를 기대한다. 이것은 루만의 의식체계와 밀접히 관련되어 있고 이러한 인공지능의 구현을 시도해 볼 수 있다. 이와 관련하여 본인은 소통에 의한 사회체계, 생각에 의한 의식체계를 행위자 기반 시뮬레이션으로 시도해 보고 있다.

둘째, 심볼 그라운딩을 소통, 의미, 매체와 형식적인 측면에서 활용하기 위해 카메라를 통해 사물을 인식하는 컴퓨터 비전의 경우, 인공지능이 욕구를 가지고 외부의 사물을 지각하고 이렇게 지각된 사물이 의미를 지닌 매체와 형식으로 나타나야 한다는 점에서 새로운 컴퓨터 비전 방법론이 시도될 수 있다. 컴퓨터 비전은 결코 단순히 카메라로 들어오는 이미지의 점들만으로는 이루어질 수 없고, 언어와의 관계 속에서만 제대로 된 의미의 심볼 그라운딩이 가능할 것이므로 이러한 관계를 밝히기 위해 루만 소통이론과 기호학, 특히 퍼스의 기호학과의 관계 정립이 필요할 것이다. 이러한 가정을 토대로 한다면 컴퓨터 비전은 언어와 같이 학습하고 실행되어야만 할 것이다. 이것은 상보적으로 번역이나 대화를 구현하는 자연언어처리 인공지능에도 똑같이 적용된다. 필자는 아직 구체적이지는 않으나 인지 구성주의적 관점의 구성문법(Construction Grammar)을 활용하는 자연언어처리를 시도한 바 있으며, 이를 사물을 인식하는 컴퓨터 비전과 연계하는 방안을 모색하고 있다. 또한 가장 과격한 문법이라고 할 수 있는 비트겐슈타인(Ludwig Wittgenstein)의 언어게임이론에 기반한 대화 시스템도 루만의 소통적 관점에서 고려해 보고 있다. 현재 빅데이터와 기계학습에 기반한 인공지능 자연언어처리 기술이 주류인 상향식 접근이 이루어지고 있지만 구성 문법을 이용한 자연언어처리는 과거 양상논리에 기반한 정형 문법 지향적인 자연언어처리와 현재의 기술을 접목하는 방안이 될 수 있을 것으로 추측한다. 퍼스의 기호학, 루만의 사회체계이론을 연계하면 기존의 기호학에서 이루어진 방대한 인문사회 텍스트 연구의 성과들을 활용할 수 있는 토대가 마련된다고 생각한다.

셋째, 인공지능과 사회에 관련한 주제는 인공지능이 도래할 소위 포스트휴먼 사회에서의 인공지능의 위상과 역할에 대한 것이다. 최근 알파고 이후 인간을 능가하는 인공지능에 대해 많은 기대와 우려가 있는 시점에서 인공지능이 인간 사회에 미칠 영향과 이에 대한 대비를 위한 논의가 진행되고 있다. 이러한 때에 인공지능이 도래한 인간 사회를 효과적으로 분석하고 예측하기 위해 루만의 사회체계이론은 더없이 좋은 이론적 토대라고 할 수 있다. 먼저 4차 산업혁명으로 명명된 산업기반의 자동화는 의사결정에서의 인간 배제로 인한 조직 변화와 지능적 자동화로 인한 많은 노동시장의 변화를 가져올 것으로 예상되며 이를 위한 정치적·경제적·법적 문제가 따르게 된다. 이러한 문제는 루만이 사회적 기능체계로서 다루어온 정치체계, 경제체계, 법체계, 조직체계에 관한 연구들이 활용될 수 있을 것이다. 자율주행자동차의 경우, 다양한 상황에서의 윤리적 결정과 이에 대한 대처 방안으로서의 로봇윤리 또한 루만의 법체계와 도덕체계의 논의가 필요하고, 가정으로까지 침투되는 다양한 가사 도우미 로봇이나 애완 로봇, 더 나아가서 성적인 로봇들도 루만의 친밀체계와 함께 논의 가능할 것이다. 또한 특이점으로 지칭되는 초지능의 출현은 현재까지의 학문체계나 종교체계, 나아가서는 예술체계까지 파급을 일으킬 수 있는 주제라고 할 수 있다. 그리고 이러한 시대를 맞이하는 미래 세대를 위한 교육의 역할 또한 많은 관심을 불러일으키고 있는데 인공지능 시대에 적합한 교육의 문제뿐만 아니라 인공지능을 활용한 교육부터 이에 따른 교사의 역할 등 다단한 관련 문제들을 다루기 위해 루만의 교육체계와 경제체계의 논의를 활용할 수 있을 것이다.

이러한 관점에서 필자는 루만의 경제체계를 행위자 기반으로 시뮬레이션하여 자기생산적 체계를 확인하고 이를 활용한 예측을 모색하고 있으며(최제영·박충식, 2013; 최제영·박충식, 2014), 가정으로 들어온 다양한 기능을 하는 가사도우미 로봇과의 문제를 다루고 있는 미국 드라마 〈휴먼스〉의 루만 체계적 분석과 윤리적 심성이론의 유학적 사회에 대한 루만 체계이론적 분석을 계획하고 있는데 이는 과거 유학심성이론의 인지과학적 시뮬레이션 연구(유권종·박충식 2002a; 유권종·박충식 2002b; 유권종·박충식, 2002c; 유권종·박충식·장숙필, 2002; 유권종·박충식·장숙필, 2004; 유권종 외, 2009)에 기반하고 있다. 또한 학교 수업에 루만 교육체계이론을 적용하는 작은 연구(김홍자·신범식·박충식, 2016)가 있었고 4차 산업혁명에서 중요한 개념인 스마트 팩토리(smart factory)를 체계이론적 관점에서 논의한 학술 발표(장현성·박충식, 2016)를 하기도 했다. 다소 다른 측면이지만 루만의 위험사회학을 재난정보 소통으로 짧게 논의한 학술 발표(손기천·박충식, 2015)도 있었으며, 인공지능에 의한 우려와 대비를 재난이라는 측면에서 다루어볼 수 있을 것으로 생각한다.

5. 그리고…

요즘 같이 분화된 학문 풍토에서 터무니없는 거대 이론을 모색하는 루만은 무모한 모험가일 수도 있다. 루만에게 매료된 루만 환자들(?)은 이 세상에 존재하는 것을 모두 설명할 수 있다고 생각한다. 이러한 증상은 루만 증후군(Luhmann Syndrom)이라고 불러야 할 듯하다. 루만에게 한 번 빠지면 헤어 나오기가 쉽지 않고 아직까지는 치료법도 마땅히 없는 듯하다.

루만의 체계이론은 자율적인 정보체계라면 우주의 어떤 존재도 피할 수 없는 설명 모델이라고 생각하기 때문에 인간은 이것으로 그야말로 찰나의 시간과 미진의 공간에 존재하면서 추정할 수 있는 우주의 시간 140억 년과 추정할 수 있는 우주의 크기 465억 광년를 담을 수 있다고 믿는다. 그야말로 살아 있는 동안 할 수 있는 유일한 우주정복이라고 할 수 있지 않을까?

루만이 많은 것에 대해 많은 논문과 저술을 남기고 있지만 아직은 해야 하고, 할 수 있는 연구들이 많다. 이미 언급한 바와 같이 필자가 관련한 인공지능과 사회체계이론은 물론이려니와 인공지능이 도래할 세상을 위한 사회이론으로서 인간과 공존을 위한 도덕체계/법체계/친밀체계와 관련된 로봇윤리, 경제체계/조직체계/교육체계와 관련된 4차 산업혁명, 학문체계/종교체계/예술체계와 관련된 초지능 출현 등의 탐색이 요청된다.

또한 루만의 의식체계는 발전하는 뇌과학이나 인지과학과 관련하여 좀 더 연구되어야 할 부분이 많고 이와 관련하여 오랜 논란거리인 의식, 무의식, 자유의지, 감각질, 감정, 정서에 대한 새로운 관점을 기대해 볼 수도 있다.

진리와 주체를 배격하는 루만 체계이론 연구에 대해, 비난을 무릅쓰고 필자의 개인적인 견해 하나를 덧붙이자면, 실재로서의 주체가 아니더라도 저항할 수 없이 그리고 끊임없이 솟구쳐 오르는 '나'로서의 주관적 주체 경험에 대한 탐구는 현재와 같은 아리스토텔레스적인 시대에서 반시대적인 신플라톤주의자인 알랭 바디우(Alain Badiou)의 진리와 주체 이론에 힘입어, 자유의지와 감각질과 관련하여 루만의 사회체계이론하에서도 모순 없이 새로운 시사점을 발견할 수 있을 것으로 생각한다.

불교를 수입한 원효가 더욱 발전한 불교를 수출했고, 유교를 수입한 퇴계가 더욱 발전한 유학을 수출했듯이 이제 루만을 수입한 우리는 더욱 발전된 루만을 수출하는 루만 사상 개발 5개년 개발계획(?)을 추진할 수 있기를 바란다.

참고문헌

고재현·전인후·박충식·이옥희. (2014). 「인지문법을 활용한 연애시뮬레이션게임 담화분석」. 2014년 한국지능정보시스템학회 춘계학술대회논문집.

김홍자·신범식·박충식. (2016). 「Luhmann의 교육체계이론의 수업연구 적용」. 2016년 유원대학교 연구논총.

루만, 니클라스(N. Luhmann). (2014). 『예술체계이론』. 박여성·이철 옮김. 한길사.

루만, 니클라스(N. Luhmann). (2014). 『체계이론입문』. 윤제왕 옮김. 새물결.

루만, 니클라스(N. Luhmann). (2015). 『사회이론입문』. 이철 옮김. 이론출판.

루만, 니클라스(N. Luhmann). (2012). 『사회의 사회』. 장춘익 옮김. 새물결.

바렐라, 프란시스코(Francisco Varela). (2009). 유권종·박충식 옮김. 『윤리적 노하우』. 갈무리.

박충식. (2004). 「구성적 인공지능」. ≪인지과학≫, Vol.15, No.4, 61~66쪽.

손기천·박충식. (2015). 「루만의 위험사회학과 재난정보 소통」. 2015년 재난정보학회 추계학술대회 논문집.

유권종·박충식. (2002a). 「性理學的 心性모델 시뮬레이션을 이용한 유교 禮교육 방법의 효용성 분석」. ≪東洋哲學≫, No.16, 269~298쪽.

유권종·박충식. (2002b). 「도덕심성모델의 새로운 시도」. Central Asian Associatin for Korean Series. *Journal of Korean Studies*, No.2.

유권종·박충식. (2002c). 「성리학 심성모델과 서구심리모델의 비교」. Central Asian Associatin for Korean Series. *Journal of Korean Studies* No.3.

유권종·박충식·장숙필. (2002). 「인지과학 시뮬레이션을 위한 유교 예교육 심성 모델의 구성(1)」. 고려대 민족문화연구원. ≪민족문화연구≫, 37집.

유권종·박충식·장숙필. (2004). 「인지과학 시뮬레이션을 위한 유교 예교육 심성 모델의 구성(2)」. 동양철학. ≪동양철학연구≫, 39집.

유권종·박충식 외. (2009). 『유교적 마음모델과 예교육』. 한국학술정보.

장세인·박충식·이호준·이옥희. (2013). 「한국어의 Construction Grammar 구현방안 연구」. 2013년 한국지능정보시스템학회 추계학술대회논문집.

장현성·박충식. (2016). 「루만 사회체계이론 관점에서의 스마트 팩토리」. 2016년 한국지능정보시스템학회 춘계 학술대회 논문집.

최제영·박충식. (2013). 「BRMS를 이용한 루만의 사회체계이론 구현방안」. 2013년 한국지능정보시스템학회 춘계 학술대회 논문집.

최제영·박충식. (2014). 「행위자 기반 미시-거시 연계 경제 시뮬레이션과 루만의 사회체계이론 구현」. 2014년 한국지능정보시스템학회 추계 학술대회 논문집.

Brier, Søren. (2003). "Luhmann Semioticized." *Journal of Sociocybernetics*, Vol.3, No.2, p.13~22.

Brier, Søren. (2009). "Levels of Cybersemiotics: Possible Ontologies of Signification." *Cognitive Semiotics*, No.4, p.28~62.

Floridi, Luciano. (2011). *The Philosophy of Information*. Oxford University Press.

Harnad, Stevan. (1990). "The Symbol Grounding Problem." *Physica D*. 42, pp.335~346.

Yoo and Park. (2003). "A New Approach to Neo-Confucian Mind Model from Constructivism and A. I." *Proceedings of The 21th World Congress of Philosophy*. Istanbul, Turkey. August 10-17.

제5장

스포츠와 루만

분화이론적 접근

송형석 | 계명대학교 태권도학과

이 글의 주제는 "스포츠와 루만"이다. 루만을 조금이라도 알고 있는 사람이라면 이 주제가 매우 생소하게 들릴 것이다. 왜냐하면 루만은 일상생활에서뿐만 아니라 학문적으로도 스포츠에 그다지 관심이 없는 인물이었기 때문이다. 루만이 가끔 자신이 기르던 개와 함께 산책했다는 이야기는 자주 나오지만 스포츠 활동에 직접 참여했다거나 스포츠 경기를 즐겨 관람했다는 이야기는 들어본 바 없다. 이로 미루어 짐작할 때 루만은 스포츠를 하는 것이나 보는 것에 그다지 관심이 없었던 듯싶다. 이와 같은 실천적 무관심은 이론적 무관심으로 연결되었을 가능성이 크다. 그렇게 생각하는 이유는 루만이 남긴 수십 권의 저서와 수백 편의 논문 가운데 스포츠를 주제로 쓴 것은 단 한편도 없기 때문이다. 예외적으로 축구에 관해 쓴 아주 짧은 글이 한편 남아 있기는 하다. 프리츠 지몬(Fritz B. Simon)의 편저 『축구의 미학(Vor dem Spiel ist nach dem Spiel)』(2010)의 마지막 장인 '축구, 가벼움과 무거움의 합일'이 그것이다. 그러나 이 글은 A4 용지 한 쪽 분량도 안 되고 내용도 스포츠적인 것이 아니다. 여기서 루만은 현대사회에서 가벼움과 일과성의 경향이 주를 이루고 있다고 진단하고 이러한 상황에서 무언가 무거움을 주는 어떤 것에 대한 기대가 커져 가는데, 축구가 가벼움(놀이)과 무거움(국가주의)의 합일을 상징적으로 표현하기에 적합하다고 말하고 있다. 이것이 전부이다.

이렇듯 루만이 스포츠에 관심이 없었던 인물이라는 것을 알고 있다면 "스포츠와 루만"이라는 주제는 생소하게 들릴 수밖에 없다. 그럼에도 스포츠를 루만 또는 루만의 이론과 연결시키려는 노력이 전혀 생뚱맞은 짓은 아니다. 루만도 저서에서 단편적이긴 하지만 가끔 스포츠를 언급한 적이 있기 때문이다. 루만은 『사회적 체계들(Soziale Systeme: Grundriss einer allgemeinen Theorie)』(1984)에서 10줄 이상에 걸쳐 스포츠에 대해 설명했고, 『사회의 사회(Die Gesellschaft der Gesellschaft)』(1997)에서도 네 차례나 스포츠를 언급했으며, 『사회의 과학(Die Wissenschaft der Gesellschaft)』(1990a: 251 각주 130)과 『사회학적 계몽 5(Soziologische Aufklärung Bd. 5: Konstuktivistische Perspektiven)』(1990b: 26)에서는 스포츠의 코드를 승리/패배로 소개하고 있다. 루만은 명시적으로 스포츠가 사회의 부분체계로 독립 분화(ausdifferenzierung)[1] 되었다고 말한 적이 없다. 그러나 루만의 저술에 나타난 스포츠 관련 진술에 비추어볼 때 루만이 스포츠를 독립 분화된 사회의 부분체계라고 생각했을 가능성이 크다.

먼저 루만이 어떤 맥락에서 스포츠를 언급했는지 살펴보고, 이 과정에서 그가 스포츠를 사회의 부분체계로 보았다고 생각할 수 있는 단서들을 제시하도록 하겠다. 아울러 스포츠가 사회의 부분체계로 독립 분화되었다는 전제하에 스포츠체계의 기능, 코드와 프로그램, 상징적으로 일반화된 소통 매체 등에 대해 알아보도록 하겠다.

1 루만의 저술에 나타난 differenzierung과 ausdifferenzierung은 각각 분화와 독립 분화로 번역되었다. 그러나 최근 이 두 단어가 의미상 분명하게 구별되지 않는다는 지적에 따라 모두 분화로 번역하는 추세이지만 이 글에서는 양자를 구별하여 각각 분화와 독립 분화로 표기했다.

1. 사회의 부분체계로서 스포츠

먼저 루만이 『사회적 체계들』(1984)에서 어떤 맥락에서 스포츠를 언급하고 있는지 알아보자.[2] 루만은 상호침투의 문제를 다루고 있는 『사회적 체계들』(1984) 6장에서 스포츠에 관해 언급하고 있다. 상호침투는 인간과 사회적 체계들의 관계를 나타내는 용어이다. 루만은 두 체계, 즉 경제나 정치 또는 경제와 교육 같은 체계들의 관계 맺음을 주로 '구조적 연동(strukturelle Kopplung)'이란 말로 표현하고 있는데, 구조적으로 연동된 체계들 가운데 어느 것도 그러한 연동 없이는 존재할 수 없는 경우를 위해 상호침투라는 파슨스의 표현을 사용한다(루만, 2014: 134).

루만에게 인간 또는 개인은 체계가 아니며 그렇다고 사회적 체계들의 구성요소도 아니다. 루만은 인간을 사회적 체계들의 환경에 둔다. 그렇다고 루만이 자신의 사회체계이론에서 인간을 중요시하지 않았거나 무시했다는 말은 아니다. 체계의 생성은 환경 없이 불가능하며, 체계 없는 환경도 마찬가지이다. 루만에게 인간은 하나의 독립된 단위가 아니며 심리체계(의식)와 생명체계(신체)의 복합체이다. 따라서 루만은 인간과 사회적 체계들의 관계를 '심리체계와 사회적 체계의 관계' 그리고 '생명체계와 사회적 체계의 관계'로 나누어 다룬다. 그리고

---

2 루만의 주요 관심사는 사회였으며, 그의 목표는 사회이론을 구축하는 것이었다. 이 점은 『사회의 사회(Gesellschaft der Gesellschaft)』 서문에 다음과 같이 잘 나타나 있다. "1969년에 설립된 빌레펠트 대학교 사회학과에 임용될 때 나는 작업 중인 연구 계획을 말하라는 요구에 직면했다. 당시에도 그랬고 그 이후에도 내 계획은 다음과 같다. 연구 대상: 사회이론, 연구 기간: 30년, 비용: 없음"(루만, 2014: 21). 유념해야 할 점은 루만이 생각하는 사회는 인간들로 이루어진 집단도 아니고 지역적·영토적으로 제한된 단위들도 아니라는 점이다(루만, 2014: 38~40). 루만에게 사회는 소통의 시퀀스, 즉 소통의 사슬로 이루어진 소통 사건의 연쇄이다. 루만에게 소통은 사회적 체계의 가장 기초적인 구성 요소로서 정보, 전달, 이해라는 세 가지 선택으로 이루어지는데, 이러한 소통을 가능하게 만들어주는 기본적인 매체는 언어이다. 따라서 소통은 대개 언어적 소통을 뜻한다. 그러나 루만은 언어적 소통만이 소통은 아니라고 생각했다. 그는 비언어적 소통도 가능하다는 점을 여러 차례 언급하고 있다.

양측은 서로 구조적 연동 없이는 존재할 수 없기 때문에 루만은 이들의 관계를 상호침투로 표현했다.

스포츠에 관한 내용은 생명체계인 신체와 사회적 체계의 상호침투 문제를 다루고 있는 곳에서 나타난다. 여기서 관건이 되는 맥락은 비언어적 소통이다. 언어는 가장 기본적인 소통 매체이다. 언어는 의식체계와 소통체계의 구조적 연동을 가능하게 해준다. 언어적 소통에서는 소통의 의도가 부인될 수 없다. 그러나 루만에 따르면 언어가 유일한 소통 매체는 아니다. 몸짓이나 표정 같은 비언어적 소통도 있다. 그러나 언어 이전의 비언어적 의사소통 행동은 아직 소통이 아니다. 소통의 필수 차이인 정보/전달, 인지/소통, 매체/형식의 구별이 불가능하기 때문이다. 루만은 이에 대해 다음과 같이 말했다. "언어가 없다면, 즉 언어 경험이 없다면 그러한 소통이 정말 존재할 수 있는지 질문해 볼 수 있다"(루만, 2012: 249). 언어의 형성은 소통의 전제이다. 즉, 언어는 비언어 행동이 소통으로서 제시되고 이해될 수 있기 위한 전제이다. 사회 진화 과정에서 언어가 발생한 뒤에야 비언어적 행동이 소통 목록에 포함되었다. 이에 대해 루만은 "인지자가 전달 의도를 읽어내고 그래서 전달과 정보의 차이를 읽어내고 그것에 대해 그편에서 소통으로 반응할 때에는, 언제나 비언어적 행동도 소통이 될 수 있다"(Luhmann, 1984: 196)고 했다.

비언어적 행동도 소통이 될 수 있다는 말은 몸짓으로 이루어진 스포츠도 소통체계가 될 수 있다는 말과 같다. 물론 루만은 춤이나 여러 명이 함께 악기를 연주하는 것과 같은 몸짓과 스포츠를 구별한다. 전자에서는 사전에 리듬을 투입하는 것이 중요하며 아직 소통으로 보기 어렵다. 두 사람이 마주보고 톱질하기처럼 실행 과정에서 리듬이 생겨나는 경우도 있는데 이것도 마찬가지이다. 그러나 이것들과 달리 스포츠에서는 풍부한 의미 연관이 철저하게 축소된다. 그러한 축소로 말미암아 성적 평가와 사정(査定), 게임의 기록, 비교, 전진과 후퇴 등의 복잡한 정리가 가능해진다. 이로써 스포츠 용구를 공급하는 산업이나 스포츠를 공동 체험하는 고객의 관심이 스포츠에 접속 가능하게 된다(Luhmann, 1984:

336~337). 이렇게 스포츠는 소통의 맥락에 편입될 수 있다. 비록 루만은 스포츠가 독립 분화된 소통체계라고 직접 표현하지는 않았지만 그가 스포츠를 소통체계로 인정했다고 볼 만한 내용은 그의 저서 곳곳에 나타나 있다. 사회이론의 완결판이라고 할 수 있는 『사회의 사회』에는 스포츠라는 말이 모두 네 번(각주를 포함하면 여섯 번) 나타난다.

루만이 스포츠를 언급하는 부분에서 이목을 끄는 것은 네 경우 모두 스포츠를 도핑과 관련하여 거론하고 있다는 점이다(Luhmann, 1997: 402, 405, 752, 1043; 루만, 2012: 473, 476, 862, 1194). 즉, 스포츠 자체에 대한 설명이 주가 아니라 정치, 법, 과학 등 다른 기능체계들의 코드가 무력화되는 현상, 즉 코드의 부패를 언급하면서 스포츠에서의 도핑을 그 유사 사례로 제시하고 있다는 점이다. 여기서 추론해낼 수 있는 것은 스포츠가 정치, 법, 과학 등과 같이 주도적 코드를 갖춘 사회의 부분체계이고, 다른 부분체계들과 마찬가지로 종종 이 주도적 코드가 위협받고 있다는 점이다.

그렇다면 스포츠의 주도적 코드는 무엇일까? 인용문에서 루만은 도핑이 경쟁 스포츠의 주도적 코드를 무력화하는 행위로 단정 짓고 있지만 정작 스포츠의 주도적 코드가 무엇인지에 대해서는 말하고 있지 않다. 루만이 생각하는 스포츠의 주도적 코드가 무엇인지는 『사회의 과학』(1990)에 나타난다. 루만은 이 저서에서 비록 인용이긴 하지만 스포츠의 코드를 다음과 같이 소개한다. "스포츠체계의 코드로서 '승리/패배'에 대해서는 우에 쉬만크(Uwe Schimank)의 논문 '사회의 부분체계로 스포츠의 발달'(1988)을 참고하라"(Luhmann, 1990a: 251 각주 130). 이 대목에서 승리/패배라는 스포츠의 이항코드가 분명하게 드러난다.

루만은 스포츠에 기능체계의 위상을 명시적으로 부여하지는 않았지만 쉬만크를 비롯한 몇몇 체계이론가들(Schimank, 1988; Stichweh, 1990; Cachay and Thiel, 2000; Bette, 2010)은 루만의 이론에 근거하여 스포츠, 특히 경쟁 스포츠가 사회의 기능체계로 독립 분화되었다고 했다. 예를 들면 쉬만크는 루만(Luhmann, 1984: 336~337)이 인간의 신체와 심리적 체계들 그리고 사회적 체계들의 관계를 설명하면서 스포츠가 근대의 신체 문화 영역이라고 말한 점을 강조하면서, 비록 루만이 스포츠를 근대의 기능체계라고 직접 언급하지는 않았지만 그것이 사회의 제도화된 행위로서 독자적인 의미 영역을 갖추고 있다는 점은 인정했을 것이라고 했다(Schimank, 1988: 181).

이러한 인식에 근거하여 몇몇 사회체계이론가들은 스포츠가 사회의 부분체계로 독립 분화되었음을 주장하는 논문과 서적을 출간했다. 이에 대한 최초의 논문은 앞에서 루만이 언급한 우에 쉬만크의 「사회의 부분체계로 스포츠의 발달」이다. 이 논문은 레나테 마인츠(Renate Mayntz), 베른트 로즈비츠(Bernd Rosewitz), 우에 쉬만크, 루돌프 슈티베(Rudolf Stichweh) 등이 공동으로 펴낸 『분화와 자립화: 사회의 부분체계들의 발달에 대해(Differenzierung und Verselbstdndigung: Zur Entwickfung gesellschafllicher Teilsysteme』(Mayntz et al., 1988: 181~232)에 수록되어 있으며, 2005년 쉬만크가 단독으로 저술한 『근대 사회의 분화와 통합: 행위자 중심 분화이론에 대한 기고들(Differenzierung und Integration der modernen Gesellschaft: Beitraege zur akteurzentrierten Differenzierungstheorie 1)』(111~142쪽)에 재수록되었다. 두 번째 논문은 독일의 대표적인 스포츠 과학 학술지 ≪스포츠 과학(Sportwissenschaft)≫(1990년 4호)에 실린 루돌프 슈티베의 「스포츠: 독립 분화, 기능, 코드」이다.

2. 스포츠의 기능

체계이론가들은 스포츠가 19세기 초부터 사회의 부분체계로 독립 분화되기 시작했다고 말한다(Schimank, 1988; Stichweh, 1990; Cachay and Thiel, 2000; Bette, 2010). 쉬만크는 그 이유를 스포츠가 다수의 다른 부분체계에 점점 더 중요하게 되었기 때문이라고 설명했고, 카카이(K. Cachay)는 다른 부분체계들이 스포츠에 점점 더 많은 성과 기대를 부과했기 때문이라고 말한다(Schimank, 1988: 111;

Cachay, 2000). 한편 베테(Bette, 2010)는 스포츠가 전근대적 신체 활동, 놀이, 운동 실천 등을 다시 수용함으로써 종교, 교육, 의료, 정치, 군대 등 다른 사회적 영역과 폭넓고 느슨하게 맺어왔던 관계를 점차적으로 해체시켜 나갔으며, 고유한 자기관계성을 분명하게 구축하고 전 지구적 차원의 포함 과정을 작동시킬 수 있게 되었다고 했다. 또한 스포츠의 독립 분화는 사회의 다른 부분체계보다 국가 및 지역별로 더욱 편차가 심하게 진행되고 있다고 설명했다.[3] 베테(Bette, 2010)에 따르면 스포츠체계의 독립 분화를 주도하고 있는 것은 스포츠체계의 부분체계인 경쟁 스포츠이다. 스포츠체계는 대중 스포츠와 경쟁 스포츠로 분화되었는데, 이 가운데 경쟁 스포츠는 대중매체의 성과에 힘입어 세계사회의 부분체계로 독립 분화될 수 있었다는 것이다.

하나의 체계가 부분체계로 독립 분화되었다면, 그 체계는 자기 자신과 자기 이외의 모든 것을 관찰할 수 있게 된다. 루만은 사회 내에서 독립 분화된 부분체계는 세 가지 관찰 가능성을 이용할 수 있다고 했다(Luhmann, 1997: 757). 첫째, 부분체계가 속한 전체 체계를 관찰할 수 있다. 예컨대 스포츠체계는 자신이 속해 있는 전체 사회를 관찰할 수 있다. 둘째, 사회의 내부 환경에 있는 다른 부분체계들이나 사회의 외부 환경에 있는 다른 체계들을 관찰할 수 있다. 예컨대 스포츠체계는 사회의 내부 환경에 있는 경제체계나 사회의 외부 환경에 있는 유기체(신체)를 관찰할 수 있다. 셋째, 부분체계 자신을 관찰할 수 있다. 예컨대 스포츠체계는 스포츠체계 자신을 관찰할 수 있다. 루만은 이 세 종류의 관찰을 각각 기능(Funktion), 성과(Leistung), 반성(Reflexion=자기기술)으로 명명했으며, 이것들을 구별하지 못할 경우에 의미론적 혼란이 초래될 수 있다고 경고했다(루만, 2014: 868~869).

---

3 다른 기능체계들의 독립 분화 과정도 상이하게 진행되고 있다. 예컨대 경제나 과학 같은 목표 지향적 체계들은 비교적 빠르게 세계사회의 기능체계로 분화된 반면에 규범 지향적 체계인 법은 여전히 국가법에 묶여 있는 실정이다.

여기서 의미론적 혼란이 의미하는 바가 무엇인지 간략하게 알아보자. 루만에 따르면 정치의 기능은 '집단적으로 구속력 있는 결정'을 내리는 것이며, 국가는 정치체계의 자기기술(반성)에 쓰이는 것이다. 그런데 국가 운영을 정치의 기능으로 혼동할 경우에 국가의식이 비대화되는 결과에 이를 수 있다는 것이다. 과학 영역에서 구별되고 있는 응용 관련 연구와 기초 연구도 성과와 기능의 차이일 뿐이다. 그런데 이것을 오해하면 기초 연구로 허용되는 것은 이론 작업으로나 용인되고, 과학체계는 소화할 수 없는 경험에 시달리게 된다. 기초 연구는 응용 관련 연구에 비해 명망은 더 누리지만 재정 지원은 더 나쁜 상태에 처하게 된다는 것이다(루만, 2012: 869). 그래서 루만은 기능, 성과, 반성을 분명하게 구별해야만 한다고 강조했다.

각 기능체계들은 각자의 고유한 기능에 근거하여 독립 분화되었다. 다르게 말하면 독립 분화된 기능체계들은 각기 고유한 기능을 담당한다. 각 부분체계의 기능은 전체 사회의 재생산에 필수 불가결하며, 다른 기능으로 대체될 수 없다. 각 부분체계들은 서로 다른 기능에 특화되어 있다는 점에서 불평등하다. 그러나 대체 불가능한 기능을 담당하고 있다는 점에서 서열적으로 평등한 체계들이다. 의회제도에 의한 처리 과정에서 집단적으로 구속력이 있는 결정을 내리는 일은 오직 정치체계에 특화된 과제이다. 정치체계의 환경에 속하는 체계들, 예컨대 과학이나 대중매체가 기업세금 개혁 관련 문제를 결정하지 않는다. 질병 문제의 해결은 오직 건강 또는 질병체계의 과제에 속하며, 개인적 성공의 준비 상태를 점검하고 선택하는 기능은 교육체계의 과제이고, 이론 및 방법에 의해 주도된 새로운 지식들의 생산은 과학체계에 적합한 과제이지 종교적 소통에 적합한 과제는 아니다. 현재 및 미래적 욕구의 현세적 보장은 경제의 과제인 반면에 종교적 소통은 영원한 세계의 초월적 준거를 위해 노력할 뿐이다.

루만이 모형화한 기능적으로 분화된 사회체계들은 서로 교환 가능하지 않으며 오직 자신만 자신을 대체할 수 있는 기능 단위들이다. 이 기능체계들이 고유한 방식으로 수행하는 체계 특수적 재생산은 제각기 다른 체계들의 수행에 의해서는 대체할 수 없는 방식으로 총체적 사회의 재생산에 기여하며, 그런 의미에서 각 기능체계는 다른 기능체계를 통해 대체될 수 없다. 교육의 기능이 법을 통해, 법의 기능이 학문을 통해, 학문의 기능이 대중매체를 충족될 수 없다는 말이다. "그래서 그러한 체계들의 질서는, 구조들이 동일한 기능을 갖는 동일한 유형의 다른 구조들로만 대체될 수 있다는 의미에서 자기대체적으로 구축된다. 그러니까 이론은 다른 이론에 의해서만, 법률은 다른 법률에 의해서만, 정치 프로그램은 다른 정치 프로그램에 의해서만 대체될 수 있는 것이다"(루만, 2014: 574). 그럼에도 "모든 체계는 자신의 독자적인 기능에만 위임되어 있는데 그럴 수 있는 이유는 그 밖의 다른 기능들이 다른 곳에서 충족되고 있기 때문이다"(Luhmann, 1983: 32; 2002: 115; 2004: 222).

지금까지 부분체계의 기능은 전체 사회의 재생산에 필수 불가결하며, 다른 기능으로 대체 불가능하다는 두 가지 특징을 지닌다고 했다. 과학의 기능은 새로운 인식들의 생산이고, 경제의 기능은 희소성의 조건하에서 미래의 공급을 보장하는 일이며, 정치의 기능은 집단적으로 구속력 있는 결정을 내리는 일이고, 법의 기능은 갈등으로부터 안정을 보장하고 결정하는 일이며, 교육의 기능은 양성과 교양, 경력의 선택이고, 예술의 기능은 예술작품의 생산·추천·성찰이며, 종교의 기능은 미규정적 복잡성을 규정 가능한 복잡성으로 변형시키는 일이고, 대중매체의 기능은 정보와 오락의 제공이며, 의료체계의 기능은 건강을 보살피는 일이다. 그렇다면 분화된 스포츠체계의 기능은 무엇일까?[4]

---

4 이 물음에 정치적 기능, 경제적 기능, 교육적 기능 같은 답을 주는 이들이 있다. 그러나 이러한 표현은 루만의 분화이론적 관점에서 볼 때 적절하지 않다. 스포츠의 기능이 정치나 경제 또는 교육의 기능을 대신할 수 없기 때문이다. 물론 정치는 자신의 과업을 실행하는 과정에서 스포츠를 활용할 수 있고, 경제나 교육 역시 마찬가지이다. 역으로 스포츠는 자신의 과업을 실행하는 과정에서 정치나 경제 또는 교육을 활용할 수 있다. 앞에서 보았듯이 루만은 이러한 경우를 성과 또는 성과 관계로 표현했다. 예컨대 정치가 평판 상승을 위해 스포츠를 활용하거나 스포츠가 재정 확보를 위해 정치에 의존하는 경우를 성과라고 표현한다. 사회의 부분체계들은 성과 관계에 근거하여 구조적으로 연동되어 있다.

카카이는 이 물음에 대해 “사회에 적합한 개인적 환경의 생산(Produktion gesellschaftsadäquater personaler Umwelt)”으로 답했다(Cachay, 1988: 276). 여기서 그가 의미하는 개인적 환경은 교육, 건강, 가족 같은 다른 부분체계들과 관련된 것이다. 누가 보아도 적절한 대답이 아니다. 이 기능은 전체 사회의 존속에 필수 불가결한 것이기는 하지만 대체 불가능한 것은 아니기 때문이다. 교육은 교육체계가, 건강은 건강체계가, 가족은 가족체계가 더 잘 담당할 수 있다. 따라서 이 기능들은 스포츠체계에 특화된 것이라고 말하기 어렵다. 슈티베(Stichweh, 1990)는 스포츠의 기능을 ‘신체적 성과 능력(경기력)의 소통(Kommunikation körperlicher Leistungsfähigkeit)’이라고 했다. 이러한 스포츠 기능의 규정은 고민해 볼 필요가 있다. 이것이 전체 사회의 재생산에 필수 불가결한 과제인지 확신이 서지 않기 때문이다. 한편 베테(Bette, 1989: 168~171, 216)는, 스포츠는 그 기능이 전체 사회의 존속과 별로 관련이 없지만 다른 부분체계에 성과들을 조달해 주는 부분체계라는 점에서 부분체계의 “특별한 경우(Sonderfall)”라고 말한다.

베테의 말처럼 전체 사회의 존속에 필수 불가결한 스포츠체계의 기능을 설득력 있게 제시한 사람은 없다. 베테와 쉬만크는 이 물음에 답을 찾는 일은 별로 유익하지 않다고 말한다. 오히려 그들은 루만이 과소평가했던 부분체계들 상호간의 성과 조달에 관심을 기울일 필요가 있다고 말한다. 그들의 말을 들어보자. “어떤 부분체계가 다른 부분체계에 필수 불가결한 성과들을 조달해 준다면 그 부분체계는 (전체 사회의 재생산에) 필수 불가결한 것이다”(Bette and Schimank, 2006: 148). 경쟁 스포츠 체계는 다른 부분체계에 필수 불가결한 성과들을 조달해 줄 수 있을까? 베테와 쉬만크는 “그렇다!”고 자신 있게 말한다. 그들은 이에 대해 세 가지 사례를 제시한다(Bette and Schimank, 2006: 148~149).

첫째 사례는 경쟁 스포츠와 대중매체가 맺을 수 있는 성과 관계이다. 베테와 쉬만크에 따르면 경쟁 스포츠는 대중매체의 자기생산과 관련하여 결코 소진되지 않는 환경 자원이다. 예컨대 스포츠 경기 관련 사건들은 TV 방송 프로그램과 일간지에 빠지지 않고 등장하는 소재이다. 다르게 표현하면 TV와 신문 같은 대중매체는 전 지구적 차원에서 매 순간 발생하고 있는 스포츠 사건과 이에 대한 대중의 관심 그리고 스포츠 관련 보도에 대한 높은 시청률 덕분에 자기생산을 이어나갈 수 있다. 다른 한편으로 경쟁 스포츠는 대중매체의 지속적인 반향 덕분에 자기생산에 요구되는 대중의 이목과 재정적 자원을 마련할 수 있다. 세계 최대의 스포츠 조직인 IOC가 벌어들이는 수입 가운데 상당 부분은 중개방송권의 판매를 통해 마련된다.

둘째 사례는 경쟁 스포츠와 경제가 맺을 수 있는 성과 관계이다. 경제는 경쟁 스포츠의 가시성, 특히 대중매체를 통해 가시성이 극대화된 경쟁 스포츠를 광고매체로 활용한다. 중계방송을 통해 TV 화면에 등장하는 경기장, 운동 장비, 선수 유니폼, 모자 등이 기업의 이미지 쇄신이나 상품 광고를 위해 활용될 수 있다. 이렇게 스포츠와 관련된 시간과 공간은 감각기관을 통해 기업과 상품 이미지를 소비자의 의식에 전달하고 각인시키는 데 이용될 수 있다. 다른 한편으로 스포츠는 광고비나 후원금 형식으로 기업이 제공하는 재정 자원을 활용하여 선수들의 훈련 환경을 개선시킬 수 있으며 이를 통해 자기생산을 원활하게 이어갈 수 있다.

셋째 사례는 경쟁 스포츠와 정치가 맺을 수 있는 성과 관계이다. 정치는 경제와 비슷한 방식으로 경쟁 스포츠의 가시성을 정권 재창출 수단으로 활용할 수 있다. 대중매체의 사건으로서 스포츠는 특정 정치인이나 정당, 정부나 정권에 대한 대중의 인기와 지지도를 높여주는 기제로 이용될 수 있기 때문이다. 예컨대 국가대표 선수들의 스포츠적 성공은 잠시 동안이지만 시민들의 정치에 대한 관심을 다른 데로 돌려놓을 수도 있고, 그들이 속한 국가의 국제적 위신을 향상시켜줄 수도 있다. 국가적 스포츠 영웅에 대한 집단적 열광은 정치적 갈등을 은폐시키는 데 이용될 수도 있고, 공동체 의식을 일깨워줄 수도 있다. 이와 같은 정치적 유용성으로 인해 경쟁 스포츠는 정당이나 국가로부터 각종 지원과 혜택을 받는다.

이상에서 보았듯이 스포츠는 다른 부분체계에 전체 사회의 재생산에 필수 불가결한 성과들을 조달해 준다고 할 수 있다. 베테와 쉬만크는 스포츠체계와 다른 기능체계들의 성과 관계를 도표화했는데 관계 정도를 상(++), 중(+), 하(0)로 나눈다면 스포츠의 관점에서 볼 때 경제, 정치, 대중매체와 중 정도의 관계를 맺고 있고, 다른 기능체계들의 관점에서 볼 때 경제, 정치, 과학, 대중매체, 건강, 친밀체계는 스포츠와 상의 관계를, 법, 군대, 교육은 중의 관계를 맺고 있는 것으로 나타난다(Bette and Schimank, 2006: 150). 부분체계 중에서 다른 체계들과 이 정도의 성과 관계를 맺고 있는 것은 정치와 경제뿐이다. 이와 같은 성과 관계의 측면에서 볼 때 현대사회에서 높은 반향을 얻고 있는 스포츠는 사회의 부분체계로 분화되었다고 말할 수 있다.

부분체계의 분화와 관련하여 기능보다 우선시되어야 할 것은 체계의 동일성을 보장해 주는 이항코드화이다. 루만도 1980년대 이전까지 기능분화와 관련하여 기능의 규명에 관심을 기울였지만 1980년대에 이루어진 자기생산체계로의 전환 이후 이항코드화의 규명을 더욱 중요하게 생각했다. 그러니까 기능보다 코드화가 체계의 분화에 더욱 중요하다고 생각했던 것이다. 예컨대 루만은 법체계의 분화와 관련하여 "법의 기능을 설명하는 것만으로는 법체계의 서술이 충분하지 않다. … 논리적으로 보면 법/불법이라는 이항적 도식은 우선적인 지위를 차지한다. 왜냐하면 이 도식은 법체계의 존재를 확인하는 근거가 되기 때문이다"(루만, 2014: 229~231)라고 하면서 이항 코드화의 중요성을 말하고 있다. 이제 분화된 사회의 부분체계 스포츠의 이항코드화에 대해 알아보자.

3. 코드화와 프로그램화

사회적 체계들은 모두 관찰하는 자이다. 전통 철학의 주체(Subjekt)는 인식하는 자였지만 체계이론의 체계는 관찰하는 자이다. 이철(2013)은 이와 같은 인식론적 전환을 "인식하는 주체에서 관찰하는 체계들로"라고 간명하게 표현했다.

따라서 하나의 체계가 형성되었다는 말은 하나의 관찰자가 형성되었다는 말과 같다. 루만의 이론에서 관찰은 '구별의 틀 내에서의 지칭'이다. 따라서 관찰자는 구별의 틀 내에서 지칭하는 자이다.

최초의 결정은 구별의 결정이다. 구별을 결정했다는 것은 결정된 구별 이외의 다른 구별들을 모두 배제한다는 의미이다. 스펜서 브라운(Spencer-Brown, 1977: 1)은 말한다. "우리는 구별과 지칭의 관념을 사전에 주어진 것으로 수용한다. 구별하지 않고서는 지칭할 수 없다." 관찰자가 어떤 구별을 이용하느냐에 따라 세계는 다르게 열린다. 즉, 구별은 세계를 여는 방식이다. 세계는 서로 다른 구별을 이용하는 관찰자들에 의해 다양하게 열리고, 그 결과로서 서로 상이한 세계의 버전들, 즉 현실들이 출현하게 된다.

사회에서 독립 분화된 부분체계들(현대사회의 기능체계들)은 모두 고유한 구별에 의존하여 자신의 환경을 관찰하는 체계들이다. 루만은 각 체계들이 의존하고 있는 고유한 구별을 이항코드(binäre Code)라고 불렀다. 한 체계가 분화되었다는 말은 그 체계에 고유한 이항코드가 형성되었다는 말과 같다. 고유한 이항코드의 분화는 자기관계적인 소통 연관, 즉 소통체계의 독립 분화를 가능하게 만들어주는 필수조건이다. 이에 대해 루만은 기능체계들이 고유 기준을 통해서만 분화되는 것도 아니고, 프로그램의 전체 공식(평화, 공동의 안녕, 복리, 교양, 정의 등등)을 통해서만 분화되는 것도 아니며, 주로 이항코드를 통해 분화된다고 언급한 바 있다(Luhmann, 1989: 430).

루만은 초기에 부분체계의 분화를 설명하면서 기능의 규명에 역점을 두었지만 1980년대에 자기생산체계로의 전환 이후 이항코드에 관심을 집중시켰다. 결국 사회의 기능체계들의 독립 분화는 체계들을 특정 물음과 문제에 배타적으로 관심을 집중하게 하고, 환경에서 일어난 사건들에 대한 관심을 좁은 폭으로 줄여주는 이항코드화에 기초하여 일어난다고 말할 수 있다. 사회의 부분체계에서 의미들은 체계에서 제각기 중요할 수 있거나 중요한 것을 제한해 주는 이항코드의 두 극단 사이에서 펼쳐진다. "이항 코드의 양극은 이렇게 의미의 경계를 형성한다. 그것들은 거기에 있는 행위자들에게 무엇이 중요한지 알려주는 부분체계의 의미 지평을 표시한다"(Schimank, 2000: 129).

이항코드는 각 부분체계에서 의미의 경계이며, 세상을 보는 틀이고, 정보를 처리하는 메커니즘이다. 과학은 진리/비진리, 법은 합법/불법, 경제는 지불/비지불 같은 이항코드에 입각해서 정보를 처리하며, 각 부분체계에서 정보처리의 다른 가능성은 배재된다. 그런 의미에서 이항코드화는 제3의 값을 배제한다. 교육 소통의 맥락에서 평가된 학생의 성과는 더 높은 성적이거나 더 낮은 성적이지 참된 성적이거나 아름다운 성적이 아니다. 여기서 유념해야 할 점은 이항코드에 포함된 구별은 체계 안에서 일어나는 것이 아니라 각 부분체계를 사회적 체계로 구성하는 그 자체라는 것이다. 관찰자가 이용하는 구별이 관찰자를 관찰자로 구성해 내는 것과 같은 이치이다.

그렇다면 스포츠는 어떤 구별에 입각해서 세계를 재구성할까? 앞에서 언급했듯이 독립 분화된 사회체계로서 (경쟁)스포츠의 이항코드는 승리/패배, 스포츠적 의미론으로 표현하면 우월한 성과/열등한 성과이다. 코드의 주요 기능은 복잡성 감축이다. 이항코드는 소통 참가자들이 수많은 가능성 가운데 특정한 선택을 지향하도록 만들어준다. 경쟁 스포츠적 소통 맥락에서는 누가, 언제, 어디서, 어떤 종목을 하든 상관없이 승리를 지향하고 패배를 회피하려고 한다. 우리는 선수들이 경기장에서 무엇을 하는지 알고 있다. 가쁜 숨을 몰아쉬며 경기장을 뛰어다니는 그들은 정치적으로 선동하거나 종교적으로 포교하거나 예술적으로 아름다움을 과시하기 위해 그렇게 행동하는 것이 아니다. 그들은 오직 상대보다 우월한 성과를 내기 위해, 즉 승리하기 위해 애쓰는 것이다. 스포츠적 소통의 맥락이 형성되었다는 것은 세계가 승리와 패배라는 두 의미의 경계 사이에서 펼쳐지게 된다는 것을 의미한다. 스포츠적 성과를 평가하는데 승리/패배 이외의 다른 코드가 끼어들 여지는 없다.[5] 만일 다른 코드가 끼어들 경우에 그 소통은 더

5 한 번 더 강조하지만 경쟁 스포츠 소통에서 중요한 것은 승리냐 패배냐이다. 소통 참가자들은

이상 스포츠적 소통이 아니다. 루만은 이것을 코드로 부패로 표현했다. 스포츠에서 대표적인 코드의 부패로 언급될 수 있는 것은 도핑과 승부 조작이다. 앞에서 잠깐 언급했듯이 도핑과 승부 조작은 사랑체계에서 매춘, 과학체계에서 자료 조작, 법과 정치에서 부정부패에 비견될 수 있는 코드의 부패이다. 코드가 부패하여 무력화될 경우 도덕 소통이 창궐하게 된다. 벤 존슨(Ben Johnson), 랜스 암스트롱(Lance Armstrong), 박태환, 마리아 샤라포바(Maria Sharapova)의 도핑검사 양성 반응, 심판 매수에 의한 편파 판정, 돈을 받고 져주는 승부 조작 등의 실태가 대중매체를 통해 보도되었을 때를 생각해 보라.

체계의 작동에서 코드는 절대적으로 존중되어야만 한다. 법적 결정 과정이 법의 코드인 합법/불법을 도덕의 코드인 선/악으로 교체할 경우에 그 결정 과정은 더 이상 법적 소통이 아니다. 만일 주도적 코드를 경제적 지불 작동으로 넘길 경우에 스포츠적 승리는 더 이상 스포츠적 사건이 아니고 정치적 결정은 더 이상 정치적 사건이 아니다. 이렇듯 코드는 체계에서 다른 사회체계들의 의미 요구에 직면하여 거절 가치로서 기능한다(Luhmann, 1990a: 301). 코드는 고유한 의미 지향과 외부의 의미 지향을 엄격하게 구별하고 후자를 내부 선호의 배경하에 무리한 요구로 기각하면서 체계와 환경 사이의 경계를 생산하고 안정화시키며, 체계 내에서 가능한 것을 특정한 것으로 감축시켜 주고, 해당 소통이 임의적으로 전개되지 않도록 만들어준다. 두 개의 부분체계가 구조적으로 연동된 경우일지라도 각 부분체계는 자신의 고유한 코드를 포기하지 않는다. 하나의 부분체계에게 다른 부분체계는 자기생산을 위해 필요한 환경 자원일 뿐이다. 우리는 이 점을 경제와 스포츠의 구조적 연동 사례에서 확인할 수 있다.

경제는 스포츠와 구조적으로 연동되어 있다. 구조적 연동은 두 개의 서로 다

승리를 갈망하고 패배를 회피하려고 한다. 이들의 소통에서 아름다운지 추한지, 참인지 거짓인지, 여자인지 남자인지, 아이인지 어른인지는 중요하지 않다. 오직 승리냐 패배냐가 중요하다. 이항코드는 경쟁 스포츠가 작동적 폐쇄성을 유지할 수 있도록 해준다.

른 체계가 각각의 고유 작동에는 영향을 미치지 않으면서 서로가 서로를 자기생산을 위한 환경 자원으로 활용하는 관계 맺음 방식이다. 예를 들면 경제에서는 지불 능력이, 스포츠에서는 승리가 관건이다. 스포츠 경기에서 승리가 승리한 선수가 광고하는 상품의 판매에 긍정적 영향을 미쳐 지불 능력이 향상될 수 있겠지만 그 승리가 상품을 생산하는 것은 아니다. 단지 승리를 통해 해당 상품의 판매성이 향상되고 이를 통해 기업의 지불 능력이 상승된다는 것을 의미할 뿐이다. 그 역의 경우도 마찬가지이다. 기업이 제공한 재정 자원은 스포츠에서 승리의 가능성을 높여줄 수 있다. 왜냐하면 스포츠는 이 자원을 통해 더 뛰어난 선수를 영입할 수 있거나 더 좋은 훈련 환경을 선수들에게 제공할 수 있기 때문이다. 그럼에도 불구하고 기업이 제공한 재정 자원이 스포츠 상황에서 어떤 직접적인 영향력을 발휘하지는 못한다. 경기의 승리는 순수하게 스포츠 규칙에 따라 평가되고 결정되기 때문이다. 사회의 부분체계로서 경제와 스포츠는 소통적으로 침범할 수 없는 경계를 통해 서로 분리되어 있다. 즉, 이 두 기능체계는 구조적으로만 연결될 수 있을 뿐 작동적으로는 연결될 수 없다(Schimank, 2000: 129).

이상에서 살펴보았듯이 스포츠와 경제는 구조적 연동에 근거한 상호 관찰을 통해 각자 자기생산에 필요한 성과를 생산해내고 있다.

그렇지만 각자의 코드는 그 어떤 침해도 받지 않는다. 이것이 구조적 연동이 의미하는 바이다. 한편 구조적 연동으로 맺어진 스폰서 관계와는 달리 승부 조작에서는 스포츠의 이항코드가 무력화된다. 돈에 매수된 선수들의 몸짓은 승리/패배 코드의 틀 내에서 이루어지는 소통이 아니다. 이 코드는 애초에 무시되고 그 자리에 지불/비지불이라는 경제의 코드가 들어선다. 이와 같은 작동은 오직 그 사실이 알려져 있지 않은 상태에서만 기능할 수 있을 뿐이다.

이제 스포츠체계의 코드와 다른 부분체계들의 코드의 유사성과 차이를 알아보자. 사회의 다른 부분체계들의 코드처럼 스포츠의 승리 코드는 사안적 차이(한 선수가 다른 선수보다 10cm 멀리 뛰었다)를 사회적 서열 차이로 변화시킨다. 승리 코드는 행위자들을 그들의 행위에 근거하여 서로 경쟁하는 상황에 처하게 만든다. 이런 점에서 스포츠의 코드는 법의 코드에 비교될 수 있다. 법적 판결에서 한 소송당사자가 합법으로 선언될 경우에 다른 소송당사자는 동시에 불법으로 선언되는 것이다. 다른 부분체계들의 코드는 이처럼 행위자들을 서로 경쟁하는 상황에 처하게 만들지 않는다. 예컨대 건강체계의 '아픈/건강한'이나 예술체계의 '아름다운/추한'을 보라.

사회의 다른 부분체계들의 코드와 비교할 때 승리 코드는 그렇게 강력하게 이항화하지는 않는다. 예컨대 법에서는 누군가의 행위가 합법이거나 불법이다. 즉, 제3의 가능성은 부인된다(tertium non datur).그러나 이와 달리 승리 코드는 차등화된다. 여러 종목에서 3위 안에 든 선수 모두에게 메달이 수여된다. 2위 선수는 1위 선수에게 패자이지만 3위 선수에게는 승자이다. 또한 어떤 종목에서는 승리와 패배가 결정되지 않고 무승부인 채로 경기가 종료되는 경우도 있다.

20세기 이후 스포츠의 승리 코드가 관여하는 경쟁의 범위는 점점 더 넓어지고 있다. 오랜 시간 동안 오직 동일한 시합에 참여한 선수들만 비교되었으며 경쟁 관계에 놓여 있었다. 고대 그리스인들은 누가 몇 년도에 개최된 어떤 경기에서 우승했는지만을 기록해 놓았지 그들이 이룬 경기 성과를 남겨놓지는 않았다. 당시의 스포츠적 성과 비교는 시간과 공간에 묶여 있었다. 어떤 해의 올림픽 우승자가 다른 해의 우승자보다 얼마나 빨리 뛰었는지, 얼마나 멀리 뛰었는지, 얼마나 멀리 던졌는지는 중요하지 않았다.

근대 스포츠의 특징 가운데 하나는 비교의 보편화이다. 기록(Rekord) 개념이 이를 가능하게 만들어주었다. 기록은 최고 성과를 나타낸다. 따라서 근대 스포츠에서는 누가 언제 어디서 누구와 대항해서 승리했느냐가 중요한 것이 아니라 누가 어떤 종목에서 최고 성과, 즉 세계 기록을 달성했느냐가 중요하다. 기록 개념은 스포츠가 근대의 진보 이념이 깊게 각인된 사회의 부분체계들 집단에 속하게 만들었다. 과학, 정치, 경제, 교육 등이 진보 이념이 깊게 각인된 부분체계이다. 19세기에 이르러 사회는 미래를 원칙적으로 개방적이고 형성 가능하며, 끊임없이 성장할 것으로 기대할 수 있고, 지속적으로 이용 가능한 것으로 간주하게 되었다. 과학은 지식을 진보로 개념화했으며, 정치의 무대에 복지국가의 이념과 프로그램이 등장했고, 경제에서 중상주의적 재화총량 불변원리가 성장 패러다임에 의해 대체되었으며, 교육은 미래를 출신 성분으로부터 분리시킴으로써 인간도 신분 상승이 가능한 실체라는 점을 확신하게 되었다. 이러한 가운데 스포츠는 인간의 진보를 숫자 형식으로 가시화시켜 주는 사회 영역으로 자리 잡으며 많은 반향을 불러일으켰다. 다른 부분체계들로부터 스포츠에 성과 기대가 쇄도하게 된 것이다.

체계들의 코드는 관찰을 주도하는 구별로써 기능한다. 즉, 각 체계들의 세계(스포츠의 세계, 법의 세계, 학문의 세계, 대중매체의 세계, 정치의 세계, 종교의 세계 등)를 각 체계에 고유한 두 개의 값 사이에서 전개되도록 해주지만, 그것의 이용과 귀속을 규제하는 그 어떤 명령이나 기준을 포함하고 있지 않다(Luhmann, 2004a: 20; 1991a: 88과 비교). 그런 의미에서 코드는 추상적이며 공허하다. 이 공백을 채워주는 것, 지향해야 할 방향을 구체화시켜 주는 것이 요구된다.

루만은 열린 도식으로 투입된 두 개의 코드 값 가운데 어느 한 값을 결정할 수 있게 해주는 특별한 의미론적 장치가 필요하다고 했다(Luhmann, 1994: 19). 여기서 루만이 말하는 의미론적 장치는 각 기능체계에 특화된 프로그램과 거기에 내재된 의미론이다. 프로그램은 소통 맥락에서 어느 한 개의 코드 값이 할당될 수 있게 만들어주는 의미론적 장치라고 할 수 있다. 루만도 실질적으로 어떤 조건하에서 한쪽 값은 그 반대편 값이 제대로 혹은 잘못 할당되는 것인지를 정할 결정 규칙의 필요성이 생겨나는데, 그러한 규칙을 프로그램이라고 불렀다(루만, 2012: 861).

과학소통의 맥락에서 어떤 진술이 참인지 거짓인지 평가하기 위해 요구되는 프로그램은 이론과 방법이다. 과학자들은 이론과 방법에 근거해서 어떤 진술이 참인지 거짓인지 판단한다. 체육교사가 체육수업에서 공을 다루는 데 숙련되지 못한 학생보다 숙련된 학생에게 더 높은 점수를 줄 수 있는 이유는 수업계획과 평가 지침에 그렇게 나타나 있기 때문이다. 스포츠에서 승리와 패배를 결정하는 일은 규범적 의미 지향으로서 경기 규칙에 근거해서 이루어진다(Schimank, 1988: 189). 경기 규칙은 각 종목별로 스포츠적 성과들의 달성 조건들을 확정해 준다. 이렇게 프로그램은 주도적 코드의 두 개 값을 응용하고 할당하는 데 동원된다.

프로그램의 또 다른 기능은 이항코드화에 의해 배제된 제3자를 포함시키는 일이다. 프로그램은 체계의 내부에 설치된 외부 환경과의 접점으로 기능하면서 체계에서 일어나는 소통적 사건의 자기지시성에 타자지시성의 가능성을 더해 준다. "체계는 코드화와 프로그램화의 구별을 통해 폐쇄체계로서뿐만 아니라 동시에 개방 체계로서 작동할 수 있는 가능성을 갖게 된다"(Luhmann, 2004a: 91).

스포츠의 코드 차원에서 교육적이냐 비교육적이냐 또는 남자냐 여자냐 또는 나이가 많으냐 적으냐 또는 재미있느냐 재미없느냐 같은 구별은 중요하지 않다. 오직 승리냐 패배냐가 중요할 뿐이다. 그러나 프로그램 차원에서는 교육학적 권고가 나타날 수도 있으며, 남자냐 여자냐, 성인이냐 청소년이냐, 체중이 많이 나가냐 적게 나가냐, 공정하느냐 공정하지 않느냐 같은 차이들이 고려될 수도 있다. 승자가 시합 전에 알려져서는 안 된다는 원칙도 스포츠체계의 프로그램 차원에 속한다. 스포츠 시합은 열려 있는 시합 결과의 원칙에 근거하여 그 결과가 예측 불가능해야 하며, 그래야 경기 진행은 흥미진진해진다. 개인선수나 팀 간의 경기력 수준이 너무 차이가 나거나 공정하지 않은 출발 전제들로 인해 경기 결과의 개방성이 훼손될 우려가 있을 때 연령별·체급별·성별·리그별 분류가 동원될 수 있으며, 이를 통해 공정한 출발 조건이 마련된다. 이미 결과가 알려져 있는 뻔한 경기는 사람들을 지루하게 만들 것이다. 스포츠 규칙을 통해 보장되고 끝까지 유지되는 스스로 부과된 결과의 불확실성은 경쟁 스포츠의 중요한 의미 기준을 나타낸다. 스포츠에서는 결과가 이미 결정된 것처럼 보이지만 마지막 순간에 예측하지 못했던 반전이 언제나 나타날 수 있다. 예컨대 경기 종료 순간에 경기의 승패를 뒤바꿀 수 있고, 이를 통해 한 개인이 팀을 구원한 영웅으로 탈바꿈될 수 있는 농구 경기에서의 슈팅을 생각해 볼 수 있다. 관중은 이를 통해 흥미로운 방식으로 깜짝깜짝 놀란다. 스포츠에서는 일상적이지 않은 것이 일상적으로 일어날 수 있다. 이것을 가능하게 만들어주는 것이 프로그램이다.

4. 상징적으로 일반화된 소통 매체

앞에서 스포츠는 몸짓을 통해 이루어지는 비언어적 소통이라고 했다. 소통은 언어적인 것이든 비언어적인 것이든 "지극히 비개연적인"(루만, 2012: 235) 사건이다. 소통이 비개연적인 이유는 그것이 세 가지 선택의 종합인데, 선택은 우연적일뿐만 아니라 이중적으로 우연적이기 때문이다. 소통이 계속해서 일어나기 위해서는 "기대를 이끌어주는 개연성들이 있어야 한다. 그렇지 않으면 소통의 자기생산은 가능하지 않다"(루만, 2012: 231). 그렇다면 무엇이 소통을 개연적으로 만들어줄까? 루만은 매체(medium)라고 말한다. 즉, 루만의 의미에서 매체는 소통이 중단된 지점에서 시작하여 비개연적인 것을 개연적인 것으로 바꾸어주는 기능을 충족하는 것이라고 할 수 있다(Luhmann, 1984: 220).

루만은 소통을 개연적으로 만들어주는 매체에는 언어, 확산 매체, 성공 매체(=상징적으로 일반화된 매체) 세 가지가 있다고 했다. 이 세 가지 매체는 다음과 같은 세 종류의 비개연성을 개연적으로 만들어준다. 첫째, 지각할 수 없는 어떤 것에 관한 정보를 다른 사람이 이해할 수 있도록 전달할 개연성은 낮다. 언어가 이것을 개연적으로 만들어준다. 둘째, 소통은 구술성, 참여자들의 상호작용, 기억 등의 구속을 받는다. 소통이 이 세 가지 구속으로 자유로워질 수 있는 개연성은 낮다. 확산 매체가 이것을 개연적으로 만들어준다. 셋째, 정보의 전달을 통해 이루어지는 소통의 의미 제안이 수용될 개연성은 낮다. 상징적으로 일반화된 소통 매체가 의미 제안에 대한 수용을 개연적으로 만들어준다.

언어와 확산 매체는 사회의 소통을 일반적으로 규정하는 매체이다. 여기는 스포츠의 상징적으로 일반화된 소통 매체를 설명하는 자리이기 때문에 언어와 확산 매체에 대해서는 언급하지 않겠다. 상징적으로 일반화된 소통 매체는 사회의 특수한 기능 영역들에 해당되는 매체이다. 루만은 그 기능에 대해 다음과 같이 말한다. "상징적으로 일반화된 소통 매체들은 … 제안된 소통에 대한 거절이 개연적인 경우에도 수용을 기대할 수 있게 만드는 기능을 담당한다"(루만, 2012: 375). 정치의 권력, 경제의 화폐, 친밀체계의 사랑 등이 각 기능체계들의 상징적으로 일반화된 소통 매체이다.

정성훈은 한 논문에서 상징적으로 일반화된 소통 매체들, 즉 성공 매체들의 기능을 매우 알기 쉽게 설명한 바 있다. 즉, 정치의 성공 매체인 권력은 통지서 한 장으로 밤새 술을 마신 아저씨가 이른 새벽에 초등학교 운동장에 서 있을 수 있게 하며, 경제의 성공 매체인 화폐는 더럽고 힘든 일을 할 수 있게 하고, 친밀체계의 성공 매체인 사랑은 피곤한 상태에서도 연인의 말에 귀 기울이게 한다는 것이다(정성훈, 2015: 180).

그렇다면 경쟁 스포츠라는 기능 영역의 성공 매체는 무엇일까? 한 스포츠적 사건에 다른 스포츠적 사건의 접속 개연성을 높여주는 상징적으로 일반화된 소통 매체는 무엇일까? 경기장에서 이루어지는 한 선수의 몸짓에 다른 선수의 몸짓이 연결되게 해주고, 한 경기가 끝난 후 다음 경기가 계속해서 이어지도록 해주는 스포츠의 성공 매체는 무엇일까? 디르크 베커(Dirk Becker)도 여기에 의문을 가졌다. "축구는 어떻게 작동하는가? 축구에 활기를 불어넣는 것은 무엇이고 동력은 어떻게 설명할 수 있을까? 또는 그 질서는 어디에서 나오는 것일까?"(지몬 외, 2010: 89).

베커가 말한 스포츠 종목인 축구의 코드는 승리/패배이다. 다른 말로 하면 골을 많이 넣느냐 적게 넣느냐이다. 그리고 축구 경기 규정집에는 프로그램들이 언급되어 있다. 그러나 이것으로는 충분하지 않다. 스포츠적 소통이 연속해서 이어지게 하고 경기에 역동성을 불어넣어줄 수 있는 강력한 매체가 필요하다. 그것이 무엇일까? 베테와 쉬만크는 스포츠가 상징적으로 일반화된 소통 매체를 독립 분화시키지 못했다고 말한다. 따라서 "상호작용 유형들, 특수한 상황들, 주도적 코드의 체험상관 등을 강조함으로써 매체의 질서기능을 보충해야만 한다."(Bette and Schimank, 2006: 255)고 주장한다.

그러나 이러한 진단은 조심스러울 필요가 있다. 상호작용체계로 볼 수 있는 축구시합 하나만 보아도 선수들이 드넓은 경기장을 이리저리 달리면서 계속해서 한 선수의 행동에 다른 선수의 행동이 이어지는 것을 볼 수 있기 때문이다. 그리고 모두가 알다시피 한 경기가 끝나면 계속해서 다음 경기가 열리고, 한 시즌이 끝나면 다음 시즌이 시작된다. 지역 차원에서, 국가 차원에서, 그리고 전 세계 차원에서 다양한 종류의 대회가 꼬리를 물고 계속해서 개최된다. 스포츠적 사건의 접속을 가능하게 만들어주는 매체가 없다면 이러한 사태가 발생할 개연성은 낮다. 선수들은 지치고 피곤함에도 불구하고, 가끔은 위험을 무릅쓰고 상대 선수 또는 상대 팀과 경쟁하면서 소통을 이어간다. 무엇이 이들로 하여금 이렇게 움직이도록 만들까? 축구를 예로 든 디르크 베커는 "공의 소유"에 주목한다.

축구경기를 살펴보면 공의 소유 여부에 따라 공격과 수비의 판도가 달라진다. 공을 소유한 팀은 바로 공격 모드로 전환되고, 공을 빼앗긴 팀은 바로 수비 모드로 전환된다. 정치에서 권력의 소유 여부에 따라 여당과 야당이 뒤바뀌는 것과 비슷한 상황이 생겨난다. "공의 소유를 둘러싼 문제는 누군가 공을 차지했거나, 아니면 차지하지 못했거나 하는 두 개의 가변성이 존재한다. 그리고 공이 아웃되었거나 심판이 들고 있는 예외적인 상황을 제외하면, 어떤 팀이 공을 소유하지 못한 상황은 다른 팀이 공을 소유한 상황과 동일하다". 그라운드에서 선수들은 공을 소유하기 위해 동분서주한다. 궁극적으로 공의 소유가 축구 경기의 최종 목적은 아니지만 최소한 축구 경기에서 선수들 상호 간의 몸짓 소통을 개연적으로 만들어주는 매체임에는 틀림없다. 만일 공의 소유를 스포츠 전체로 일반화시킨다면 어떻게 표현해야 할까? 쾨르너는 한 논문에서 이것을 성과 비교(Leistungsvergleich)로 표현했다. 즉, 성과 비교는 경제에서 화폐나 과학에서 진리, 종교에서 신앙, 친밀성체계에서 사랑, 정치에서 권력과 같이 스포츠의 상징적으로 일반화된 매체 또는 통제 언어라는 말이다(Körner, 2012).[6]

경쟁 스포츠의 독립 분화는 시합의 형식을 전제하는 소통 매체인 성과 비교의 독립 분화와 관련되어 있다. 시합은 비개연성의 문제를 해결해 줌으로써 자아가 자기 행동의 출발점으로서 타자의 행동을 선택하고 성과들을 비교할 수 있게 해준다. 예를 들면 축구 시합에서 한 행위자가 골대를 향해 슈팅하면 다른 행위자는 슈팅한 공을 막는다. 이런 방식으로 이중의 우연성이 해소된다. 즉, 타자의 행동은 자아의 행동에 연결되는 반면에 자아는 자신의 행동을 타자의 행동에 귀속시킨다.

6 "감축된 복잡성을 유통시키고 고도로 우연적인 상황에서 접속 선택성을 배려하는 일은 복잡한 사회체계들을 형성하기 위한 가장 기초적인 전제에 속한다"(Luhmann, 1991: 174). 그리고 이것은 상징적으로 일반화된 소통 매체들의 기능이다.

참고문헌

루만, 니클라스(N. Luhmann). (2012/2014). 『사회의 사회』. 장춘익 옮김. 새물결.

루만, 니클라스(N. Luhmann). (2014). 『사회의 법』. 윤재왕 옮김. 새물결.

베르크하우스, 마르고트(M. Berghaus). (2012). 『쉽게 읽는 루만』. 이철 옮김. 한울.

이철. (2013). 「인식하는 주체에서 관찰하는 체계들로: 인지관찰자와 소통관찰자의 등장」. ≪개념과 소통≫, 11호, 117~165쪽.

정성훈. (2015). 『괴물과 함께 살기: 아리스토텔레스에서 루만까지 한 권으로 읽는 사회철학』. 미지북스.

지몬, 프리츠(F. Simon). (2010). 『축구의 미학: 세계적 석학들 '축구'를 논하다』. 박현용 옮김. 초록물고기.

크네어(Georg Kneer)·낫세이(Armin Nassehi). (2008). 『니클라스 루만으로의 초대』. 정성훈 옮김. 갈무리.

Bette, K.-H. (2010). *Sportsoziologie*. Bielefeld.

Bette, K.-H. and U. Schimank. (2006). *Die Dopingfalle. Soziologische Betrachtungen*. Bielefeld: transcript.

Cachay, K. and A. Thiel. (2000). *Soziologie des Sports. Zur Ausdifferenzierung und Entwicklungsdynamik des Sports der modernen Gesellschaft*. Weinheim und Munchen: Juventa.

Körner, S. (2012). "Doping im Spitzensport der Gesellschaft." In Ders. & St. Schardien(Hrsg.). Höher-schneller-weiter. Gentechnologisches *Enhancement im Spitzensport: Avantgarde eines neuen Menschenbildes? Ethische, rechtliche und soziale Perspektivierungen*. Paderborn: Mentis, S. 129-148.

Luhmann, N. (1983). "Anspruchsinflation im Krankheitssystem. Eine Stellungnahme aus gesellschaftstheoretischer Sicht." In P. Herde-Dornreich/A. Schuller (Hg.). *Die Anspruchsspirale: Schicksal oder Systemdefekt?* Stuttgart; Berlin; Köln; Mainz: Kohlhammer, pp.28~49.

Luhmann, N. (1984). *Soziale Systeme. Ein Grundriß einer allgemeinen Systemtheorie*. Frankfurt a. M.: suhrkamp.

Luhmann, N. (1989). *Gesellschaftsstruktur und Semantik*, III. Frankfurt a. M.: suhrkamp.

Luhmann, N. (1997). *Die Gesellschaft der Gesellschaft*. 2 Bde. Frankfurt am Main: Suhrkamp.

Luhmann, N. (1990a). *Die Wissenschaft der Gesellschaft*. Frankfurt am Main: Suhrkamp.

Luhmann, N. (1990b). *Soziologische Aufklärung*. Bd. 5. *Konstuktivistische Perspektiven*. Opladen: Westdeutscher Verlag.

Luhmann, N. (1991). Einführende Bemerkungen zu einer Theorie symbolisch generalisierter Kommunikationsmedien. In: Ders., Soziologische Aufklärung 2. Aufsätze zur Theorie der Gesellschaft(4. Aufl.). Opladen: Westdeutscher Verlag, S. 170-192.

Luhmann, N. (1994). Distinctions directrices. Über Codierung von Semantiken und Systemen. In:

Ders., Soziologische Aufklärung Bd. 4. Beiträge zur funktionalen Differenzierung der Gesellschaft (2. Aufl.). Opladen: Westdeutscher Verlag, S. 13-31.

Luhmann, N. (2004). *Ökologische Kommunikation. Kann die moderne Gesellschaft sich auf ökologische Gefährdungen einstellen? (4. Aufl.).* Wiesbaden: VS Verlag für Sozialwissenschaften.

Schimank, U. (1988). "Die Entwicklung des Sports zum gesellschaftlichen Teilsystem." In R. Mayntz, B. Rosewitz, U. Schimank, R. Stichweh (Hg.). *Differenzierung und Verselbstä ndigung: zur Entwicklung gesellschaftlicher Teilsysteme.* Frankfurt a. M.; NY: Campus, S. 181-232.

Schimank, U. (2000). Ökologische Gefährdungen, Anspruchsinflationen und Exklusionsverkettungen – Niklas Luhmanns Beobachtung der Folgeprobleme funktionaler Differenzierung. In: Ders./U. Volkmann (Hg.). Soziologische Gegenwartsdiagnosen I. Eine Bestandsaufnahme. Opladen: Leske & Budrich, S. 125-142.

Schimank, U. (2005). *Differenzierung und Integration der modernen Gesellschaft: Beitraege zur akteurzentrierten Differenzierungstheorie 1.* Wiesbaden: VS Verlag.

Stichweh, R. (1990). Sport – Ausdifferenzierung, Funktion, Code. *Sportwissenschaft* Vol.20, S. 373-389.

제6장

루만과 여성*

체계이론의 여성학적 수용 가능성에 대하여

김미경 | 광주대학교 사회복지전문대학원

1. 들어가는 말

루만위크의 다른 발표자들과 달리 필자는 루만을 오랫동안 연구한 사람도, 루만 이론에 정통한 사람도 아니다. 석사학위 논문에서는 위르겐 하버마스(Jürgen Habermas)의 '비판' 개념을 마르크스주의적 관점에서 살펴보았고 마르크스주의를 좀 더 제대로 공부하고자 1989년 독일의 좌파도시인 마르부르크(Marburg)로 유학을 떠났다. 유학 시절 빌레펠트 대학교를 중심으로 루만의 체계이론을 공부하는 학생들이 있다는 것을 알게 되었지만, 당시 필자에게 체계이론은 관심의 대상이 되지 못했다. 물론 필자가 유학을 떠난 1989년은 동서로 갈라져 있던 독일이 통일된 해였지만 68세대 학생운동의 전통이 강하게 살아 있던 마르부르크 대학교의 분위기는 여전히 마르크스주의적 좌파 학문이 주를 이루었고 좌파들에게 혁명은 여전히 포기될 수 없는 중요한 가치였다. 이러한 분위기는 대학 때 어설프게나마 학생운동의 맛을 본 필자의 가슴을 뛰게 해주기에

---

* 이 글은 김미경, 「루만 체계이론의 여성학적 수용가능성에 대한 소고」, ≪젠더와 문화≫, 제9권 2호(2016), 241~266쪽 일부 수정·보완한 것이다.

충분했다.

그러나 독일 생활과 함께 시작된 결혼 생활과 아이의 출산은 연구의 관심을 자연스럽게 여성 문제로 옮겨가게 했다. 자본에 억압받는 노동자들의 해방보다도 우선 급했던 것은, 육아와 가사로부터의 해방 없이 필자의 공부가 끝날 것 같지 않았다는 것이다. 자신의 삶조차 설명할 수 없으면서 노동자 해방을 얘기하는 사회학자가 되고 싶지 않았다. 결국 마르크스주의 정치경제학을 공부하려고 준비하다가 마르크스주의 경제학을 비판하는 페미니스 정치경제학을 공부하고 가부장적 노동시장을 성인지적으로 분석하는 학위 논문을 쓰고 귀국했다. 귀국 후 여성 정책을 수립하는 연구기관에 취직하여 일·가족 양립에 관한 정책 등을 만들게 되었고, 성별 노동 분업에 기초한 가부장적 노동 구조를 변화시키고 싶었다.

1983년에 대학에 입학해 사회학을 공부한 이후 이제 만 38년이 지났다. 그리고 유학을 마치고 여성정책연구원을 거쳐 2003년부터 재직했던 대학을 휴직하고 공공기관장으로 여성 정책이 사업화되는 현장에 나와 있다. 정책은 운동이 요구하는 것을 국가가 받아들여 제도화함으로써 우리의 삶을 변화시키는 기반이 된다. 무엇보다도 여성 정책 관련 분야는 2001년 여성부가 생긴 이후 많은 변화가 있었다. 여성운동이 그동안 요구했던 정책들은 제도화되었고 여성의 삶에는 적지 않은 변화가 있었다. 그러나 사회학의 가장 중요한 쟁점인 사회불평등뿐만 아니라 남녀불평등은 우리 사회에서 여전히 사라지지 않았으며, 어쩌면 더욱 공고화되고 있는 느낌이다.

언제부터인지 "좌파 이론이 추구하는 사회정의와 불평등에 대한 문제 제기는 사회 변화를 위한 올바른 방향인데도 왜 사회는 좌파 이론대로 변화하지 않는 것일까"하는 문제로 이동하게 되었다. 그리고 필자의 사고와 삶을 지배해 온 이데올로기가 세상을 변화시키지 않는다는 것쯤은 알 나이가 되어갔다. 그동안 마르크시스트로서, 페미니스트로서 내 자신이 추구하는 이념에 사로잡혀 그것이 옳다는 신념 하나로 살아왔다. 그러나 이 또한 그 많은 이데올로기 중 하나일 뿐이라는 것을 받아들이게 되면서 다시 하버마스적 성찰의 개념에 관심을 갖기 시작했다. 보수든 진보든 우리 모두가 가지고 있는 이념이 상대화 될 수 있다면 좀 더 합리적으로 의사소통할 수 있는 구조가 필요하다고 느낀 것이다. 그즈음 우연히 루만을 만나게 되었다.

루만을 한국 사회학회에 알리고자 루만의 저서를 불철주야로 번역하고 있는 동양대학교 이철 교수님과의 만남을 통해 루만 이론을 접하게 되면서 그동안 했던 질문의 답을 루만에게서 찾을 수 있을 것 같다는 생각이 들기 시작했다. 독일에서도 읽지 않았던 루만을 유학 후 한국에 다시 돌아온 지 18년이 되어가는 즈음에 새로 읽고 공부하기 시작하면서 점차 꺼져가던 사회학에 대한 열정이 다시 살아나고 있음을 느꼈다. 루만의 체계이론은 아직도 너무 어렵고 이해하기 힘든 미지의 세계이지만 그동안 공부했던 여성학[1]과 어떻게 만날 수 있을지에 대한 호기심이 가슴을 다시 뛰게 하고 있다.

2. 이론의 이데올로기성

1) 이론의 순환논증

루만은 모든 이론이 '순환논증'적이라고 비판하고 자신의 이론을, 이론의 이론으로서 거대 이론이라고 명명했다(Luhmann, 1987).[2] 어쩌면 이러한 자신의 이론에 대한 자신감은 이론적 자기도취라고 받아들여질 수도 있을 것이다. 그러나

1 이 장에서는 여성학과 페미니즘을 맥락에 따라 구별 없이 혼용하여 사용하고자 한다.

2 루만은 『사회적 체계(social systems)』 19쪽 이하에서 '거대 이론'에 대해 설명하고 있다. "거대 이론(supertheorien)은 보편주의적 요구들을 가지는 이론들이다(그리고 그 요구는 자신과 그 반대자를 포괄한다)"라고 설명하면서 "예를 들어 진화라는 거대 이론은 다윈과 그 추종자들에 의해 변이와 선택의 차이로 전환되었다"라고 거대 이론의 위상을 설정하고 있다.

그동안 사회학에서도 미시이론보다는 거시이론에 관심을 가지고 사회구조와 사회체계에 대한 분석을 한다고 시도했던 것들이 루만적 의미에서 체계가 어떻게 환경으로부터 분화하여 구조화되는지에 대한 작동 원리를 분석한 것이 아니라 이미 구조화된 체계에 대한 이데올로기적 해석에 그치고 있었다는 것을 인식하게 되었을 때 루만이 체계이론을 이론의 이론인 거대 이론으로서 정립하고자 했던 의도를 조금은 이해할 수 있을 것 같았다.

여성학은 그 어떤 학문보다 사회운동적 관점에서 남녀가 좀 더 평등한 사회로의 변화를 추구해 왔다는 데 강점이 있다. 그러나 남성 중심적 사회를 변화시키고자 하는 많은 노력에도 불구하고 한국 사회의 전근대적인 가부장성은 소멸하지 않고 있다. 그동안 가부장제 이론은 주로 가해자 내지는 지배자 남성 대 피해자 내지는 피지배자 여성을 설정해 놓고 남성 중심적 사회체계의 재생산에 대해 비판해 왔다. 그러나 루만적 개념에 따르면 사회체계에 대한 이러한 접근은 '순환논증'적이다. 후속 소통은 일방적인 지배, 피지배 관계에서만 이루어지지 않는다는 것이다. 즉, 가부장제가 지속되는 이유는 일방적인 지배, 피지배 관계에 의한 강압도 있겠지만 무엇보다도 '후속 소통'이 지속되는 의미체계가 존재하기 때문이라는 것이다. 이는 루만적 개념에서 보면 가부장제하의 지배, 피지배 관계를 밝히는 것 못지않게 가부장제에 침묵하거나 동조하는 각자의 '자기준거적(autopoiesis)' 체계에 대한 이해가 필요함을 의미하는 것이다.[3]

필자는 그동안 하버마스 식의 '양성평등의 당위성'에 대한 합리적 소통의 중요성에 주목해 왔으나 당위론적 주장이 갖는 한계를 느끼게 됨에 따라 루만의

3 필자는 박사학위 논문에서 그동안 여성학에서 여성의 역할을 수동적·피해자적 관점에 집중하여 가부장제 사회를 분석했던 것에서 나아가 여성의 가부장제의 자기동조성(Mittaeterschaft)을 강조하던 독일의 사회주의 페미니스트인 프리가 하우그(Friga Haug)의 입장을 수용하여 한국의 가부장적 성별 분업 구조를 분석을 시도한 바 있으나(Kim, 2000), 귀국 후 이러한 문제의식을 바탕으로 한 후속 연구를 놓쳤다는 생각을 하게 되었다. 물론 루만의 체계이론을 접하게 되면서 이 또한 상당히 순환논증적인 방식의 접근이었음을 알게 되었다.

자기준거 체계의 개념에 대해 우연한 기회에 관심을 갖게 되었다. 하버마스는 현대인들이 소통할 수 있는 '공공의 장'의 필요성을 제기해 왔다. 그 소통의 전제는 모두가 납득할 수 있는 자기주장의 타당성을 요구하는 것이었고, 이러한 하버마스의 의사소통 이론에 따르면 가족은 남녀의 의사소통을 위한 합리적인 장이 되어야 할 것이다(Habermas, 1988). 그러나 진정 가족 안에서 남녀는 원활한 의사소통을 하고 있는가? 많은 페미니스트는 가족이야말로 남성의 권력 아래 남녀 관계가 위계적으로 이루어지는 가장 가부장적인 공간이라고 비판해 왔다.

루만에게는 하버마스 식의 의도된 의사소통은 존재하지 않는다. 왜냐하면 루만에게 심리체계는 알 수 없는 블랙박스(black box)와 같은 것으로 우리 모두는 각자 자기준거적으로 닫힌 체계 안에 존재하기 때문이다(Gripp-Hegelstange, 1995: 83). 정작 우리 자신도 체계의 환경으로만 작용할 뿐인 것이다. 나는 내 말을 내가 뜻한 바대로 상대가 수용할지 말지에 대한 어떠한 영향력을 행사할 수 없다. 나의 역할은 다만 내 의사를 통보하는 것으로 끝나는 것이고, 내가 전달한 정보를 받아들일 것인지 말 것인지는 상대의 몫일 뿐이다.[4] 소통의 속행을 위해서는 필연적인 조건들만 충족되면 되지 '무한한' 본질을 알 필요가 없다는 게 루만의 생각이다. 루만은 개인이 사회를 구성하는 것이 아니라 이러한 소통(Kommunikation)에 의해 사회가 구성된다고 보았다(Gripp-Hegelstange, 1995: 79). 이러한 그의 이론을 구성하기 위해 루만은 유럽의 인식론적 전통에서 개인을 인식하는 주체로 세우는 존재론적 관점을, 관찰함(Beobachten)이라는 순간적으로 발생하고 사라지는 관찰자 개념으로 대체한다. 그리고 관찰자의 외부세계에 대한 인지는 관심 대상에 대한 구별을 통한 지시로 개념화하고, 이를 통해 새롭게 생성되는 것을 동일성(Einheit)이라고 명명한다(Luhmann, 1990b: 523).

이런 맥락에서 볼 때, 우리는 각자 닫힌 체계 안에서 자기만의 의미를 구조화

---

4 여기에서 화자뿐만 아니라 청자도 주체로 세워진다. 따라서 가부장제에서 여성은 제도의 희생자만은 아니다.

하고 있으며, 가부장제 역시 자신의 닫힌 체계 안에 구조화된 의미체계를 가지고 있다. 루만의 인상적인 표현을 빌린다면 "50억의 심리적 체계와 50억의 세계관"이 존재하고 있다(Luhmann, 1990: 54). 따라서 루만은 의사소통을 위해 하버마스처럼 자기주장의 타당성을 요구하는 공공의 장이 필요하다고 생각하지 않는다. 루만은 오히려 자신의 닫힌 체계의 한계를 스스로 성찰하는 관찰자적 시각에 주목한다. 필자가 루만의 인식론에서 주목하는 부분이 바로 이것이다. 즉, 문제는 환경을 선택하는 체계의 가능성에 있다. 이는 다시 말해 환경으로부터 가부장적 사회체계가 선택하여 이루어지는 소통 메커니즘이라고 하겠다. 바로 이 메커니즘을 밝힐 수 있을 때 루만이 지적하는 학문의 이데올로기적 순환논증을 극복할 수 있는, 즉 페미니즘의 가부장제 이해에서 이데올로기성을 극복하고 그것이 재생산되는 후속 소통 메커니즘을 밝힐 수 있게 될 것이다. 따라서 이 논의는 전통적 인식론에서의 판단하는 주체가 아니라 루만적 '관찰자'의 개념으로 체계가 환경에 접근하는 체계/환경-차이 이론적 방법론을 페미니즘 인식론에서 수용할 수 있을지 그 가능성에 대해 타진해 보고자 한다(Maturana,1995; 노진철, 2000).

2) 페미니즘의 이데올로기성

체계/환경-차이 이론의 페미니즘적 수용 가능성을 살펴보기에 앞서 "페미니즘은 이데올로기적인가?"라는 질문을 먼저 제기해 보고자 한다. 이는 페미니즘을 처음 공부하고자 할 때 누구나 거쳐야 할 가장 기본적인 인식론적인 질문이다. 페미니즘 입장론의 주장과 같이 여성주의적 당파성 없이 페미니즘은 존재할 수 없다. 페미니즘 인식론은 주류 학문의 남성 중심성, 이분법적 사고와 객관성, 가치중립성, 보편적 진리와 같은 실증주의적 패러다임에 대한 비판에서 출발한다.[5] 또한 지식생산 과정에서의 남성 중심적 권력관계를 비판하고서 연구자와 연구 대상자의 탈위계화 된 관계를 강조해 왔다. 무엇보다도 페미니즘 인식론은 연구 방법과 연구 과정에 대한 성찰에 근거하여 맥락적·상황적 이해를 강조해 왔다. 이러한 이론들을 통해 페미니즘은 여성의 목소리와 여성의 경험을 통해 지식을 재구성해 왔으며 성별화 된 사회에서 젠더체계의 영향력을 인지함으로써 궁극적으로 성 평등한 사회로의 정치적 변화를 지향해 왔다(이재경, 2016).

가부장제의 남녀불평등 체계를 비판해 온 페미니즘의 이데올로기성을 대표하는 이론으로는 크게 급진주의 페미니즘, 자유주의 페미니즘, 마르크스주의 페미니즘, 사회주의 페미니즘, 에코 페미니즘 그리고 포스트모던 페미니즘으로 구분해 볼 수 있다(김미경, 2012). 남성의 여성에 대한 억압의 기원을 모성 이데올로기에 기인하는 것으로 보는 급진주의 페미니즘은 여성들에게 모성권 포기 전략을 주장했다. 여성이 생물학적 모성권을 포기할 때 남성과 진정한 경쟁이 가능하다고 보기에 이들은 급진주의적 성향을 띤다. 이 급진주의적 페미니즘은 '모든 사적인 것의 정치화'를 주장하면서 여성운동의 확산에 중요한 계기를 제공하고 이후 에코 페미니즘의 중요한 이론적 토대를 이루었다. 그러나 여성의 생물학적 출산권의 포기를 주장하는 이데올로기적 성향은 가부장 체계를 변화시키는 데 일정한 한계를 지니고 있음이 분명하다. 생물학적 출산권을 포기하지 않은 여성들의 더 많은 그동안의 경험적 사례는 루만이 이야기하는 후속의사소통이론의 유용성에 대한 관심을 유발시키기에 충분하다.

또한 봉건사회가 해체되는 과정에서 남성과 동등한 교육권과 정치권, 경제권 획득을 통한 근대사회로의 진입을 주장하는 자유주의 페미니즘은 급진적 페미니즘처럼 여성의 생물학적 권리조차 포기하면서 가부장적 사회를 근본적으로 바꾸기보다는 남성과 동등하게 권력을 나누고자 하는 '끼어들기' 전략을 선택했다. '끼어들기' 전략의 한계에도 불구하고 자유주의적 여성운동은 봉건적 여성의 종속 관계를 벗어나는 데 가장 큰 파급력을 끼쳤으며 지금까지도 여성운동의

5 이에 대한 좀 더 자세한 논의는 김미경, 「보편복지로서 여성복지를 위한 방법론적 접근」, 『여성노동 시대』(도서출판 나눔의 집, 2012)를 참고하길 바란다.

기초적인 전략을 제공하고 있다.

생산력의 발전에 따른 생산관계의 모순에서 인간관계의 불평등을 설명하는 마르크스주의는 남녀불평등 역시 사적 소유의 발전에서 기원하는 것으로 보고 여성들도 자본주의 사회에서 남성과 함께 자본에 저항해야 한다는 프롤레타리아화 전략을 제시했다. 마르크스주의 페미니즘은 여성의 경제 참여를 비롯한 진보적 여성운동에 지대한 영향을 미쳤으나 많은 비판 역시 받았다. 가족 안에서의 가부장적 성별 분업이 해체되지 않은 상태에서 여성들의 경제활동 증가는 이중의 노동 부담만을 가져오기 때문이다. 또한 여성들은 경제의 비공식 부문에서 공식 부문으로 이동하여 경제활동에 참가하게 되어도 주로 불안정 노동을 수행하고 낮은 임금에 시달리는 2차 노동시장에서 남성보다 낮은 대우를 받고 있다는 인식에 이르게 된다(Kim, 2000).

따라서 사회주의 페미니즘은 여성의 이중 노동 부담의 문제에 주목하고서 가부장적 자본주의를 비판하고 노동하는 여성의 사적 경험에 집중한다. 독일의 경우 사회주의 페미니스트들은 공장 여성노동자의 일과 가정 양립의 문제에 대한 생애사 연구를 통해 일·가족 양립 정책을 제안하고 가부장적 자본주의의 성별 분업 구조를 해체하기 위한 전략들을 제시해 왔다.

에코 페미니즘은 사냥하는 남성과 채집하는 여성이라는 원시시대의 성별 분업이 어떻게 계승 유지되어 왔는지 남녀불평등의 기원을 성별 노동 분업에서 찾는다. 현재 자본주의의 환경 파괴적인 생산성을 남성주의적인 것으로 인식하고 여성의 재생산 능력에서 자본주의를 대체할 수 있는 새로운 가능성을 찾음으로써 현재의 소비적 자본주의의 문제점들을 지적해 왔으나 남녀의 이분법적 대결 구도에서 벗어나지 못하고 있는 한계를 여전히 노정하고 있다.

마지막으로 포스트모던 페미니즘은 일체의 근대성을 거부하고 근대를 해체하고자 하는 전략을 제시한다. 그런 맥락에서 이전의 급진주의 페미니즘, 자유주의적 페미니즘, 마르크스주의 페미니즘, 사회주의 페미니즘, 에코 페미니즘 등 근대성에 기초한 일체의 이론들과 거리 두기를 한다.

이 모든 여성주의적 이론은 이론의 진보성에서 서로 조금씩 차이가 있지만 남녀불평등 체계에 문제 제기를 하고서, 좀 더 평등한 사회를 지향하고자 하는 목표를 가지고 있다는 점에서 이데올로기적인 공통점들을 가지고 있다. 각 이론들은 역사성을 가지고 각자 다른 시대적 배경 속에서 탄생했지만 오늘날까지 여성운동에 유용한 전략을 제공하고 있다. 그러나 가부장제라는 이미 존재하고 있는 체계에 대한 이데올로기적 비판이 주를 이루고 이 체계가 어떻게 소통되어 지속적으로 후속 작동되고 있는지에 대한 설명은 명쾌하게 제시하지 못하고 있는 것이 사실이다.

3. 여성학의 체계이론 수용을 위한 인식론적 논의

1) 루만의 페미니즘에 대한 문제 제기

루만은 실제로 페미니즘이 이론적이고 논리적인 조건들을 충분히 성찰하지 못한다고 비판했다(Luhmann, 2003). 페미니즘은 자기성찰의 부재로 인해 분석과 연구, 논증의 구조화가 아닌 이데올로기적으로 물든 행동주의의 자기준거(Selbstreferenz)만이 무성할 뿐이라는 것이다. 사회운동으로서 여성 이론은 이론적·방법론적으로 충분한 근거의 계획(Konzept)도, 세분화되고 정교한 개념(Begrifflichkeit)도 없이 선동만 할 뿐이라고 비판하면서 페미니즘은 이론적으로 자기성찰(Selbstreflixion)이 필요하다고 제안했다. 즉, 여기서 이론적 자기성찰이라 함은 페미니즘이 관찰자로서 한계가 있음을 지적하고 2차 등급 관찰자적 관점에 머물 것을 제안하는 것이라고 할 수 있다. 1차 등급 관찰이 '무엇이 … 유형이냐'라는 질문에서 비롯된다면 2차 등급 관찰자에게는 '어떻게 … 그 유형이 발생하느냐'라는 질문이 근본적이다(Gripp-Hegelstange, 1995: 90).[6] 이와 유사하게 루만은 윤리학에 대해서도 비판한다. 윤리학이 근대사회에서 도덕이 담당하고 있는 실제적 기능을 분석하기보다 스스로 도덕화 되어버렸다는 것이다.

루만에게 2차 등급 관찰자란 "… 해야 한다"는 당위를 강조하는 이데올로기성을 배제하고 체계가 환경과의 관계에서 구성되는 작동 원리를 구별과 지시의 개념을 통해 관찰하는 데 그 역할이 한정되어 있다. 따라서 2차 등급 관찰자 역할의 관점에서 운동성은 배제될 수밖에 없다. 이는 다시 말해 페미니즘은 그 운동론적 성격으로 인해 이론으로서 2차 등급 관찰자적 역할을 충분히 수행하고 있지 못하다는 것이다. 그 근거로서 루만은 여성학이 객체 차원과 거시 차원을 엄밀하게 구분하지 않고, 예를 들어 평등을 주장할 때 남성과 여성이라는 객체 차원의 평등을 선동하는데 이 역설(Paradoxie)은 평등을 요구하면서 남녀의 차이(Unterscheidung)를 그 근거로 든다(Nassehi, 2003: 86). 즉, 여성운동사에서 시몬느 보바르가 '여자로 태어나는 것이 아니라 만들어진다"는 유명한 명제를 남기면서 여성이 남성과 같은 주체로 서야 함을 강조했고, 이리가레이는 차이를 인정하는 평등을 주장했다. 물론 체계이론은 이러한 페미니즘이론의 역사적 발전 과정에 대해서는 충분히 고려하지 않는 한계가 있음이 분명하지만 루만에게 차이를 만드는 구별은 인식의 출발이라는 점에서 인식론적 전제가 페미니즘과는 완전히 다르다. 루만에게 성은 페미니스들의 주장처럼 사회구조적 구성물이 아니며, 성차는 인식의 전제인 구별의 결과일 뿐이라고 본다.[7] 즉, 루만은 구별 없이 인식 자체가 불가능하기 때문이다.

바로 이 지점에서 루만의 '역설(Pradoxie)'이라는 개념이 중요해진다. 관찰자가 구별과 지시를 통해 이쪽 면을 선택하는 순간, 선택되지 않은 저쪽 면의 존재가 바로 역설에 해당한다. 즉, 여성학은 1차 등급 관찰자로서 가부장제의 불평등이

---

6 1차 등급 관찰자가 보지 못하는 '하버마스와의 인식론 논쟁에서 루만은 다른 관찰자의 관찰 방식의 맹점'을 볼 수 있는 장점을 가지고 있는 2차 등급 관찰자를 빗대어 "나는 네가 보지 못하는 것을 본다(Ich sehe was, Du nicht was siehst)"라는 글을 남겼다(정성훈, 2009: 238).

7 "Geschlecht ist für die Gesellschaft keine Strukturkategorie, die Geschlechtdifferenz ist eine Unterscheidung, die einen Unterschied macht"(Luhmann, 1988).

라는 관찰 가능한 선택된 '이쪽 면'만이 아니라, 2차 등급 관찰자로서 구별에 의해 차이가 생긴 선택되지 않은 관찰 불가능한 '저쪽 면'의 가능성에 대해 동시에 통찰해야 한다는 것이 루만의 생각이다. 그 근거로 루만은 사회구조와 관련해 사회 진화는 왜 비대칭성이 잘 기능하는지를 보여준다고 지적한다. 전근대 사회에서 남녀 차이는 계층적 위계에 상응하게 비대칭적으로 재생산되었고 이는 근대사회의 기능적 분화에 의해 해체됨으로써 의미의 구조 변동이 이루어졌다. 사랑의 경우, 신분적·계층적 장벽을 넘어선 열정적 사랑이 결혼을 통해 낭만적 사랑으로 안정화되는 과정을 설명함으로써 사랑의 의미론 변화와 사회구조 변동의 관계를 해명하려고 시도했다(Luhmann, 1982).

루만은 사람(Person)의 문제가 아닌 사안의 문제(Sachproblem)이며 사실 선택이 문제의 관건이라는 것을 주장하면서, 예를 들어 정치적으로 정부나 야당, 기능과 역할 등이 중요하지 이 주제에서 남자 또는 여자라는 성이 중요하지 않다고 지적한다.[8] 그러나 루만의 이러한 시각은 근대의 기능적으로 분화된 사회에서의 남녀 성차의 중요성을 간과하고 있다는 비판을 피할 수 없음에는 분명하다(Grizelj 2012, 342). 사실 루만은 후기에 포함·배제의 메타코드에 의한 탈분화 현상에 주목하고, 분화와 사회구조 그리고 성차의 체계적 상호 관련성에 대한 연구가 필요하다고 제안했으나 이 부분에 대해 그동안 젠더 연구의 이론적·개념적 기여를 무시하고 페미니즘의 이데올로기성에만 주목하고 있는 한계는 여전히 갖는다.

물론 루만이 여성학 이론이 그동안 이룬 성과를 지나치게 과소평가하고 있음에 분명하나 여성학이 운동성을 띤 이데올로기적 성향이 강하다는 사실 또한 부

8 필자는 『현대성과 홀로코스트(Modernity and the Holocaust)』라는 유태계 폴란드 사회학자 바우만(Zygmunt Bauman)의 책을 읽으며, 홀로코스트가 독일이라는 나라의 특수성에서 기인한 것이 아니라 현대성 속에 내제되어 있는 인종주의의 결과이고, 아직까지 끝나지 않은 우리 모두의 문제라는 메시지를 상기하며, 홀로코스트는 '사람이 아니라 사안이 문제이다'라는 루만의 명제를 떠올리게 되었다.

인할 수 없을 것이다. 여성학이 1차 등급 관찰자로서만 머물 때 가부장적 구조의 많은 것을 놓치게 되므로 2차 등급 관찰자로서의 역할을 수행해야 한다는 루만의 지적을 수용하는 것은 앞으로 페미니즘의 발전을 위해 매우 유용하다고 생각된다. 루만의 페미니즘 비판의 핵심은 이론(여성학)의 자기성찰 부재에 있다고 할 수 있다. 이미 앞서 언급했듯이 루만에 따르면 페미니즘은 2차 등급 관찰자적 관점의 부재로 '어떤 것'을 관찰하는 데 몰두함으로써 '어떻게 보는가'를 관찰하지 못하고 있다. 1차 등급 관찰자가 진리와 비진리를 구별할 때, 2차 등급 관찰자는 1차 등급 관찰자가 어떤 기준으로 구별하는지를 보기 때문이다(이철, 2013).

루만에게 학문체계의 시대적 과제는 사회구조의 변화에 둔감한 '의미론의 지체 문제'를 해결하는 것이며, 필자가 주목하는 점도 바로 이 부분이라고 하겠다. 그렇다면 페미니즘이 사회구조의 변화를 보지 못하는 어떤 의미론적 지체 문제를 가지고 있는 것일까? 페미니즘은 자신을 스스로 관찰하는 2차 등급 관찰자적 인식론이 진정 부재한 것일까? 이 문제에 답하기 전에 루만과 페미니즘에서 '성찰'의 의미를 먼저 살펴볼 필요가 있다.

2) 루만과 페미니즘에서 성찰의 개념

루만에게 성찰은 한마디로 '체계와 환경의 차이를 관찰'하는 행위를 의미한다고 할 수 있다. 바로 이 지점에 이념적 성격은 끼어들 여지가 전혀 없다. 따라서 성찰을 행위자의 의도된 이성 작용으로 보는 비판 이론과는 분명 차이가 있다. 페미니즘에서 성찰의 개념은 비판사회학 전통의 사회주의적 여성운동의 영향을 받아 발전했는데, 여성운동에서 성찰의 개념을 중시하는 독일의 여성 사회학자인 크납(G. A. Knapp)은 공장 여성노동자에 대한 심층 연구를 통해 주로 여성의 자의식에 대한 연구를 했다. 그녀는 여성학 연구자의 방법론에서 성찰의 중요성을 강조한다. 여기에서 성찰은 연구자가 연구 대상을 계몽하는 것이 아니라 공감할 수 있는 능력이라고 말한다(Knapp, 1987).

그러나 루만에 따르면 여성학의 가부장적 남녀불평등 구조에 대한 관찰은 앞서 논의한 바 있듯, 1차 등급 관찰자적 입장에 머무는 것이다. 즉, '무엇이 문제인가'에만 집중함으로써 '어떻게 작동하는가'를 놓치고 있다. 성찰 개념에 대한 비판사회학적 전통과 루만의 차이는 기본적으로 이러한 인식론적 입장에 기인한다. 비판사회학에서는 성찰의 주체에 대한 인식, 즉 주체론적 성향이 강한 반면, 루만은 주체와 객체를 상정하는 서구의 전통인식론을 거부하고 자기준거적 체계를 성찰하는 관찰자적 관점을 제시함으로써 '체계/환경-차이' 이론으로의 체계이론의 패러다임 전환을 요구한다(Luhmann, 1987). 따라서 '구유럽적' 인식론에 익숙한 사회학도에게 루만의 개념은 매우 생소할 뿐만 아니라 난해하다. 더군다나 루만의 인식론은 사회학자보다는 물리학자, 생물학자, 수학자에 의존하고 있기에 더욱 그렇다.

루만은 '의미를 지니는 주체'를 배제하고 이성이나 진리에 대해 회의하며, 체계는 환경과의 관계 속에서만 구성되는 것으로 보는 구성주의적 관점을 가지고 있기에 기존의 비판사회학적 전통의 '성찰' 개념을 벗어나지 않고서는 루만을 이해하기 쉽지 않다. 루만이 '구유럽적 인식론'이라고 부르는 그동안의 사회학적 인식론의 전통에서는 인식하는 주체가 무엇보다 중요하다. 그러나 루만에게는 인식하는 주체는 없고 구별-지시하는 관찰자만이 있기 때문에 "세계를 상이한 관찰자들에 의해 분화된 통일성(Einheit)으로 파악하며, 상이한 관찰자들이 공존"하고 있는 것으로 본다(노진철, 2000). 따라서 루만에게 회귀적(rekursiv) 성찰성[9]이란 관찰자가 자기 스스로를 관찰하는 과정을 얘기하는 것이다.[10] 그렇기

---

9 그동안 'rekursiv'를 '재귀적'으로 번역해 왔는데, 『사회적 체계들』이 번역되어 출간된 뒤 'reflexiv'를 재귀적으로, 'reflexivitaet'는 재귀성으로, 'rekursiv'는 회귀적으로 번역되고 있다.

10 따라서 루만은 2차 등급 관찰자는 첫째, 관찰과 지시를 통해 체계의 기초 단위를 이루는 동일성(Einheit)이 우연적으로 생성된다는 점을 볼 수 있고, 둘째, 1차 등급 관찰자의 관찰 방식의 맹점을 볼 수 있다고 지적한다. 그러나 2차 등급 관찰자가 1차 등급 관찰자보다 더 많은 것을

때문에 루만의 체계/환경-차이 이론적 관점으로 보았을 때 페미니즘은 자신의 체계와 그 환경을 관찰하는 2차 등급 관찰자적 관점이 부재한 것이다. 루만은 페미니즘을 포함한 모든 이론의 2차 등급 관찰자적 성찰의 부재를 지적한다. 따라서 루만의 체계이론에서의 '성찰' 개념은 기존의 사회학적 전통에서 사용되는 자기반성적 의미의 성찰 개념으로 접근했을 때 오해가 생길 수밖에 없다. 그러므로 루만의 인식론에서는 기존의 사회학적 전통에서 사용하는 재귀적 성찰의 개념보다 회귀적 성찰의 개념이 더 적합할 것으로 보인다.[11]

4. 루만의 체계/환경-차이 이론에 대한 여성주의적 수용 가능성

루만의 페미니즘에 대한 이해 부족과 체계이론의 여성학 수용 가능성에 대한 여성학자들의 부정적인 견해에도 불구하고(Becker-Schmidt, 1995), 페미니즘의 이데올로기성과 의미 지체에 대한 체계이론적 문제 제기를 수용하는 것이 여성학의 발전을 위해 필요하다고 생각한다. 2000년 이후 젠더 연구 역시 체계이론을 수용하고자 하는 시도가 이루어져 왔다. 성차는 어디서 기인하는가? 기능적으로 분화된 사회에서 성차가 중요하게 작동하는 영역은 어디인가? 가부장제의 자기준거적 닫힌 체계가 환경에 대한 어떤 우연적 선택을 하는가? 이것을 관찰하는 것이 페미니즘의 2차 등급 관찰자로서의 역할이라고 체계이론을 바탕으로 젠더 연구를 하는 학자들은 주장한다(Pasero, U. Weinbach, C.(Hg.), 2003).

가부장제에 대한 많은 문제 제기에도 왜 가부장제는 여전히 우리 사회의 하나의 체계로서 건재하는 것일까? 이것이 아마도 많은 여성학자가 고민하는 문

볼 수 있다고 해서 더 나은 지식을 생산하는 것은 아니라고 했다(Gripp-Hegelstange, 1995: 90~91).

11 '회귀적 성찰'은 관찰자가 자신인 체계와 타자인 환경의 '차이'를 관찰하는 것이고, 재귀적 재귀성은 관찰자가 과거 자신의 관찰 내용을 현재의 관찰에 적용하는 것이다.

제의식일 것이다. 순환논증은 체계의 작동 원리를 설명하지 못하고 이미 존재하는 체계의 의미와 구조만을 이데올로기적으로 해석하기 때문에 이 한계를 벗어나기 위해서는 루만식으로 체계의 작동 원리를 분석하려는 시도가 이루어져야 할 것으로 보인다. 즉, "가부장적 체계와 환경을 구별하면서 환경으로부터 체계 자신을 구별해 내는 작동"을 관찰하는 2차 등급 관찰자적 역할을 여성학이 해내야 할 것이다, 그러기 위해서는 다음에 대한 연구가 이루어져야 한다. "가부장적 체계는 자신의 환경에 대해 어떻게 이항적 선택을 하는가?"

그동안 여성학은 가부장제에 침묵하거나 동조하는 가부장체계의 '저쪽 면'에 대한 분석에 무관심한 것은 아니었을까? 가부장제의 이항대립에 대한 동시적 이해가 가부장제의 체계 분석이 되어야 할 것이라는 문제의식이 아직은 루만 이론에 정통하지 못한 필자가 이 글을 쓰도록 용기를 내게 했다. 그동안 페미니스트들의 가부장제 분석의 핵심이 되어왔던 가부장제에 대한 이데올로기적 비판에서 벗어나 가부장제의 닫힌 체계 안에서 자기만의 의미 구조를 분석하는 것이 앞으로는 좀 더 핵심이 되어야 하지 않나 하는 생각이 들었다.

루만 이론이 궁극적인 토대로 삼고 있는 것은 '작동'밖에 없기 때문에 전통적 의미의 주체 자리에 경험적으로 관찰될 수 있고 작동상 닫힌 자기준거적 체계가 들어서게 된다(Gripp-Hegelstange, 1995: 34). 그러나 가부장적 체계의 작동 구조를 분석하는 데에는 무엇보다 '체계 요소'에 대한 이해가 선행되어야 한다. 가부장적 젠더체계는 가부장적 체계 요소로 구성되어 있다. 그 대표적인 예로 가부장제를 구성하는 중요한 체계 요소로는 모성 이데올로기, 성별 노동분업, 가부장적 폭력 등을 들 수 있겠다. 물론 모성 이데올로기, 성별 노동분업, 가부장적 폭력 역시 스스로도 하나의 체계를 구성하고 있지만, 여기에서는 모성 이데올로기, 성별 분업, 가부장적 폭력을 자기준거적 젠더체계를 구성하는 가부장제의 체계 요소로 보고 이것들이 어떤 구조적 연동을 가지고 작동하는지를 살펴보고자 한다.

1) 가부장제의 체계 요소와 체계 요소의 조건화

루만은 저서 『사회적 체계』에서 "체계의 요소는 체계를 통해서만 요소가 된다"고 주장한다. 예컨대 젠더체계의 핵심 개념인 모성 이데올로기나 성별 분업, 가부장적 폭력들은 자기생산적 체계의 요소들이며 또한 체계 내에서 재생산되면서 가부장적 체계를 지탱하는 코드를 결정하는 원리로 작동한다. 루만에 따르면 "체계는 최소한 요소들 사이의 관계들의 집합이어야 하고 이를 규제하는 조건화로 인해 복잡성이 높아진다"고 보았다. 루만은 요소들의 단순한 합을 체계라 보지 않으며 "요소들 사이의 관계를 규제하는 조건"에 주목한다. 그러나 그것은 우연성(Kontingenz)에 의해 발현된다. 그렇다면 가부장제의 핵심 요소들 간의 관계를 규제하는 '우연적' 조건은 무엇인가?

루만은 체계 요소를 이루는 사건으로 체험, 행위, 의사소통을 들고 있으며 이들 사이의 시간화 된 복합성(노진철, 2000)에 주목한다. 현상학적 의미의 사건들의 연결은 체험과 행위에 관련된 실현 가능성의 지시 연관을 나타내는데, 어떤 사건이 의미를 갖는다는 것은 연결할 수 있는 가능성 중 하나가 현실화된 추후 사건으로서 선택된 것으로, 루만적 개념에 따르면 구별-선택 과정에서의 정보, 통보, 이해를 통해 나타나게 된다. 루만은 "이해는 오직 특별한 구별, 말하자면 체계와 환경을 구별하고 이 구별 안에서 폐쇄적이며 자기준거적으로 재생산된 의미를 투사할 때만 나타난다"고 보았다(Luhmann, 1987: 112). 따라서 사회체계는 이러한 의사소통으로 이루어진 의미체계인 것이다.

루만은 "체계 형성의 복잡성은 복잡성 환원을 통해, 그리고 이 환원을 선택적으로 조건화하는 것을 통해 비로소 형성되며, 유일하게 그것을 통해서만 요소로서 기능하는 것의 지속이 체계 형성의 자기재생산과 맞추어질 수 있다"고 보며 이것이 지속적으로 일어나는 과정을 진화라 한다(Luhmann, 1987: 48). 여기에서 흥미로운 것은 "의사소통하거나 행위를 하는 인간이 의식을 가지고 있어야 하지만, 의식적 행위의 결과인 사회적 사건은 행위자들의 의식 작용으로 환원될 수 없다"는 것이다(Luhmann, 1987). 그 결과 루만은 사회체계에 대한 분석에서 심리체계를 제외시킨다. 즉, 모성 이데올로기나 성별 분업, 가부장적 폭력과 같은 가부장적 젠더체계의 요소들은 인간에 의해 시간화 된 복합성 속에서 체험과 행위, 의사소통을 통해 이루어지는 의식적 작용이지만, 이들 요소가 사회적 사실이 되는 순간 이는 행위자의 의식 차원으로 환원할 수는 없는 자기준거적 체계를 갖게 됨을 의미한다.

우리 모두는 사회화 과정을 통해 남자, 여자로서의 성정체성을 갖게 되며 시간화 된 복합성 속에서 체험과 행위, 의사소통을 통해 모성 이데올로기나 성별 분업, 가부장적 폭력과 같은 가부장적 젠더체계의 요소를 구성하고 있지만, 이들 요소는 사회적 사실이 되는 순간 우리의 의식 차원으로 환원할 수 없는 자기작동 구조를 갖춘 체계의 요소가 된다. 여기서 대부분의 개인은 작동하는 1차 등급 관찰자에 머물 뿐이지 이를 관찰하는 2차 등급 관찰자로까지 나아가지 못한다. 그래서 루만은 사회학이 바로 이러한 2차 등급 관찰자의 역할을 수행해야 한다고 주장한다. 그리고 그 관찰은 이데올로기적인 개입이 아니라 체계의 작동 원리를 파악하는 것이어야 한다. 이러한 맥락에서 여성학 역시 2차 등급 관찰자로서의 역할을 수행해야 한다는 것이다.

루만에게 의사소통을 매개하는 것은 사랑, 권력, 화폐, 진리다(Luhmann, 1987). 그리고 이 네 가지 매체를 통해 사회에는 친밀체계, 정치체계, 경제체계, 과학체계가 생성되었다고 보았다. 이는 결국 젠더체계의 소통 매체이기도 하다. 왜냐하면 젠더체계는 친밀체계, 정치체계, 경제체계, 과학체계 전반에 걸쳐 소통되기 때문이다.[12] 즉, 친밀체계의 체계 요소로서 가족 관계 안에서의 모성 이데올로기는 사랑을 매체로 소통되며 성별 분업은 가부장적 경제체계 안에서 화폐를 매체로, 가부장적 폭력은 권력을 매체로 소통된다. 같은 맥락에서 페미니즘은

12 따라서 필자는 친밀체계, 정치체계, 경제체계, 과학체계를 젠더체계를 구성하는 체계 요소로 보고자 한다.

과학으로서 진리를 매체로 소통한다. 따라서 진리, 비진리의 이항 구조 안에서 소통하는 페미니즘은 젠더체계를 구성하는 요소에 대해 옳고 그름의 가치판단으로 모성 이데올로기와 성별 분업, 가부장적 폭력을 분석하는 1차 관찰자의 역할을 하는 것이다. 그러나 여성학은 이러한 젠더체계 내 각 체계 요소들이 어떤 대상으로부터 자신을 구별해 내는 작동을 통해 생성·유지되는지를 관찰하는 2차 등급 관찰자의 역할에 주목할 필요가 있다.

2) 차이 이론의 페미니즘에의 시사점

정치체계를 예로 들어 설명하자면 정치체계는 매체, 코드, 기능을 가진 자기생산체계로서, 정치체계에서 권력은 억압 수단이 아니라 소통을 위한 매체일 뿐이라는 것이 루만의 주장이다. 커뮤니케이션의 기술화를 위해 매체는 코드화되어야 하는데 정치체계의 권력 매체는 권력 우세/권력 열세라는 코드에 근거한다. 따라서 가부장적 폭력은 젠더체계의 권력 매체의 권력 우세/권력 열세라는 코드화 결과 안에서 구별-선택 과정에서의 정보, 통보, 이해를 통해 이루어진 소통의 결과로서 작동하며 자기준거적 자기생산체계로서 젠더체계의 요소를 이룬다 하겠다. 사실 권력 자체에 대해 옳고 그름의 가치판단을 내릴 수는 없다. 권력을 매체로 하는 정치체계는 사회를 구성하는 중요한 체계이기 때문이다. 그동안 사회학은 권력이 한 사회와 문화에서 어떠한 이데올로기적 기능을 하는가의 분석에 주로 몰두해 온 것이 사실이다. 페미니즘 역시 젠더체계 내 가부장적 권력의 이데올로기적 기능 분석에 주로 관심을 가져왔다.

루만은 이데올로기적 기능에 대한 담론 분석에 앞서 체계의 매체와 코드를 통한 작동 원리가 먼저 이해되어야 한다고 말한다. 이를 위해서는 그동안 학문이 표방해 오던 학문의 우월성에 대한 관념에서 벗어나야 한다고 지적한다(서영조, 2000). 루만이 학문의 이데올로기성을 비판하는 이유는 오늘날 사회의 성격이 근본적으로 변화했음에도 사회이론들이 옛 설명 개념을 그대로 사용하고 있기 때문이다. 앞서 언급했듯이 사회의 성격이 바뀌면 그것을 설명하는 개념도 바뀌어야 하는 학문의 패러다임 전환이 필요하다는 것이다. 루만이 보기에 그동안의 학문은 정치를 "사회의 구성적 본질"로 파악하는 오랜 유럽적 전통에 기반하고 있다. 루만은 오랜 유럽적 전통은 사회의 성격이 근본적으로 바뀌었기에 낡았다고 본다. 오늘날의 사회는 기능적으로 분화된 독자적인 기능체계들로 구성되어 있기에 과거의 사회와 근본적으로 다르다. 이 때문에 루만은 정치도 '새롭게' 인식되지 않으면 안 된다고 주장한다. 루만에 의하면 정치는 기능적으로 분화된 사회 속의 한 특별한 영역일 뿐이다. 그렇기 때문에 페미니즘의 정치동학 역시 달라져야 한다고 본 것이다. 루만은 오늘날의 정치를 올바로 이해하기 위해서는 전통적인 '정치적 사회'의 관념으로부터 벗어나 '사회의 정치'라는 관념으로 옮겨가야 한고 주장한다. 사회의 정치라는 관념은 한마디로 전통적으로 정치에 요구되어온 윤리적 책임성과 기능적 우위성을 전면적으로 부정하는 것이다(서영조, 2000: 266) 사회의 정치는 이러한 맥락에서 그동안 페미니즘 정치동학이 수행해 온 가부장제 사회에 대한 윤리적 책임성과 기능적 우위성을 내려놓기를 요구하고 나선 것이라 하겠다.

루만은 "권력은 권력 종속자의 복종 의향에 의해 비로소 생성되는 것이 아닌지를" 검토해야 한다고 말한다(Luhmann, 2000: 27). 페미니즘이 차이 이론을 수용할 가능성은 바로 이러한 가부장적 젠더체계의 역설에 대한 주목에 달려 있다. 그동안 페미니즘은 젠더체계의 '이쪽 면'의 구조에 대해 이데올로기적으로 주목함으로써 '저쪽 면'의 존재에 대해 간과해 온 면이 없지 않기 때문이다. 차이 없이는 인식 작용 자체가 일어날 수 없다는 루만 차이 이론의 인식론적 전제의 수용으로부터 남녀의 차이에 기초한 가부장적 젠더체계의 소통 메커니즘에 대한 관찰이 가능해질 것이다. 가부장적 사회구조에 대한 이해는 젠더 관계의 역설, 즉 가족 안에서 사랑을 매체로 한 모성 이데올로기에 내포된 역설과 화폐를 매체로 한 성별 분업 구조의 역설, 그리고 권력을 매체로 한 가부장적 폭력의 역설에 대한 연구가 이루어져야 할 것이다. 이는 각 체계의 기능적 등가성에 대한 연구를 통해 가능할 것이며 가부장성에 반하는 반가부장성, 즉 좀 더 평등한 젠더 체계로의 체계 요소들의 재구성을 위해 필요한 작업이 아닐 수 없다. 여성학이 그동안 취해온 이데올로기성을 극복하고 젠더체계의 작동 원리를 이해하기 위해서는 이 기능적 등가성에 주목해야 할 것이다. 즉, 모성 이데올로기는 남성의 강요라는 '이쪽 면'과 여성의 수용이라는 '저쪽 면'을 동시에 가지고 있다. 또한 성별 분업과 가부장적 폭력 역시 같은 이항대립 구조 안에서 작동하고 있는 것이다.

루만은 비교적 뒤늦게나마 기능적 분화의 침식, 즉 탈분화에 주목하고 있다. 예를 들어 사랑의 영역인 친밀 관계가 공공화 됨으로써 돈과 권력, 진리 등이 사랑의 이유가 되는 경우에 주목했다. 그리고 루만은 이를 현대성의 위기로 파악한다. 이는 하버마스에게 '체계의 생활세계 식민화' 개념에 해당한다고 하겠는데, 루만은 이를 포함/배제 메타코드가 기능체계의 코드를 무력화시키고 있는 것으로 파악한다. 이는 포함되기 위해 불법이 용인되고 진리가 금전화 되는 현대사회의 경향을 반영한 것이다(정성훈, 2011). 따라서 여성학이 루만의 차이 이론을 수용하기 위해서는 가부장적 젠더체계의 이항코드로서 반가부장적 젠더체계의 구조화 가능성에 대한 연구가 필요하다. 더불어 메타코드가 기능체계의 코드를 무력화시키는 구조의 관찰에 대한 연구 역시 이루어질 필요가 있으며, 이는 필자의 향후 연구 과제로 남는다.

참고문헌

김미경. (2012). 『여성노동 시대』, 나눔의 집.

노진철. (2000). 「루만의 자기준거적 체계이론과 성찰적 현실진단」. ≪과학사상≫, 35, 195~218쪽.

이재경. (2016.6.18). 한국여성학회 춘계학술대회 자료집 발표문.

이철. (2013). 「(작동하는) 사회의 (관찰하는) 사회」. ≪한국사회학≫ 47(5), 35~71쪽.

서영조. (2000). 「니클라스 루만의 윤리학 비판과 도덕의 기능 분석」. ≪현상과인식≫, 24(3), 65~86쪽.

정성훈. (2009). 「루만과 하버마스의 대립구도에 대한 하나의 이해」. ≪진보평론≫, 6, 237~259쪽.

Becker-Schmidt, R. (1995). "Homo-Morphismus. Autopoietische Systeme und gesellschaftliche Rationalisierung." in: Aulenbacher, B., Siegel, T. (Hg.). *Diese Welt wird völlig anders sein. Denkmuster der Rationalisierung*. Pfaffenweiler: Centaurus-Verlagsgesellschaft, pp.99~119.

Gripp-Hegelstange, H. 1995. *Niklas·Luhmann - Eine erkenntnistheoretische Einfuehrung*. Muenchen: Wilhelm Fink.

Jahraus, O. and A. Nassehi. (2012). *Luhmann Handbuch - Leben-Werk-Wirkung*. Stuttgart·Weimar: J.B.Metzler.

Habermas, J. (1988). *Theorie des kommunikativen Handelns* (2 Bände). Frankfurt/Main: Suhrkamp.

Kim, M., K. (2000). *Frauenarbeit im Spannungsfeld zwischen Beruf und Familie*. N.Y/Frankfurt a.M.: Leske+Budrich.

Knapp, G., A. (1987). "Arbeitsteilung und Sozialisation: Konstellation von Arbeitsvermoegen und Arbeitskraft im Lebenszusammenhang von Frauen." in: Beer, U. (Hg.). *Klasse Geschlecht: Feministische Gesellschaftsanalyse und Wirtscheaftskritik*. Bielefeld.

Luhmann, N. 1982. *Liebe als Passion - Zur Codierung von Intimität*. Frankfurt/Main: Suhrkamp.

Luhmann, N. 1983. *Frauen, männer und George Spencer Brown*. in: Pasero.

Luhmann, N. 1987. *Soziale Systeme, Grundriss einer allgemeinen Theorie*. Frankfurt am Main: Suhrkamp.

Luhmann, N. (1990a). "Soziologische Aufklaerung 5." *Konstruktivistische Perspektiven*. Opladen.

Luhmann, N. (1990b). *Wissenschaft der Gesellschaft*. Frankfurt am Main: Suhrkamp.

Luhmann, N. (2000). *Die Politik der Gesellschaft*. Frankfurt am Main: Suhrkamp.

Nassehi, A. (2003). "Geschlecht im System. Die Ontologisierung des Körpers und die Asymmetrie der Geschlechter." in: U. Pasero, C. Weinbach (Hg.). *Frauen, Männer, Gender Trouble. Systemtheoretische Essays*. Frankfurt am Main: Suhrkamp, pp.80~104.

Pasero, U. and C. Weinbach (Hg.). (2003). *Frauen, Männer, Gender Trouble - Systemtheoretische Essays*. Frankfurt am Main: Suhrkamp.

U. Weinbach, C. (Hg.). (2003). Frauen, *Männer, Gender Trouble - Systemtheoretische Essays*. Frankfurt am Main: Suhrkamp. pp.15~62.

Weinbach, C. (2008). *Systemtheorie und Gender - Das Geschlecht im Netz der Systeme*. Kindle Edition.

제7장

괴테와 루만

서송석 | 서울여대 독어독문학과

1. 루만을 만나다

독일 유학 시절을 돌이켜 보면, 기억에서 지울 수 없는 몇 번의 인상적인 순간들이 떠오른다. 학위취득 여부가 달린 구두시험을 진땀을 빼며 겨우 치르고 복도로 나와 결과를 기다리던 순간이 그렇고, 그리던 부모님의 품으로 향하는 비행기에 오르기 전, 언제 다시 여기에 와볼 수 있을까 하며 물끄러미 뒤돌아보던 순간이 그랬다. 하지만 어느 때보다도 필자의 학위논문을 이끌어 주었던 지도교수 — 독일에서는 흔히 "박사의 아버지"라는 의미로 독토어파터(Doktorvater)라고 부르기도 한다 — 를 처음 대면했을 때의 순간은 이 분과 작별 인사를 나누었을 때만큼이나 기억의 도판에 깊고도 또렷이 새겨져 있다.

독일어와 독일문학을 좋아하는 필자는 놀이로서의 문학, 즉 놀이와 문학예술의 철학적·미학적 그리고 문화사적인 연관 가능성을 탐미해 본다는 다소 거창한 주제를 설정해 놓고 요한 볼프강 폰 괴테(Johann Wolfgang von Goethe)의 소설 『빌헬름 마이스터의 수업시대(Wilhelm Meisters Lehrjahre)』(이하 『수업시대』로 표기)를 들여다보기로 결심했다. 『수업시대』에서는 흥미진진하고 변화무쌍한 사건과 사고들, 각양각색의 인간들이 빚어내는 희로애락의 기복과 교차, 불안한 사회구조와 예측을 불허하는 미래 위험 등의 이야기가 펼쳐진다. 권위 있는 독일 문학사는 변화가 불가피한 세상 속에 내던져진 인간의 존립 위기와 이 위기를 극복하기 위한 노력의 과정 또는 그 결과물로서 인간 교양(Bildung)의 형성 의지를 부각시킨 괴테의 소설에 찬사를 보낸다. 하지만 『수업시대』의 문학사적 가치와 매력은 생멸을 가늠할 수 없는 불안정한 사회적 상황에 대한 작가의 진지한 관찰과 예리한 붓끝으로 이를 가공해 내는 재현의 능력에만 국한되어 있는 것은 아니다. 괴테는 적확한 시대 진단과 사회적 제 문제의 환기라는 작가로서의 의무를 다하려는 듯 엄숙함과 진지함의 끈을 놓지 않으면서도 모순과 아이러니, 장난과 속임수가 편만한 장면들을 고안해 낸다. 현세의 불운과 위기감이 불러일으킨 일련의 모험적 사건들을 유쾌한 상상력의 그물 속에서, 동시에 문학예술에 요구되는 진지함과 엄밀한 형식 규칙을 위반하지 않고 마치 유희하듯이 재가공하는 그의 마술적 재능이 『수업시대』에서 발휘되고 있는 것이다. 그러므로 이 위대한 천재 작가의 매력은 그렇게 소설이라는 놀이터에서 바로 자신의 놀이충동을 충분히 만족시켰다는 데에서 찾을 수 있다.

필자는 문학 전공자로서 나름의 자부심을 품고 때로는 자신감을 앞세워, 때로 지나치다 싶으면 겸양과 절제의 표현들을 찾아내면서 위와 같은 아이디어를 다듬어 마음에 담아 두었던 여러 대학의 독문학과 교수들을 찾아 나섰다. 독일에서 마음에 맞는 지도교수를 만난다는 것은 마음에 맞는 배우자를 만나는 것과 크게 다르지 않다. 단 한 번의 불꽃 튀는 만남으로도 서로가 서로를 절실히 원하고 필요로 한다는 — 물론 학문적으로 — 감정과 판단이 합치되어 훌륭한 결실을 거두기도 하지만, 여러 번의 만남과 대화의 이음을 통해 오해와 선입견을 줄이고 상호 이해의 폭을 넓혀 가면서 서서히 결속력을 높이는 관계를 형성해 나가는 경우도 없지 않다.

"당신의 논문제안서를 잘 읽어보았습니다. 매우 흥미로운 주제입니다만 아쉽게도 나는 …" 이렇게 전형적인 거절의 답변이 나도 모르게 익숙해질 무렵, 다른 한편으로는 더 이상 논문을 지도해 줄 적임자를 찾지 못할지도 모른다는 불안감이 고조될 무렵, 또 하나의 이메일을 받았다. "당신의 논문제안서를 잘 읽어보았습니다. 매우 흥미로운 주제입니다만 … 한 번 만날 수 있을까요?" 만나자는 제안이 고맙기도 했지만, 안도감보다는 오히려 당혹스러운 부담감을 안은 채, 뒤셀도르프의 괴테 박물관(Goethe Museum)을 찾아갔다. "논문제안서가 상당히 흥미롭군요." 뒤셀도르프 대학교의 독어독문학과 교수이자 괴테 박물관 관장으로 재직 중이었던 폴크마 한젠 교수(Prof. Volkmar Hansen)와의 대면은 이렇게 시작되었다. "괴테 소설을 잘 이해하고 있다는 인상을 받았어요. 그런데 내가 새로운 연구 주제를 하나 제안해도 될까요?" 60대에 접어든 교수님의 무성한 백발과 깔끔한 옷맵시, 친절함이 몸에 밴 여유 있는 태도와 눈웃음, 그리고 주름이 깊게 팰 만큼 활짝 핀, 특히 입가 주변으로 퍼지는 푸근한 미소는 할아버지와 같은 편안한 인상을 주었지만, 필자는 그의 입에서 나온 '새로운 제안'에 바짝 긴장하지 않을 수 없었고, 그래서 경직된 자세를 여전히 누그러뜨리지 못하고 있었다.

"괴테의 빌헬름 마이스터 소설들을 루만의 체계이론으로 분석해 보면 어떨까요?" 그는 놀랄 틈도 주지 않고 태연하게 말을 이어갔다. "헤어 서(Herr Suh) — 미스터 서(Mr. 서)에 해당하는 독일어 표현 — 는 『수업시대』를 석사논문에서 논한 만큼, 『연극적 사명』과 『편력시대』를 포함해 함께 다루어보면 더 의미 있는 박사학위논문이 나올 것 같다는 생각이 드는군요." 이제 필자가 대답할 차례, 아니 차라리 크게 놀랄 차례가 왔다는 표현이 적절하겠다. 왜냐하면 순간적으로 두 가지 커다란 장벽을 의식하지 않을 수 없었기 때문이다. 우선은 분석 대상으로 다룰 텍스트의 방대한 분량이다. 괴테는 빌헬름 마이스터라는 인물을 주인공으로 내세운 소설을 독일문학사에 세 권이나 남겼다. 1770년대 중반, 세 소설 중 가장 먼저 집필되기 시작했지만 미완으로 남겨진 채, 150여 년이 지난 20세기 초 가장 늦게 세상에 알려진 『빌헬름 마이스터의 연극적 사명(Wilhelm Meisters Theatralische Sendung)』, 1790년대 중반 독일 고전주의가 무르익을 때, 잊힐 뻔 했던 빌헬름의 연극 이야기를 되살려보라는 절친한 동료 프리드리히 실러(Friedrich Schiller)의 독려에 힘입어 탄생된 『빌헬름 마이스터의 수업시대(Wilhelm Meisters

Lehrjahre)』, 그리고 또다시 근 30여 년이 흘러 동일한 이름의 주인공을 내걸었지만, 이전 이야기의 후속편이라고는 할 수 없는, 전혀 다른 새로운 이야기 조각들의 모음 형식으로, 파우스트 2부와 더불어 괴테 노년의 역작이라고 평가받는 『빌헬름 마이스터의 편력시대(Wilhelm Meisters Wanderjahre)』, 이 세 작품을 모두 연구 대상에 포함시킨다는 것은 생각조차 해본 적이 없었다. 왜냐하면, 제목의 유사성에도 불구하고 각각의 작품은 서로 상이한 문제의식과 개성을 표출시키는 독자적인 소설로 간주되며, 따라서 50여 년이라는 시기를 관통하는 하나의 주제를 아우르는 일은 결코 간단치 않다는 생각이 직감적으로 와 닿았기 때문이다. 더군다나 작품의 엄청난 분량을 소화해야 한다는 두려움은 몇 갑절이나 더 크게 다가왔다.

그다음 두 번째 장벽, 좀 더 높고 두터운, 올라설 엄두조차 낼 수 없는 장벽은 루만이었다. 루만의 체계이론으로 괴테의 소설을 들여다본다? 그런데 루만이 누구더라? 순간 필자의 머릿속에서 알 만한 철학자, 과학자, 문예학자, 문학이론가들의 이름이 빠르게 스쳐간다. 여기에 이름이 없다. 독서 지평의 좌표를 최대한 넓혀 자포자기 심정으로 사회학을 기웃거려 본다. 마르크스, 짐멜, 베버, 코젤렉, 하버마스 … 아! 여기에도 없다. 잠깐만, 주의하지 않았으면 그냥 지나쳐 버릴 뻔했던 그의 이름이 사회학으로 분류해 놓은 책장 언저리에 위태롭게 걸쳐져 있다. 아하! 니클라스 루만(Niklas Luhmann), 『열정으로서의 사랑(Liebe als Passion)』의 저자, 책꽂이에 꽂혀 있는 그의 유일한 책이지만 아직 읽어보지 못했다. 그러니까 루만에 관해 이야기할 수 있는 것은 그에 대해 무엇인가를 읽었거나 그의 이론을 공부해 본 적이 없다는 것뿐이다. "네, 솔직히 말씀드리면, 전 루만에 대해 잘 모릅니다만…" "그럼, 시간의 여유를 갖고 한 번 읽어볼 의향은 있나요?" "예, 그렇게 해보겠습니다." "2개월 후에 다시 만나도록 하지요. 그때 정해도 늦지 않으니까요. 물론 그 사이에 의논할 게 있으면 언제든 연락해도 좋습니다." 한젠 교수님과의 첫 만남은 이렇게 끝이 났다. 『수업시대』의 주인공이 인생의 고비 때마다 그랬던 것처럼 필자는 이제 선택의 "갈림길(Scheideweg)"에 들어선 기분이 들었다. 주어진 2개월 동안 두 개의 높다란 장벽을 올려다보며 여길 넘어야 할지, 넘을 수는 있는지, 그리고 어떻게 넘을 수 있는지에 대해 고민하고 결정해야 했기 때문이다. 험난한 학위논문의 여정은 이렇게 심란하고 참참한 마음을 안고 첫발을 내딛게 되었다.

루만의 체계이론을 이해하려 할 때 보통은 개념 접근의 어려움에서 제일 먼저 당혹스러움을 느낀다. 체계이론을 설계하는 대부분의 주요 개념들은 일상에서도 부담 없이 사용하는 어휘들 — 예를 들면 체계, 환경, 사회, 커뮤니케이션, 정보, 의미, 기능, 사건, 구조, 선택, 진화, 구별, 관찰, 작동 등 — 또는 사회학이 아닌 다른 학문 분야에서 이미 특화된 의미를 떠올리게 하는 표현들 — 의미론, 오토포이에시스, 매체, 코드 등 — 로 이루어져 있다. 이런 어휘들에 내재되어 있는 관습화된 개념들이 체계이론을 어렵게 만드는 요인 중 하나인 것이다. 도대체 아리스토텔레스와 헤겔을 떠나서 체계라는 개념을 생각해 본 적이 있던가? 언어학 마당이 아닌 곳에서 의미론을, 생물학 마당이 아닌 곳에서 진화를? 가장 난감한 개념은 환경이다. 도대체 나, 우리 또는 인간을 둘러싼 환경, 인간이 공존공영을 위해 문제의식을 갖고 돌보아야 할 그 지구적 환경, 생태학, 녹색연합, 대한민국 환경부의 지배 담론으로서의 환경 개념을 도외시하고, 어떻게 그 말에서 전혀 다른 개념을 떠올릴 수 있단 말인가? 이런 사정에도 불구하고 체계이론이라는 높다란 장벽을 오르기 위한 첫 관문은 관습적인 개념에 포위되어 있는 단어들을 그로부터 해방시키고 완전히 새로운 의미를 덧입히는 일이다. 물론 이러한 첫 관문에 들어서는 일조차도 여러 차례의 시행착오를 담보로 내놓지 않으면 안 된다.

우선, 루만의 체계이론에서 핵심 용어인 "체계(System)"와 "환경(Umwelt)"을 작은 소리로 되뇌어보자. 여전히 아리스토텔레스와 헤겔, 그린피스(green peace)가 떠오르는가? "체계"에서 이 위대한 철학자들을 쫓아내고, "환경"에서 지구온난화와 미세먼지들을 떨쳐내는 작업은, 마치 잘 짜인 옷감의 실오라기들을 하나하나 풀어 해체시키는 일처럼 고되며 심지어는 의미 없는 일로 간주될지도 모른다. 하지만 "체계"와 "환경"에 굳건하게 붙어 있는 고전적 개념들은 체계이론을 파악하기 위한 지름길이 아니라, 오히려 미노타우로스가 출구를 찾아 종일 헤매고 다녔을 미로와도 같기 때문에 될수록 거리 두기를 유지해야 할 필요가 있다. 말하자면, 그 어떤 의미도, 그 어떤 개념도 전제하지 않고 마치 빈 공간을 응시하듯이 "체계"와 "환경"을 되뇌는 것이다. 이렇게 특정한 기의의 출현을 될 수 있는 대로 멀리 쫓아버리고, 아무런 기대도 가질 수 없는, 텅 빈 듯한 기표를 들여다보는 것에 충분히 익숙해졌다면, 이제 무엇이 보이는가? 아니, 무엇을 보아야 할까?

루만의 체계이론에 발을 들여놓기 위한 담장 넘기의 첫 시도는 "차이(differenz)"라는 사다리를 오르는 것이다. 체계와 환경은 무엇보다 차이에 의존하며, 차이라는 사다리가 텅 빈 공간을 체계와 환경으로 구분하기 때문이다. 천천히 풀어나가 보자. 처음부터 이미 체계라고 정해져 있는 체계는 존재하지 않는다. 마찬가지로 원래부터 환경이라고 정해진 환경은 없다. 체계이론은 체계의 존재론을 허용하지 않는다. 오히려 체계는 환경과의 차이를 통해 비로소 체계라는 이름을 부여받으며, 환경도 마찬가지로 차이에 의존하여 그 어떤 체계에 대한 환경으로서 존립한다. 따라서 체계는 언제나 환경과의 연관성 속에서 자신을 드러낸다. 이렇게 놓고 보니 체계와 환경의 관계는, 훨씬 복잡하다는 인상을 주기는 하지만 마치 동전의 앞뒷면 또는 종이의 양면처럼 보이기도 한다. 앞면이 없으면 뒷면도 없고 뒷면이 없으면 앞면도 없다. 양면이 서로를 규정하는 것이다. 이뿐만이 아니다. 체계와 환경의 관계는 언제나 유동적이며 변화무쌍하다. 곧, 차이의 발생은 언제나 유동적이며 변화무쌍하다. 예를 들어, 하나의 차이는 하나의 특정한 체계와 하나의 특정한 환경을 가르는 차이지만, 차이는 그 특정한 체계 내부에서 또다시, 그것도 연쇄적으로 발생할 수 있으며 차이 발생의 횟수는 특별한 제한을 받지 않는다. 그렇게 되면 그 체계 내부에서 완전히 새로운 차원의 체계/환경-관계가 조성될 수 있는 것이다. 따라서 체계가 어디에 있는가라는 물음 또는 하나의 체계는 어떻게 존립하는가에 관한 물음은 곧 어떤 차이가 개입하는가라는 물음과 연관되며, 그 차이에 따라 체계의 존립은 구성과 해체를 반복하는 특성을 갖게 된다.

구성과 해체의 반복이라는 표현은 분명 존재론의 관성에 길들여져 있는 사람들의 생각을 더욱 복잡하게 한다. 이미 있음, 곧 존재론적 전제를 설정하지 않고 도대체 어떻게 "구성(Konstruktion)"을 말할 수 있을까? 앞서 말했듯이, 체계이론은 서양철학에서 굳건한 대들보였던 존재론에 기대지 않을 뿐, 체계가 존재한다는 사실 자체를 부정하는 것은 아니다. 원래부터 체계라고 부를 수 있는 것은 부재하지만, 체계/환경의 차이를 통해 체계가 구성된다는 점에서 체계는 존재한다. 이런 점에서 체계는 구성적으로 존재한다고 할 수 있다. 그렇다면 체계는 어떻게 구성되는 것일까? 체계의 구성은 "작동(Operation)"으로 이루어진다. 즉, 체계는 체계의 구성 요소들이 연속적으로 서로 관련을 맺으면서 어떤 일정한 구조를 만들어나가는 작동으로 성립된다. 루만은 이렇게 체계 안의 요소들이 서로 관련을 맺으면서 결과적으로는 일정한 구조를 만들기 위해 의미를 생산하는 일을 "사건(Ereignis)"이라고 부른다. 그러므로 하나의 체계는 사건들이 계속적으로 작동하면서 의미를 생산하는 한에서는 해체되지 않고 지속적인 존립을 보장받게 되는 것이다.

지도교수를 만날 날이 가까워진다. 직감적으로 갈 길이 멀다는 것을 알고는 있지만, 괜한 허풍이나 자신감을 가장해 보려는 속임수는 애초에 꿈도 꾸지 않는다. 어차피 험난한 담장 넘기는 시작되었기 때문이다. "솔직히 말씀드리면 아직은 이해하기가 쉽지 않습니다. 그런데 매우 흥미로운 이론이기는 합니다." 마지막 말은 의도치 않게 튀어 나왔는데, 정말로 루만의 체계이론이 흥미를 불러일으켰는지, 아니면 단지 그와 같은 인상이라도 보여드려야겠다는 생각이 앞섰기 때문인지는 분명치 않다. 차분하게 이야기를 듣고 계시던 지도교수는 "개념들과 싸우느라 애를 먹었나보군요. 하지만 괴테의 소설을 분석하기 위해 익숙해져야 할 주요 개념들이 아직은 더 남아 있어요. 말하자면, 『빌헬름 마이스터』에서 관찰되는 유럽 사회의 변화, 곧 유럽 사회의 구조 변동이 상당히 흥미롭지요. 그런데, 이 사회라는 개념이…" 그렇다. 난 아직 "사회(Gesellschaft)"라는 이야기를 꺼내지도 못했다. 이제 겨우 어렴풋이나마 체계의 구성 원리를 이해하기 시작했는데 체계이론의 본류라고 할 수 있는 사회에는 접근조차 하지 못했던 것이다. 자연스럽게 교수님과의 다음 면담 약속이 잡힌다.

루만의 사회를 이해하기 위해서는 우선, 체계와 환경을 감싸 안고 있던 전통적인 의미 영역에서 탈출해야 하듯이 사회를 규정하는 기존의 개념 틀에서 뛰쳐나와야 한다. 이 말이 다소 비장하게 들리기는 하지만 그렇다고 예전처럼 겁을 집어먹지는 않는다. 왜냐하면, 체계이론에서 지시하는 사회 역시 하나의 체계이며 따라서 사회의 구성 원리도 앞서 언급했던 체계/환경의 구성 원리와 동일하다는 사실을 수용한다면, 특정한 기의를 멀리하고 텅 빈 기표를 응시하는 그간의 경험이 일종의 길잡이 역할을 했기 때문이다. 그러므로 사회는 사건들을 통해, 곧 사회 내 구성 요소들이 서로 부단히 움직이면서 새로운 연결고리를 구성하고 의미를 발생시키는 작동을 통해 자신의 체계를 굳건히 한다는 근본적인 인식에 다다르게 된다. 하지만 문제가 완전히 해결된 것은 아니다. 오히려 사회 내에서 지속적인 의미를 생산하고 사회구조를 유지하는 주체가 인간이 아니라는 체계이론의 일관된 주장은 이해의 어려움을 증폭시킨다. 인간이 아니라고? 강조해서 반복한다면 사회에서 인간을 제외시킨단다. 그렇다면 내가 연구할 괴테의 소설에 등장하는 수많은 인물은 대체 뭐란 말인가? 그들의 행동, 그들이 엮어내는 사건과 사고들, 유럽의 사회변혁 프로젝트를 주도하는 엘리트 귀족들과 젊은 교양인들의 활동은 사회체계 구성에 아무런 기여도 하지 않았으며, 그래서 아무런 의미도 없다는 말인가? 장벽을 넘으려고 올라타고 있던 사다리가 중심을 잃고 휘청거리는 느낌이다. 하지만 흥분을 가라앉히고 루만의 주장에 다시 귀를 기울여보자. 루만은 어떻게 사회체계가 붕괴되지 않고 스스로 질서를 유지하는지 알고 싶다면 인간에 주목하기보다는 커뮤니케이션을 관찰하라고 주문한다. 곧, 사회의 구성 요소는 인간이 아닌 바로 "커뮤니케이션(Kommunikation)"이라는 것이다. 물론 루만이 말하는 커뮤니케이션이 우리가 익히 알고 있는 그 커뮤니케이션이 아니라는 점은 어렵지 않게 짐작해 볼 수 있다.

이즈음에서 필자는 루만이 창조한 이론의 바다로 더 멀리 항해하고픈 욕구를 억누르고 괴테의 작품들로 방향을 돌리려 한다. 왜냐하면, 이 글을 쓰고자 하는 본래 목적이 루만의 체계이론을 설명하고 분석하며 비판하는 데에 있는 것이 아니라, 독일문학 전공자인 필자가 어떻게 해서 루만과 인연을 맺게 되었는지 그 개인적 경험을 공유하는 데에 있기 때문이다. 그렇다 하더라도 괴테의 소설이나 소설에서 드러나는 유럽 사회의 구조 변동 이야기를 하다 보면 자연스럽게 다시 루만을 초대해야만 할지도 모른다. 오늘날의 사회학자 니클라스 루만의 사회 이론과 독일 고전주의 시대를 대표하는 작가 괴테의 사회상이 전혀 어울릴 것 같지 않지만 묘하게도 소설 속에서 유의미한 접점을 공유하고 있기 때문이다.

2. 체계이론으로 본 『빌헬름 마이스터』의 사회구조

체계이론을 이론적 배경으로 삼은 『빌헬름 마이스터』의 해부 작업 ― 그때나 지금이나 괴테 연구자들에게는 낯선 모험으로 간주된다 ― 은 그 이후로 여러 차례 지도교수를 만나면서 구체적인 모양새를 갖추기 시작했다. 설득력 있는 추론과 예상 가능한 반론에 대한 다양한 의견 교환이 이루어진 끝에 일정한 논증 방향을 선택했고, 드디어 학위논문 집필을 위한 첫발을 들여놓을 수 있었다. 지금도 결코 무의미하지 않다고 생각되는 당시의 아이디어를 한젠 선생님의 말투로 재구성해 본다면 다음과 같을 것이다.

"유럽의 18세기, 18세기의 유럽을 상상해 보세요. 많은 일이 근본적으로, 어떤 점에서는 매우 급격히 바뀌었습니다. 프랑스혁명과 산업혁명이 있었지요. 귀족 시스템은 붕괴되고 시민계급이 발흥하면서 전통적인 신분 질서가 엉클어집니다. 자본주의에 대한 순응과 반발 양상이 서서히 제 모양새를 갖추기 시작하고요. 인간은 자신을 묶어놓았던 사회로부터 스스로를 떼어내면서 공동체 대신 개인을 앞세우고 개별성을 추구합니다. 그럴수록 공공성과 사적 영역의 분리는 가속화되지요. 사상과 학문의 자유 그리고 예술의 자유로운 표현이라는 것도 더 이상 낯선 이야기가 아닙니다. 후세 사람들이 "근대(Moderne)"라고 부르는 이러한 특성들이 두드러지게 나타나기 시작하던 때가 바로 18세기입니다. 이러한 변혁의 한가운데에 인간들이 있지요. 변혁을 반기는 사람들도 있었지만 옛 질서를 그리워하며 거부의 태도로 맞서는 사람들도 있었습니다. 그런데 사회 변화는 어떻게 일어난 것일까요? 도대체 누가 새로운 시대의 서막을 알리는 이런 놀라운 일들을 주도한 것일까요? 어떤 특정한 계층이나 그룹을, 혹은 천재적인 안목과 능력을 지닌 극소수의 위인을 떠올려야 할까요? 근대의 세계가 어떻게 열리게 되었는지 그 요인들을 찾으려는 부단한 노력들이 있었습니다. 이에 대해서는 상당한 연구와 분석이 이루어졌고 괄목할 만한 성과가 있었다는 점을 부인하기는 어렵지요. 하지만 글쎄요, 완벽한 해답을 얻었다고 말하기는 어렵습니다. 이제 관점을 조금 바꾸어볼까요? 어느 정도 지식과 교양을 쌓고 미래를 내다보는 통찰력까지 겸비한 18세기의 인물이라면 그들이 몸담고 있는 사회구조가 점점 복잡해지면서 변화가 불가피하다는 사실을 내다보았을 것입니다. 루만의 표현을 빌린다면, 사회의 "복잡성 증가(Komplexitätssteigerung)" 현상이 눈에 띈다는 것이지요. 새로운 문제들과 갈등 요인들이 계속해서 증가하고 있지만 기존의 사회는 그 문제를 해결하기에는 역부족입니다. 오히려 문제는 또 다른 문제를 낳고 이해는 몰이해로 귀결되지요. 그렇기 때문에 사회의 전방위적인 변화가 요구됩니다. 사회구조의 틀을 근본적으로 뒤바꾸는 변혁이 필연적일 수밖에 없다는 것입니다. 거꾸로 말하면, 구체제를 지탱하던 사회 질서의 균열이 이미 회복할 수 없을 만큼 심각한 정도에 이른 것이지요. 그전까지 사회는 오로지 일면적인 흐름에 — 그것이 종교이든, 신분 질서이든 — 모든 결정을 내맡겼습니다만, 이제는 다면적이고도 다층적인 관찰을 허용하는 새로운 유형의 사회, 복수의 판단 기준과 복수의 가치, 복수의 의미 영역이 공존하는 복수의 사회 형식들이 출현합니다. 예를 들어, 정치적인 문제는 정치적으로, 경제적인 가치는 경제적으로, 학문적인 성과는 학문적으로, 또는 예술적인 체험은 예술적으로 이해되고 수용되는 것입니다. 생물이 환경에 적응하면서 진화하듯이 사회도 진화하는 셈이지요. 이러한 사회적 진화는 하나의 사건을 여러 관점에서 조망할 수 있게 해줄 뿐만 아니라, 각종 사회적 문제와 갈등, 가치 문제와 관심의 표출, 개인의 역할과 욕망의 조절 등을 집중적으로 특화시키는 환경을 조성합니다. 결국은 각각의 영역을 다루기 위한 전문적이고도 독자적인 사회체계가 갖추어지게 되는데요. 다시 루만의 용어를 차용하자면, "사회의 분화(Ausdifferenzierung der Gesellschaft)", 곧 하나의 특정한 기능을 수행하는 방향으로 분화된 결과로서의 "기능분화사회(funktional differenzierte Gesellschaft)"가 도래했다고 볼 수 있지요. 단적으로, 유럽의 근대는 기능분화사회의 도래라는 특징과 궤를 같이 한다고 할 수 있습니다. 그 시점이 바로 18세기 아닌가요? 또한 우리의 괴테가 생존했던 시기도 18세기와 19세기 초, 괴테의 세 소설이 탄생한 시기도 18세기 말에서 19세기 초, 소설의 시대적 배경도 여기서 결코 멀리 떨어져 있지 않고요. 이 모든 사정을 생각해 보면, 괴테와 루만이 만날 수 있다는 게 마냥 우연인 것 같지만은 않습니다. 이제 다시 앞에 세운 질문들을 떠올려야겠네요. 도대체 이러한 사회변동은 어떻게 일어난 것일까요? 누군가의 계획과 치밀한 주도하에 새로운 세계가 활짝 열리게 된 것일까요? 사회분화는 애초부터 사람들이 기대했던 미래의 청사진이자 그 결과일까요, 그리고 그들의 예상과 일치했나요? 루만은 이 질문에 답하기 위해 많은 사람을 깜짝 놀라게 한 새로운 관점을 제시합니다. 사회 안에 인간이 존재하며 인간의 활동, 업적, 열정, 성취 등이 많은 일을 이루어 냈다는 것을 부인하기는 어렵지만, 루만은 사회의 분석 대상을 완전히 바꾸어놓지요. 인간이 아닌, 커뮤니케이션에 주목하라고 말입니다."

한젠 선생님과의 가상 대화를 여기서 중단하려고 한다. 아니나 다를까 역시 커뮤니케이션에서 멈추게 되었다. 제자리를 맴돌고 있는 느낌이랄까? 사회 구성과 존속 메커니즘을 해명하는 체계이론은 어째서 인간에게 등을 돌리고 커뮤니케이션을 연구 대상으로 삼으라고 하는 것일까? 이 질문에 대해 성급한 대답을 시도하기보다는 『빌헬름 마이스터』의 이야기 속으로 빠져 들어가는 것이 좀 더 현명할 것 같다. 주인공인 빌헬름의 여정을 따라가다 보면 어렴풋이나마 새로운 사회체계의 형성과 커뮤니케이션의 연관성, 기능분화사회와 커뮤니케이션 분화의 구성적 관계를 파악하고, 그러면 루만의 사회학 이론에서 인간의 자리가 어디인지를 추론해 볼 수 있지 않을까?

3. 빌헬름 마이스터: 주인공에서 관찰자로

빌헬름은 연극을 좋아하는 젊은 청년이다. 사업을 하는 아버지 덕택에 비교적 유복한 생활을 누리고는 있지만 아버지가 원하는 대로 대를 이어 상인의 길을 걷고 싶은 생각은 추호도 없다. 빌헬름은 어렸을 때부터 연극 놀이와 책 읽기에 빠져 지냈으며 단순한 호기심이나 취미 생활을 넘어서 배우와 극작가로 살아가는 자신의 모습을 상상하곤 한다. 아닌 게 아니라 마리아네라는 여배우를 사귀게 되면서부터 그녀와 다른 도시로 이주해서 배우 생활을 하며 행복한 인생을 꾸려 나가겠다는 계획을 과감히 실행에 옮기려 한다. 이렇게 아버지의 그늘에서 벗어나려는 빌헬름에게는 어릴 때부터 베르너라는 친한 친구가 하나 있었는데, 베르너는 빌헬름과는 전혀 다른 성향을 가진 젊은이로서 벌써부터 상인인 아버지의 가업을 이어받으며 후계자 수업을 착실히 받고 있는 중이다. 천성적으로 상인의 피가 흐르는 것을 자랑스러워하는 베르너의 눈에 빌헬름은 좋은 친구이기는 하지만 돈벌이도 안 되고 인생에서 여흥거리밖에 안 되는 연극에 매진하려는 친구가 한심스럽게 보일 뿐이다. 물론 돈벌이 자체를 천박하게 여기고 좀 더 고상한 삶을 꿈꾸는 빌헬름에게도 상인 정신을 끊임없이 예찬하는 친구의 주장이 어이없기는 마찬가지이다. 흥미롭게도 독자들은 서로 상반된 세계에서 상반된 가치관을 안고 살아가는 두 친구의 모습 속에서 하나의 공통점을 발견하게 된다. 빌헬름과 베르너는 각각 단일한 세계상을 갖고 있다. 인간이 추구하는 모든 가치와 바람직한 의미들은 오로지 하나의 통일된 세계에서만 발견되며, 바로 그 세계에 머물 때에만 자신이 원하고 향유할 수 있는 모든 것을 흡수하고 생산할 수 있다. 빌헬름에게는 연극이, 베르너에게는 상인으로서의 활동이 바로 그러한 세계이며 그 이외의 세계에서 이루어지는 노력이나 결과들은 열등한 가치를 갖거나 부차적인 중요성만을 의미할 뿐이다.

앞서 언급했던 빌헬름의 야심찬 도주 계획은 아쉽게도 실현되지 못한다. 애인인 마리아네에게 돈 많은 정부가 있다는 것을 우연히 알게 되었고 그 때문에 빌헬름은 심각한 좌절과 절망의 늪에서 한동안 헤어 나오지 못한다. 이제 연극도, 사랑도 잃은 그가 몸담을 세계는 없다. 공허한 침묵과 부질없는 회상, 자기 자신 속으로의 침잠만이 한때는 원대했으나 지금은 비어버린 그의 꿈의 세계를 메울 뿐이다. 그래도 시간이 약이 아닌가. 영원히 나락에 빠져 있을 듯했던 우리의 주인공은 아버지의 권유로 출장길에 들어설 결심을 한다. 인생을 활보해야 할 나이에 갈피를 잡지 못하고 있는 젊은이들에게 뜻밖의 여행은 적절한 처방이 될 수도 있는 것이다. 사실, 빌헬름은 연극을 좋아하고 예술적인 감각도 뛰어난 사람이지만 상인으로서의 자질이 없는 것도 아니었다. 그는 명민한 머리에다 셈법도 탁월했으며 무엇보다도 사람들과 유연하게 대화하면서 자신이 요구하는 바를 전달할 줄도 알았다. 빌헬름은 그런 식으로 아버지를 안심시킬 수 있을 만한 사업상의 일들을 하나하나 처리해 가고 있었는데, 뜻하지 않게도 어느 마을에서 한동안 잠들어 있던 예술의 혼을 흔들어 깨우는 계기를 만나게 된다. 그 마을을 찾아온 떠돌이 아마추어 극단 — 사실은 서커스단에 더 가깝다 — 의 단원들과 같은 여관에 묵게 되면서 자연스럽게 그들과 가까워졌기 때문이다. 그는 단순히 공연을 즐기는 관객에 머물지 않고 그간 쌓아 두었던 연극적 지식과 식견을 발휘해 배우들을 놀라게 한다. 그렇게 단원들과 섞여 지내다 보니 이제 막 새싹처럼 돋아나기 시작했던 상업 마인드는 온데간데없이 사라지고 자기도 모르는 사이에 공연과 연습, 심지어는 극단 운영에 관여할 수 있는 자리에까지 이른다. 배우로서 극작가로서 그리고 극단 운영자로서의 삶은 막연한 상상이 아닌 현실이 되었다. 이렇게 하루하루가 즐거운 상황에서 빌헬름은 연애시절 꿈꾸었던 단일한 세계상을 다시 떠올린다. 인간을 고양시키는 모든 의미와 수단은 연극세계에 모여 있다. 일상적인 경험 반경이 확대되고 그 속에서 좀 더 많은 사람과 소통하며 다양한 사건을 겪었지만 그의 심중에서 들려오는 진정한 가치라는 메아리는 여전히 연극이라는 경계를 넘지 않는다.

연극은 다른 한편으로, 또 다른 사회로 진입할 수 있는 매개 역할을 한다. 이 유랑극단은 우연한 기회에 어느 백작의 초대를 받아 그의 영지에서 공연을 할 수 있는 기회를 얻는다. 배우들을 통해 귀족들의 세상이 공개된다. 그들은 대체 어떤 사람들일까? 그들의 세계는 빌헬름의 세계와는 어떻게 다를까? 배우들은 각자의 처지에 따라 어떤 방법을 써서라도 귀족들과 가까이 지내려 하며 그들에게 잘 보임으로써 자기 배를 불리는 데 열을 올린다. 빌헬름도 동경 어린 시선으로 그들을 올려다보기는 하지만 주머니 사정 때문은 아니다. 경제활동을 미덕으로 여기는 전통적인 시민계급 집안의 아들이지만 돈 버는 행위, 심지어는 돈 자체를 어떤 저급한 것으로 간주하는 이 유별난 젊은이의 눈에 들어온 것은 그 존재만으로도 인간의 고귀함과 고상함이 배어 나오는 귀족들의 모습 그 자체다. 여기서부터 소설은 떠돌이 단원들이 주연을 맡은 박진감 넘치는 연극 에피소드를 소홀히 하지 않으면서도 귀족들의 엄폐된 공간에서 나지막이 새어 나오는 은밀한 이야기들을 조금씩 들추어낸다. 연극배우이자 연출가로서 빌헬름은 백작과 그의 주변 인물들에게 환대를 받지만 그들과 친밀감을 쌓아갈수록 내적 거리감은 깊어만 간다. 그들은 우리의 주인공이 알지 못했던 전혀 다른 세상에 속해 있는 것이다. 시민들이 이 세상에 살아남기 위해서는 어떤 활동을 하면서 성취와 업적을 이루어내야만 한다. 그에 반해 귀족들은 신분상 그들이 원하는 것, 삶을 위해 필요한 것들을 이미 다 안고 태어났기에 특별한 활동을 지향할 필요가 없다. 소설 속 화자의 입을 빌려 비유하자면, 귀족들은 순풍에 돛단 듯이 아무런 수고도 들이지 않고 적절한 때에 원하는 목적지에 안전하게 도착한다. 자연이 그들을 인도하는 것이다. 하지만 시민계급에 속한 자들은 변변치 않은 돛을 단 배를 타고 그것도 시시각각 역풍을 맞으며 자신들의 목적지를 향해 겨우겨우 힘겹게 항해를 해야 한다. 백작의 영지에서 빌헬름은 현실세계에서는 극복할 수 없는 신분의 간극을 체험한다. 그렇다고 불평등, 차별이라는 단어를 떠올려 본 적은 없다. 그저 사회라는 울타리가 원래 그렇기에 묵묵히 순응하고 따라갈 뿐이다. 연극에 몸을 던질 수밖에 없는 이유가 바로 여기에 있다. 자연으로부터 부여받은 군주의 위엄, 고결한 품위와 자태, 귀족들의 충성심, 숭고한 고뇌, 그리고 전인적인 교양. 현세적 삶을 추구하는 시민들에게는 그림의 떡에 불과하지만 적어도 무대 위에서는 잠시나마 현실에서 벗어나 연극이라는 가상의 세계로 뛰어듦으로써 자신의 내면을 고귀한 정신으로 채울 수 있는 것이다.

독자들도 예상할 수 있듯이 빌헬름이 마음에 품고 있는 배우의 미덕이라는 것은 하나의 허상일 뿐이다. 모방의 배로는 현실의 강을 건너지 못한다. 모방은 어디까지나 모방일 뿐 현실과의 괴리는 여전히 상존한다. 빌헬름은 자신의 연극적 재능을 재차 확인한 자리가 된 백작의 성을 떠난 후, 좀 더 큰 규모의 전문적인 극단에 들어가서 예술적 향유와 예술적 각성의 권리와 의무를 다하려 하지만 결과적으로는 무위로 돌아간다. 남은 것은 허탈감과 상실감 그리고 일종의 배신감으로 얼룩진 회한이다. 배우들은 귀족 코스프레를 그럴듯하게 끝내고 우레와 같은 박수와 보수를 챙기면 그만이다. 빌헬름이 신뢰할 만한 동료이자 조언자라고 믿어 의심치 않았던 극단 운영자 제를로도 관객의 머릿수를 헤아리는 것 외에 별다른 관심을 두지 않는다. 연극예술은 이미 경제에 귀속되었고 예술적인 탐닉은 경제적인 탐닉으로 대체된다. 돈이라는 마법의 지팡이가 돈으로 살 수 없을 것만 같았던 예술적 가치를 단순한 교환가치로 변형시킬 수 있다는 것을 확인한 순간, 빌헬름은 그래도 미련은 남았는지 약간은 머뭇거리면서 연극계를 떠난다.

여기까지가 대략 『연극적 사명』과 『수업시대』의 중·후반부 이야기이다. 괴테의 소설은 이제부터 완전히 새로운 국면으로 접어들어 빌헬름의 연극 이야기는 종결되고 그 대신 연극으로 인연을 맺은 귀족들의 실상이 수면 위로 떠오른다. 연극이라는 무대의 중심에서 내려온 빌헬름은 더 이상 소설의 주인공이 아니라 귀족사회의 면면을 들여다보는 관찰자이자 그들의 생활에 제한적으로나마 참여를 허락받는 조연의 입장에 선다. 그는 무엇을 보았으며 무엇을 느꼈을까? 신분이 높으신 분들의 삶은 진정 그가 그토록 동경해마지 않았던 숭고한 덕성을 발산하는 삶일까? 소위 개혁이라고 일컫는 귀족들의 미래 계획 속에 담긴 것은 무엇일까?

귀족들이 시민들 못지않게 분주히 활동하고 있다는 점이 빌헬름에게는 인상적이면서도 낯설게 다가온다. 그들은 진지한 토론을 하고 논쟁을 즐긴다. 장거리 여행도 마다하지 않으며 바다 건너 훨씬 더 먼 곳을 응시한다. 다른 계급에 속한 사람들과 기꺼이 접촉하며 개혁이니, 국가니, 세금, 이주, 정당성이니 하는 내용들을 식탁의 화제로 꺼낸다. 하지만 어떤 결정이 임박할 시점에는 어둡고 은폐된 그들만의 공간으로 사라져 그럴듯한 정보들이 새어 나가지 않도록 한다. 귀족들의 이러한 움직임은 현실 인식, 달리 말하면 불안한 현재와 불확실한 미래에 대한 위기감 고조에 바탕을 두고 있다. 시대가 바뀌고 있다. 사회구조의 변동 양상이 이미 가시적으로 확인된다. 귀족이라는 타이틀은 더 이상 기득권을 지켜줄 여력이 없다. 정치적인 힘, 경제적 풍요, 법적인 판단력과 수행 능력, 예술 취미 등에 대한 독점적 점유는 신분질서체계가 안정적으로 작동하는 한에서만 보장된다. 하지만 그러한 안정 장치에서 균열이 발생했기에 이에 대처하지 않으면 안 되는 것이다. 일부의, 특히 젊은 귀족들은 기존의 틀을 고수하려고 안간힘을 쓰기보다는 변동하는 사회 지형에 재빠르게 적응하는 길을 선택한다. 군주와 신하 사이의 충성 서약으로 확보할 수 있었던 정치적 권력은 국가라는 거대한 기관으로 집중되기에 그들은 국가에 의존하는 — 왕의 참모든, 고위 행정 관료든, 외교관이든 — 전술을 취한다. 대대손손 내려온 집안의 봉토는 자랑스러운 유산이라기보다는 차라리 애물단지에 가깝다. 처분도 개발도 불가능한 낡은 특권을 고수하느니 시민들처럼 자유롭게 처분하고 정당한 세금을 내는 것이 이득이다. 특권과 의무 사이의 놀랄 만한 전회가 나타나는 것이다. 그들은 이미 자본의 순환, 그리고 자본의 경계 없는 확장성을 잘 파악하고 있었기 때문에 오래전부터 그 순환의 아름다움을 예찬했던 빌헬름의 친구 베르너와 손을 잡는 일을 마다하지 않는다. 물론 시민계급과의 경제적인 협력은 신분의 우위를 앞세우는 것이 아니라 평등한 법적 계약과 이윤의 합리적인 분배라는 토대 위에서 이루어진다. 빌헬름에게는 이 모든 일이 생소하다. 전인적인 교양을 실현할 수 있다고 믿었기에 가상의 세계에서라도 닮고 싶었던 저 지체 높으신 분들은 오히려 전인적인 교양의 시대는 이미 저물었으며 일면적이면서도 다각적인 삶의 방식에 그들의 생존을 떠맡기는 것이다. 어떤 독문학자는 이를 가리켜 귀족들이 시민의 길을 선택했다고 표현한다.

빌헬름의 이야기가 『편력시대』로 넘어오면 사회 변동에 대응하는 귀족들의 행보는 점점 더 광범위하게 그려진다. 무엇보다도 자본이라는 매체를 통해 기능하는 경제체계에 대한 적응과 이를 발판으로 하는 미래 계획은 오늘날 현대인들이 매스미디어를 통해 접하게 되는 여러 사업 아이디어와 크게 다르지 않다는 점에서 신선한 충격을 준다. 앞서 소개한 귀족들과 결탁한 또 다른 일단의 젊은 귀족들은 한 축으로는 신대륙인 미국으로의 이주 프로젝트를, 다른 한 축으로는 구대륙에서 새로운 방향의 도시건설을 목표로 분주히 움직이며 사람들을 결집시킨다. 여기에 자본가들은 말할 것도 없고 어느 한 분야에서 지식과 기술에 능통한 사람들, 그리고 손재주가 좋은 수공업자와 여성도 포함된다. 계급이나 신분의 차등은 프로젝트 실현에 아무런 도움이 되지 않는다. 이 때문에 그들은 스스로가 귀족이라는 가면을 벗어던지고 조상들이 심혈을 기울였을 법한 우아한 예의범절이나 고상한 몸동작을 익히는 데 시간을 보내는 대신, 자기 성향에 적합한 분야의 지식을 습득하고 기술을 익힌다. 이제 남은 것은 그들이 거대 프로젝트를 진행시킬 만큼 충분히 준비된 지도자라는 인상을 심어주는 일이다. 저마다 사정이 다르고 이해관계가 서로 얽혀 있는 자본가와 기술자들을 한 울타리에 동참시키는 과제는 일종의 정치적 기능으로 분류된다. 신분이 곧 권력이었던 시대와 단절한 젊은 엘리트들은 부드러운 카리스마와 안정된 자신감으로 새로운 도시건설 프로젝트를 귀담아 듣고 있는 청중들을 제압한다. 실현에 대한 자신감, 믿을 만하며 구체적이고 타당성 있는 계획과 진행 과정, 실현 후 보장되는 장밋빛 미래의 제시, 주도면밀한 협력이 선사하는 성취감과 인간애. 관찰자인 빌헬름은 이처럼 자기 영지에 속해 있으나 그 땅에 얽매이지 않으려는 백성들을 세련된 방식으로 설득하는 ― 어떻게 보면 회유나 선전으로 들릴 수도 있다 ― 새로운 유형의 정치 지도자들을 보게 된다. 결과적으로 구조적인 지각변동을 겪은 사회에서 프로젝트 실행이라는 목적을 이루기 위해 투입되어야 하는 정치적 힘은 무조건적인 명령이나 강압이 아닌, 포용력과 온건하지만 강인한 설득력이라는 새로운 방식으로 작동하는 것이다.

『편력시대』에서 빌헬름의 관찰 범위는 여기에 한정되지 않는다. 세상에 개혁을 외치는 그룹이 있다면, 그들을 못마땅하게 여기며 걱정스러운 눈초리로 바라보는 집단도 있다. 모나드를 부추기며 새로운 세기의 도래를 설파하는 젊은 귀족들의 추진력과 여전히 토지 개간에 주력하면서 가부장적인 통솔력과 책임감으로 자기 영지의 살아 숨 쉬는 모든 것을 보살피려는 ― 부정적으로 표현하면 통제하려는 ― 아버지 세대 귀족들의 우직함은 분명 대조적이다. 한쪽에는 기계가 도입되어 생계의 위협을 받는 근면한 수공업 노동자들이 있고, 다른 한쪽에는 옛 성인을 동경하여 현실을 등지고 회귀적 몽환적 삶을 선택해 살아가는 사람들도 있다. 산에서 광물을 채집하며 사는 귀족이 있는가 하면, 가문으로부터 부여받은 신성한 의무 ― 예를 들어, 가문에서 정한 사람과의 결혼 ― 와 개인적인 욕망 사이의 깊은 간극으로 괴로워하는 귀족도 있다. 『편력시대』의 결말은 근본적으로 열려 있다. 화자는 독자에게 어느 길이 옳은지, 어느 길로 가는 것이 바람직한지 가르쳐주지 않는다. 소설은 전체를 아우르는 일정하고 뚜렷한 줄거리를 형성하지 않는다. 갖가지 사건들, 그 사건에 대한 회상과 평가, 그 사건에 대한 직접적인 또는 간접적인 관찰 내용들이 불규칙하게 그리고 산발적으로 느슨하게 연결되어 있을 뿐이다. 그런 점에서 어떤 중대한 사건의 한가운데 서서 놀랄 만한 활약으로 모든 문제를 해결하는 주인공의 모습을 기대하기는 어렵다. 더구나 관찰은 빌헬름의 전유물이 아니다. 소설 속 인물들이 서로를 관찰하며 관찰한 것들을 보고하고 전달한다. 화자는 이를 총체적으로 파악하지 않으며 위계적으로 다루지도 않는다. 어쩌면 총체적인 파악이 불가능하다고 말하는 것이 옳을지도 모른다. 이런 식으로 관찰을 전달하고, 관찰을 관찰하고, 전달을 다시 전달하는 방식들이 비대칭적으로 서로 연결되어 있는데, 이러한 구성을 위해 작가인 괴테는 한 명의 화자에 의존하는 일방적이고 일관성 있는 진술이 아닌, 다수의 화자를 동원시키며 다양한 문학적 형식을 혼용한다. 소설 속에 이야기가 있고, 편지 속에 편지가 있으며 틀 이야기와 삽입된 이야기는 애매모호한 경계를 넘나들며 서로의 등장인물들을 교차시킨다. 이러한 문학 형식들이 특정한 규칙 없이 번갈아 가며 화자 또는 빌헬름을 통해 관찰된 것들을 담아 독자들에게 실어 나르는 것이다.

괴테가 오늘날 보기에도 이렇게 파격적인 형식의 소설을 쓴 이유는 무엇일까? 그가 빌헬름의 이야기를 마무리 짓지 못하고 쓰다 중단하다를 반복하며, 또한 수십 년의 세월을 두고 수차례 집필 계획을 수정하면서, 결과적으로 『빌헬름 마이스터의 연극적 사명』과 『빌헬름 마이스터의 수업시대』 그리고 『빌헬름 마이스터의 편력시대』가 세상에 나오게끔 한 이유는 무엇일까? 세 소설이, 한편으로는 후속작 또는 개작이라는 이름으로 어떤 연속성을 갖고 있는 것 같지만, 다른 한편으로 제목의 사람 이름만 똑같을 뿐 서로 전혀 다른 내용의 독립된 서사로 간주될 수 있는 이유는 또 무엇일까? 소설이 처음 구상된 1770년대부터 마지막 소설이 완간된 1820년대 말까지 바이마르 공국에서 작가이자 재상으로 살아가던 괴테는 어떠한 세상의 흐름을 본 것일까? 한 천재적인 시인의 원숙한 예지력과 혜안은 총체적인 세계상의 붕괴 위험이 가속화되고 있다는 점을 놓치지 않는다. 하지만 좀 더 중요한 논점은 1000년 이상 유럽 사회를 지탱해 왔던 단일한 세계질서의 해체 위기가 글자 그대로 위기일 수도 있지만, 그 자체가 이미 새로운 유형의 사회가 도래할 수밖에 없다는 역사적 필연성의 증거라는 점이다.

괴테가 예견하는 새로운 사회는 확장을 특징으로 한다. 물론 신대륙의 진출과 같이 지역이나 영토의 확장을 의미하는 것이 아니다. 또한 단순히 신분 질서의 와해를 가리키는 것도 아니다. 독점적 점유의 상징이었던 권력은 고인 물처럼 한자리에 있지 않으며 때에 따라 이동하거나 분산된다. 법은 권력과 대등해지거나 심지어 좀 더 우월한 자리에 선다. 법의 제정자 역시 법의 적용 범위 안에 자신을 포함시켜야 하기 때문이다. 교환을 유혹하는 자본의 보이지 않는 손은 보이는 물건과 보이지 않는 물건, 현재 있는 물건과 미래에 있을 물건, 움직이지 않는 땅과 토지, 심지어는 인간의 재능과 노동력 등을 가리지 않고 움켜쥐려 한다. 마찬가지로 학문도 공격적으로 그 대상을 넓혀나간다. 자연과 세계를 파악하고자 하는 욕망은 고대인들 못지않으며 특히 인간과 인간 사회에 대한 관심이 증폭된다. 이러한 학문적 열기는 다시 인간을 정신, 주체, 감정, 의식, 육체 등의 범주로 나누는 분석 방식을 정당화하고 각각의 영역을 개별화하는 학문의 분화를 가져온다. 예술의 향유는 특정한 신분이나 계층에 국한되지 않으며 예술로 간주되는 대상들의 확대, 예술성을 가늠하는 척도의 다양성도 역시 거스를 수 없는 사회적 현상으로 관찰된다 — 그래서 소설도 비로소 문학예술 장르에 편입될 수 있었다. 확장은 복잡성을 낳는다. 복잡성은 사회적 현상을 직시하고 사회적 문제를 해결하는 데 있어서 일종의 걸림돌이다. 왜냐하면 문제 해결의 방안이 제시된다고 하더라도 복잡성이 증가한 만큼 해결 가능성의 편차가 벌어지기 때문이다. 성공적이었던 이전의 해결 방안이 새로운 사회구조의 연결망을 그대로 투과해 동일한 효과를 내기 어려운 이유가 여기에 있다. 그렇기 때문에 확장은 문제 해결 방식의 편차를 다시 좁히기 위한 진화적 선택으로서 사회적 분화를 야기한다. 곧 사회체계의 분화는 사회적 이슈들을 특정한 방향으로 집중시키며 그에 부합하는 기능을 수행할 수 있는 최적화된 영역을 구축하고 다른 체계로 대체할 수 없는 고유한 원리를 생산하는 것이다. 괴테의 시대 진단은 바로 이러한 사회분화 현상이 시대 변화의 흐름을 주도하고 있다는 의식과 상당 부분 맞물려 있다. 그렇기 때문에 개별 사회들의 독립 분화가 공고해지면서 전체적으로는 다면적이고 다층적인 사회구조의 출현이 불가피할 뿐만 아니라 가역적으로 되돌릴 수도 없다는 사실을 괴테가 수용하고 이를 작품 속에 반영하고자 했다면, 빌헬름 마이스터 소설들의 열린 형식, 복수의 이야기 전달자들 그리고 열린 결말을 하나의 성찰 근거로 제시했다는 논거가 타당성이 없지는 않은 것이다.

이제 괴테와 루만의 만남 이야기를 서서히 닫으려고 보니 어느새 괴테의 소설에 정박해 있던 배가 다시 체계이론의 바다로 뱃머리를 향해 있다. 지금까지 필자는 루만의 체계이론과 괴테의 소설 사이에 형성된 넓지는 않지만 꽤 근사한 교집합에서 되도록 멀어지지 않으려고 의식적으로 주의를 기울였다. 마지막으로 사회구조 변동과 커뮤니케이션의 연관성 문제, 그리고 인간이 아닌 커뮤니케이션에 주목할 때 얻을 수 있는 이점에 대해 짤막하게나마 언급을 하는 데에도 이와 같은 주의력이 요구된다. 한젠 교수님의 지적대로 18세기 서부 유럽은 모든 영역에서 신분이라는 층의 구별을 확고부동한 사회유지 기반이자 존립 근거로 삼고 있는 "성층 사회(stratifikatorische Gesellschaft)"에서 서서히 탈출하여 특화된 기능의 발휘를 특징으로 하는 기능분화사회로 이행하는 진통을 겪는다. 그런데 "기능분화(funktionale Differenzierung)"라는 것이 대체 무엇일까? 먼저 사회가 기능한다는 것은 언제나 부분사회, 곧 부분체계가 한 가지의 선택된 기능을 갖는다는 의미이다. 즉, 하나의 체계에서 관찰되는 기능은 모든 체계 전체를 포괄할 수 없을 뿐더러 다른 이웃 체계에서도 동일한 기능을 관찰할 수 없다. 이처럼 기능은 각각의 체계에서 서로 중복됨이 없이 고유한 영역을 확보하면서 작동한다.

경제체계의 분화를 예로 들어보자. 원하는 것을 소유하기 위해 돈을 지불한다는 매우 단순한 진술은 생각보다 유용한 정보를 담고 있다. 돈은 원하는 것을 소유할 수 있게 해주는 수단일 뿐만 아니라 그것을 소유하고 싶다는 욕망을 드러내기 위해 선택된 "매체(Medium)"이자 상징적인 증표이다. 기능분화사회가 정착되기 훨씬 이전에는 원하는 것을 소유하기 위한 지불 수단이 돈 외에도 ― 강제로 빼앗거나 아니면 물물교환을 생각해 보라 ― 여러 매체가 있었을 것이다. 그 매체들은 인간의 소유욕을 충족시킨다는 특정한 기능을 수행해 가는 과정에서 서로 경쟁을 피할 수 없었을 것이다. 왜냐하면 매체는 매체를 사용하고자 하는 사람의 동기, 곧 그 매체를 사용함으로써 어떤 효과를 얻을 수 있는지를 분명하게 밝힐 수 있어야 하는데 그렇지 못할 경우 앞서 언급한 복잡성의 문제가 발생하기 때문이다. 그러므로 매체는 매체를 전달하는 사람과 매체를 수용하는 사람 사이의 오해를 최소화하고 동기 전달의 개연성 및 타당성을 유지할 뿐만 아니라, 어느 제한된 지역이나 공간에서만 유효한 것이 아닌, 보편적이고 일반적인 수용이 가능하도록 선택적인 진화의 길을 걷는다. 예를 들어, 신발을 얻고 싶어서 쌀을 지불 수단으로 삼는 사람이 있다고 하자. 하지만 신발을 공급하는 사람들이 쌀을 지불 수단으로 인정하지 않고 돈을 선택하는 비율이 점점 늘어난다면, 쌀은 더 이상 신발을 사려는 사람의 욕구를 충족시켜 주지 못하기 때문에 선택적 진화에서 도태되며, 그 대신 돈이 소유 욕망에 관한 동기를 표출하고 그 동기를 이해시키는 기능의 적임자가 된다. 이런 과정을 거쳐서 돈은 다른 지불 수단들을 대체하는 최적화된 매체이자 보편적인 지불 수단으로 자리를 잡게 되는 것이다.

이야기를 전개하다 보니 매체에 관한 언급이 앞섰는데, 이는 사실 우연이 아니다. 루만의 이론에서 사회체계는 커뮤니케이션으로 구성되며 커뮤니케이션의 구성은 매체의 분화와 밀접한 관련이 있기 때문이다. 소유욕을 표출하는 상징적인 수단이자 소유에 대한 동기를 현실화하는 보편적인 매체로서 돈은 이제 하나의 독립된 체계를 작동시킨다. 달리 말하면, 돈이라는 "상징적으로 일반화된 매체(symbolisch generalisertes Kommuikationsmedium)"는 위에서 언급된 기능 이외에 다른 기능을 수행하지 않는 방향으로 분화된 결과물이며 ― 물론 어린 아이에게 동전은 훌륭한 장난감으로, 일부 성인에게 외국 지폐 또는 화폐는 훌륭한 수집품 내지 예술품으로 기능할 수도 있다는 점을 배제할 수는 없다 ― 그럼으로써 다른 체계가 대신할 수 없는 고유 영역을 확보하게 되는 것이다. 여기서 고유 영역이란 매체의 흐름이 하나의 동기에서 시작해 하나의 수용 내지 거부로 귀결되며 이러한 작동이 순환적으로 관찰되는 영역, 달리 말하면 매체의 전달자와 수용자 사이에서 나타나는 정보의 생산과 전달의 방식 그리고 이 모든 것에 대한 판단과 이해가 구성되는 영역, 곧 돈의 흐름으로 의미를 생산하는 경제체계라고 할 수 있다. 앞의 예로 돌아가면, 신발은 권력이 있다고 해서 또는 신발에 관한 지식이 있다고 해서 또는 신발을 예술적으로 잘 형상화한다고 해서 얻을 수 있는 것이 아니다. 오로지 신발의 취득에 대한 적합성을 부여하는 커뮤니케이션만이 그 목적을 이루게 되는 것이다. 우리의 소설에서, 부자가 되고 싶은 귀족들이 귀족이라는 타이틀을 앞세우지 않고 권력과 특권의 상징이었던 영지를 처분해서 자본이라는 매체를 얻고자 했던 노력, 주인공 빌헬름이 총체적인 세계상을 유지할 수 없는 시대 변화의 필연성으로 총체적인 세계상을 대변한다고 믿었던 연극계에 이별을 고한 것, 다층적으로 분화된 사회적 현상들을 관찰하고 재현하기 위해 통일성을 자제하고 복수의 화자와 다양한 문학 형식을 도입했던 작가의 현명한 선택은 바로 이러한 체계이론적인 측면에서 재해석될 수 있는 전망을 낳는 것이다.

여기서 정말 글을 끝맺어야 한다. 이제 사회는 인간이 아닌, 커뮤니케이션으로 구성되어 있다는 낯선 테제를 어느 정도 수긍할 준비가 되어 있는지, 돈을 지불하는 사람과 그 돈을 받아들이는 사람 자체 또는 그들의 행위보다는 돈의 흐름이 일으키는 작용과 그 효과에 주목해 볼 준비가 되어 있는지 자문해 볼 차례이다. 루만은 사회구조 변동, 곧 매체의 분화와 독자적인 커뮤니케이션 영역의 구성으로 촉발되는 기능 중심의 체계 활성화가 경제, 정치, 법, 학문, 예술, 개인의 친밀 관계 영역에서 어렵지 않게 인지될 수 있다고 주장한다. 이와 같은 새로운 사회이론적인 시각이 심각한 거부감을 일으키지 않는다면, 우리는 『빌헬름 마이스터』 이야기에서 볼 수 있는 세계 변환과 새로운 시대의 도래를 다른 방식으로, 예컨대 귀족과 시민계급의 행동, 의지, 신념, 계획, 갈등, 협력과 같은 인간 중심의 범주에서 한 발 물러나 돈, 권력, 지식, 법, 예술 그리고 사랑이라는 각 기능체계를 활성화하는 매체가 어떻게 작동하는지를 탐구하는 방식으로 살필 수도 있는 것이다. 오해하지 말아야 할 것은, 체계이론이 인간의 존재 일체를 부정하거나 그 인간 존재의 존엄한 가치를 절대로 부정하지 않는다는 것이다. 다만 체계이론의 분석 대상에서 환경의 자리에 머물러 있기 때문에 관찰의 시선과 서술의 영역에서 벗어나 있을 뿐이다. 그렇기 때문에 체계이론은 간혹 가다 들리는 비판, 곧 루만의 이론은 실제 사회의 모습을 간과하고 형식주의적인 방법론에 치우친 나머지 "반인간적인(anti-humanistisch)" 이론에 불과하다는 매몰찬 쓴 소리에 위축될 여지도 없지는 않다. 그럼에도 체계이론에서 사회구조 변동이나 커뮤니케이션 이론만큼이나 복잡하고 방대한 "구조적 연동(strukturelle Kopplung)"과 "의미론(Semantik)", "인격(Person)"과 "개체성(Individualität)"이라는 또 다른 개념의 틀 안에서 인간의 위상을 다룰 여지가 충분하다는 사실은 인간 탐색을 본연의 연구 지평으로 삼고 있는 문학연구자들에게는 위안이 된다. 아쉽지만, 위의 여러 개념들을 다루기 위해서는 또 다른 장벽과 마주서서 빈틈을 응시하는 일을 처음부터 시작해야 하기에 필자의 부족한 논고는 이즈음에서 열린 결말로 놔두려고 한다.

제8장

루만과 퍼스, 그리고 제3의 요소로서의 구분과 해석 작용*

전동열 | 홍익대학교 독어독문학과

1. 넘버3, 왕좌에 오르다

서구가 세계를 파악하는 고전적 방식은 정신/물질, 선/악, 신/인간, 문화/자연, 내부/외부, 자신/타자와 같이 2원적 구조를 바탕으로 한 것이었다. 물론 기독교의 신은 삼위일체의 3원론을 취하고 있고, 고대 이래의 삼단논법 역시 세 가지의 요소로 사고의 과정을 설명하며, 헤겔 같은 철학자는 역사 발전의 모멘트로서 정/반/합의 3과정을 제시한다. 하지만 삼위일체의 신은 신의 존재를 설명하는 방식일 뿐 신/인간, 하늘/세상의 이분법적 시각을 수정하거나 보완하지 못한다. 헤겔의 경우에도 제3의 것은 양자의 작용의 결과로 나타나는 것이자 좀 더 높은 통일성으로 가는 잠정적인 것이며, 삼단논법에서도 그렇듯 제3의 결과

---

* 이 장은 독립적 논문이 아니라 필자가 이미 발표한 「루만의 체계이론과 퍼얼스의 기호학 비교」, ≪독어독문학≫, 52권, 3호(2011), 163~186쪽; 「니클라스 루만의 시스템 이론에서 기호와 의미의 문제」, ≪독일언어문학≫, 62호(2013), 165~188쪽; 「문학이란 무엇이었는가?: 문학은 세계 창조와 존재 본존의 유희였다」, ≪예술가≫, 21권, 21호(2015), 24~48쪽 등 논문과 에세이의 여러 부분을 재사용한 것이며, 이해를 위해 넘버3 같은 좀 '과감한' 용어와 부분적으로 강의식 서술 방식을 택했다.

가 이전 요소들에 가역적 영향을 주지 못한다.

2원적 파악 방식의 문제점은, 구성 요소들의 결합에 끼어들어 그 결합의 가능성 자체를 성찰할 제3의 요소를 배제한다는 데 있다. 창조 신화에서 신은 스스로의 창조자이다. 구분이 규정을 가능하게 한다면, 둘 사이의 구분이 불가능한 신에서 신이 창조될 수 없다. 구분이 없다면 창조도 없다. 신학적 관점에서 세상의 창조자로 받아들여지는 신은 스스로를 창조하는 존재이며, 동시에 차이의 가능성, 즉 다른 것과 구분되는 본질을 생성할 가능성도 함께 창조한다. 하지만 창조자와 창조의 균열은 신의 보편성 속에서 처음부터 부정된다. 이 경우 구분에 주목하지 않으면 구분이 창조의 필요에 따라 등장했다가, 창조자의 필요에 따라 사라진다는 것을 인식하지 못한다. '구분'은 신이 창조되는 과정의 보조적 요소가 아니라 신을 창조해 내는 결정적 넘버3다. 그런 의미에서는 이하에서 살펴보듯, 신이 구분의 창조자가 아니라, 구분이 신의 창조자이다.

문화를 불확실성과 지속적 변화 속에 있는 것으로 보며, 의식 자체를 자명하지 않은 것으로 보고, 창조조차 발생론적으로 탐구하려는 최근의 관점에서 제3의 인자는 더 이상 보조적이거나 잠정적인 것이 아니다. 그것은 2원적 요소에 덧붙여지거나 양자의 결과로서 나타나는 것이 아니라, 오히려 다른 요소들에 영향을 주면서 그 요소들과 세계와 사물의 과정 전체를 설명해 주는 결정적 역할을 떠맡는다. 그래서 마치 자크 라캉(Jacques Lacan)의 실제적인 것, 상상적인 것, 상징적인 것이 서로 고리로 얽히듯 요소들의 순서를 정하는 것조차 무의미해진다.

제3의 것은 2원적 요소의 생성에 작용할 뿐 아니라, 생성된 요소의 결합을 유동적인 것으로 만들거나 해체한다. 자크 데리다(Jacques Derrida)의 경우 '차연'은 페르디낭 드 소쉬르(Ferdinand de Saussure)가 기표와 기의의 결합으로 설명하는 기호를 '해체'하는 '지속적 차이'로 작용하며, 미셸 세르(Michel Serres, 1930~2019)의 "기식자(der parasit)"는 '주체' 안의 '객체'로서 주체와 객체 구분뿐 아니라, 심지어 "나"와 "식물, 동물" 사이 구분을 모호하게 만드는 "소음"(Serres, 1982: 83)의 역할을 한다. 그래서 세르는 제3의 그런 기식자가 작용하는 곳에서 "관찰자는 정확히 그가 관찰하는 것처럼 구조화되어 있다(this observer is structured exactly like what he observes)"(Serres, 1982: 83)고 말한다.

'관찰하는 것(의 구조) 속에 스며들어 있는 관찰자'가 일차적으로 말해주는 것은, 관찰이 전통적 주체의 의지에 의해 이루어지지 않는다는 것, 나아가 그런 주체는 없다는 것이다. 또한 객체에 대한 시각을 지정해 주는 "소음"이 주체 속 "기식자"로서 관찰의 구조를 결정한다는 것이다.

이런 '기식자'의 모습은 르네 지라르(René Girard)의 "욕망의 중개자"(Kuon, 2006: 96)에서도 나타난다. 『낭만적 거짓과 소설적 진실(Mensongs romantique et vérité romanesque)』에서 지라르는 "우리가 자발적으로 욕망한다고 믿지만" 그것은 "낭만적 거짓"이며, 소설이 알려주는 "진실"은 모든 욕망이 제3의 중개자에 의해 유발된 욕망이라는 것이다. 욕망의 주체와 대상, 그리고 중개자의 삼각형에서 결정적 역할을 하는 것은 욕망 관계에서 의식되지 않고 보이지도 않는 중개자이다. 루만의 이론에서도 그런 "기식자(parasit)"가 등장한다. 세르를 인용하며 루만은 이렇게 말한다.

> 구분은 관찰이 작동할 때 사용되긴 하지만 관찰은 불가능한 것으로서 관찰자의 맹점이다. 논리적 개념들로 요약하면, 관찰자는 그의 관찰에서 배제된 제3의 것이다. 그[관찰자]는 "주체"가 아니다. 그는 그의 관찰의 "기식자(serres)"이다(Luhmann, 2009a: 223).

체계와 환경의 차이를 바탕으로 체계이론을 전개하는 루만의 경우 제3의 요소로 작용하는 '구분'은, 관찰도 인식도 되지 않으면서 '관찰'을 가능하게 만드는 전제조건이다. 관찰자가 관찰의 '기식자'인 것은, 이미 관찰이 '구분'에 '기식'해 작동하기 때문이다(Luhmann, 1987: 123, 531, 533). 주체나 객체가 본질적인 것이 아니라, 의식되지 않는 '구분'과 '관찰'이 결정적인 것이다. 구분이 '의식적 관찰'

의 대상이 아니기에, 구분의 생산에는 개인의 의식적 오성을 근거로 한 합리성은 작동하지 않으며, 관찰이 항상 관찰되지 않는 구분을 바탕으로 이루어지기에 사회체계의 작동에서 모순과 역설, 동어 반복이 중심적 역할을 담당하게 된다. 루만은 보이지 않는 구분을 바탕으로 이루어지는 무의식적 관찰에 대한 관찰을 "현대성의 전형적 태도"(Luhmann, 2009b: 160)로 판단한다.

루만의 경우 사회적으로 이루어져 있는 구분이 관찰의 방식과 내용을 결정짓는다면, 세르의 경우 관찰의 방식과 내용을 결정짓는 것은 '기식자'이다. 그리고 현대에 화려하게 주인공으로 등장한 넘버3들의 특징은 세르가 5부작으로 출간한 책의 제목 『헤르메스(Hermès)』처럼, 신들의 메신저로서 신과 인간, 저승과 이승을 넘나드는 중간자이자, 이런 중간자를 통칭하는 '트릭스터'라는 데 있다. 트릭을 쓰는 자인 '트릭스터'는 신화 속에서 신이 창조한 질서의 양쪽에서 힘을 행사하기에 부러워할 만한 초월적 존재로 나타나기도 하지만, 때로는 양쪽의 세계 어디에도 속하지 못하고 배척받는 하찮은 존재로 나타나기도 한다. 또한 송신자와 수신자를 이어주는 메신저이자 통역자로서 그들은, 양자를 연결해 주는 보조적 역할에 그치는가 하면, 양자의 존재를 가능하게 하는 창조적 역할을 하기도 한다. 나아가 이들은 메시지를 충실하게 옮기기도 하지만, 때로는 자의적으로 메시지를 변형시키기도 하는 '매체'이다. 주체와 객체가 관심의 중심에 있던 시기에 이런 '매체'는 단지 눈에 띄지 않는 넘버3일 뿐이었다. '매체의 시대'에 '매체'는 넘버3이자 넘버1이며, 스스로 넘버2로 나타나기도 한다. 이제 넘버3는 넘버3가 아니다.

이처럼 현대에는 제3의 것을 중심으로 이론을 전개한 사람들이 많이 나타났으며, 그것은 시대의 특징으로 규정되기도 한다. 이런 흐름 속에서 과거 크게 주목받지 못했던 사상가들이 다시 논의의 중심에 떠오르는데, 그중 하나가 3원적 관계이론으로 기호의 작동을 다룬 찰스 퍼스(Charles S. Peirce)이다. 그가 19세기 말, 아직은 3원적 사고에 익숙하지 않은 사람들에 의해 "3원론 편집증"(Spinks, 1991: v)이라는 비난까지 받았다는 점은, 그가 얼마나 철저하게 3원론적 범주를 통해 인식의 문제를 규명하려 했는지를 말해준다. 20세기 말에 이르러 그는 기호학 이론의 "가장 완전하고 심원한 기초자"라고 인정받고 있으며, 매우 상반된 방향의 사고를 전개하는 일리야 프리고진(Ilya Prigogine)과 놈 촘스키(Noam Chomsky) 같은 사람들이 그들 사상의 선구자라고 할 만큼(Spinks, 1991: v) 폭넓은 영향력을 행사하고 있다. 그래서 이제부터 살펴보려는 것은 "3원론 편집증"의 소산이라 할 만한 퍼스의 기호 개념이 루만의 체계에 어떤 설명적 기능을 갖는가 하는 것이다.

2. 창조로서의 구분, 구분으로서의 창조: 루만과 퍼스, 스펜서 브라운

퍼스의 기호를 통해 루만의 체계가 지닌 성격을 규명해 보려는 것은 루만의 체계가 퍼스의 기호 개념과 많은 유사성을 보이기 때문이다. 그리고 루만이 자신의 이론의 중심 개념인 '구분'을 퍼스의 기호 개념에서 제3의 요소에 해당하는 해석 작용(interpretant)과 같은 것으로 보기 때문이다.

> 기호 자체가 규정자와 피규정자의 구분이라면, 그것은 규정자도 아니고 피규정자도 아닌 제3의 어떤 것이다. […] 퍼스는 제3의 것과 연관해 해석 작용에 대해 말했다(Luhmann, 1993: 52).

기호는 구분이다. 기호는 '제3의 것'인 '해석 작용'이다. 루만은 '제3의 것'인 '해석 작용'을 체계이론의 용어인 "구분의 사용"이자 "관찰"과 동일시한다.

> 해석 작용이라는 표현을 온전히 (즉, 단지 구분의 통일체로서의 형식을 시사함으로써만이 아니라) 대체하기 위해 우리는 (다른 면이 아닌) 어떤 면의 규정을 위한 구분의 사용을 관찰이라고 부르려 한다. 이것은 구분의 사용자를 관찰자로 규정할 수

있는(규정할 수 있는!) 가능성을 열어준다(Luhmann, 1993: 53).

루만의 체계이론에서 "관찰"은 일상적으로 주체에 의해 이루어진다고 생각되는 관찰과 다르다. 그것은 앞서 살펴본 것처럼 제3의 요소인 "기식자"의 개입에 의해 개인의 의식과 무관하게 이루어지는 관찰이다. 관찰이 체계 속에서 '작동'하는 것처럼 "구분의 사용" 역시 개인의 의식과 무관하게 일어난다. 이 "구분의 사용"은 해석 적용이 그렇듯 '무의식적으로' 구분의 양면을 통일체(=결합체), 즉 형식으로 관찰하는 과정일 뿐 아니라 '의식적으로' 양면 중의 한 면을 규정하는 과정이다. 이 과정은 "양 측면"의 "형식" 차이를 바탕으로 루만이 규정하는 기호의 개념에서도 나타난다.

기호가 양 측면을 가진 형식이라는 규정을 위해 우리는 세 개의 개념들을 필요로 한다. 규정자, 피규정자, 그리고 기호이다. 우리는 이 개념의 기본 사상을 다음과 같이 정리할 수 있다. 기호는 기호와 피규정자의 차이다(Luhmann, 1993: 49).

루만의 이런 '차이 이론적 관점'에서 '차이'는 소쉬르의 기표/기의 결합 관계를 분리시키면서도, 규정자와 피규정자를 묶어 규정자의 기능을 넘겨받는 기호 안에서 하나의 '통일성', 즉 '결합체'로 나타난다. 그런 점에서 역설적이게도 차이 이론에서는 '구분=통일성'이며, '차이=자기동일성'이 된다. 구분이 통일성이라는 것은 분명 역설이다. 그래서 루만은 구분과 통일성이라는 '형식'의 역설을 해소하기 위해 '구분'을 존재가 아니라 "사용"이라는 용어로 규정한다.

(규정자와 피규정자의 구분을 포함하여) 구분을 사용하면 이 역설이 해소될 수 있다. 그것은 사람들이 구분된 것을 구분된 것으로서 인식하고 구분의 통일성을 구분과 동시에 일어나는 작동으로 다루기를 거부함으로써 가능해진다. […] 구분 자체는 눈의 맹점과 같은 것이다. 그래서 맹점 때문에 외부의 사물을 보지만 맹점 자

체는 관찰될 수 없다(Luhmann, 1993: 53).

"구분"과 그 구분의 결합 상태, 즉 "통일성을 구분과 동시에 일어나는 작동으로 다루"는 것은 불가능한 일이다. 그래서 루만은 이미 이루어져 있는 "구분을 사용"하라고 한다. 하지만 맹점이 그런 것처럼, 구분을 사용하면서도 그 구분을 볼 수는 없다. 이는 의식 작용을 통해 의식은 어떤 것을 의식할 수 있지만 의식 자체를 의식할 수 없는 것과 같다. 보이지 않는 구분이 규정을 가능하게 만들며, 규정하기는 구분 없이 일어날 수 없다. 기호가 항상 자신과 구분되는 다른 면과의 구분이기에 기호의 구분은 항상 동시에 자신을 사용하게 되며, 여기에서 루만은 구분 속에 구분이 "재등장(reentry)"(Luhmann, 2009b: 285)하는 가능성을 발견한다.

체계와 환경의 차이를 만들어내는 제3의 요소인 '구분'의 개념이 루만의 체계이론에서 차지하는 역할은, '구분'의 개념과 함께 '관찰', 재등장 같은 핵심들의 사용에 직접적 영향을 준(Schreibmayr, 2004: 7f) 조지 스펜서 브라운(G. Spencer-Brown)의 『형식의 법칙들(Laws of Form)』이 '구분'으로부터 시작한다는 데서도 드러난다. 루만은 『사회적 체계들(Soziale Systeme)』에서 스펜서 브라운을 인용하며 체계의 이해에서 차이 개념이 차지하는 역할에 대해 말한다.

> 체계와 환경의 차이는 오직 차이 개념의 도움으로만 정의될 수 있는 형식 이론의 일반적이고 일차적인 분리(disjunktion)로 되돌아갈 때에만, 보다 추상적으로 근거를 제시할 수 있다(Luhmann, 1987: 35).

이 텍스트는 두 가지 내용으로 나눌 수 있다. 즉, 형식의 이론은 차이 개념의 도움에 의해서만 정의될 수 있다는 것과, 체계와 환경의 차이는 형식 이론에서의 "일차적인 분리"를 살펴봄으로써 잘 설명될 수 있다는 것이다. 두 명제에서 내용상 중복되는 것은 분리이다. 여기에서 구분 짓기(distinction-drawing)는 단순히 체계가 행하는 어떤 것일 뿐 아니라, 그것에 의해 체계가 구성되는 원인이기도 하다. 그것은 체계가 자생성〔autopoiesis(selbstorganisation)〕을 지니게 되는 이유이기도 하다. 특정한 구분은 항상 자동적으로 그 구분의 특정한 양면을 생산하기 때문이다. 양면의 한 면인 체계의 시각에서 보면 환경과 구분을 재생산하는 것은 체계이다. 그리고 체계가 그 구분을 재생산하지 못하면 체계는 와해된다. 중요한 것은 체계에 의해 수행되는 재생산은 이미 이루어진 구분을 바탕으로 한다는 점이다.

구분은 선을 통해 이루어진다. 선을 긋는 것은 칸트주의의 전통에서는 범주화로 파악되는데, 퍼스는 그런 범주화를 인간에 내재된 능력으로 파악한다. 또한 현상학에서 선을 긋는 것은 추상(abstraction)으로 파악되는데, 선에 의한 절단(prescission)은 형식의 구분(formal distinction)이자 현상의 분리를 가능하게 하며, 이를 통해 이루어지는 "추상화"는 그렇게 분리된 양상들을 탐구할 만한 사유의 대상들(thought objects)로 만드는 과정이다(Stjernfelt, 2011: xviii). 앞선 텍스트에서 루만이 말하는 추상화는 체계가 어떤 과정을 거쳐 사유의 대상이 되는지를 설명하는 것이며, 그 중심에 구분의 수행이 있다.

스펜서-브라운은 『형식의 법칙들』에서 공허(the void)에서 어떻게 형식이 만들어지며, 형식이 어떻게 내용을 창조하는지에 대한 수학적 시스템을 제시한다. 막연히 물질에서 형식이 만들어진다고 추정하거나 믿는 사람에게는 형식이 내용을 만든다는 생각은 생소하거나 믿기 어렵다. 흙으로 세상을 창조했다는 기독교의 창조론 역시 물질이 형식을 창조한다는 믿음을 바탕으로 한다고 할 수 있을 것이다.

스펜서 브라운은 『형식의 법칙들』에서 형식의 생성과 존재 방식에 대한 설명을 시도한다. 그는 형식 생성에서 가장 기본적인 행위를 '구분(distinction)'이라 한다. 이 구분은 공허 속에서 '어떤 것'이 창조되는 가장 간단한 출발점이다.

구분하라. / 그것을 첫 구분이라 하라(Spencer-Brown, 1997: 3).

구분이 구분의 표시와 동일하지는 않지만 구분은 표시를 통해서만 실현되고 나타난다.

> 구분에 의해 구분된 상태를 그 표시를 통해 표시된 상태에 있게 하라. / 그 상태를 표시를 통해 인식되게 하라(Spencer-Brown, 1997: 3).

구분의 표시가 행해지면 '표시된 곳(mark)'과 '표시되지 않은 곳(not-mark)'이 생긴다. 구분의 표시에 의해 표시된 곳이 만들어지는 것은 구분이 중립적 구분이 아니라 어느 한쪽에 대한 지시이기 때문이다.

> 우리는 구분의 관념과 지시의 관념을 당연한 것으로 간주한다. 그리고 구분을 하지 않고는 지시할 수 없다는 것을 당연한 것으로 간주한다. 그렇기 때문에 구분의 형식을 형식으로 간주한다(Spencer-Brown, 1997: 1).

구분은 지시이며 규정이자 "내용-채우기(continence: Be-Inhaltung)"이다. 형식은 항상 구분의 형식이며, 구분은 표시된 공간과 비-표시의 공간을 생성한다. 물론 표시와 표시되지 않은 공간의 생성이 의도적으로 이루어지지 않는다는 점에서 '구분'은 차이가 드러나는 다른 면을 의식하는 '구별'과는 다르다. 개념의 규정이 사람마다 동일하지는 않지만 퍼스는 구분을 차이의 구별에서 이루어지는 '분리적 측면'으로 이해한다.

> 어떤 요소가 다른 요소 없이는 추측조차 할 수 없을지라도, 그 요소들은 자주 서로 구별(distinguish)될 수도 있다. 그처럼 우리는 더 짧은 것 없이 더 긴 것을 상상하거나 추측할 수 없지만, 그래도 우리는 짧은 것에서 긴 것을 구별해낼 수 있다. 나는 후자의 양식의 분리(separation)를 구분(distinction)이라 부른다(Peirce, 1974: 1.353).

스펜서 브라운의 경우 '어떤 것'이 구분을 통해 '가치를 지니'면, 구분의 한쪽 면에서 '어떤 것'이 특정 이름으로 불리면서 그것의 가치가 지시되고, 그 가치는 구분의 한쪽 면에서 다른 면으로 횡단해 가며 그 가치가 부정되더라도 유지된다. 하지만 그것이 다시 또 원래의 면으로 횡단해 오면 예전의 가치는 유지되지 못한다. 두 번째의 횡단은 이전과는 다른 새로운 관계의 형성을 의미하기 때문이다. 스펜서-브라운은 이것을 "명명의 법칙(law of calling)"과 "횡단의 법칙(law of crossing)"이라는 이름의 "공리 Axiom"로 사용한다(Spence-Brown, 1997: 2). 퍼스는 스펜서-브라운에 앞서 다른 면으로 넘어가는 것을 연속성의 단절로서 부정의 의미로 파악한다.

> 어떤 타원의 선이 연속적이라고 할 수 있는 이유는, 그 곡선 위의 어떤 점을 횡단하지 않고는 안쪽에서 바깥쪽으로 횡단할 수 없기 때문이다(Peirce, 1974: 6.165).

구분에 의해 공간이 창조되며, 표시와 비-표시는 구분이 창조한 공간 내의 모든 것이다. 표시와 비-표시가 없이는 어떤 공간도 존재할 수 없다. 양자는 필수적이고 서로 보안적인 쌍이다. 구분이 없던 곳에 '최초의 구분'이 이루어지면, 그 "최초 구분의 형식"은 "내용을 지닌" "형식"이 된다.

> 어떤 구분에 의해서든 나누어진 공간을 공간의 전체 내용과 함께 구분의 형식이라 하라(Spencer-Brown, 1997: 4).

내용을 지닌 것과 동일한 형식이 다른 형식으로 복사되면, 복사된 '형식'은 "모사물(token)"로서 (다른 유형과 구분되는 동일한 유형의 것에 대한 보통명사처럼) 동일한 유형의 "상태 또는 내용"을 지닌 "이름"으로 불릴 수 있는 상태가 되었음을 의미한다.

> 표시의 모든 모사물을 표시된 상태의 이름으로 불리도록 하라(Spencer-Brown, 1997: 4).

그런데 이어 반전이 일어난다. 그것은 상태 이후에 붙여진 이름이 역으로 표시된 상태를 규정하는 기능을 하게 된다는 점이다.

> 이름이 그 상태를 지시하도록 하라(Spencer-Brown, 1997: 4).

이름은 상태의 특정 내용을 규정하는 역할뿐 아니라 특정한 (구분) 상태가 이름에 의해 창조될 수 있는 기능을 떠맡게 된다. 그것이 가능한 것은 동일한 유형의 것이 이름으로 명명되기 전에는, 그것이 장차 그 이름으로 명명될 특정 상태인 것을 알 수 있는 가능성이 없기 때문이다. 그런 관점에서 보면 『형식의 법칙들』이 인용한 노자의 『도덕경』 속 "無名天地之始"의 "무명"은 이름이 붙여지기 전의 구분의 상태로도 해석할 수 있을 것이다. 또한 인용되지는 않았지만 『도덕경』의 有名萬物之母는 이름을 통한 지시의 행위가 구분의 상태를 지시할 뿐 아니라, 그의 내용의 창조, 즉 만물의 창조임을 말해준다. 말하자면 세계의 창조는 구분과 명명을 통해 비로소 이루어지는 것이지, 자기동일성(identity)을 지니는 대상에 이름이 주어진 식으로 이루어지지 않는다는 것이다. 스펜서 브라운의 이론을 바탕으로 시스템의 작동을 설명하는 니클라스 루만은 "태초에는 자기동일성이 아니라 차이가 있었다"(Luhmann, 1987: 112)고 말한다. 루만의 시각에서도 세계의 창조는 개별적 사물과 세계 자체의 창조가 아니라 구분과 이름 붙이기의 과정이다. 이것을 스펜서 브라운의 방식으로 읽으면, 이름을 통해 창조된 만물은 결코 독립적·개별적인 사물의 창조가 아니라 항상 구분의 다른 면을 포함하는 한 면의 창조이며, 이 관계를 확대하면 "만물"은 항상 한 면과 다른 면을 지니는 형식으로 이루어진 관계의 면들이라는 것이다.

이름이 구분의 상태를 규정한다는 점, 그리고 구분과 함께 표시와 비-표시의 부분이 발생한다는 점에서 생각해야 할 점은, 구분이 중립적 구분선 위가 아니라 어느 한쪽에서 이루어진다는 것, 즉 이미 특정한 관점이 전제된 상태에서 구분이 이루어진다는 점이다. 그렇다면 곧바로 스펜서 브라운이 말하는 "첫 번째 구분"에 의문이 제기된다. "구분하라"는 요청은 사전적 구분의 수행이 없이는 이루어질 수 없으며, 그것이 임의적이고 개별적인 구분이라면, 복사와 모사의 형식도 생산될 수 없기 때문이다. 언어의 체계 속에서 이루어진 구분의 경우 언어가 구분을 제약하기에, 첫 구분이 이루어진 시점을 확정하는 것은 불가능하다. 임의의 구분이 규칙성을 지닌 구분이 되리라고 예상할 수 있는 경우가 혹시 있다고 해도, 어떤 구분이 첫 구분인지를 아는 것은 불가능하다. 따라서 이미 그 자체로서는 역설인 첫 번째 구분(Marius/Jahraus, 1997: 47)은 창조 신화나 상상 속에서 가능한 일이다. 기독교의 성서는 천지창조를 이렇게 묘사한다.

> 태초에 하나님이 천지를 창조하셨다. 땅이 혼돈하고 공허하며, 어둠이 깊음 위에 있고 […] 하나님이 말씀하시기를 '빛이 생겨라' 하시니 빛이 생겼다. […] 하나님이 빛과 어두움을 나누셔서, 빛을 낮이라 하시고, 어둠을 밤이라고 하셨다(『창세기』 1:1).

빛의 명명은 빛 자체에 대한 명명이자 어둠과의 구분이다. 언어로 기록된 단계의 성서에서 그 구분은 명명과 함께 이루어진 것처럼 묘사되지만 성서도 명명 이전의 구분에 대해 고민한 흔적을 남기고 있다. 그것은 창조 이전에 창조를 가능하게 한 동력 같은 것에 대한 언급으로 서술된다.

> 주님께서 일을 시작하시던 그 태초에, 주님께서 모든 것을 지으시기 전에, 이미 주님께서는 나〔지혜〕를 데리고 계셨다(「잠언」 8:22).

'태초' '이전'부터 "주님"이 지니고 있었다는 "나"인 "지혜(wisdom)"는 창조가 구분을 통해 가능했다는 점을 전제하면 곧 '구분의 지혜'이다. 물론 그렇다 해도 첫 구분의 역설이 해소되는 건 아니다. 오히려 성서는 첫 구분의 불가능 내지 설명 불가능성을 "지혜"라는 말로 피해 가거나 고백하고 있다고 볼 수 있다. 그러나 이 창조 신화에서 "지혜"는 창조에 의해 이루어지는 질서의 바탕이다. 이와 비슷한 사유 방식은 『도덕경』에서도 발견된다.

道生一, 一生二, 二生三, 三生萬物(『도덕경』 42장).

이것은 "도가 일을, 이는 삼을, 삼은 만물을 낳는다"고 풀이할 수 있다. 스펜서 브라운의 형식 생성 과정을 여기에 적용하면 '하나'는 구분 이전의 상태다. 그것을 생성해 내는 것을 '도'라 한다. 천지창조 이전에 있었다는 성서의 '지혜'와 상동성을 보인다. 『도덕경』은 구분에 대해 말하지 않고 '하나'의 생성 원인을 '도'라고 칭한다. '도'의 생성 원인은 설명되지 않으며, 단지 그것의 효과만 서술될 뿐이다. 『도덕경』의 근원은 '도'이며, 『성서』의 근원은 '지혜'이다.

『도덕경』을 스펜서-브라운의 식으로 읽으면 '도'에서 나온 '하나'가 '둘'을 낳으면서 '최초의 구분'이 이루어지며, 둘이 셋이 되면서 제 3의 것인 '이름 붙이기'가 이루어진다. '둘'이 관계라면 '셋'은 관계에 대한 이름이다. 둘이 물리적 관계라면 셋은 물리적 관계에 대한 성찰이자 추상이다. 그래서 세 번째로 만들어진 이름은 구분된 다른 것과의 관계를 자체에 포함하며, 관계로 연결된 만물 생성의 모태가 된다. 만물의 생성은 관계의 생성일 뿐 스스로 자기동일성을 갖는 단독자의 생성이 아니다. 루만 역시 "세계는 단지 기호의 형식에 의해 분할되어 세계라고 규정된 것일 뿐"(Luhmann, 1993: 60)이라고 하는데, 모든 인식뿐 아니라 코스모스로서의 물질적 세계 역시 '구분'이 없으면 불가능하다. 그렇기에 '하나'는 스스로가 동일할 수도 동일하지 않을 수도 없으며, 다른 것과 동일할 수도 동일하지 않을 수도 없다.

스펜서-브라운은 구분을 말하면서도 구분의 근원에 대해서는 말하지 않는다.

그것은 루만의 경우도 마찬가지다. 그럼에도 '첫 구분'과 이후의 과정을 언급하는 것은 특별히 루만의 경우 이름이 구분의 상태를 규정한다는 점, 그리고 의식하지 못하는 가운데 이미 이루어진 구분을 바탕으로 명명이 이루어지고, 역설적으로 그 명명이 다시 또 구분의 양식을 규정한다는 점을 명시적으로 드러내기 위해서이다.

구분에 의해 생성된 '이름'이 규칙성으로 작용하며, 그것이 역으로 구분의 양식을 결정하는 자기준거성의 역설은 퍼스의 1차성, 2차성, 3차성 범주의 구분을 통해서도 설명된다.

> 당신이 애플파이의 꿈을 꾼다면 그 꿈의 바로 그 자질〔속성(맛, 향, 온기, 바삭함 등)〕은 순수 1차성이다. 반면 그것을 굽는 행동은 일련의 실제의 2차성으로 구성된다. 하지만 그것의 조합(coordination)은 3차성에 의해 지배된다. 레시피는 일반적인 것으로서 개별적 애플파이 속 모든 속성을 특성화할 수 없다. 그것은 도식적 틀의 성격(schematic frame-character)을 지니며 무한한 일련의 가능한 애플파이 ― 연속체 전체 ― 를 포괄한다. 3차성은 필연적으로 일반적이고 모호하다. 물론 레시피는 다소간에 상세하지만 어떤 레시피도 케이크 속 개별적 모든 내용물과 날짜, 시간, 장소, 어떤 나무에서 애플이 나오는지를 규정할 수는 없다. 어떤 레시피라도 필연적으로 일반적일 수밖에 없다. 이 경우 레시피(3)는 꿈(1)과 이행(2)을 중개한다. 그것의 일반성, 상징성, 관계성, 그리고 미래의 지침은 3차성의 모든 성격이다. "일반성, 3차성은 우리의 모든 지각적 판단을 우리에게 부여해 준다(Peirce, 1974: 5.150).

애플파이의 '꿈'을 꾸는 단계는 아직 애플파이라는 명칭이 붙을 수 없는 어떤 것에 대한 상상의 과정이다. 그것은 개별적 재료에 대한 경험을 통해 생겨날 것이다. 각각의 재료를 넣은 다양한 '굽기'의 '실험'은 일회적이며, 어느 것이 애플파이라는 음식의 레시피로 선택되고 확정될지는 알 수 없다. 하지만 3차성의 레시피는 이 과정이 만들어내는 결과물이다. 그럼에도 일단 애플파이이라는 명칭의 음식과 그것의 레시피가 정해지면 이 레시피가 역으로 2차성의 다양한 굽기를 제한한다. 이제 애플파이의 이름으로 이루어지는 다양한 실험은 일반적인 애플파이로 경험되어 그 범주 안에 포함되거나, 그 범주를 벗어난 개별적인 것으로 경험된다. 3차성의 연속성은 2차성에서 만들어졌지만 3차성이 확정되면 그것은 2차성을 제한하는 근거가 된다. 2차성에서 3차성이 나왔다는 점에서 2차성의 자유로운 실험을 제한하는 근거는 결국 자신에게서 나온다고 할 수 있다. 루만의 경우 '재등장'은 퍼스의 용어로는 3차성의 규칙이 2차성의 구분에 사용되는 방식이라 할 수 있다.

2차성이라는 현재적 사건이 확정성을 지닌 것으로서 경험의 대상이긴 하지만 그것이 자체로서 인식되는 경우는 없다. 인식은 항상 1차성의 모호성이나 3차성의 일반성을 통해 발생하기 때문이다. 이때 2차성의 실존은 구체적으로 인식되지 않은 상태에서는 1차성의 가능성의 원인으로, 일반적 개념의 범주에서 인식될 경우 3차성의 형성에 영향을 주는 요소로서 1차성과 3차성 안에 '내재'되어 있다. 임의로 이루어진 재료의 조합이 규칙으로 확정되고, 그 규칙이 재료의 조합을 규제하는 작용을 하는 자기준거성(selbstreferenz)에 '대한' 의식은 규칙과 당위성에 '대해' 의문을 제기하고, 재료(material) 자체를 새롭게 구성해 보려는 시도로 나타나기도 한다.

루만에게는 2차성이 구분의 과정이다. 구분은 그 자체로 인식될 수 없고 오직 3차성, 즉 구분의 사용이자 구분의 제한을 통해서만 인식된다. 규정의 규칙에 의한 실제 구분은 동일하게 일어날 수 없다. 따라서 구분의 사용의 재등장은 실제 구분의 동일한 재등장일 수 없다. 그럼에도 재등장을 말할 수 있는 것은 구분이 구체적 사실이 아니라 범주화이기 때문이다. 그렇기 때문에 어떤 구분도 이전의 구분의 반복일 수 없으며, 확정적 의미에서의 구분은 자체로서 모순이다. 구분이 고정된 구조가 아닌 과정이며, 그렇기에 차이의 생성이자 생성의 과정을 드러내는 용어인 '차연'의 필요성을 데리다는 『입장들(Positions)』에서 다음과 같이 주장한다.

> "구분(unterschied)은 이미 모순 그 자체이다." 차연(différence)〔차이의 과정(differenzierungs*vorgang*)〕은 더 이상 단순히 논리적 모순의 일반성에 종속될 수 없기 때문에, 차이를 만들어내는 방식을 통해 갈등의 이질적 양식들 또는 다른 용어로 모순들을 고려할 수 있도록 해준다(Derrida, 1986: 92).

3. 자생성, 재등장, 자기준거성: 루만의 '체계'와 퍼스의 '기호'

루만은 언어적 소통에 대해 말하면서 그에 참여한 "우리"의 성격을 다음과 같이 설명한다.

> 특별히 언어적 소통의 경우 [⋯] 우리는 무엇이 소통이며 무엇이 아닌지 결정할 수 있다. 여기에서의 '우리'는 심리적 구조 속 개인이 아니며, 그런 경우가 있을 수 있다 해도 그는 방심 상태에 있거나 소통이 이루어진다는 것을 전혀 알지 못한다(Luhmann, 2009: 81).

'우리'는 소통에 능동적으로 '참여'할 수 있지만, 소통 자체를 의도할 수 없으며 소통 순간을 의식적으로 관찰할 수도 없다. 그것은 의식의 진행이 우리 안에서 일어나지만 의식을 의식하거나 의도할 수 없는 것과 같다. 언어를 구성하는 재료 역시 그것이 음성이든 문자이든 소통 과정에서는 우리가 의도할 수도 의식할 수도 없다. 소쉬르의 파악 방식으로 "언어는 공시적 상호 관계에 있는 것으로 간주될 수 있고 또 간주되어야 하는 체계"(Saussure, 2001: 103)이며, 여기에서의 체계 개념은 루만과 같지 않다 해도 언어 소통 과정에서 언어 체계 내 요소들만이 요소의 결합에 참여한다는 점에서는 다름이 없다. 그런 의미에서 공시적 체계와 그것 내 요소들의 결합은 '자생성'을 지니며, 언어의 재료가 언어 체계 내 규칙을 만들어낸 이후 언어의 재료는 역으로 언어 규칙의 제약 속에 들어간다는 점에서 자기준거적이다. 또한 앞서 서술한바 기독교에서의 천지창조 과정이 그렇듯 이름이 성립하는 과정에서 생겨난 구분이 소통 과정에서 무의식적으로 사용된다는 의미에서 재등장이 일어나며, 구분이 양면을 만들어내는 데 반해 양면을 지닌 구분이 구분의 한 면을 규정하기 위해 사용된다는 점에서 재등장은 역설적이다(Luhmann, 2009b: 88). 이처럼 언어 소통은 체계의 작동 방식을 취하며, 나아가 언어의 기능은 소통의 수단에 한정되지 않는다.

> 언어 자체는 단순한 기호의 그물망으로 파악될 수 없다. 왜냐하면 언어는 단지, 그리고 주로 기존의 어떤 것에 대한 시사의 기능만을 가지는 것이 아니기 때문이다. 언어는 소통 수단만이 아니다. 왜냐하면 언어는 소통 없는 심리적 체계들 속에서도 기능하기 때문이다(Luhmann, 1987: 137).

언어 소통이 체계의 작동 방식을 취하며, 언어가 소통의 수단을 넘어선다는 것은 분명하다. 하지만 루만의 파악 방식에 따르면 언어는 체계가 아니다. 그 이유는 언어가 자신의 작동 방식을 가지지 못한 채 소통의 수단이거나 "심리적 체계 속"에서 작동하는 요소일 뿐이기 때문이다.

> 언어는 체계가 아니다. […] 그것은 자신의 작동 방식을 가지고 있지 않다. 소통이 아니거나 언어적 사고가 아닌 언어적 작동이란 없다(Luhmann, 2009b: 279).

언어가 "자신의 작동 방식"을 가지지 않는다는 주장의 근거는 누군가가 그것을 사용할 사용자가 있어야 한다는 데 있다. 그래서 언어는 소통과 사고의 수단일 뿐 스스로 체계는 아니다. 루만은 언어를 "단순한 기호의 그물망" 이상의 것이라고 하며, 그 이유를 언어가 "단순한 시사의 기능"을 넘어서기 때문이라고 한다. 이런 파악 방식에는 기호와 언어에 대한 공동의 관점이 내재되어 있다. 그것은 기호도 언어도 모두 '수단'이며, 스스로 의미를 지니지 못한다는 것이다.

> 기호의 기능은 항상 자기참조를 배제한 채로 어떤 확정적인 것에 대한 지시를 요구한다. 다른 말로 하면 세계기호도 스스로를 규정하는 기호도 없다는 것이다. 양자, 즉 보편성과 자기참조성은 의미의 필수적 속성이다. […] 기호는 그의 기능을 충족시킬 수 있으려면 의미를 가져야 한다. 그러나 의미는 기호가 아니다(Luhmann, 1987: 107).

루만의 관점에서 의미는 기호 밖에 있다. 언어가 스스로의 작동 방식을 가지지 못하는 것도 의미가 언어 안에 있지 않기 때문이다. 의미는 인간의 의식과 무의식 속에 있다. 루만은 언어의 원래 기능을 "의미의 일반화(generalisierung von sinn)"(Luhmann, 1987: 137)에 있다고 한다. 말하자면 언어는 의미를 반복적 적용이 가능한 것으로 만드는 역할을 한다. 그럼에도 언어는 내부에 의미를 담고 있지는 못하다. 루만의 파악 방식 속에서 의미는 "주체와 관계된 어떤 것"(Luhmann, 2009b: 224)이고, "의미를 수립"하는 것은 "의식의 능력(bewußtseinleistung)"이다. 이런 의미는 "심리적 체계들과 의식체계들", 그리고 "사회적 체계들과 소통 체계들"에서 사용되는데(Luhmann, 2009b: 224), 의미는 무엇보다 "의도〔intention(또는 지향)〕"와의 관련성 속에서 생성된다.

> 의미 개념은 이미 오래전에 지시 대상 개념과 분리되었으며 현상학에서 새롭게 형식화되었다. 우리는 단지 의미라는 현상에 대한 현상학의 서술을 취하면서 그것을 펼쳐놓으면 된다. 현상학은 의미를 그때마다 그 순간 의도된 것을 넘어서는 잉여지시로 서술한다. 이 시사들은 확정 가능한 종점이 없이 지평들로 연결되는데 그 지평의 끝으로서 세계가 주어져 있다. […] 말하자면 세계는 의미의 상관물로서, 자신에 대한 지시들을 포함한 모든 의미 있는 지시들의 연결에 […] 종결을 부여하는

세계환상으로 파악될 수 있다(Luhmann, 1993: 62).

이런 "의미체계"는 전기 같은 외부 힘에 의해 인과적 작동을 반복하는 "기술적 체계"(luhmann, 2009b: 96)와 달리 내부적 요인에 의해 작동하며 환경과의 '차이'를 (재)생산한다. 그러나 '재등장'이 기계적 인과관계가 아니라 '자기참조성'에 의한 '조건화'에 의해 이루어지기에 체계 내의 관계 요소가 달라지면 환경과의 경계도 달라진다. 이런 상황을 규정하는 용어가 '자생적 체계'의 '작동적 폐쇄성' 또는 '자기참조적 폐쇄성'이다(Luhmann, 2009a: 38).

다시 환기하자면 루만이 언어나 기호를 체계로 보지 않는 이유는 그것이 스스로 의미를 지니지 못하고 단지 소통과 사고의 수단에 그친다고 보는 데 있다. 달리 말하면 루만의 기호 개념에는 '인식 작용'이 빠져 있다. 하지만 앞서 살핀 것처럼 루만은 퍼스를 인용하며 기호를 구성하는 제3의 요소인 '해석 작용'을 '관찰'로 규정한다. 그렇다면 루만은 퍼스의 기호 개념 속에서는 체계의 요건인 '자신의 작동 방식'의 가능성을 보고 있다고 할 수 있다. '차이'는 '체계'를 구성하는 기본적 바탕인데(Luhmann, 1987: 197, 602), 이 '차이'는 구분된 양면 중 한 면의 규정을 위해 체계가 구분을 사용하는 것인 '관찰'(Luhmann, 2009b: 143)에 의해 비로소 확정되고 유지되기 때문이다. 루만이 통상적으로, 특히 소쉬르와 관련해 정의하는 기호 개념과 달리 퍼스는 '기호'를 자체 내에 "사람"을 포함하는 것으로 정의한다.

나는 기호를 그것의 대상이라 불리는 다른 어떤 것에 의해 규정되면서, 사람에게 특정한 영향을 주는 — 이것을 나는 해석 작용이라고 부른다 — 어떤 것이라고 정의한다. 해석 작용은 사람에게 영향을 줌으로써 기호에 의해 중개되며 규정된다(Peirce, 2000c: 135).

퍼스가 여기에서 '기호'라고 지칭하는 것은 표현체, 대상, 해석 작용으로 구성되는 기호의 3원적 관계에서 표현체에 해당한다(Peirce, 2000: 163). 해석 작용은 다른 곳에서는 "기호가 끼치는 의미 있는 영향"(Peirce, 2000c: 224, 254, 256, 282)으로 규정되기도 하는데, 기호에 대한 퍼스의 다른 정의는 기호가 의식과 관련해 무한히 지속되는 과정임을 나타낸다.

> 기호, 또는 표현체는 그의 대상이라고 불리는 제2의 것에 대해 다음의 관계에 있는, 즉 표현체가 해석 작용이라 불리는 제3의 것을 규정할 수 있는 능력을 지녔고, 그 자신〔표현체〕이 대상에 대해 맺는 관계와 동일한 3원적 관계를 해석 작용과 맺을 수 있는 모든 것이다. 이것은 해석 작용 자체가 동일한 대상에 대한 표현체를 규정하며 그것을 무한히 지속하는 표현체임을 의미한다(Peirce, 1983: 64).

'해석 작용'은 기호 과정 속에서 새로운 표현체가 되며, 물질성을 벗어버린 의식 작용으로서의 표현체는 무한한 기호 과정을 낳는다. 그리고 이 무한한 기호화 과정은 자체의 내부에서 일어나는 '무한의 재생산'이라는 점에서 루만의 체계의 '자생성'과 유사하다. 또한 기호를 구성하는 3요소가 개별적으로 존재할 수 없고 항상 상호 간의 관계에 의해서만 존재할 수 있다는 점은 루만의 '자기참조성'과 유사하다. 체계의 '자기참조성'이 '작동적 폐쇄성'과 밀접한 관계에 있듯이, 퍼스의 기호에서 해석 작용 역시 "표현체의 능력 안에" 있음으로서 '작동적 폐쇄성'을 지닌다.

> 동일한 이유에서 해석 작용은 명백히 개별적 사물일 수 없다. 그렇기 때문에 그 관계는 동일한 대상의 표현체가 되는 어떤 해석 작용을 확정하는 표현체의 능력 안에 있다(Peirce, 2000b: 164).

루만의 체계에서 '자기참조성'도 동일한 요소의 재귀적 참조가 아니라 체계 내의 요소들의 참조와 연결로 이루어진다. 그리고 그렇게 체계의 '작동적 폐쇄성'이 유지된다면 체계 내 각 요소들 역시 독자적으로 존재할 수 없다. 표현체가 해석 작용을 규정하고, 이 해석 작용이 새롭게 표현체가 되는 과정은 무한성의 측면에서 보면 체계가 지닌 '자생성'의 양상이지만, 표현체의 반복적 등장의 측면에서 보면 '원래 차이의 재등장'이 된다. 단어 '사자'가 '현실적 사자'와 무관하게, 한편으로 동일한 규정자와 상이한 피규정자의 차이 속으로, 다른 한편으로 사자라는 동일한 단어와 상이한 단어와의 차이 속으로 재등장하는 과정은 기호화 과정(Semiosis)으로 수행되며, 이때 체계에서 '차이 속으로의 재등장'은, 기호화 과정에서는 표현체가 '새로운 해석 작용과 결합'하는 것으로 나타난다. 즉, 한 번의 '등장(entry)'이 다시 등장한다는 점, 즉 '원래의 구분'에 사용되었던 '차이'가 '원래의 구분' 속으로 다시 들어가 새로운 구분의 출발점이 된다는 점은 해석 작용이 표현체로 다시 등장하는 과정과 일치한다. 이는 '사자'라는 규정자가 단순히 '사자의 관념'을 피규정자로 할 뿐 아니라 '용맹스러운 인간이라는 관념'을 피규정자로 하는 '부가의미적 지시 (konnotation)'의 과정을 포함한다.

루만은 기호학이 체계이론에 통합되어야 하는 근거로 "기호학도 구분을 다룬다"(Luhmann, 1993: 45)는 점을 든다. '원래의 차이'에서 나타난 '사자라는 단어'와 '사자의 의미'의 구분을 '규정자'와 '피규정자'로 구분하는 것이 소쉬르의 접근법에 따른 것이라면, 이 구분을 대상과 표현체 사이의 '관계'라고 ─ '구분'이 아니라 ─ 규정하는 것은 퍼스의 접근법이라고 할 수 있을 것이다. 다만 이때 루만은 기호를 "체계 내적 구조"라고 규정하면서 체계가 지닌 '자신의 작동' 가능성을 배제하는 반면, 퍼스는 기호 개념에 인식을 포함시킴으로써 체계의 지위를 부여한다.

퍼스의 '기호'가 지니는 특징은 무엇보다 기호 요소들의 '범주화'와 요소들 사이 '관계'에 있다. 표현체뿐 아니라 대상과 해석 작용은 1차성과 2차성, 3차성의 범주로 세분화된다. 그리고 이 범주는 사물들의 존재 양태이면서 의식에 의한 경험의 분류체계이기도 하다.

> 우리가 다루는 것은 형이상학이 아니라 논리학이다. 따라서 우리는 무엇이 실제로 있느냐가 아니라 우리 중 누구에게 삶의 각각의 때에 무엇이 나타나는가를 묻는다. 나는 경험을 우리의 지난 삶의 인식론적 결과로서 분석하며 그 안에서 세 가지 요소들을 발견한다. 나는 그것을 범주들이라고 부른다(Peirce, 2000a: 380).

'범주'는 '형이상학적 존재'의 분류가 아니라 '경험적 존재 양태'의 분류이다. 그래서 3차성의 범주에 속하는 '해석 작용'은 존재론적·인식론적 범주로서 "해석하는 기호"이자, "유사정신(quasi-geist)인 해석자"에게 "어떤 감정, 긴장 또는 기호에 이르도록 유발"(Peirce 2000a: 424; 2000c, 145: 252)하는 것이다. 퍼스가 "발견"하는 '세 가지 범주'에서 1차성은 하나의 요소에 의한 1원적 관계로, 2차성은 두 개의 요소에 의한 2원적 관계로, 3차성은 세 가지 요소에 의한 3원적 관계로 존재한다. 모든 현실 속 사물은 2차성의 존재 양태를 지녔으며 작용, 반작용을 가능하게 하는 두 가지 요소를 통해 구체적 시간성과 공간성을 획득한다. 반면 1원적 관계로만 존재하는 1차성은 일방적 작용만 있을 뿐 반작용을 통해 현실적 구체성을 획득하지 못하는 순전한 가능성의 영역이다(Peirce, 2000a: 345). 3차성은 2차성의 구체성을 다른 것과 '구분'되는 것으로 '관찰'하고 '인식'하며 '규정'하는 범주이다. 이런 관찰과 인식은 의식에 의해 2차성을 중개하는 과정이라 할 수 있으며, 그런 의미에서 퍼스는 3차성을 '중개(Vermittlung)'(Peirce, 2000a: 346)라고 규정한다. 이런 3차성의 과정은 자신을 기호로 만듦으로써 인식 자체를 중개하며 그래서 '생각에 대한 생각'에 해당하는 '규칙성'의 형성을 포괄한다. 이렇게 형성된 3차성의 규칙성은 2차성에 적용되어 단순히 주어진 규칙성을 인식하는 단계를 넘어 규칙성을 적용하게 하는 작용을 한다.

루만의 체계는 '재등장'의 결과로서 '의미(Sinn)'가 작동할 때 환경이 어떤 작용을 할 수 있는지에 대해 알지 못한다. 환경은 루만에게는 무질서, 즉 엔트로피일 뿐이다(Luhmann, 1987: 62, 79, 392). 퍼스의 경우 기호의 3원적 관계에서 1차성에 해당하는 표현체의 가능성은 '현실적 대상'이 제공한다. 그런데 이 '현실적 대상'

은 기호의 3요소 중 하나인 "직접적 대상"이 아니라 인식 작용과 무관하게 존재하는 "역동적 대상"이다. 퍼스는 기호에 속하는 '직접적 대상'과 기호 밖의 '역동적 대상'을 다음과 같이 구분한다.

> 우리는 직접적 대상, 즉 기호 자체를 묘사하고 그의 존재가 기호 속에서의 그의 묘사에 종속적인 대상을 역동적 대상, 즉 실재로서 기호를 규정하고 실재를 묘사하려는 수단과 길을 찾는 대상과 구분해야 한다(Peirce, 2000c: 125).

이런 이유로 퍼스는 현실로 존재하다(existieren)를 어원에 따라 '다른 것에서 나온 것〔ex(=aus)-sistieren(=sich hinstellen)〕'(Schreibmayr, 2004: 174)과 동일시하는데, 기호의 외부에서 기호의 생성 시점에 비로소 그것의 존재를 드러내는 '역동적 대상'은 루만의 체계에서 체계와 함께 구성되는 '환경'과 유사성을 지닌다. 루만의 경우 환경은 체계와 구분되면서도 체계가 구성되는 과정에서는 체계의 요소로 선택될 잠재성이기도 하다. 퍼스의 '역동적 대상'도 기호이자 '직접적 대상'으로 구체화될 가능성이자 잠재성이다. 물론 퍼스의 역동적 대상은 "실질적 대상"으로서 루만의 체계와는 달리 시간적으로 인식적 대상 이전에 있다.

> 그것〔=기호〕은 스스로를 묘사해야 하는 대상, 즉 직접적 대상을 갖는다. […] 그리고 다른 한편으로 실제로 기호를 규정해 준 실질적 대상이 있다. 그것을 나는 통상 역동적 대상이라 부르며, 그것만이 정확하게 대상의 정의에 부합한다(Peirce, 2000b: 402).

결정적인 점은 역동적 대상은 되기 전에는 현실로 존재하지(ex-istieren) 않는다는 점이다. 그것은 기호 외부에서 기호 내부의 "직접적 대상"을 형성할 가능성이다. 루만의 '환경'과 '역동적 대상' 모두 체계와 기호의 원인적 가능성인 점에서는 동일하다. 근본적 차이도 있다. 그것은 퍼스의 '역동적 대상'이 기호의 자의적 기호화 과정을 규제하는 “규제 이념(regulative Idee)”(Peirce, 2000c: 130, 333)인 반면, 루만의 ‘환경’은 체계의 현실성에 대한 무한한 잠재성 자체(Luhmann, 1987: 651)라는 데 있다. 환경은 ‘원래의 구분’이 아니라 ‘미래의 새로운 구분’을 위한 가능성이며, 이것은 퍼스의 기호 과정의 관점에서 보면 ‘규제 이념’이 아닌, ‘새로운 해석 작용’의 가능성이다.

이 관계는 루만이 세계를 ‘체계와 환경의 차이의 의미통일체(Sinneinehit)’로서 보는 경우에서도 나타난다. ‘의미통일체’에서 환경의 잠재적 ‘의미’가 ‘체계’의 ‘의미’로 활성화되는 과정은, 퍼스의 기호 과정에서 역동적 대상이 잠재성으로서 기호의 ‘직접적 대상’으로 되는 과정과 유사하다. 그러나 환경의 잠재적 의미가 역동적 대상처럼 ‘규제 이념’의 역할을 하는 경우는 없다. 물론 의미가 체계 작동의 전제인 동시에 사회적 체계와 심리적 체계의 상호작용과 “진화의 성과”(Luhmann, 1987: 92)라는 점에서 의미와 체계의 관계는 일방적 가능성만의 관계가 아니다. 구성과 동시에 비로소 인식의 대상이 될 수 있다는 점에서 ‘환경’과 ‘역동적 대상’은 유사성을 지닌다. 다만 루만의 경우 퍼스가 상정하는 비인식적 ‘실재’는 없다. 이런 근본적 차이에도 불구하고, 퍼스의 ‘역동적 대상’과 루만의 ‘환경’ 사이 유사성은 퍼스의 ‘해석 작용’과 루만의 ‘관찰’ 개념 사이에서도 나타난다.

관찰은 체계의 작동과 동시에 작동하며, 이들 사이에 시간적 선후 관계는 없다. 퍼스의 해석 작용도 기호 과정에서 나머지 요소들과 동시적으로 작동한다는 점에서는 관찰과 유사하지만 3차성의 해석 작용이 다시 1차성의 표현체(기호)의 바탕이 될 때 여기에서는 시간적 변화가 관찰된다. 그리고 이 과정에서 다시 또 ‘규제적 이념’에 해당하는 ‘역동적 대상’이 함께 영향력을 행사한다. 작동의 과정에서 요소들 사이 시간적 변화와 인과관계를 ‘관찰’할 가능성은 루만의 체계와 퍼스의 기호학 사이 차이이자 퍼스 기호학이 지니는 장점으로 평가될 수 있다.

4. 끝으로, 다시 넘버3를 생각하며

지극히 단순하게 말한다면 포스트 구조주의로 대표되는 포스트 시대 이론의 현대성은 제3의 요소의 발견, 또는 제3의 요소의 관점에서 기존의 2원론적 요소들을 본 데 있다고 할 수 있다. 그 제3의 요소는 "차연"이고 "기식자"이며, "욕망의 중개자"이고 "구분"이다.

이 장의 서두에 루만이 '관찰에 대한 관찰'을 "현대성의 전형적 태도"(Luhmann, 2009b: 160)로 보았음을 언급했거니와 루만뿐 아니라 데리다, 질 들뢰즈(Gilles Deleuze), 펠릭스 가타리(Félix Guattari), 라캉 같은 현대의 이론가들이 퍼스에게 관심을 보이는 것(전동열, 2014: 257, 277)은 퍼스의 '기호'에서 3원적 관계의 요소들이 동등하게 작용함으로써, 로고스와 의미 중심의 소위 '서구 형이상학'에 바탕을 둔 2원론적 세계 파악 방식의 교정 역할을 하기 때문이다. 데리다는 이렇게 말한다.

> 퍼스는 우리에 의해 의도된 바, 결국 기호의 지시 과정에 확실한 경계를 설정하는 초월적 기의의 해체에 매우 가까이 있다. 우리는 로고스 중심주의와 현존의 형이상학을 지시적이고 강하며, 체계적이고 억압 불가능한 기의에의 희망과 동일시했다. 그 사이 퍼스는 지시의 무한함에서 사실상 기호 시스템이 작동하고 있는지를 확정할 수 있는 결정적 기준을 보았다. 규정의 움직임이 시작되면 그것의 중단은 불가능해진다(Derrida, 1983: 85).

라캉 역시 사이버네틱스의 작동 방식과 자신의 심리 분석의 유사성을 지적하면서, 전기와 자기 사이 제3의 요소로 작동하는 "요정전기(Fee Elektrizität)"의 역할에 주목하거니와(전동열, 2016: 189) 루만의 체계이론 역시 기존의 넘버3에 해당하는 요소, 즉 구분과 차이를 중심으로 한 관점이 아니면 구체화될 수도 설명될 수도 없다. 체계이론은 단지 체계에 대한 이론이 아니라 항상 동시적으로 구성되는 환경의 이론이며, 무엇보다 그런 구성의 근원이자 원동력으로서의 구분의 이론이다. 구분의 시각에서 볼 때에만 체계가 주어진 어떤 것이 아니라 구분에 의해 구성되었다는 것, 인간들이 체계의 작동에서 구분의 재등장에 참여하면서도 구분의 경계를 보지 못하며, 소위 주체적 활동이라는 것도 결코 주체적일 수 없음을 알게 된다. 구분의 시각은 체계 안에 있으면서도 경계에 대해 의식하는 것이며, 경계를 보지는 못하지만 체계를 관찰할 수 있는 가능성이다. 구분이라는 넘버3의 요소를 모르고서는 사회체계의 생성과 작동을 알 수 없다. 넘버3 없이 '주체'를 신뢰하는 사유의 틀에서는 다양한 시각은 물론, 소위 '창조적 사고'도 기대하기 어렵다. 지금은 넘버3의 시대이다. 어쩌면 개인에서 자연, 사회, 문화, 종교, 국가, 우주에 이르기까지, 현재 모든 영역에 걸친 인식적 변혁에 끼친 영향력의 측면에서도, 그 인식적 변혁과 함께 진행되고 있는 실제 변혁의 역할 측면에서도 이제는 넘버3의 시대다.

참고문헌

전동열. (2014).「생각의 방식으로서의 아이콘: 퍼어스의 기호학을 중심으로」. ≪독일언어문학≫, 제65집, 259~283쪽.

전동열. (2016).「라캉의 심리분석에서 기표, 의미작용과 사이버네틱스의 작동방식」. ≪독일문학≫, 제137집, 177~199쪽.

Derrida, Jacques. (1983). Grammatologie, übersetzt V. Jörg Rheinberger u. Hanns Zischler. Frankfurt a.M.: Suhrkamp.

Derrida, Jacques. (1986). Positionen: Gespräche mit Henri Ronse, Julia Kristeva, Jean-Louis Houdebine, Guy Scarprtta, übers. V. Dorothea Schmidt. Graz wien: Böhlau.

Kuon, Ludwig. (2006). René Girard und die Wahrheit des Romans. Der mimetische Konflikt als Handlungsschema in den Romanen von Bret Easton Ellis, American Psycho (1991), Michel Houellebecq, Elementarteilchen (1996) und Vladimir Sorokin, Der himmelblaue Speck (1999) Freiburg i.Br. (Dissertation).

Jahraus, Oliver/Ort, Nina (Hg.). (2001). Bewußtsein - Kommunikation - Zeichen. Wechselwirkung zwischen Luhmannscher Systemtheorie und Peirchescher Zeichentheorie, Tübingen: Max Niemeyer.

Luhmann, Niklas. (1987). Soziale Systeme. Grundriß einer allgemeinen Theorie, Frankfurt a.M.: Suhrkamp.

Luhmann, Niklas. (1993). Zeichen als Form, in: Dirk Baecker(Hg): Probleme der Form, Frankfurt a.M.: Suhrkamp, 45-69.

Luhmann, Niklas(4). (2009a). Soziologische Aufklärung 5. Konstruktivistische Perspektiven, Wiesbaden.

Luhmann, Niklas(5). (2009b). Einführung in die Systemtheorie, hg. V. Dirk Baecker, Heidelberg: Max Niemeyer.

Marius, Benjamin/Jahraus, Oliver. (1997). Systemtheorie und Dekonstruktion. Die Supertheorien Niklas Luhmanns und Jacques Derridas im Vergleich, LUMIS-Schriften 48.

Peirce, Charles S. (1974). Collected Papers, Vol.1-6, ed. by Charles Hartshome/Paul Weiss, Vol. 7-8(1966), ed. Arthur Burks, Cambridge/Massachusetts (Harvard University Press). [Peirce, 1974: 1.353 = 1권 353 패러그래프].

Peirce, Charles S. (1983). Phänomen und Logik der Zeichen, hg. u. übers. V. Helmut Pape, Frankfurt a.M.: Suhrkamp.

Peirce, Charles S. (2000a). Semiotische Schriften, Bd. 1: 1865-1903, hg. u. übers. V. Christian Kloesel u. Helmut Pape, Frankfurt a.M.: Suhrkamp.

Peirce, Charles S. (2000b). Semiotische Schriften, Bd. 2: 1903-1906, hg. u. übers. V. Christian Kloesel und Helmut Pape, Frankfurt a.M.: Suhrkamp.

Peirce, Charles S. (2000c). Semiotische Schriften, Bd. 3: 1906-1913, hg. u. übers. V. Christian

Kloesel u. Helmut Pape, Frankfurt a.M.: Suhrkamp.
Saussure, Ferdinand d.(3). (2001). Grundfragen der allgemeinen Sprachwissenschaft, hg. V. Charles Bally und Albert Sechehaye unter Mitwirkung von Albert Riedlinger, übersetzt von Herman Lommel, Berlin: Walter de Gruyter.
Scheibmayr, Werner. (2004). Niklas Luhmanns Systemtheorie und Charles S. Peirces Zeichentheorie. Zur Konstruktion eines Zeichensystems, Tübingen: Max Niemeyer.
Serres, Michell. (1982). Hermes; Literature, Science, Philosophy. ed: by Josué V. Harari/ David F. Bell, Boltimore: The Johns Hopkins University Press.
Spencer-Brown, George. (1997). Laws of form(Gesetze der Form), übers. V. Thomas Wolf, Leipzig: Bohmeier.
Spinks, C.W. (1991). Peirce and Triadomania. A Walk in the Semiotic Wilderness, Berlin/ New York: Mouton de Gruyter.
Stjernfelt, Frederik. (2011). Diagrammatology. An Investigation on the Borderlines of Phenomenology, Ontology, and Semiotics, Heidelberg, London, New York: Springer.

제9장

불교와 루만의 만남

유승무 | 중앙승가대학교 불교사회학부

1. 루만과의 인연

필자의 주된 학문적 관심은 불교사회학을 정립하는 데 있다. 이러한 인식 관심은 두 가지 발견과 연관되어 있다. 하나는 기존의 사회학이 거의 불교를 설명하지 않거나 잘못 설명하고 있다는 발견이고 다른 하나는 기존의 불교학이 사회(의 작동)를 거의 설명하지 않거나 못하고 있다는 사실의 발견이다.

모름지기 학문이란 미개척지를 무소의 뿔처럼 묵묵히 탐구하는 지난한 작업임을 고려하면 그리고 '직업으로서 학문'의 길을 가기로 작정했다면, 기존의 불교학과 사회학이 해결하지 못하는 연구 영역을 동시에 해소할 수 있는 연구 영역을 개척하는 것, 즉 불교사회학을 정립하고 그 관련 연구를 수행하는 것도 의미 있는 일이라고 생각하게 되었다. 여기에는 수입학이 지배하는 한국 사회학계의 지적 식민화를 극복해 보고자 하는 문제의식도 깔려 있었음은 두말할 나위가 없다. 그것이 불교사회학을 학문적으로 정립하는 필자의 연구 과제로 정해졌고, 『불교사회학』(2010)은 그 첫 결실이다.

『불교사회학』을 출판하자, 한국이론사회학회에서 발표 요청이 왔다. 2014년 봄 이론사회학회의 발표장에서 『불교사회학』의 부제(불교와 사회의 연기법적 접근을 위해)가 암시하는 것처럼, 불교와 사회 각각을 실체화하지 않고 상호 의존적 발생의 산물로 이해해야 할 뿐만 아니라 그 산물 사이의 관계도 중층적 인과관계를 가지고 창발 하는 것으로 관찰해야 함을 강조했다. 그 근거는 붓다의 발견, 즉 우리의 외부에 절대적 존재(신, 운명, 우연, 조상신)도 부정하지만 우리 스스로도 오온의 결합물(12연기가 실증)에 지나지 않기 때문에 우리의 내부에 자성(自性)으로서의 자아가 존재하지 않으며, 따라서 모든 현상이나 존재는 조건적으로 발생하고 무상하게 변해갈 뿐이라는 깨달음이다. 이를 필자는 작업적 차원에서 연기적 시각이라 불렀다.

여기에서 연기적 시각이란, 사회학적으로 풀어 말하면, 연구자가 선택하는 사회 단위(혹은 연구 단위) 내부와 외부가 모두 연(緣)으로 작동하고 그래서 그 내부와 외부의 연(緣) 사이의 관계 역시도 중층적 인과관계를 갖고 변하기 때문에 연기성을 갖고 있음을 의미한다. 그렇기 때문에 연기적 시각에 따르면 연구자는 자신의 주관적 집착을 비우고 자신이 선택한 연구 단위와 연구 단위 그리고 연구 범위로 한정한 요인들 사이의 중층 인과적 발생을 관찰하고 기술해야 함을 의미한다. 그리고 그러한 연기적 시각에서 막스 베버(Max Weber), 로버트 벨라(Robert N. Bellah), 카를 마르크스(Karl Marx)를 비판적으로 검토하여 불교와 사회 사이의 상즉상입〔同時頓起, 同時互入, 同時互攝〕의 과정을 밝히는 약간의 실증적 성과를 발표했다.

이 발표를 마치고 2차 회식 자리에서 루만 전문연구자인 이철 선생님을 만났다. 바로 옆에 앉은 이철 선생님은 루만의 체계이론 및 체계와 환경의 차이, 구별/지시-재진입, 정보/통보/이해 등을 설명해 주었고, 필자는 루만의 개념, 인식 관심, 그리고 소통으로서 사회 개념을 불교의 개념으로 바꾸어 설명하며 대화가 이어졌다. 그 대화의 순간순간 이철 선생님은 약간 흥분된 어조로 루만과 불교가 너무 비슷하다는 생각이 든다며 함께 공부할 것을 권했다. 루만을 잘 모르기도 했거니와 확신도 없었고 그래서 약간의 주저함도 있었지만, 인식론적 차원에서 불교와 유사한 듯이 느껴지는 루만에 대한 호기심의 발동을 억제할 수는 없었다.

그러나 다른 한편, 매우 불행하게도 루만과는 '좋지 않은' 이별의 기억도 있다. 1990년대 초반 「반월공업공단 노동자계급형상 과정 연구」라는 주제의 박사 논문을 막 끝낼 무렵 독일에서 온 여성 사회학자 두 명에게 필자의 현지 조사의 장(field)이었던 반월공업공단, 그 외곽의 노동운동단체, 그리고 이른바 '닭집'을 소개해 준 적이 있었다. 그때 그들에게 가장 좋아하는 사회학자가 누구인지를 물었고 그 둘은 모두 '루만'이라고 대답했다. 당시 한국 사회에서는 사회주의 붕괴, 구(舊)사회운동으로서 노동(계급)운동의 퇴조, 사회변혁에 대한 깊은 회의와 실망 등으로 인한 마르크시즘적 사회이론의 공백을 이른바 시민사회운동과 그 이론적 기초를 제공하는 '하버마스의 시민사회 사회이론'이 대체하고 있던 터라, 재차 하버마스가 아니냐고 물어보았다. 그 둘은 단연코 '루만'이라고 대답했다. 예상이 빗나간 것은 그렇다 치더라도 '루만'이라는 답변에는 적잖게 놀랐다. 루만이란 이름을 여기저기에서 우연히 만난 적은 있었지만 루만의 이론을 전혀 모르고 있었던 터라, 놀라움이 컸던 것 같다. 그 후 약간의 호기심이 발동하여 루만과 관련된 이런저런 글들을 찾아보기도 하고 영문판 사회체계론을 구입하여 조금 읽어보긴 했지만 기능주의에 대한 반감과 어렵고 난해하다는 나쁜 기억만 남긴 채 루만과 이별하고 말았다. 그 후 15년 이상의 세월이 흐른 뒤에야 그리고 필자의 인식 관심이 마르크스에서 불교로 전환된 이후에야, 불교사회학의 이론적 기초를 다지기 위해 '민낯'으로 다시 루만을 만나기 시작했다. 그리고 지금까지 약 3년 이상 꾸준히 루만에 대한 공부를 지속하고 있다.

이처럼 우여곡절을 거쳐 다시 루만을 만나고 있는 지금 이 시점에서, 몇 가지 기본적인 문제에 대해 솔직히 자문해 보는 것은, 필자 자신을 위해서나 유사한 경험을 했거나 할 가능성을 가진 이들에게나, 다소나마 유의미하리라 생각한다. 그 몇 가지 기본적인 문제는 다음과 같다. 불교의 사회학적 이해 혹은 사회의 연기적 이해에서 루만의 위상은 무엇인가? 불교사회학의 하위 연구 영역인 지금 현재 필자의 연구 테마(마음과 사회)와 루만은 어떠한 관계를 갖고 있는가? 그리고 지금까지 만나본 결과에 기초해 볼 때 불교와 루만의 같은 점과 다른 점은 무엇인가? 그래서 향후에는 또 어떻게 만날 예정인가?

2. 필자의 불교사회학과 루만

앞에서도 언급했듯이 최근 필자의 학문적 관심은 불교사회학을 정립하는 데 있다. 그러나 이러한 목적을 달성하는 일은 결코 쉽지 않다. 무엇보다도 저 유명한 사회학자 베버의 『힌두교와 불교(Hinduismus und Buddhismus)』를 제외하면 지금까지도 불교를 사회학적으로 연구한 학문적 성과가 거의 없다는 학계의 현실이 불교사회학의 척박한 연구 환경을 이루고 있다. 게다가 베버의 『힌두교와 불교』마저도 불교의 연기적 잣대가 아니라 서구 근대적 합리성의 잣대를 이론적 논의의 기본 틀로 활용하고 있기 때문에 불교사회학의 연구 대상인 불교, 사회, 그리고 그 관계를 연기체(혹은 연기적 시각으로)로 이해할 수 있는 이론적 기초를 마련하는 데에는 오히려 어려움만 가중될 뿐이다.[1] 여기에서 어려움이란 루만이 말하는 구유럽적 인식론와 사회학의 인식론적 장애의 극복뿐만 아니라 불교를 신비주의로(그래서 불교가 지배하는 시민사회를 주술의 정원으로) 간주하는 해석의 비판적 지양을 의미한다. 그러나 사회학도로서 무려 35년 동안이나 마르크스, 베버, 에밀 뒤르켐(Emile Durkheim)은 물론 위르겐 하버마스(Jürgen Habermas), 벨라, 니코스 무젤리스(Nicos Mouzelis) 등 그 아류의 이론들을 성실하게 읽어왔지만 지금까지도 불교에서 유래한 필자의 연기적 시각을 지지해 주는 사회학 이론을 찾지 못한 채 추위와 외로움, 허기 등과 싸우면서 홀로 거친 황야를 비틀거리면

1 이에 대한 자세한 논의는 필자의 저서 『불교사회학』(박종철출판사, 2010)과 『현대사회와 베버 패러다임』(나남, 2013)에 포함된 필자의 글 「동양사회 내재적 종교성과 베버의 동양사회론」을 참고하기 바란다.

서 가고 있다.

이렇듯 힘겨운 상황에서 이철 선생님이 설명해 준 루만의 사회적 체계이론을 새롭게 만난 것이다. 그것은 마치 사막에서 오아시스를 만난 것 같았다. 실제로 만나본 소감에 기초해서 말하면, 루만은 마치 금은보화로 가득 찬 '보물상자'처럼 보이기도 하고, 망망대해를 헤쳐 나갈 수 있는 길을 밝혀주는 등대로 보이기도 했다. 때로는 끝이 보이지 않은 종착지까지 동행해 주는 동행자처럼 다가오기도 했다. 그렇다면 루만의 사회이론이 그렇게 다가온 까닭은 무엇일까?

첫째는 루만의 사회이론의 배후에서 작동하는 인식론이 불교의 인식론적 전제인 연기적 세계관은 물론 그 연기적 인식론에서 파생되는 이른바 삼법인 무아, 무상, 공과 매우 유사한 논리를 내장하고 있기 때문일 것이다. 좀 더 자세하게 말하면 사회를 작동적 관점에서 이해하려는 루만의 메타 이론적 전제는, '인간과 사회'의 도식에서 쉽게 그 전형을 발견할 수 있는 사회의 실체화와 그에 기초한 기존의 사회(학)이론을 극복할 수 있는 이론적 잠재력을 내장하고 있고, 그러한 점에서 필자의 불교사회학적 시도, 즉 일체의 실체화를 거부하고 사회나 인간은 물론 그 관계까지도 모두 연기적 관점에서 관찰할 것을 주장하는 불교사회학적 시도와 메타이론적 유사성을 갖고 있다. 아마도 이 때문에 필자가 루만 혹은 그의 사회이론을 동행자로 느꼈을 것으로 생각된다.

둘째는 루만의 사회이론이 불교사회학적 연구에서 가장 큰 난관을 해결해 줄 수 있을 것으로 느껴졌기 때문이다. 여기에서 가장 큰 난관이란 두말할 나위도 없이 사회를 연기적 관점에서 연구하는 것, 바로 그것이었다. 주지하듯이 불교의 연기사상은 세상을 관찰하는 보편적 원리이기 때문에 구체적 대상(여기에서는 사회)을 특화하여 설명하지는 않는다. 그렇기 때문에 사회학의 대상인 사회를 연기적 관점에서 연구하기 위해서는 모든 사회학적 개념은 물론 그러한 개념들 사이의 관계를 연기적 관점에서 재정의하고 또 재진술할 수밖에 없다. 그리고 그것을 학문화하는 작업은 실로 시도의 엄두조차 감히 내기 어려운 '난관 중의 난관'이 아닐 수 없었다. 이러한 상황에서 만난 루만의 모든 사회학적 연구 결과는 연기적 관점에서 불교사회학을 정립함에 필요한 거의 모든 개념적 도구를 내장하고 있는 것처럼 보였다. 아마도 이 점 때문에 루만은 마치 '보물상자'처럼 느껴졌을 것이다.

셋째, 실로 불교사회학을 한다는 것은 황무지를 개간하는 것처럼 아무도 가지 않은 전대미답(前代未踏)을 새롭게 개척하는 작업이다. 게다가 현재의 학계 풍토로서는 동행자도 거의 없는 것이 사실이다. 그렇기 때문에 불교사회학의 완성 가능성에 대한 확신을 갖기란 애초에 불가능하다. 이때 발생하기 쉬운 유혹이 포기와 좌절이다. 바로 이때 루만의 세계적인 사회학 대가로서의 성공은 물론 그의 사회학적 성과가 내장하고 있는 무궁무진한 학문적 가치는 평생을 불교사회학 연구에 매진할 수 있도록 밝은 빛을 비추어주는 '등대'와 다름이 없었다.

이상에서 제시한 사실 이외에도 불교사회학적 연구가 축적되어 나간다면 루만의 사회이론이 불교사회학에 줄 수 있는 시사점은 더 이어질 수도 있다. 다만, 언급한 세 가지 사실은 지금까지 느낀 바를 정리한 것에 불과하다.

3. 최근 연구 테마와 루만

1) 사회의 연기적 정의와 루만의 사회적 체계 개념

최근 필자의 연구 테마는 '마음과 사회'를 연기적 관점에서 이해하는 것이다. 그렇다면 이 연구 테마에서 루만은 어떠한 위상을 점하고 있는가?

이 연구의 테마인 마음과 사회의 관계는, 굳이 루만의 테마에 대입하면, 심리체계와 사회적 체계의 상호침투 관계(interpenetration)에 해당한다. 두 연구 테마 모두, 초점은 '그 관계를 어떻게 설정할 것인가?'에 놓여 있다. 이 과제를 연기법적 시각에서 중층 의존적 관계로 설정했다. 다시 말하면 마음과 사회 각각을 연기의 산물로 간주하고 있을 뿐만 아니라 바로 그렇기 때문에 그 관계를 중층적 상호 의존 관계로 설정한 것이다. 그렇기 때문에 여기에는 당연히 그 타당성을 입증할 수 있는 개념적-이론적 논의가 수반될 수밖에 없다. 우선 개념적 논의와 관련해서는 마음을 연기적 관점에서 정리하는 것이 과제였는데, 그것은 상대적으로 쉽게 해결할 수 있었다. 이미 불교에서 수천 년간 마음에 관한 매우 정치한 논의를 발전시켜 왔기 때문에 그것을 체계적으로 재정리하는 것으로도 충분했다. 문제는 '사회를 연기적 관점에서 어떻게 규정할 것인가?'에 놓여 있었다.

이 질문에 대한 대답은 결코 만만치 않았다. "의심의 여지 없이 사회는 하나의 존재이자 인격이다"라고 천명한 에밀 뒤르켐의 사회학적 사회 개념의 정의에서부터 "사회라는 것은 없다. 남성과 여성의 개인들 그리고 가족들이 있을 뿐이다"라고 외친 마거릿 대처(Margaret Thatcher)의 '사회 사살'에 이르기까지 사회에 대한 정의가 다양하기 때문이다. 이러한 다양성 때문에 사회를 연구하는 학문인 사회학조차 사회의 개념에 대한 합의된 정의를 내리지 못하고 있다. 오히려 『사회론: 구조, 연대, 창조(On Society)』의 공저자인 앤서니 엘리엇(Anthony Elliott), 과 브라이언 터너(Bryan S. Turner)는 "정확히 말해서 사회란 무엇인가? 자신 있게 말할 수 있는 한 가지는 이 단어의 용법에 관한 합의된 정의가 놀라울 만큼 거의 없다는 것이다(엘리엇·터너, 2015: 21)"라고 쓰고 있다. 이러한 이유 때문인지 모르지만 사회를 연구하는 대부분의 사회학자도 합의된 사회 개념에서 출발하기보다는 저마다 자신의 사회 정의에 따라 연구를 수행하고 있다. 필자도 사회를 연기체로 규정하는 방식으로 '각자도생의 길'을 개척하고자 했다.[2]

물론 이 길도 완전히 생소하지는 않다. 비록 완전히 동일한 길은 아니지만, 이미 사회를 상호작용의 관점에서 규정하는 일군의 사회학자들이 우리가 가고자 하는 길과 유사한 방향의 길을 이미 걸어 간 적이 있다. 주지하듯이 게오르그 짐멜(Georg Simmel)은 "사회는 몇몇 개인이 상호작용을 시작할 때 생겨난다"고 규정하고 돈(화폐)의 사회학적 의미에서 감사와 같은 감정에 이르기까지 주옥같

---

2 이에 대한 자세한 논의는 유승무(2010) 및 다음 절을 참고하기 바란다.

은 사회학적 성과를 내기도 했다. 위의 짐멜의 인용문에서 '몇몇 개인' 대신에 '단위 내부의 연(緣)과 단위 외부의 연(緣)'으로 바꾸고 '상호작용'을 '중층 인과관계〔緣〕'로 확장하면, 짐멜의 길은 우리의 길과 만난다. 또한 이와 유사한 경우를 노버트 엘리아스(Nobert Elias)에게서도 발견할 수 있다. 엘리아스는 인간과 사회 사이의 상호 의존적 결합 과정이라는 자신의 사회이론(혹은 결합체사회학)을 독창적으로 제시함으로써[3] 큰 주목을 받았는데, 그의 이론은 전통적 이분법, 즉 구조와 행위의 대립을 지양하고 양자의 상호 의존성과 그 변화 과정을 장기 지속의 관점에서 해석할 것을 제안한 바 있다(Robert Krieken, 1998). 그는 한편으로는 사회체계나 구조 개념의 물화(物化)를 피하면서도 다른 한편으로는 인간과 인간 및 인간과 사회의 장기적 상호 의존 과정을 표현하기 위해 결합체라는 개념을 사용했는데, 여기에서 결합체란 인간과 사회의 상호 의존 과정의 산물이며 이 때문에 그것은 고정된 실체가 아니라 본질적으로 지속적으로 변화하는 그 무엇이고, 그러한 점에서 연기적 시각과 유사한 점이 없지 않다. 그러나 결합체 사회학은 주로 행위자(actor)에 초점을 맞추어 양자 사이의 관계와 그 역동적 변화를 이론화하기 때문에 결합체 개념만으로는 세계체제, 국가의 정치경제제도, 특수한 종교문화, 개인의 행위 등 사회 단위적 차원에서의 다차원적 요소들 사이에서 실제로 발생하는 상호 변용이나 매우 이질적이고 모순적인 다양한 요소 사이의 상호 의존성, 그로부터 파생된 토착적 근대성을 충분히 이해할 수는 없다.[4] 행위자와 사회의 이분법의 한계를 극복하기 위한 가장 치밀한 이론적 논의를 우리는 앤서니 기든스(Anthony Giddens)의 구조화 이론에서 확인할 수 있다. 기든스의 구조화 이론은 행위자(actor) 대신에 담지자(agency)를 설정하고 담지자와 사회구조 사이의 이중적 운동을 드러냄으로써 전통적 이분법을 다소 해결하고 있다. 그러

---

3 이에 대한 자세한 논의는 엘리아스(1987)를 참고하기 바란다.

4 엘리아스 연구자로 알려진 로버트 크리켄(Robert Krieken)은 엘리아스의 결합체 개념이 행위주체(actor)와 행위주체의 관계에만 초점을 맞춤으로써, 제도와 제도의 관계는 물론 제도와 행위주체의 관계 등을 충분히 고려하지 못했다고 비판한 바 있다(Krieken, 1998).

나 그러한 구조화 이론 속에도 행위자가 담지자로 대체되었을 뿐 사회를 담지자와 이분법적으로 설정하는 한계는 여전하다.

사회의 실체화를 부정하고 사회와 행위자 사이의 이분법을 가장 급진적으로 해체한 사회학자, 그리고 그런 점에서 사회를 연기적 관점으로 규정하는 데 가장 근접한 사회학자로는 '사회학의 계몽'을 주창하고 나선 니클라스 루만(Niklas Luhmann)을 꼽을 수 있다. 루만은 지금까지의 사회학이 세 가지 전제, 즉 사회는 인간으로 구성된다는 전제, 사회는 국민국가와 같은 지역적 경계로 설정된다는 전제, 그리고 고전적인 '주체-객체'의 전제(즉, 사회학자가 연구 주체로서 연구 대상인 사회를 연구한다는 전제) 등에 기초하여 이루어지므로 심각한 인식론적 장애를 겪고 있다고 주장했다(루만, 2015).[5] 여기에서 전자의 두 가지는 사회를 실체화하는 요인으로 작용하며 마지막의 '주체-객체' 전제는 행위자의 의미, 즉 의도나 동기에 기초한 사회적 행위를 매우 중요시하는 베버, 에드문트 후설(Edmund Husserl), 그 이후의 현상학적 사회학, 그리고 하버마스의 소통행위론 등으로 이어지는 이른바 '의식철학'(김형효, 2007)의 의미론적 전통인데, 루만은 이 모두를 사회학의 인식론적 장애물로 간주한다. 이렇듯 루만은 기존의 모든 사회학적 전통을 한마디로 '구유럽적 사고'[6]로 간주하고 그 대안으로 사회적 체계이론을 제시한다. 그렇다면 루만의 사회적 체계이론의 요체는 무엇인가?

루만의 사회적 체계이론을 이해하기 위해서는 그 핵심 개념인 체계들을 전제해야 한다. 실제로 루만도 저서 『사회적 체계들(social systems)』의 제1장 첫 줄에서 "다음의 고찰들은 '체계들이 있다'는 것을 전제한다"(Luhmann, 1995)라는 문장으로 시작한다. 그리고 여기에서 각 체계는 두말할 나위도 없이 '자기준거적' 체계[7]이며, 환경이나 다른 체계들에 의한 기술(記述)의 조건을 포함한다. 그렇기 때

5 필자는 연기적 관점, 즉 무아/무상/공의 관점에서 볼 때 기존의 사회학은 t=0을 전제한다는 점 때문에도 인식론적 장애를 겪을 수밖에 없다는 점을 추가할 수 있다고 생각한다.

6 앞서 언급한 인식론적 장애 때문에 기존의 이론은 최신의 자연과학적 발견의 성과를 전혀 반영할 수 없는 구식으로 전락했다는 의미를 담고 있다.

문에 체계는 체계 자신의 폐쇄성과 환경 개방성을 동시에 내포하고, 이를 '체계/환경-차이'로 도식화한다.[8] 그리고 이러한 '차이'에서 정보가 발생하고 그것이 통보될 때 그 통보는 이해되는 바, 여기에서 '통보-이해'는 체계를 구성하고 '정보-통보'는 환경으로 처리된다. 그렇기 때문에 체계와 환경(혹은 다른 체계) 사이에는 소통체계가 형성되는 바, 이것이 바로 사회적 체계이다.

그렇다면 루만에게 사회란 무엇인가? 이와 관련하여 한 가지 분명한 사실은 그의 『체계이론 입문(Einführung in die Systemtheorie)』에 체계 개념이 규정되어 있지 않듯이, 그의 『사회이론 입문(Einführung in die Theorie der Gesellschaft)』이나 『사회적 체계들』에도 사회가 규정되어 있지 않다. 루만은 오직 '체계/환경-차이'에 의한 '동일단위성(einheit)'[9] 내부에서 창발을 하는 사건만 기술할 뿐이다. 그

---

7 오토포이에시스란 개념은 (진화생물학의) 기원과 증식(origin **and** proliferation)에 관한 개념이며 (누군가에 의한) 창조 혹은 고안(creation **or** invention)과 같은 개념들과 대비될 수 있다. … 루만에게 사회적 체계들은 창조 혹은 고안 같은 어떤 외적 기예(a external art)로 소급될 수 없다(소급되어 역추적될 수 없다). 예컨대 정치는, 어떤 한 사람 혹은 일단의 사람들에 의해 고안된 것이 아니라, 어떤 특정한 형태의 커뮤니케이션으로 생성되어 스스로를 지속시킬 수 있는 것으로 입증되어 왔다. 시간이 경과하면서, 정치적 구조들, 조직들, 그리고 프로그램들이 이러한 유형의 커뮤니케이션 체계 내부에서 형태를 갖추었으며, 최근에는 예컨대 정당, 이데올로기, 그리고 선거와 같은 것들이 형태를 갖추게 되었다. 그런데 이러한 것들은, 그 커뮤니케이션의 외부에서 창조되거나 고안되어서 마치 새로운 컴퓨터 칩이 구(舊)컴퓨터 속으로 삽입되듯이 그 체계 속으로 삽입된 것이 아니라, 그 체계 내부의 내적 발전(의 결과들)이다. … 사회적 체계의 자기생산적 성장(autopoietic growth)은 자신의 자기증식(self-proliferation)이다. 자기생산 체계는 자신을 구성하는 요소들을 통해 자신을 구성하는 요소들을 생산하고 재생산한다(Moeller, 2006).

8 물론 이 도식의 더 근원적인 형태는 '구별/지시-차이' 도식이고, 바로 여기서 사회를 설명하는 데 필요한 개념적 도구들, 즉 복잡성, 선택 혹은 선택 압력, 우연성, 복잡성 축소, 자기준거 등의 개념이 도출됨은 두말할 나위가 없다.

9 필자가 생각하기에 Einheit의 번역어로는 '한 단위성'이 가장 적절한 것 같다. 이 번역어에서 '한'은 '하나'라는 의미 이외에도 '매한가지'란 표현에서 사용되는 '한'과 같은 의미, 즉 '같은 단위(혹은 범주나 유형)에 속함'이란 의미를 담고 있다. 체계이론적 차원에서 볼 때, '한 단위성'은 '체계/환경-차이' 도식의 통일체성과 같은 말이다. 해서, 이러한 의미를 모두 포함하는 한자식 표현으로 '동일 단위성'이라는 번역어를 선택했다.

렇기 때문에 루만에게는 지속적으로 작동하고 있는 동일단위성만이 사회 단위로 관찰될 뿐이다. 물론 이 내부에 정보-통보-이해라는 소통, 즉 루만의 사회 개념이 내재해 있다고 볼 수도 있다. 그러나 그것조차도 현재적 사건으로서 '현재화된 것'일뿐이며 그 외부의 잠재성 및 불확실성으로 가득 찬 세계로부터 '저것 아닌 바로 이것'을 선택하라는 선택 압력을 견디지 못한 결과이다. 이렇게 볼 때 루만에게 사회란, 마치 노자의 저 유명한 구절인 '도를 도라고 하면 도가 아니다〔道可道非常道〕'란 언명이 지시하는 대상, 즉 '명확하게 규정하거나 확정할 수 없는 그 무엇'이다. 불교로 말하면 공의 세계이자 연기의 세계다.[10]

그렇기 때문에 루만에게 사회는 있는 것도 아니지만 없는 것도 아니다. 그리고 우리가 그러한 대상을 이해할 수 없는 것도 아니다. 비록 소통이 찰나적 사건(event)이지만 체계와 환경은 각기 자기준거적으로 재생산되기 때문에 관찰과 기술이 가능하다. 게다가 사건으로서 소통은 후속 소통을 수반할 수밖에 없고, 이것이 반복적으로 침전되어서 형식화되면 의미가 구성된다.[11] 바로 그렇기 때문에 루만에 따르면 의미는 심리체계와 사회적 체계의 공통 산물로 간주되고 그 내부에는 상호 연관된 세 가지 차원, 즉 사실적 차원, 사회적 차원, 시간적 차원의 차이가 내장되어 있다. 따라서 우리는 이 의미의 형식을 세 가지 차원에서 분석해 봄으로써 개별 사회적 체계의 작동, 사회적 체계와 다른 사회적 체계의 관계, 그리고 사회적 체계와 심리적 체계 사이의 관계[12]도 파악할 수 있다.

이러한 루만의 사회적 체계 개념은 사회를 연기적 관점에서 이해하려는 필자의 관점과 가장 근접한 사회학적 사회 개념이다.[13] 환경으로부터 정보를 받아

---

10 루만의 인식론을 연구한 헬가 그립-하겔슈탕에(Helga Gripp-Hagelstange)는 루만의 인식론이 선불교의 인식론과 유사하다고 주장하기도 한다(Gripp-Hagelstange, 2013).

11 이를 필자는 의미의 사회학적 복원이라 부르고자 한다.

12 이에 대해서는 다음 절에서 좀 더 자세하게 논의할 것이다.

13 물론 마르크스의 사회 개념도 연기적 시각을 담고 있지만 그것은 여전히 이성주의적 한계를 벗어나지 못하고 있다는 점에서 루만의 사회 개념만큼 근접하고 있지는 않다. 마르크스와 불교의 비교에 대해서는 유승무(2010)를 참고하기 바란다.

소통하는 사회'는, 연기적 시각으로 풀이하면, '조건[緣]에 따라 일어나는 연기 현상(緣起現相)'에 해당한다. 그렇기 때문에 연기법에서 '일어남[起]'은, 루만에게서 '작동하는 사회'가 '그 자신과 구별되는 환경'이란 조건에 의해 비로소 나타나듯이, 연기의 말뜻 그대로 연(緣)이란 조건 위에서만 일어난다는 점에서 '연생(緣生)'(김형효, 2007)이기도 하다. 게다가 '기(起)/연(緣)-차이'는 루만의 '체계/환경-차이'처럼 동일단위성을 지닌다.[14] 마찬가지로 루만의 '체계/환경-차이'에서 창발하는 의미의 사실적 차원, 시간적 차원, 사회적 차원은, 연기법적 시각에서 보면 공(空), 무상(無常), 그리고 무아[無我=나 및 나의 것이란 관념을 초월한 '아(ego) - 타아(alter-ego) - 타자(alter)의 관계][15]에 대응된다. 그렇기 때문에 루만의 환경은 '연기'로 설명하면 '체계 외부의 연(緣)'이며 '작동하는 사회'를 구성하는 기초적인 요소, 코드, 프로그램 등은 '체계 내부의 연(緣)'이다.

2) 루만의 상호침투 이론을 넘어

한편, 필자는 이론적 차원에서 연기로서의 마음과 체계(혹은 연기)로서의 사회 사이의 관계를 정립하는 과제를 해결해야 했다. 비록 루만이 '마음' 개념 대신에 심리적 체계라는 개념을 사용하고 있음에도, 마음과 사회의 중층 의존성을 이론화하기 위해서는 루만의 '심리체계와 사회체계 사이의 상호침투성'에 관한 세밀한 논의를 참고하지 않을 수 없었다. 실제로 루만은 저서 『사회적 체계들』(1995)의 한 장(제6장)을 할애하여 이 주제를 매우 체계적으로 논의하고 있다. 이에 루만의 상호침투성 개념을 이 글의 중층적 상호의존성으로 치환할 수 있는 가능성

14 현대 포스트모더니즘 철학에서는 연기법의 존재 방식을 '차연(differance: 차이와 연장 혹은 연기의 합성어)'이라 부르지만(김형효, 2007), 필자가 보기에는 '차이동일성' 개념과도 상당히 유사하다.

15 이는 다음 절에서 '징관의 비유담'을 설명하면서 좀 더 자세하게 논의할 것이다. 참고하기 바란다.

여부를 논의해 보지 않을 수 없다.

루만은 인간을 사회학의 전통적 시각, 즉 '사회속의 인간' 대신에 '사회와 상호침투하는 환경'으로 간주한다. 여기에 '체계/환경-차이'의 동일단위성 개념을 적용하면, 인간은 체계를 위해 체계 그 자체만큼이나 중요한 구성적 계기 혹은 구성적 측면(constitutive feature)으로 작용한다. 다시 말하면 인간은 사회와 상호침투한다.[16] 루만에 따르면 여기에서 '침투란 말은 어떤 체계가 자신의 복잡성(및 불확정성, 우연성, 선택강제)을 다른 체계의 구축을 위해 내어줄 때 사용하는 말'(Luhmann, 1995: 213)인 반면에, 상호침투는 수용체계가 침투체계의 구조 형성에 역작용을 하기도 함을 의미한다. 루만은 다음과 같이 말한다. "심리적 체계들은 사회적 체계들에게 충분한 무질서(복잡성)를 공급하며 그 반대 또한 마찬가지라고 말할 수 있다. 그러니까 체계들의 고유한 선택과 자율성이 상호침투 때문에 의문시되지는 않는다는 것이다. … 모든 재생산과 구조 형성은 질서와 무질서의 조합을 전제한다. … 사회적 체계들은 심리적 체계들이 소통을 시도할 때 만들어내는 소음(무질서, 복잡성)에 근거하여 생겨난다"(Luhmann, 1995: 214). 바로 그렇기 때문에 그리고 루만의 '체계/환경-차이' 도식(복잡성 및 자기준거 포함)에 따르면, 이러한 상호침투는 일방적 침투보다 행동을 더욱 강력하게 개별화하는 특성을 지닌다. 동시에 루만에 따르면 심리체계와 사회체계의 공동의 성취물인 의미가 상호침투에 개입하여 다음과 같은 역할을 한다. 즉, "의미는 심리적 체계 구성체와 사회적 체계 구성체(psychic and social system formations)가 각자의 자기재생산을 유지하면서 상호침투할 수 있도록 만들어준다"(Luhmann, 1995: 219).[17]

이상과 같은 논의에 기초하여 루만은 심리체계와 사회체계를 구조적 연동

---

16 루만은 '침투란 말은 어떤 체계가 자신의 복잡성(및 불확정성, 우연성, 선택강제)을 다른 체계의 구축을 위해 내어줄 때 사용하고자 한다'(Luhmann, 1995: 213)라고 명시하고 있다.

17 이는, 화엄경의 비유담, 즉 마치 꿀벌이 꽃에게 전혀 훼사를 놓지 않으면서도 꽃 속의 꿀도 채취하고 꽃의 화분에 결정적인 역할을 하는 사태와 유사하다.

(structural coupling)[18]의 관계로 파악하고, 나아가 공진화(coevolution)하는 것으로 간주한다. 동시에 루만은 이러한 상호침투 개념에 근거하여, 심리체계와 사회체계는 각각 자기준거적으로 작동하며 그렇기 때문에 각 체계는 다른 체계의 내부 작동 과정에 개입할 수는 없다고 단정한다. "의식이 소통의 재생산을 위해 사용되는 동시에 소통이 의식의 재생산을 위해 사용되지만, 이 둘은 서로 섞이지 않는다(without fusing the two). 체계들이 분리된 상태로 유지되고 요소들이 그때그때 선택적으로 연결됨으로써 재생산 맥락들이 분리된 상태로 유지되는 것이 재생산의 전제조건 그 자체이다. 하나의 의식 활동은 소통의 자극을 받아 스스로를 다른 의식 활동들과 관련 속에서 확정한다. 이와 비슷하게 소통적 사건은 다른 소통적 사건에 관련됨으로써 스스로를 결정한다. 그렇기 때문에 여기에는 복수의 실리적 체계들의 의식이 편입될 뿐만 아니라 세계 속의 다양한 이슈의 자기선택적 변이도 편입된다. 구조는 양쪽에서 비슷하게 발생하기 때문에 상호침투는 가능하지만 양측은 각각 그 구조를 가지고 각기 다른 방식으로 정보를 처리한다. 이 둘 사이의 결합을 가능하게 하는 것은, 이러한 재생산의 상호 교호적 전제뿐만 아니라 상호침투의 작동적 절합(the ongoing articulation)에 달려 있다.

18 루만 연구자로 알려진 한스 게오르그 묄러(Hans-Georg Moeller)는 루만의 구조적 연동(structural coupling)을 다음과 같이 설명한다. "구조적 연동이란 개념은, 자기생산적 체계이면서 작동적으로 폐쇄된 체계들이 어떻게 서로서로 연결되어 있는가 그리고 더 나아가 그 체계들이 '존재론적으로(existentially)' 어떻게 서로서로에게 의존하는가를 설명하려는 목적에 도움을 주기 위해 사용하는 개념이다. 몸과 마음의 존재가 없다면, 즉 생물학적 체계와 심리학적 체계가 없다면, 커뮤니케이션이 가능할 수가 없다. 작동적으로 폐쇄된 서로 다른 체계들 사이의 상호 의존성이 '구조적 연동'으로 불린다. 구조적 연동이란 개념은 두 체계들의 존재가 서로서로에게 의존하고 있다는 것을 의미할 뿐만 아니라 한 체계에서 발생한 것이 다른 체계에 큰 영향을 미치며, 그래서 이들 체계는 공진화할 것을 의미한다. 예컨대 우리의 마음은 사회적 체계들과 구조적으로 연동되어 있다. 우리의 생각은 사회적 진화와 함께 발전하고 공진화한다. 또한 사회적 체계들 사이에는 수많은 구조적 연동이 존재한다. 예컨대 매스미디어 체계는 정치체계 및 경제체계와 구조적으로 연동되어 있다. 뉴스는 매스미디어를 정치와 구조적으로 연동시키는 기능을 하고, 광고는 매스미디어를 경제와 구조적으로 연동시키는 기능을 한다"(Moeller, 2006).

이것이 바로 도식화할 수 있는 차이의 의미 형식이다”(Luhmann, 1995: 232~233).

이러한 루만의 상호침투 개념은 자기준거적 사회체계의 폐쇄성과 그 환경 개방성을 동시에 포함하는 개념이다. 그러나 필자는 마음과 사회의 관계를 연기적 시각에서 상즉상입의 관계로 파악한다. 바로 이 지점이, 지금 현재로서는 루만과 필자의 길림길이다.

4. 소결: 산은 산이요 물은 물이다

지금까지 인식론적 차원(혹은 메타 이론적 차원) 및 개념적-이론적 차원에서 불교와 루만의 유사성을 주로 언급했다. 그러나 지금까지의 연구 경험에 비추어보면, 불교와 루만의 차이점도 없는 것은 아니다. 루만은 루만이고 불교는 불교다.

우선, 개념적 차원을 보자. 루만의 체계/환경은 하나의 동일단위성를 이루고 있다. 연기적 관점은 이를 마음과 사회의 ‘상즉’ 개념으로 풀이한다. 그뿐만 아니라 상즉 개념에는 하나이면서 둘(혹은 다수)이고 둘이면서 하나인 관계가 내포되어 있다(一卽多/多卽一). 그리고 그 하나와 둘의 관계는, 즉 상즉하는 양자의 관계는 마치 태극의 음과 양의 관계 혹은 대대적 관계(待對的 關係)에 놓여 있다. 루만의 ‘체계/환경-차이 도식’에서는 이러한 차원이 내포되어 있지 않은 듯하다.

둘째, 이론적 차원에서 보더라도 체계와 환경의 상호침투성 개념은 연기적 시각의 상입 개념과 다르다. 루만에 따르면 환경은 체계의 경계에 정보를 통보하는 정도로 체계에 미친다. 그러나 상입의 개념은 하나의 사물도 서로 다른 계(界)에서는 서로 다른 실제들로 동시에 일어남을 의미하는 동시돈기(同時頓起, simultaneous-mutual-arising), 그리고 그렇게 동시에 일어난 실제들이 서로서로 조금도 방해하거나 헤살 놓는 것 없이 서로 꿰뚫고 들어감을 의미하는 동시호입(同時互入, simultaneous-mutual-entering), 나아가 이러한 실제들이 서로를 포섭하는 동시호섭(同時互攝, simultaneous-mutual-containment) 등과 같은 하위 개념으로 구체적으로 설명되고 있다.[19] 여기에는 체계가 환경에 침투하고 동시에 환경이 체계에 침투하기도 하지만 환경이 체계를 포섭하는 순간 체계는 환경을 포섭한다는 의미도 포함되어 있다. 이렇게 볼 때, 불교의 상입 개념은 루만의 상호침투 개념에 비해 더 포괄적이고 더 적극적인 상호 개입을 시사한다.

셋째, 루만의 심리체계와 불교의 마음 개념도 다르다. 굳이 유식학을 언급할 것도 없이, 불교의 마음 개념 속은 이성, 감성, 의지, 상상력, 기억, 외부와의 접촉 개념 등과 같은 의미소가 존재한다. 이는 마음이 그러한 구성 요소들의 연기적 구성물임을 의미한다. 이는 루만이 개념화하고 있는 의식, 지식, 심리 등과는 내포와 외연에서 다르다.

넷째, 루만은 심리체계보다는 사회적 체계를 설명하는 데 대부분의 정열을 바쳤다. 그렇기 때문에 그 나머지 체계에 대해서는 기본적인 논의에만 머물고 있다. 심리적 체계의 경우도 예외는 아니다. 반면에 불교는 마음에 대해서는 매우 방대하고 깊은 논의를 발전시켜 온 반면에 사회에 대해서는 거의 논의를 전개하지 못했다.

요컨대 루만은 루만이고 불교는 불교다. 그러나 혹은 바로 그렇기 때문에 불교와 루만 사이의 관계도 상즉상입의 관계에 놓여 있다. 다시 말하면 산이 존재하기 위해서는 물이 있어야 하고 그 반대도 마찬가지임에도 결국 산은 산대로 물은 물대로 다시 재생산을 하듯이, 불교와 루만 사이의 관계에도 상보성(相補性)이 존재하고 그렇기 때문에 불교는 불교이고 루만은 루만이다. 이에 아래에서는 불교와 루만의 상보성을 극대화할 수 있는 가능성을 탐색해 보고자 한다.

---

19 츠앙(1998)은 이러한 개념을 구체적인 예를 들어 자세하게 설명한다.

5. 무한한 도구함과 무량한 도구의 만남

앞에서도 이미 언급했듯이, 필자는 연기적 시각을 (불교)사회학적 연구의 도구함으로 선택했다. 연기적 시각, 즉 연구자가 선택한 사회 단위(혹은 분석 단위)를 실체가 아니라 내부와 외부의 연(緣)에 의해 발생한 그 무엇으로 간주하고 그 둘 사이의 관계를 중층적 인과관계로 관찰하고 기술하는 시각이 사회현상을 설명하는 보편적 이론 틀로서 손색이 없다는 확신 때문이었다.

이러한 확신은 루만을 공부하면서 점점 더 확고해 졌다. 무엇보다도 루만이 인식론적으로 크게 의존하는 물리학자 베르너 하이젠베르크(Werner Karl Heisenberg)나 닐스 보어(Niels Bohr), 생물학자 프란시스코 바렐라(Francisco Varela), 수학자 스펜서 브라운 등의 시각이 연기적 시각과 크게 다르지 않았다. 그들 중 일부는 실제로 불교나 노장사상 등 동양사상으로부터 인식론적 영감을 받은 것으로 알려져 있었다. 그리고 루만이 직접 불교를 공부했다는 증거를 찾지는 못했지만, 루만의 인식론을 연구한 헬가 그립-하겔슈탕에(Helga Gripp-Hagelstange)는 루만의 인식론이 선불교의 인식론과 유사하다고 주장하기도 한다(그립-하겔슈탕에, 2013). 그리고 루만의 핵심 개념 중 하나, 즉 사회적 체계 내부의 자기 재생산(autopoiesis) 개념이 이미 불교에서는 단위 내부의 연 개념으로 정밀하게 발전되어 왔으며(12연기나 유식학을 보라) 그것이 실체론을 대체하는 근거였다. 이상과 같은 이유로 필자는 루만의 사회이론을 든든한 징검다리로 삼고 연기적 시각을 사회학에 적용해 보리라고 더욱 다짐했다.

문제는 연기가 너무나 보편적 원리이기 때문에 구체적 현실을 설명하기 위해서는 별도의 개념적 도구들이 개발되어야 한다는 점이다. 그리고 상즉상입처럼 연기를 설명하기 위해 개발된 일부 도구들조차도 사회분화의 정도가 현대사회에 비해 거의 이루어지지 않은 시대의 산물이기 때문에 그 낡은 개념만으로는 복잡하게 분화되어 작동하는 현대사회를 설명하기에 양적으로 부족하거니와 질적으로도 부적절하기까지 하다. 설상가상으로 연기를 설명하는 개념은 사회를 설명하기 위한 사회학적 개념으로 개발된 것이 아니라 인간의 고통과 그 해결과 관련된 사성제나 팔정도와 같은 불교 고유의 개념이기 때문에 연기적 시각으로 사회의 작동을 설명하기 위해서는 별도의 사회학적 개념 도구가 요구된다.

이때 가장 요긴한 사회학자가 바로 루만이었다. 무엇보다도 사회를 실체로 간주하기보다는 소통으로 간주하는 루만은 사회체계의 작동적 구성을 설명하기 위한 다양한 개념을 만들었고 또 그것을 매우 정밀하게 구사하면서 현대사회를 설명하고 있기 때문이다. 또한 사회학자로서 루만의 사회적 체계이론은 현대사회와 같은 기능분화의 사회를 설명하는 데 최적화된 이론이기 때문에 여기서 사용되는 개념적 도구들은 현대사회를 설명하는 데 부족함이 거의 없다. 게다가 루만의 사회학적 개념(도구)들은 사회의 작동을 설명하는 연기적 시각이라는 도구함을 채워주는 역할을 넘어서서 불교를 사회학적으로 설명하는 데도 상당히 용이하게 활용될 수 있다.[20] 이를 종합해 볼 때, 루만의 사회학적 도구들은 연기적 시각이라는 무한한 도구함을 채워줄 수 있는 무량한 도구로 손색이 없다. 불교가 루만을 만나야 하는 까닭이다.

그렇다면 루만은 왜 불교를 만나야 하는가? 이는 사회학을 전공한 필자가 처음 불교에 관심을 가지면서 스스로에게 했던 질문이기도 하다. 해서, 지금까지 필자는 '만약 사회학자가 불교와 만난다면 사회학자에게 어떤 이점이 있고 또 어떤 변화가 있을까?'라는 가정하에 베버, 마르크스, 벨라 등이 불교와 어떻게 만났는지(혹은 만날 수 있는지)를 검토하고 그 만남이 갖는 한계를 밝혀왔다. 그리고 이러한 연구를 통해 다음과 같은 사실을 발견했다. 만약 사회학자가 불교와 성공적으로 만난다면 최소한 인식론적 차원에서는 사회학적 시각, 즉 도구함이 크게 확장될 것이다. 그렇다면 앞 장에서 살펴본 차이점을 고려하면 이러한 발견은 부분적으로는 루만에게도 적용되지 않을까?

---

20 실제로 필자는 루만의 개념적 도구를 활용하여 불교사회학의 실증적 연구를 하고자 하는 꿈을 갖고 있다.

6. 나오는 말

지금까지 루만과의 인연, 필자의 연구와의 연관성을 살펴보았고, 그에 기초하여 불교와 루만의 차이점 및 상호 보완적 발전 가능성을 논의해 보았다. 이제 마지막 남은 질문은 '어떻게 만날 것인가?'이다.

혹자는 루만의 인식론과 불교의 인식론을 비교해 볼 수도 있을 것이며, 또 다른 혹자는 루만의 종교체계나 종교에 관한 진술을 모아서 종교사회학적 차원에서 불교와 사회의 만남을 논의하기도 할 것이다. 또한 현대사회의 각종 기능체계의 작동과 불교의 만남을 논의하려는 연구자도 탄생할 가능성을 배제할 수 없다.

이렇듯 다양한 만남의 가능성 중에서 연기적 시각의 도구함과 루만의 사회학적 도구들의 만남이라는 만남의 방식을 제안했다. 그것은 한편으로는 연기적 시각이라는 도구함이 루만의 인식론의 한계, 즉 체계들 사이의 상즉상입을 충분히 포괄하지 못하는 한계를 극복하는 데 도움이 될 것이라고 생각되었기 때문이며 다른 한편으로는 루만의 사회학적 도구들이 연기적 시각이 사회학적 분석상의 한계(특히 현대사회의 작동에 대한 분석의 한계)를 보완하는 데 가장 적절하다고 생각되었기 때문이다.

그러나 이러한 제안도 하나의 가능성이며 그것마저도 아직은 충분히 입증되지 않은 가설일 뿐이다. 그렇기 때문에 '어떻게 만날 것인가?'의 과제는 그 자체로 열린 과제임은 두말할 나위가 없다.

참고문헌

김형효. (2007). 『마음 혁명』. 살림.

유승무. (2010). 『불교사회학』. 박종철출판사.

유승무. (2013). 「동양사회의 내재적 종교성과 베버의 동양사회론」. 『현대사회와 베버 패러다임』. 나남.

루만, 니클라스(N. Luhmann). (2015). 『사회이론 입문』. 이철 옮김. 이론출판.

엘리엇(Anthony Elliott)·터너(Bryan S. Turner). (2015). 『사회론』. 김정한 옮김. 이학사.

엘리아스, 노버트(Norbert Elias). (1987). 『사회학이란 무엇인가』. 최재현 옮김. 나남.

츠앙, 까르마 C.C.(Garma C.C. Chang). (1998). 『화엄철학』. 이찬수 옮김. 경서원.

헬가, 그립-하겔슈탕에(Helga Gripp-Hagelstange) (2013). 『니클라스 루만-인식론적 입문』. 이철 옮김. 그린비.

Krieken, Robert V. (1998). *Nobert Elias*. Routledge.

Luhmann, Niklas. (1995). *social systems*, Stanford University Press.

Moeller, Hans-Georg. (2006). *Luhmann Explained*. Open Court, Illinois.

제10장

니클라스 루만의 체계이론의 신학적 연구*

전철 | 한신대학교 신학부

1. 들어가며

이 연구는 현대 시스템 이론의 중요한 토대를 제시한 독일의 사회학자이자 체계이론가인 니클라스 루만(Niklas Luhmann, 1927~1998)의 체계이론의 신학적 조명을 목적으로 한다. 니클라스 루만은 현대사회에 대한 다층적이며 방대한 분석을 제시하고 사회의 기저에 놓여 있는 다원적 구조를 체계이론적으로 탁월하게 성찰했다. 그의 연구 영역은 사회학, 법학, 경제학, 정치학, 예술, 종교와 생태학, 언론에 이르기까지 매우 폭넓게 다루어졌으며 일반화 이론으로까지 확장되었다. 니클라스 루만의 체계이론은 규범적으로는 갈등이론과 대별되는 사회학적 기능이론으로서 널리 알려져 있다. 특히 그는 막스 베버(Max Weber, 1864~1920), 에밀 뒤르켐(Emil Durkheim, 1858~1917), 탤컷 파슨스(Talcott Parsons, 1902~1979)의 전통을 넘어 새로운 관계론의 사회학을 창조적으로 구축하여 고전의 반열에 오른 사상가이다.

---

1 이 글은 전철, 「니클라스 루만의 체계이론의 신학적 연구」, ≪신학연구≫, 66(2015), 33~58쪽을 보완·확대한 글이다.

그러나 니클라스 루만의 사유를 사회학의 성과로만 채택할 경우 그의 사회체계이론에 대한 신학적 연구와 폭넓은 해석과 성찰은 성공적일 수 없을 것이다. 오히려 니클라스 루만의 체계이론(Systemtheorie)을 사물의 일반성을 타진하고 해석하는 메타이론(Meta-Theorie)으로 이해할 때 신학과의 대화 가능성은 훨씬 탄력을 얻을 수 있다(Hagen, 2009: 41). 이러한 점에서 이 연구는 20세기 초부터 발현한 새로운 자연과학적 성찰, 학문방법론의 진화, 인문학적인 성찰이 종합적으로 구현된 메타이론으로서 니클라스 루만의 사유를 이해한다. 특히 이 연구는 니클라스 루만의 사회체계이론의 보편적 측면, 즉 존재와 삶에 대한 존재론적·인식론적·실천론적 측면을 모두 포괄한 거대 담론의 성격에 주목한다.

20세기 중·후반은 '창발성' 개념이 매우 중요한 사상적 화두로 등장한 시기이다. 니클라스 루만은 매우 현대적인 방식으로 자신의 이론 속에서 창발성의 문제를 철두철미하게 성찰하고 체계 내적으로 소화한 학자이다. 창발성 현상에 대한 이론적 조명과 접근은 각기 분야에서 고유한 방식으로 출현했다. 그러나 루만은 창발성의 지위를 보편적 언어와 체계로 끌어올려 일반화시키는 기여를 했다. 니클라스 루만은 기능주의자와 현실주의자로 오해되는 측면도 있다. 하지만 당위의 시선이 아니라 생물체계와 사회체계, 그리고 심리체계를 관통하는 체계의 보편적인 운동에 대한 진술을 매우 구체적이며 실질적으로 반영한 이론으로 평가하는 것이 오히려 적절한 해석이라고 여겨진다.

사회적 네트워크가 극도로 확장되는 21세기에 진입하면서 루만의 사유는 더욱더 중요한 지위를 얻는 듯하다. 루만의 이론은 현실에 대한 전통적인 해석과는 달리 매우 다층적이며 다항논리로서 구성되어 있기에, 사회적으로 방대하게 직조된 현실에 대한 섬세한 분석이 요구되는 오늘날 더욱더 그의 학문적 방법론과 담론은 주목을 받고 있다. 특히 현실 분석의 이항논리가 주요하게 작동되는 신학적 담화에서 니클라스 루만의 관점은 신학적 방법론의 체계 내적 성찰에 큰 통찰을 준다.

니클라스 루만의 담론은 통섭 담론이다. 그는 20세기의 다양한 성과를 고유한 방식으로 통합시키고자 노력한 매우 탁월한 거대 담론가였다. 그의 사회체계 이론이 단순히 사회학의 영역에만 머무르는 것이 아니라 전반적인 학문 분야에서 시스템 이론이라는 보편 담론으로서의 자리를 잡아간다는 것은 이를 보증한다. 그가 다양한 저작을 통해 제시한 매우 철저하고 체계적인 이론과 그 분석의 깊이는 사회학(사회적 층위)의 영역을 넘어서서 심리학(심리학적 층위), 생물학(생물학적 층위), 인류학, 사이버네틱스, 커뮤니케이션 이론, 그리고 언어학에 이르기까지 다양한 방식으로 21세기에 이르러서도 매우 폭넓게 논의되고 재조명 되고 있다.

이에 이 연구는 사회학, 정치학, 법학, 철학, 언어학, 인공지능 연구, 심리학과 교육학, 그리고 환경과 생태학, 종교에 이르기까지 폭넓은 연구 분야의 성과들을 자신의 방식으로 체계화 한 니클라스 루만의 체계이론에 대한 신학적 성찰을 목적으로 한다. 위르겐 하버마스(Jürgen Habermas, 1929~)와의 사상적 긴장과 대립각의 양상으로만 비추어졌던 니클라스 루만의 사유가 실재의 보편적 본성을 진술하는 '사회체계이론'으로 매우 주목되는 상황에서, 그가 던진 체계(System), 환경(Umwelt), 자기생산(Autopoiesis), 모순(Paradox), 관찰(Beobachtung), 신(Gott)을 포함한 다양한 지적인 성과가 어떠한 종교적이고 신학적 함의를 지니는가를 헤아리는 작업이 이 연구의 핵심 목적이다. 특히 이 연구는 현대사회를 분석하기 위한 신학적 방법론의 구상에 루만의 사유가 어떠한 통찰을 줄 수 있는가에 주목한다. 이를 통해 21세기의 다층적이며 다차원적인 현실을 풍요롭게 조명할 수 있는 신학적 방법론과 담론화의 가능성을 탐색하고자 한다.

이를 위해 이 연구는 니클라스 루만의 사유가 지닌 창발성의 존재론의 성격을 검토할 것이다(2). 그리고 니클라스 루만 사상의 배경을 다룰 것이다(3). 더 나아가서 니클라스 루만의 사상과 신학과의 대화 가능성을 조명할 것이다(4). 마지막으로 니클라스 루만의 사상이 신학에게 주는 통찰과 의미를 결론으로서 제시할 것이다(5).

2. 니클라스 루만의 창발성의 존재론

니클라스 루만의 체계이론은 사회적으로 새롭게 출현하는 생성과 우발성의 문제를 깊이 있게 포착하려는 학문적 시도이기도 하다. 사실 '생성'에 관한 접근은 오랜 기원을 가지고 있다. 그것은 고대부터 내려오는 두 사유의 중요한 한 양식이기도 하다. 일반적으로 이에 관련하여 우리는 존재(Sein)와 생성(Werden)이라는 통찰과 유산을 가지고 있다. 이렇게 생성과 존재의 이중적 국면을 자신의 체계에 포섭하려는 루만의 이론을 우리는 "창발성의 존재론"으로 규정할 수 있다.

사실 창발성의 존재론의 핵심적 근간이 되는 우발, 창발, 창조라는 키워드는 기본적으로 존재 사유보다는 생성의 사유에 친화력과 그 근거를 두고 있다. 왜냐하면 존재 사유를 극단화시킬 경우에 현상적으로 드러나는 우발, 창발, 창조는 근본적인 존재의 동일성에 포섭되거나 수렴되기 때문이다. 이러한 맥락에서 우발, 창발, 창조가 본질의 그늘에 관한 진술이라는 소극적인 태도를 넘어서서, 이러한 개념이 함의하는 바를 적극적으로 검토하고자 하는 것이 창발성의 존재론의 견해이기도 하다. 우발, 창발, 창조의 문제는 20세기 초부터 본격적으로 학문의 다양한 지평 속에서 논의되기 시작했다. 특히 다음과 같은 담론 영역들을 중심으로 우발-창발-창조의 논의는 분화되어 전개된다(전철, 2006: 229~230).

① **생성의 기하학** 생성의 기하학은 추상과 구체에 대한 이질성이 성찰되지 않았던 전통적인 기하학의 대안으로서 등장한 사유 방식이다. 생성의 기하학은 점을 순수사변의 기하학적 요소로 정의하지 않고 경험 지평에서 정의한다. 그러므로 여기에서 점은 현실에서 출현한 일종의 추상적 사태이다. 그것은 전통적으로 자명하고 구체적인 점이었으나 이제 그것은 추상이라는 범주로 설정이 되었으며 이 기하학적 프로그램은 역설적으로 추상의 배후에 있는 구체적인 경험 지평을 담아낼 수 있게 되었다. 이러한 맥락에서 우발, 창발, 창조에 대한 논의는 20세기 초의 기하학적 프로그램과의 접촉점을 갖게 된다(Whitehead, 1978:

294~301).

② 수리논리학 논리학의 가장 핵심적인 목표는 20세기 초에 시도되었던 수학의 논리학을 넘어서서 경험의 논리학, 즉 경험을 논리적으로 포괄하려는 시도라고 할 수 있을 것이다. 물론 이러한 시도는 생성의 기하학과 긴밀하게 연결된 프로그램이기도 하다. 논리학이 경험 범주를 논리적으로 포섭하려 할 때 여러 난점이 매복되어 있음을 주목해야 할 것이다. 이 지점이야말로 논리와 생성이 어떻게 접맥될 수 있는가를 타진하는 매우 중요한 대목일 것이다. 전통적인 개념인 추상과 구체의 이항대립적 관계를 넘어서서, 논리계형, 준거, 재귀, 체계라는 개념의 성찰을 요구한다. 바로 니클라스 루만은 이러한 개념들을 체계적으로 구축한 성과를 제시하고 있다.

③ 인지생물학 뒤늦게 역사적으로 출현한 생물학이라는 학문적 방법론은 살아 있는 것에 대한 물질적 분석을 넘어서서 살아 있는 것을 지탱해 주는 패턴을 새롭게 일반화시킨 성과가 있다. 이러한 패턴의 도움을 받아 우리의 인지, 지각, 지식, 그리고 환경과의 커뮤니케이션이 어떠한 근거에서 작동하는지를 더욱더 심도 깊게 성찰할 수 있는 기회를 얻게 되었다. 이러한 인지생물학에 관련된 논의는 여전히 의미가 있으며 많은 통찰을 던져준다. 니클라스 루만은 움베르토 마투라나(Humberto Maturana, 1928~)와 프란시스코 바렐라(Francisco Varela, 1946~2001)의 인지생물학 전통을 자신의 논리적 체계 구축의 중요한 재료로 수용한다(Maturana und Varela, 1987: 298; Luhmann 1984: 60; Luhmann 1990: 1-20; Jahrus und Nassehi 2012: 69).

④ 구성주의 경험은 본질의 반영이 아니라 개체의 구현이며 이러한 구현된 세계들의 상호주관적 관련과 역사적 누적 속에서 우리의 현실이 구성된다고 보는 구성주의 또한 이 연구와의 중요한 접촉점을 갖는다. 본질주의에 대응하는 구성주의는 역사적으로 인지생물학의 통찰, 그리고 논리계형에 대한 반성을 통한 '관찰'에 대한 새로운 해석, 상호주관성에 대한 강조, 그리고 개체가 머금고 있는 창발성에 대한 강조가 포괄적으로 스며들어 있다.

⑤ 생성의 형이상학 존재는 본질이 아니라 관계적 사건이며, 존재의 배후에 잠복된 생성의 세계를 더욱 근본적으로 설정하는 철학적 프로그램은 예로부터 있어 왔으며 여전히 존재한다. 이러한 생성의 문제를 다루는 형이상학적 지평에서는 우발, 창발, 창조의 문제가 대단히 핵심적인 키워드이다. 소위 형이상학의 궁극성에 비추어서 볼 때 이 관점에서는 논리학, 생물학, 구성주의라는 각각의 범주들 사이 불가피하게 얽혀 있는 부분들을 체계적으로 반성할 수 있게 하는 장점이 있다.

⑥ 창조성의 신학 신학의 역사는 신의 본질을 묻고 그 의미를 찾는 역사이기도 하다. 여기에서도 위에서 논의되었던 논점이 그대로 적용이 된다. 즉, 신학의 역사, 특히 신론의 역사는 신이라는 존재와 경험 지평에서 출현하는 우발-창발-창조의 체험 사이의 관계에 대한 진술과 해석의 역사이다. 창조는 신의 속성이라는 이러한 전통적인 논리 도식은 이제 오늘날 새롭게 재해석될 여지가 있다. 사실 우리가 전통적으로 이해하는 신에 관한 논리적 도식이나 존재 신학에 대한 근본적 정당성을 묻는 작업은 현대 신학의 한 과제이다. 특히 신과 창조 사이의 접점에 대한 다양한 성찰과 주목은 창조성의 신학 논의의 중요한 쟁점이다.

이러한 점에서 니클라스 루만의 체계이론에 대한 신학적 성찰을 통해 우리는 첫째, 21세기의 창발적 존재론을 기반으로 한 현대사상과 신학적 사유와의 대화(Flume, 1984: 286~288), 둘째, 현실의 다차원성과 복합성에 대한 분석 담론과 신학적 사유와의 대화, 셋째, 분화된 현대사회에서의 종교의 기능과 역할에 대한 비평적 대화를 제시할 수 있을 것이라고 기대한다. 더 나아가서 루만의 사유와 신학의 대화는 단지 지엽적인 논의 담론에 제한되는 것이 아니라 오히려 신학이 21세기의 다양한 학문적인 성과 속에서 자신을 어떻게 구상해야 할지를 확보하는 중요한 의미를 지닌다.

3. 니클라스 루만 사상의 배경

니클라스 루만은 1927년 8월 12일 독일 뤼네부르크에서 태어났다. 그는 1946년부터 1950년까지 대학에서 법학을 공부한 후 상급행정재판소에서 조사원과 의회담당관으로 근무한다. 루만은 1960년부터 하버드 대학교로 유학을 떠나 사회학을 공부한다. 그곳에서 그는 파슨스와의 만남을 통해 사회체계이론을 구상한다. 루만은 이후 도르트문트 대학교의 사회학 연구소장으로 부임한다. 1969년 루만은 빌레펠트 대학교 사회학과에 부임한다. 루만은 1993년 정년 퇴임을 했으며 그 이후에도 많은 연구 성과를 이루었다. 그는 1998년 11월 16일 향년 71세 암으로 사망할 때까지 60~70여 권에 달하는 방대한 저서를 출간한다(Jahrus und Nassehi, 2012: 1~3). 루만은 소위 현실에 관한 관계론을 구상하려는 과제에 많은 심혈을 기울인다. 특히 그가 구상했던 점은 관찰의 지위에 대한 복합적이며 섬세한 분석이다. 루만은 전통적인 방식의 일원적 세계관의 한계를 탈피하고 오히려 각각의 관찰자의 지위가 어떻게 현실을 구축해 내는지를 다층적 패러다임을 통해 일관되고 명확하게 제시하려는 과제에 심혈을 기울인다.

그렇다면 니클라스 루만의 사유와 신학과의 대화는 어떻게 진행되고 있는가. 니클라스 루만은 1982년 『종교의 기능(Funktion der Religion)』이라는 저작을 출간한다(Luhmann, 1982). 종교가 사회시스템 안에서 어떻게 작동하는가를 다루었다. 독일의 조직신학자 미하엘 벨커(Michael Welker, 1947~)는 1985년 루만의 시스템 이론에 대한 분석과 신학적 비평을 담은 저서를 출간한다(Welker, 1985). 이는 루만의 1982년 저작인 『종교의 기능』에 대한 신학적 비평의 성격을 담은 작업이었다. 그리고 루만은 사후 저작인 『사회의 종교(Die Religion der Gesellschaft)』(Luhmann, 2002)에서 사회에서의 종교의 기능과 의미에 대한 대화와 토론을 위해 미하엘 벨커의 저작인 『하나님의 영(Gottes Geist: Theologie des Heiligen Geistes)』(Welker, 1992)과 『창조와 현실(Schöpfung und Wirklichkeit)』(Welker, 1995)을 연구와 분석의 파트너로 채택하고 신학적 담론에 대한 비판을 진행하기도 했다

(Luhmann, 2002: 327). 이렇게 루만의 체계이론을 논의하고 비평적 담론을 제공하는 신학자 그룹으로서 하이델베르크 대학교의 미하엘 벨커와 귄터 토마스(Günter Thomas), 그리고 안드레아스 슐레(Andreas Schule) 등이 있다(Thomas and Schüle, 2006).

학문적 일반화는 자연과 사회와 문화에 대한 체계적 인식을 통해 인간의 삶의 가치와 의미를 증진시키는 학술적이며 문화적인 행위이다. 사회학의 영역에서만 제한되는 담론이 아니라 모든 사회의 영역과 삶의 영역을 하나의 이론적 가설을 통해 정합적으로 구축하고자 노력한 루만의 체계이론은 미시적이며 특화된 영역에 머물러 있는 학문의 전망을 거시적이며 통합적으로 확대하도록 우리를 자극한다. 종교의 기능과 범주 또한 마찬가지이다. 종교와 신학은 메타적 성격을 궁극적으로 지향한다. 니클라스 루만이 보여주는 전체 시스템에 대한 포괄적인 방법론과 성과는 신학적 방법론의 분화된 구축과 성찰에서도 매우 중요한 함의를 제공한다.

니클라스 루만의 사상적 배경은 다음과 같다. 니클라스 루만은 20세기 초에 새롭게 등장하는 형이상학과 논리주의 계보의 지적 전통이 이루었던 성과들을 자신의 인식론적 구상의 중요한 토대로 설정한다. 특히 루만은 알프레드 노스 화이트헤드(Alfred North Whitehead, 1864~1947)와 버트런드 러셀(Bertrand Russell, 1872~1970)의 평생 과제였던 실재의 다차원성에 대한 모델화의 시도를 매우 중요한 출발점으로 인식한다.

니클라스 루만은 『수학원리(Principia Mathematica, 1910~1913)』에서 제시된 러셀의 '유형이론(theory of type)'의 사상사적 의미를 매우 중요하게 다룬다. 특히 존재의 위계와 과정의 생성을 심층적으로 검토한다는 점에서 루만의 제자인 디르크 베커(Dirk Becker)도 니클라스 루만과 화이트헤드 사유의 연관성에 주목하며, 이 양자는 사상사의 중요하고 독특한 슈퍼 이론으로 평가한다. 특히 루만은 러셀의 유형이론이 주는 의미를 현실의 다차원성을 단일한 범주와 논리로 환원시키려는 모든 단일성의 논리에 대한 근본적인 비판으로 받아들이며, 현실의 복잡성과 다차원성을 망실한 모든 이론과 가설에 대한 적극적인 반기로 해석한다.

> 루만은 이 책(『사회체계이론』)에서 푀르스터의 제2질서의 사이버네틱스와 마투라나/바렐라(H. Maturana/F. Varela)의 자기생산적 생명체 개념을 적용하여 일반 재귀준거체계의 이론을 시도한다. 루만 외에 이처럼 급진적 전환을 구성한 사상으로는 사건을 세계가 아니라 오직 체계들만을 생성하는 질료로서 구상하는 화이트헤드의 우주론밖에 없을 것이다(루만, 2007: 43).

사실 화이트헤드와 러셀의 프로그램은 다항논리의 문법을 바탕으로 현실의 다차원적 범주와 국면을 효과적으로 모델화 한 프로그램으로 평가된다. 러셀의 유형이론의 핵심은 클래스(class)와 요소(members)의 위계적 분리이다. 즉, 클래스는 자신의 요소가 될 수 없다. 이러한 위계의 지위가 서로 무너지고 모순될 때 역설(paradox)의 문제가 발생된다. 역설의 문제는 루만의 체계 안에서, 인식론의 문제, 존재의 위계 문제, 사회적 의사소통과 커뮤니케이션 문제와 복잡다단하게 연결된다(Thomas und Schüle, 2006: 72~77). 루만에 의하면 그 자신의 주요한 과제인 행동과학과 커뮤니케이션 이론의 이론적 토양은 인공두뇌학적 혁명에 의존하고 있으며, 이 혁명의 토양을 화이트헤드와 러셀의 수리철학이 제공하고 있다고 판단한다.

이러한 논리와 사실 사이의 차이에 관한 러셀의 통찰은 루만의 인식론적인 작업을 통해 적극적으로 재해석된다. 루만의 인식론의 가장 기본적인 전제에서 중요하게 고려해야 할 점 가운데 하나가 바로 '체계'와 '환경(Umwelt)'의 차이에 대한 섬세한 구상과 분명한 강조라는 점을 깊이 헤아려볼 필요가 있다(전철, 2009: 56~57). 루만은 체계와 환경의 관계를 새롭게 구상하고 설정하면서, 환경에 종속된 체계와 같은 전통적인 이해 방식을 거부한다. 그는 체계의 세계와 환경 사이의 차이가 어떠한 방식으로 존재하며, 이 둘의 가교를 어떠한 계층구조의 형태로 포섭해야 할 것인가에 대해 본격적으로 씨름한다.

이와 관련하여 니클라스 루만은 자기준거라는 가설을 우리에게 제시한다. 이 '자기준거(Selbstreferenz)' 개념에 의하면 주체, 관찰자, 체계는 독자적인 역사에 의존하여 자기준거적으로 환경을 파악하는 특성을 지닌다. 자기준거는 마투라나와 바렐라의 자기생산에 대한 통찰을 바탕으로 이를 사회학과 문화학적인 대상으로 확장시킨 개념이기도 하다(Kött, 2003: 56). 체계와 관찰자는 환경에 대한 부수적 산물이 아니다. 오히려 환경 안에서 관찰자는 자기준거적으로 자신을 형성한다. 그것은 체계 전체의 관점에서 볼 때에는 새로운 사태의 창발적 등장이다. 루만은 모든 존재가 자신을 창조적이며 창발적으로 체계화하는 역동적 과정을 이론적으로 구축했다. 이러한 점에서 루만의 실재관은 소위 이항대립적이며 폐쇄적인 이론과 완벽하게 결별한다. 현실세계는 존재가 아니라 구성태이다. 그리고 그것 또한 매우 다차원적인 관찰자에 의해 복합적으로 구성된 다층적 구성태이다.

이렇게 니클라스 루만의 사회체계이론의 정신사적 배경 가운데 한 줄기는 20세기 초 화이트헤드의 체계이론과 형이상학, 그리고 더글러스 호프스태터(Douglas Richard Hofstadter, 1945~)의 정보이론, 사이버네틱스, 움베르토 마투라나와 프란시스코 바렐라의 생물학적 구성주의 이론, 그리고 현대의 다양한 철학적이며 사회학적 이론의 수용과 대화에서 형성된 이론이다(Hofstadter, 1989: 24; Reese-Schäfer, 2001: 42~44; Luhmann, 1984: 242~248; Wiehl, 2000: 388~389; Chun, 2010).

이러한 루만의 체계이론을 연구할 때 주목해야 할 점은 다음의 두 가지이다. 하나는 당위적 사유나 이항대립적인 사유만으로 현실의 복합성을 구체적으로 진술하거나 담보할 수 없다는 점이다. 다른 하나는, 분화된 사회기능체계에 의거한 커뮤니케이션의 복잡성과 사회의 다차원성에 대한 이론이 어떻게 종교와 신학의 관점과 연결되는지를 섬세하게 고려하는 작업이다. 매우 심층적 차원에서 현실의 다차원성을 냉정하게 분석하는 루만의 시도는 특히 오늘날과 같이 매우 복잡한 체계가 상호 연동되어 구현되는 사회 현실에 대한 유용한 안목을 제시해 준다.

니클라스 루만의 체계이론은 현실의 문제를 신학이 조명할 때, 각각의 분화된 정치, 사회, 문화, 교육, 경제의 체계들이 어떠한 방식으로 작동되고, 특정한 기능에 의거하여 다시 재생산하는지를 매우 주도면밀하게 성찰할 수 있도록 도와준다. 더 나아가서 각각의 체계들의 생산들이 종교적 담론과 체계들에 어떠한 영향력을 주고 또한 받는지를 매우 효과적으로 성찰하게 한다. "당신이 관찰하지 못하는 바로 그것을 나는 관찰한다(Ich sehe was, was du nicht siehst)." 루만은 모든 분화된 체계 내적 시선이 관찰의 사각지대를 가질 수밖에 없음을 지적한다. 동시에 루만의 명제는 모든 체계 내적 논리의 한계와 경계에 서 있는 신학적 시선에 대한 매우 심화된 조명의 가능성을 제시한다(전철, 2009: 59~60).

4. 니클라스 루만의 사상과 신학과의 대화

1) 체계이론과 신학의 학제 간 대화

니클라스 루만은 특정한 영역에 제한되는 특화된 논리 구조를 거부하고 체계이론이라는 궁극적 일반화의 층위까지 자신의 학문적인 작업을 수행하여 정치학, 법학, 철학, 언어학, 인공지능, 심리학과 교육학, 생태학으로 연구의 스펙트럼을 넓혀 약 70여 권의 저서를 남겼다. 이미 루만의 사유는 유럽의 지적 지형 안에서 신학과의 긴밀한 대화를 촉발했다.

니클라스 루만의 몇 편의 주저는 이미 한국에 번역되었으며 루만 연구가 점진적으로 확산되고 있다. 니클라스 루만의 사상과 신학과의 대화는 아직 본격적으로는 진행되지 않은 것으로 보인다. 루만은 『종교의 기능』(1982)과 『사회의 종교』(2002)를 출간함으로써 자신의 사회체계이론 안에서 종교의 기능과 본질에 대한 분석과 비평을 남겼다. 앞으로 루만의 체계이론과의 신학적 대화는 복잡하고 중층화된 현대사회에 대한 신학적 방법론의 구상에 많은 통찰을 제시할 것이라고 생각한다.

니클라스 루만의 사회체계이론을 신학적으로 연구하는 것의 장점은 다음과 같다. 우선 그가 보여주는 매우 정교한 사고, 다원적 정보이론과 소통이론, 사이버네틱스, 시스템 이론, 인식론, 그리고 종교 이해에 관한 체계이론적 사유를 통해 기독교신학은 신담론이 현실적으로 어떠한 기능을 행사하는지를 간학문적 대화 속에서 더욱 심화할 수 있을 것이다.

특히 니클라스 루만의 이론적 추상성과 견고함, 그리고 섬세함은 신학과 종교 담론이 추구해야 할 구체적인 현실과의 적합성 문제에 대해 매우 중요한 안목을 제시해 줄 것이다. 루만의 고도로 추상화된 어법은 신학적 전통의 언어와는 다른 양상으로 드러나기는 하나 깊은 차원에서 서로 만나고 대화하며 상호 비평할 수 있을 것이다.

2) 신학의 방법론에 대한 체계이론적 조명

니클라스 루만은 사회학자였지만 그의 근원적 사유는 종교학, 생물학, 사이버네틱스, 시스템 이론, 언어학 등등 다방면의 영향을 주고받은 과정 속에서 자신의 사유를 확대해 나아갔다. 그의 관심은 우리가 경험하는 이 사회를 어떻게 정합적이며 유기적으로 그리고 통합적으로 이해할 수 있는가의 문제였다. 이러한 관심을 바탕으로 그는 매우 독특하고 과감하게 사회의 표층과 심층, 주체와 환경, 개별적 소통과 사회적 차원의 소통을 자신의 방식으로 창조적으로 연결시키고 테제화 했다.

그의 사유는 방법론의 일관성을 추구하려는 노력 가운데 진행되었다. 그는 형이상학과 자연과학, 생물학, 그리고 인공지능에 대한 통찰을 가지고 현실의 지위를 차원에서부터 조명했다. 그렇다면 신학의 방법론과 체계이론의 대화는 어떠한 과제를 지니는가. 이에 관해 우리가 루만의 체계이론에서 얻을 수 있는 주제는 다음으로 요약될 수 있다. 첫째, 사회는 어떠한 방식으로 복합적으로 작동하는가? 둘째, 사회체계이론에서 종교는 어떠한 지위를 차지하는가? 셋째, 그의 방법론적 일반화는 신학적 방법론과 어떠한 긍정적이고 참신한 통찰을 제공해 주는가? 넷째, 니클라스 루만의 사회체계이론 관점에서 조명하는 종교 이해는 21세기 신학의 새로운 담론 구상에서 어떠한 활로를 제공해 주는가? 이러한 주제를 다루기 위해 다음의 분석이 요구된다. 여기에서는 루만의 사회체계이론에서 나타난 종교의 기능과 학문으로서의 신학의 지위에 대한 발생사적 검토와, 루만의 사회체계이론이 근거하고 있는 방법론과의 신학적 대화를 진행하고자 한다.

(1) 루만의 체계이론과 신학적 지위에 대한 방법론적 분석

체계이론은 화이트헤드와 버트런드 러셀의 시스템적 사유의 토대를 바탕으로 실재를 체계로서 접근하고 재구성하는 근대/탈근대적 사유이다. 체계이론에서의 체계는 영원과 현재, 전체와 개체, 보편과 개별, 일반과 특수라는 전통적인 대립항을 새로운 방식으로 현재성과 개별성에 입각하여 재구성하는 태도를 일컫는다. 특히 니클라스 루만을 통해 체계이론은 거대 담론의 영역으로 일반화된다. 체계이론의 기본적인 통찰을 우리의 논의에 접목시켜 본다면, 다음과 같은 몇 가지 특징을 일별할 수 있을 것이다. 첫째, 중심과 주변의 도식을 해체한다. 둘째, 힘의 정당성과 폭력의 가치의 정당성을 체계적 관점에서 회의한다. 셋째, 체계 내부의 체계 내적 역할분담 속에서 요소의 기능을 정의하는 것을 넘어서서 체계와 환경의 함수 속에서 요소의 기능을 정의한다.

체계이론과 신학의 방법론적 관련성과 의미에 대한 분석에서 다음의 전제는 논의의 매우 중요한 기초가 된다. 신학은 신에 대한 학문적 성찰을 근본적인 모태로 한다. 신학의 특징은 신이라는 실재/대상의 규범성에 있다. 이러한 점에 신학적 방법론과 전략은 소위 체계이론과 근대이론이 향유하는 가치를 넘어 실천적 전략 속에서 체계와 사회의 종말을 고한다는 점에서 체계이론을 위협한다. 즉, 신학은 사회적 체계들(Soziale Systeme)의 다원화와 역동성과 생명력을 부정하

지는 않지만, 다른 한편으로 체계 자체의 자족성 담론(autopoiesis)에 대한 근원적인 비판의 맥락에서 체계이론과 결별한다. 즉, 신학의 방법론적 성격은 중심/주변 도식에 대한 현대적 성찰의 관점에서는 체계와 환경이라는 구성주의적 사유 양식과 유사성을 공유하지만 신학은 종말론적 관점에서 체계를 과감하게 건드는 커뮤니케이션 담론이다. 이렇게 신학은 현존하는 체계의 존립 근거에 대한 비판적 물음을 던짐으로써 현실체계의 체계 내적 정당성을 기초부터 해체한다. 또한 우리의 체계가 어떠한 방식으로 존재해야 하는가에 대한 전망을 새롭게 제시한다.

(2) 루만의 체계이론에서 종교의 기능과 지위에 대한 방법론적 분석

신학적 방법론과 성찰은 양화된 중심의 다차원성이라는 근대적 시선을 확보하면서도, 질화된 시선의 확보 속에서 다차원적 체계의 근본적인 방향을 전체적인 국면 속에서 촉구한다. 이러한 양적 다차원성과 종말론의 복합적인 양상은 종교가 그 자신을 이해하는 중요한 정체성이자 문법이다. 즉, 종교적 담론은 세계의 평면적인 양상 내부에서 처리되고 수렴되는 의미체를 넘어서 평면적인 것을 뚫고 들어오는 수직적인 것이다. 그러므로 사건은 존재의 체계 내적 구현이지만 전혀 다른 방식으로 존재를 터치하고 건드는 사태이다. 그러나 니클라스 루만은 이러한 종교의 고유한 기능과 신학적 방법론의 중요한 전제를 사회학적인 관점에서 날카롭게 비평한다. 그에 의하면 종교 또한 사회 안에서 작동하는 여러 기능 시스템 가운데 하나이기 때문이다.

사실 종교 혹은 신학적 방법론의 특성을 자연주의적-존재론적 사변 속에서 중심과 주변, 그리고 관계론적 다자성(many)이 창발적으로 일자화(one) 되어서 출현(creativity)하는 계기로 조명하려는 시도는 종교적 담론의 고유한 성격과 범주를 배제한 채 진술되는 일반성의 오류를 범할 수 있다. 예를 들어 절대자와 신의 지위는 체계의 특이점과 관계한 것이기에 체계 내부의 성원으로 온전히 환원되어 진술될 수 없는 국면이라고 방어할 수 있기 때문이다. 바로 이 자리가 루만

과 신학의 상호 비평과 대화가 요구되는 지점이다. 루만은 신학적 전승에서의 '신'을 '체계'와 '관찰자'의 지평 속에서 다양한 방식으로 분석하고 재해석한다(Thomas und Schüle, 2006: 6: 109). 만약 신이 사회에 대한 관찰의 관점에서 보편적 관찰자의 지위를 가진다면 바로 이러한 신이 사회와 어떠한 커뮤니케이션을 수행하는 것일까.

실로 오늘의 사회구조와 현실세계는 지속적으로 재현 중복의 과정을 경험한다. 현실세계의 자명성은 지속적 반복에 있으며, 그것은 힘과 패턴, 헤게모니를 파생시킨다. 그러나 그것은 필연적이지 않다. 그것은 허구적이다. 세계는 있는 그대로 존재하는 듯하지만, 그저 우연적이며 조작적인 것이다. 이러한 현실의 허구성과 우연성을 자명성과 필연성에 입각하여 강변하는 모든 조작적 코드와 세계관을 신학은 근본적으로 지적한다. 그러므로 종교와 신학은 현실에 지속적으로 발현되는 불의한 체계의 정당성과, 체계의 기생으로서의 상투적인 신학을 규범과 가치평가의 빛 속에서 강력하게 거부한다.

이 점에서 종교와 신학은 오히려 더욱더 포괄적인 의미 맥락 속에서 사회체계의 방향을 제시하는 기능을 수행할 수 있다. 특히 신학은 생명론에 입각하여 체계와 신학의 지위를 새롭게 정초하려는 목적을 지닌다. 즉, 한 체계가 체계의 근거가 되는 환경에 대한 어떠한 총체적 연관성에 대한 감각 없이 분화되고 기능한다면, 그것은 소위 그 기능체계의 생태학적 위협에 대한 반향을 전혀 체계 내적으로 고려할 수 없게 된다. 이 점에서 신학은 오늘날의 현실 체계가 높은 자기 역동성과 감수성을 지니지 못한 채 환경과의 소통이 전적으로 배제되고 폐쇄된, 소위 "능력 없음(Nichtkönnen)"의 현실 상황을 지적하는 비판 담론이다(Luhmann, 1984: 557). 신학은 이러한 환경과의 소통에 대한 감각이 배제된 현존하는 체계가 지니는 체제 유지적인 현실성으로부터 작별을 고해야 한다.

체제의 진화를 갈망하며 유토피아적인 체계의 의미론을 새롭게 구상하려는 신학 담론은 신과 인간, 생명에 대한 진지한 물음을 현존하는 현실체계에 강력하게 제기한다. 예를 들어 신학의 중요한 코드 가운데 하나는 '죄론'인데, 현실체계의 준거점 안에서 규정될 수 있는 내면적이고 실존적인 업적/보상 이론에 근거하는 죄 관념을 신학은 경향적으로 부정한다. 오히려 신학에서 죄의 정의는 현실체계가 공적으로 분유해야 할 가치를 신과의 관련성 속에서 성찰하지 않고 특정 존재가 사적으로 사유화(私有化)하는 행위로 지적한다(전철, 2011: 28~35). 이렇게 신학의 중요한 코드들은 현실체계 내부의 의미론적 지위에서 자생적으로 추출될 수 없으며 그 코드의 해석은 현실체계 자체를 상대화하고 그 자체의 정당성에 대한 물음과 부정을 통해 작동된다.

신학은 이러한 급진성을 모태로 하는 부정성의 언어이다. 왜냐하면 신학은 인간의 사유와 언어를 빌려 쓰지만 인간의 사유와 언어, 그리고 인간의 체계 자체에 대한 반성적 성찰과 비매개적 직접성을 그의 주요 과제로 의식하기 때문이다. 이러한 점에서 종교적 언어가 현실 체계에 어떠한 방식으로 작동되고 구현되는지를 성찰하는 것은 신학적인 과제이면서 동시에 사회체계이론의 차원에서도 중요한 관심의 대상이 된다. 그 체계 내부의 매개적인 언어의 속성을 넘어선 국면이 신학의 언어에 존재한다면, 신학은 '체계의 생명성'을 기준으로 체계의 현실성 자체를 문제 삼는 메타학문의 성격을 지닌다고 말할 수 있다. 루만이 현실을 메타적으로 성찰했다면 궁극적 메타이론인 신학적 방법론과의 긴밀한 상호 연관에 대한 분석은 자연스러운 과제가 될 것이다. 루만의 질문이기도 한 "종교적 담론에서 무엇이 일어나고 있는가?"에 대한 신학적 성찰과, 루만의 체계이론과의 신학적 연속성-불연속성에 대한 성찰은 21세기 사회와 종교의 접촉점 이해와 심화에 유용한 전망을 제시할 것이다.

5. 결론

첫째, 니클라스 루만은 주체, 관찰, 소통, 사회적 행위에 대한 체계이론적 해석을 신선하게 제시했다. 니클라스 루만은 서양의 실체론적 사유 양식에 토대했던 주체(subject)라는 주제를 더욱 폭넓고 심원한 관계론에 입각하여 재해석했다. 특히 초월철학과 인격적·주체적 사유에 입각한 이론의 고전적 사유 방식으로부터의 신학적 탈피를 니클라스 루만의 사유는 제공해 준다(Thomas and Schüle, 2006: 3).

그는 철저하게 다차원적 실재론을 바탕으로 주체의 가능성과 사회적 소통을 구상했다. 이러한 점에서 주체의 객관론과 주관론의 이항대립적 양상에서의 선택지가 아닌 상호주관성에 입각하여 매우 세련된 방식으로 주체의 지위를 정위했다. 주체의 관찰자적 기능을 단지 인간의 의식성에 토대를 둔 지위에 협소화시킨 차원을 넘어서서 사회적 소통과 패턴의 차원에서 조명했다는 점은 니클라스 루만 사유의 매우 큰 기여라고 할 수 있다. 이러한 루만의 사회체계이론은 그리스도교 신학에서 관계적 교회론을 기반으로 한 사회 구상에 큰 통찰을 줄 수 있을 것이다(Welker, 1985: 197).

둘째, 니클라스 루만을 통해 체계이론의 맥락에서 종교의 기능과 의미에 대한 재해석을 가할 수 있다. 니클라스 루만의 출발점은 개별적 체계들이 상호작용을 통해 어떠한 방식으로 소통하며, 그를 통해 현실이 어떻게 구성되는지에 대한 집중적인 해명에 있었다. 특히 관찰자와 주체의 주요한 기능인 맥락화와 패턴화 속에서 개별적 주체는 어떻게 현실을 파악하고, 현실을 구성하는지를 주도면밀하게 검토하고자 했다. 그에 의하면 현실은 상호 중층적 연결망을 지닌 관계의 복합체이다. 주체는 바로 그러한 생태적 관계망을 파악하고, 동시에 그 관계망에서 출현하는 사건이다. 이런 의미에서 주체는 고정된 실체가 아니라 그 자체가 과정이다. 그리고 이러한 사회적 소통으로서의 정신이 살아 있음의 본질이다. 이러한 점에서 종교의 기능은 현실세계의 긴밀한 관계망과 섬세한 유기적 작동을 촉발하고 그 관계망 속에서 체계 전체에 대한 관찰과 비평 기능을 수행하는 사회시스템의 가장 궁극적 관찰 범주이다. 종교의 기능에 대한 본질주의적 해석과는 다른 방식의 니클라스 루만의 논의는 소위 종교와 신이해에 관한 자연주의적 환원주의적 해석에서 놓치는 부분을 새롭게 극복하는 대안적 분석으로 평가할 수 있다.

셋째, 니클라스 루만의 사유를 통해 21세기의 체계이론적 사유와 종교적 실재관의 긴밀한 관계성을 조명할 수 있다. 니클라스 루만에서 개별적 주체는 전체적인 생태적 시스템을 반영하여 작동된다. 관찰은 부분적 발현이 아니라 생태적 관계성을 기반으로 한 전체적인 국면 속에서 발현되는 살아 있는 사건이다. 그는 이러한 시도를 통해 사회체계는 지속적인 복잡계의 층위에서 작동되는 매우 기능적인 과정임을 주장했다. 시스템으로서 생명의 문제를 접근하는 루만의 사유는 생명의 문제를 종합적인 시선 속에서 고민하는 종교 담론의 관점에서도 상호 긴밀한 대화의 가능성으로 여겨진다. 만약 21세기의 종교가 사회의 복합적 관계 안에서 어떻게 작동되는지를 성찰한다면 니클라스 루만의 사회체계이론의 사유와 대화하고 씨름해야 할 필요성이 있을 것이다.

넷째, 현대사회에서 종교의 기능에 대한 루만의 전혀 다른 독법을 통해 신학은 종교의 사회적 기능과 그 의미를 근본적으로 물을 수밖에 없다. 종교의 범주, 그리고 "신"이라는 대상의 사회적 작동 방식을 사회 시스템의 관점에서 분석한 니클라스 루만의 세련된 사유와 일반화된 이론은 포스트모더니티의 현실성을 바탕으로 종교의 기능과 사회적 기여, 소통 가능성을 고민하는 이들에게 매우 효과적인 이해의 틀을 제공한다. 분명 사회는 종교를 관찰한다. 왜냐하면 사회는 '복잡성의 감축(Reduktion von Komplexität)'을 통해 종교를 관찰의 대상으로 포착하기 때문이다. 그러나 동시에 종교 또한 사회를 관찰한다. 종교의 사회 관찰은 사회 전체 시스템의 작동 방식의 전제에 대한 비평적 작업을 뜻한다. '사회 안의 종교'와 '종교 안의 사회', 이는 루만의 사유와 신학적 사유 간의 첨예한 해석 차가 등장하는 지점이기도 하다. 사회적 조건 자체에 대한 성찰은 사회의 관점에서도 중요한 관찰자적 시선이다. 현존하는 종교의 기능에 대한 루만의 비판적 분석과 접근은 종교가 어떠한 논리로 어떠한 커뮤니케이션의 방식으로 사회체계 형성에 기여하고 구축하는지를 연산해 낼 수 있는 중요한 안목을 제시한다. 초월과 내재, 관찰의 관찰, 분화의 탈분화, 체계에 대한 메타적 비평을 수행하는 종교에 대한 루만의 독특한 분석은 현대적 사유 안에서의 종교의 지위에 대한 근본적인 물음과, 현대사회 안에서의 종교의 실질적인 기능에 대한 고민을 우리에게 제공한다.

다섯째, 신학은 니클라스 루만의 사유와의 대화를 통해 학제 간 대화의 다양한 장점을 획득할 수 있다. 왜냐하면 니클라스 루만의 일반 이론은 사회학을 포함한 다양한 학문 영역에 관한 정합적인 성찰에서 등장한 학제 간 통합이론의 성격을 지니기 때문이다. 이러한 점에서 루만의 체계이론을 신학적으로 성찰한다는 것은 신학의 학제 간 연구와 방법론의 심화를 위해서도 매우 중요한 의미를 지닌다. 또한 루만의 체계이론이 함의하는 다양한 주제에 관한 일관된 방법론적 성찰을 통해 학제 간 성찰에 기반을 둔 메타이론의 원형을 발견할 수 있다. 매우 추상화된 논의이지만 동시에 현실의 복잡성과 중층성에 대한 고도의 일반화된 담론체계를 루만의 사고 속에서 발견할 수 있기에 신학은 루만의 사유와의 대화를 통해 아주 풍요로운 통찰과 성과를 발견할 수 있으리라 생각한다.

참고문헌

루만, 니클라스(N. Luhmann). (2006). 『대중매체의 현실』. 김성재 옮김. 커뮤니케이션북스.

루만, 니클라스(N. Luhmann). (2007). 『사회체계이론』. 박여성 옮김. 한길사.

루만, 니클라스(N. Luhmann). (2009). 『열정으로서의 사랑』. 정성훈·권기돈·조형준 옮김. 새물결.

문영빈. (2005). 「종교인본원리와 신의 형상: 니클라스 루만의 시스템이론적 관점」. ≪종교연구≫, 38, 31~60쪽.

문영빈. (2006). 「관찰과 하나님: 현대물리학, 시스템이론, 신학의 대화」. ≪한국기독교신학논총≫, 43, 171~196쪽.

전철. (2006). 「화이트헤드의 초기 저작에 나타난 창조성과 신 개념에 관한 연구」. ≪신학연구≫, 48, 227~264쪽.

전철. (2009). 「생태계는 어디에 자리 잡고 있는가?: 니클라스 루만의 생태학적 커뮤니케이션을 중심으로」. ≪새하늘새땅≫, 16, 56~60쪽.

전철. (2011). 「그리스도교에서 바라본 죄의 사회적 의미」. ≪기독교사상≫, 629, 28~35쪽.

Chun, Chul. (2010). *Kreativität und Relativität der Welt beim frühen Whitehead: Alfred North Whiteheads frühe Naturphilosophie (1915-1922) - eine Rekonstruktion*. Neukirchen-Vluyn: Neukirchener Verlag.

Greshoff, Rainer. (1999). *Die theoretischen Konzeptionen des Sozialen von Max Weber und Niklas Luhmann im Vergleich*. Opladen/Wiesbaden: Westdeutscher Verlag.

Hagen, Wolfgang (Hg.). (2009). *Was tun, Herr Luhmann? Vorletzte Gespräche mit Niklas Luhmann*. Berlin: Kulturverlag Kadmos.

Hofstadter, Douglas R. (1989). *Gödel, Escher, Bach. Ein Endloses Geflochtenes Band*. Stuttgart: Klett-Cotta.

Jahrus, Oliver und Armin Nassehi (Hg.). (2012). *Luhmann Handbuch: Leben-Werk-Wirkung*. Stuttgart: J.B. Metzler.

Kött, Andreas. (2003). *Systemtheorie und Religion: Mit einer Religionstypologie im Anschluss an Niklas Luhmann*. Würzburg: Königshausen u. Neumann.

Luhmann, Niklas. (1982). *Funktion der Religion*. Frankfurt: Suhrkamp.

Luhmann, Niklas. (1984). *Soziale Systeme. Grundriß einer allgemeinen Theorie*. Frankfurt: Suhrkamp.

Luhmann, Niklas. (1990). *Essays on Self-Reference*. New York: Columbia University Press.

Luhmann, Niklas. (1994). *Liebe als Passion: Zur Codierung von Intimität*. Frankfurt: Suhrkamp.

Luhmann, Niklas. (1996). *Die Realität der Massenmedien*. Opladen: Westdeutscher Verlag.

Luhmann, Niklas. (2002). *Die Religion der Gesellschaft*. Frankfurt: Suhrkamp.

Maturana, Humberto R. und Francisco J. Varela. (1987). *Der Baum der Erkenntnis. Die biologischen Wurzeln des menschlichen Erkennens*. Bern: Scherz.

Oberdorfer, Bernd. (2006). "Kontingenzformel Gott: Der christliche Gottesgedanke unter systemtheoretischer Beobachtung - trinitärtstheologisch beobachtet." Günter Thomas &

Andreas Schüle (Hg.). *Luhmann und die Theologie*. Darmstadt: Wissenschaftliche Buchgesellschaft.

Pallesen, Carsten. (2006). "Der Weltbezug der Religion." Günter Thomas & Andreas Schüle (Hg.). *Luhmann und die Theologie*. Darmstadt: Wissenschaftliche Buchgesellschaft.

Reese-Schäfer, Walter. (2001). *Niklas Luhmann. zur Einführung*. Dresden: Junius.

Schneider-Flume, Gunda. (1984). "Theologie als Kritik von Sinnsystem und Sinnkonstruktion. Zur Auseinandersetzung mit Niklas Luhmann." *Neue Zeitschrift fuer systematische Theologie und Religionsphilosophie 26*, pp.274~288.

Sciulli, David. (1994). "An Interview with Niklas Luhmann." *Theory, Culture & Society 11*, pp.37~68.

Stoegller, Philipp. (2006). "Kommunikation von Paradoxen: Zu luhmanns Umgang mit Paradoxen und den anschließenden Möglichkeiten für die Theologie." Günter Thomas & Andreas Schüle (Hg.). *Luhmann und die Theologie*. Darmstadt: Wissenschaftliche Buchgesellschaft.

Thomas, Günter/Andreas Schüle (Hg.). (2006). *Luhmann und die Theologie*. Darmstadt: Wissenschaftliche Buchgesellschaft.

Welker, Michael (Hg.). (1985). *Theologie und funktionale Systemtheorie: Luhmanns Religionssoziologie in theologischer Diskussion*. Frankfurt: Suhrkamp.

Welker, Michael (Hg.). (1992). *Gottes Geist: Theologie des Heiligen Geistes*. Neukirchen-Vluyn: Neukirchener Verlag.

Welker, Michael (Hg.). (1995). *Schöpfung und Wirklichkeit. Biblische contra natürliche Theologie*. Neukirchen-Vluyn: Neukirchener Verlag.

Whitehead, Alfred North. (1978). *Process and Reality: An Essay in Cosmology. The Gifford Lectures of the University of Edinburgh. Corrected edition von David Ray Griffin und Donald W. Sherburne (1929)*. New York: The Free Press.

Wiehl, Reiner. (2000). "Zum Problem der Komplexität in den Systemtheorien Whiteheads und Luhmanns." *Subjektivität und System*. Frankfurt: Suhrkamp.

제11장

루만과 법*

자기생산적 체계로서 법

강희원 | 경희대학교 법학전문대학원

루만학회의 창립에 거는 기대

필자는 법을 공부하는 자로서, 시인처럼 감성적으로 말에 민감하지 않지만 적어도 말의 표현 형식과 내용 그리고 맥락에 상당히 민감하다. 아니, 법학자와 법률가는 소쉬르(Ferdinand de Saussure, 1857~1913)가 말하는 랑그(langue)의 측면에서뿐만 아니라 파롤(parole)의 측면에서도 민감해야 한다고 생각한다.

필자가 루만을 본격적으로 연구한 것은 아니지만 루만을 접한 지는 벌써 30년이 넘은 것 같다. 도이칠란트[1]에 유학을 가서 법사회학을 공부하며 우연히 접

* 이 글은 한국 루만연구자들이 루만학회의 창립을 위한 준비 작업으로서 일반 대중을 위해 마련했던 '루만-Week'(2016.6.20~24, 13:00-19:00, 성균관대학교 수선관 907호)의 두 번째 날(2016.6.21, 13:00-15:00)에 필자가 발제한 내용을 수정·보완한 것이다.

1 외국을 지칭하는 명칭에는 우리가 중국이나 일본을 통해 서양을 받아들인 흔적이 남아 있다. 이를테면 미국(美國, 米國), 영국(英國), 불란서(佛蘭西), 독일(獨逸), 서반아(西班牙) 등이 그것이다. 중국인은 의미와 발음을 감안하여 the 'United States of America'를 '美利堅共和國'로 (일본도 같은 이유로 'the United States of America'을 '米合衆國'으로 부른다), 'England'를 '英國'으로 'Deutschland'를 '德國'으로 표기한다. 우리는 무슨 이유로 'the United States of America'를 '미합중국'으로 표기하고, 'England'를 '영국'으로 또 'Deutschland'를 '독일'로 표기하고 있을까? 중국인과 일본인이 그렇게 표기하니까 우리도 우리말로 그렇게 읽어야 하는가? 현재

하게 되었는데 그동안 루만의 저서를 읽은 것은 법과 직접적으로 관련되어 있는 몇 권이 고작이다. 법을 공부하는 자가 루만의 저서와 논문을 본격적으로 읽고 그것을 소화(또는 해석)해서 자신의 영양소로 섭취(또는 이해)하는 데에는 한계가 있는 것 같다. 아니 '해석한다'고 하는 표현이 아니라 우리말로 '바꾼다'고 하는 것이 옳을 것 같다. 우리말로 바꾸는 것과 해석하는 것은 차원이 다른 것 같다. 왜냐하면 잘못 바꾸는 것도 역시 바꾸는 것이기 때문이다.

도이치어 동사 'lesen', 한자 '讀', 그리고 우리말 동사 '읽다'의 언어적 의미와 그 행위의 맥락적 의미를 생각해 본다. 먼저, 우리말 "읽다"의 경우, 필자는 우리말 '읽다'를 '일구다'와 '익다'와 연관시켜서 생각하곤 한다. '읽는 것'은 '일구는 것'이고 또 '익는 것'이라고 이해하고 있다.[2] '일구다'는 '논밭을 만들기 위해 땅을 파서 일으키다'를 의미하며, '익다'는 현상적인 차원에서 (과일이나 곡식 등 식물의 씨가) '여물다' 또는 (김치, 장, 술과 같은 발효식품의) '맛이 든다'는 시간적·생물학적 또는 화학적 변화를 의미하고 또 어떠한 장소나 물건이 자주 겪어서 '낯설지 않다' 또는 '익숙하다'는 주체적인 차원에 있어 경험적 및 체험적인 인식의 변화를

우리가 이들 국가를 지칭하는 명칭으로 사용하는 한자식 표기에는 문제가 있는 것 같다. 오래 전부터 그렇게 사용해 왔으며, 그것은 언어 관용상의 문제이기 때문에 특별한 의미가 없다고 치부해 버릴지도 모르지만, 특히 나라의 이름이 그 나라를 상징하고 또 그러한 명칭에 의해 그 나라가 우리들의 의식에 각인된다는 것을 생각해 보면, 명칭을 함부로 정할 것은 아니다. 특히 미국, 영국, 독일 등의 한자어는 언어심리학적으로 볼 때 한국인에게는 상당히 영향을 미치고 있을 것이다. 19세기 말 개화기에 중국 또는 일본을 통해 한국에 소개된 중국식 또는 일본식 또는 한자식의 국가 명칭이 현재에도 그대로 쓰이는 것은 재고할 필요가 있다. 'The United States of America'를 '미국(美國)', 'The United Kingdom'이나 'England'를 '영국(英國)', 'Die Bundesrepublik Deutschland'를 '독일(獨逸)' 등과 같이 한자로 표기할 것이 아니라 적어도 그들의 원어 명칭을 소리 나는 그대로 우리말식으로 고쳐서 부르는 것이 바람직할 것이다. 그래서 여기에서는 '미국'이 아니라 이를테면 '아메리카' 또는 '유-에스에이'로, '영국'이 아니라 '유나이티드 킹덤' 또는 '잉글랜드'로, '독일'이 아니라 '도이칠란트'로 표기하고, 그 나라의 언어나 사람도, 예컨대, '영어', '영국인'이 아니라 '잉글리시', '잉글랜드인', '독어', '독일인'이 아니라 '도이치어', '도이치인' 등으로 쓰고자 한다.

2 이렇게 표현한 것은 "읽다", "일구다" 및 "익다"가 어원적으로 서로 어떠한 관계에 있는지 아직 알지 못하기 때문입니다.

의미한다. 이렇게 이해한다면, '읽다'라는 동사는 '현상(現狀)을 바꾸고 자기 자신을 질적으로 변화시키는 주체적인 행위를 의미한다'고 할 것이다.

그다음, 도이치어 'lesen'에는 '읽다'는 의미가 있지만 '줍다', '가려내다' 등과 같은 의미도 있다. 책을 읽는 것은 그 의미를 줍거나 가려내는 것이 아닌가 생각한다. 그리고 한자 讀에서 '言'이 주된 뜻이고 그 왼쪽에 있는 '賣'는 발음기호로 사용된 것이라고 한다. 여기에서 '賣'는 省(살피다) + 貝(조개)의 합자이다. '賣'는 물건을 팔 때 그 대가로 화폐인 조개껍질(貝)을 받는 것을 형상화한 것이라고 하는데,[3] '賣'는 바로 조개껍질인 돈(貝)이 진짜인지 여부를 살피는 것(省)을 의미하는 것이다.[4] 이렇게 이해한다면, 한자 '讀'도 '읽어서 그 의미를 바르게 살핀다'는 뜻이다. 즉, 한자 讀은 '읽다'가 그 기본적 뜻이지만 본래는 '살피고 소리 내어 읽어서 외운다'는 뜻이다. 이것은 또한 앞에서 언급한 우리말 '읽다'의 뜻과도 상통한다고 생각한다.

필자는 도이치어를 배우면서 동사의 전철(vorsilbe)에 아주 관심이 많았다. "언어는 존재의 집이다(Die sprache ist das haus des seins)"라는 하이데거(Martin Heidegger, 1889~1976)의 말을 도이치어의 전철을 통해 실감했다. 어쩌면 하이데거가 도이치어를 모어(母語)로 취득한 사람이었기 때문에 그런 말을 할 수 있지 않았을까 생각한다.

도이치어 동사 'lesen'을 예로 생각해 본다면, 어떠한 전철을 붙이는가에 따라 그 의미의 깊이가 양적·질적으로 분화된 읽는 행위의 의미를 표현하는 말이

---

3 고대 중국에서는 조개껍질이 화폐로 통용되었다고 한다.

4 한자 "賣"와 "買"는 둘 다 "돈(貝)"과 관련된 행위를 형상화하여 회의한 글자인데, 파는 사람과 사는 사람 간에 돈에 대한 주의(注意)의 정도에 차이가 있다. 즉, 파는 사람은 물건을 주고 그 대신에 상대방으로부터 "돈"을 받기 때문에 그 돈이 통용되는 것인지를 반드시 확인하고 받아야 속지 않게 될 것이지만, 사는 사람은 자신이 지불해야 할 돈(貝)의 액수만 정확히 확인하면 된다. 그래서 '판다'는 의미의 '賣'자는 '돈(貝)을 자세히 살펴보는 행위(省)'를 형상화한 '省+貝'의 합자로 만들었고, '산다'는 의미의 '買'자는 돈을 보면서(目) 지불하는 것을 형상화한 '目+貝'의 합자로 만들었다고 한다.

된다. 한자 '讀'의 경우에 그러하다. 이를 테면, anlesen-auslesen-durchlesen, belesen-zwischenlesen-erlesen-nachlesen-verlesen, mitlesen. 目讀-見讀, 觀讀-看讀-視讀, 望讀-省讀, 相讀 등등.

물론 우리말의 경우에도 지금은 좀 어색하게 들릴지 모르지만, 부사어를 도이치어의 전철처럼 붙인다면 질적으로 상이한 의미를 가진 새로운 동사를 만들 수도 있다. 예컨대, '두루읽다'-'내리읽다', '새겨읽다'-'되읽다'-'곱읽다', '더불어 읽다' 등등이 그러하다.

외래의 이론이나 이질적인 사상 그리고 문화를 섭취하는 데에 다음과 같은 과정 또는 수준을 거쳐야 한다고 생각한다. 목독(目讀, Anlesen)→견독(見讀, Auslesen)→관독(觀讀, Durchlesen)→간독(看讀, Zwischenlsen)→시독(視讀, Erlesen)→망독(望讀, Nachlesen)→성독(省讀, Verlesen)의 일련의 과정이 그러하다. 여기에서 성독(省讀)이란 깨달아서 독자 자신을 질적으로 변화시키는 것을 의미한다. 필자의 독서 수준은 아직 '목독(目讀)' 내지 '견독(見讀)'의 수준에 머물고 있다.

이제 한국에 루만학회가 만들어졌으니, 루만에 대한 상독(相讀, Mitlesen)이 시작되었다고 생각한다. 머지않은 장래에 우리가 '루만에 대한 상독'을 통해 루만을 관독·간독·시독·망독하는 수준이 될 것이고 또 우리의 입장에서 멀리 내다보면서 읽어서 우리 것으로 만들고, 깨달음을 통해 우리 자신을 변화시키는 성독(省讀, Verlesen)으로 가게 될 것이라고 생각한다.

1. 들어가면서

현재 우리는 21세기의 앞부분을 살아가고 있다. 얼마 전 우리는 인공지능(AI) 알파고(AlphaGo)[5]와 사람 간의 바둑 경기에서 알파고가 세계 바둑계의 최고 실

5 여기에서 'Go'는 '碁'(바둑)의 일본어 발음 'ご'이다.

력자라고 할 수 있는 이세돌 선수를 4 대 1로 압도하는 것을 생생하게 경험했다. 사실 인공지능은 현대 시스템공학이 이룩한 최고의 성과라고 말할 수 있을 것 같다. 인공지능기술의 눈부신 발전은 한편으로는 우리를 당혹케 하지만, 다른 한편으로는 또 다른 가능성들을 우리에게 제시한다. 어떻든 인간은 인공지능의 발달로 더욱더 복잡해져 갈 새로운 세상을 살아가고 있는 것은 틀림없다. 그렇지만 세상은 알면 알수록, 어쩌면 모르는 것도 그만큼 많아지는 것 같다. 그러므로 연구를 많이 하면 할수록, 무지의 영역이 확대되어 그 불안도 더 커진다. 이러한 현상은 유한자인 인간이 겪을 수밖에 없는 커다란 역설(逆說, paradox)이라고 하겠다. 우리 사회는 점점 급속하게 복잡화가 가속하고 있으며 좋은 의미에서든 나쁜 의미에서든 장래를 예상하기 어려운 시대를 맞이하고 있다. 이러한 사회를 표상하는 단어로 '고도산업사회', '정보사회', '하이테크사회', '고도소비사회', '포스트모던' 등등과 같은 다양한 표제어가 나오고 있지만, 그럼에도 미래로 가는 길은 여전히 불투명한 채 그대로 남아 있다.

이러한 기술과학의 눈부신 발달에 대응하는 것과 같이 서유럽 및 선진자본주의 국가에서 전개되었던 사회이론도 이른바 '발상(發想)틀(paradigm)'[6]의 다양

---

6 'paradigm'를 어떻게 이해해서 우리말의 전문 용어로 정착시킬 것인가가 문제이다. 현재까지는 잉글리시의 우리말 발음 '패러다임'을 그대로 사용하고 있다. 과연 이렇게 해도 되는지가 학문을 하고자 하는 사람으로서 부끄러움이 포함된 죄의식을 느낀다. 여기에서 'paradigm'은 '사례·예제·실례·본보기' 등을 뜻하는 그리스어 '*παράδειγμα*(파라데이그마: paradeigma)'에서 유래한 것인데, 토마스 쿤(Thomas S. Kuhn, 1922~1996)의 용법에 따라서 '사람들의 사고를 지배하고 있는 기본적인 양식이나 테두리'이라는 의미에서 '발상(發想)틀'로 번역·조어하고자 한다. Tomas S. Kuhn, *The Structure of Scientific Revolution*(University of Chicago Press, 1962); 토마스 S. 쿤, 『과학혁명의 구조』, 김명자 옮김(두산동아, 1992) 참조. 토마스 쿤에 의하면, 발상틀이란 일반적으로 승인된 과학적 업적에서 일정 시기 동안 전문가에 대해 질문 방식이나 대답 방식의 모델을 주는 것인데, 과학은 발상틀을 축으로 제도화되고, 그것에 준거한 연구가 축적되는데, 그중에 사회나 가치관의 변화에 따라 새로운 발상틀 간의 항쟁이 생긴다. 그의 의론의 핵심은 발상틀의 전환은 이론내재적인 요인이라기보다는 오히려 과학자 집단의 규약적인 요인에 의해 발생한다고 할 것이다. 과학의 객관성을 부정하는 그의 담론에 찬동하는가 여부는 별도로 하고, 1970년대의 사회 변화가 우리의 사회관과 인간관에 '동요'를 낳고

화 및 다원화가 진행되어 왔다. 제2차 세계대전 이후 고도경제성장기에 해당하는 1960년대 후반까지만 해도, 이른바 자유주의 진영의 나라에서는 사회학에서 구조-기능주의, 경제학에서 일반균형이론, 시스템과학(system science)에서 사이버네틱(cybernetics, 도이치어: Kybernetik) 등과 같은 새로운 체계발상틀(system paradigm)이 이들과의 대결을 꾀했던 마르크스주의적 발상틀(그중에서도 특히 국가독점자본주의론)이라는, 말하자면 주된 발상틀에 대한 대항 도식을 고심하면서 새로운 사회이론이 모색되어 왔다. 그러나 1970년대 특히 오일쇼크 이후 세계경제의 고도성장 종언과 함께 사회의 급속한 전환 속에서 양 발상틀의 사회적 유효성이 점차 저하되고 사회를 대상으로 하는 학문 영역은 개개의 연구 대상에 따라 세분화하고 충분한 상호 연관도 가지지 않은 다양한 '작은 발상틀'(미니 패러다임)로 확산되었다(Giddens and Turner, 1987; Skinner, 1985). 그렇지만 인간과 사회의 관계를 대상으로 하는 사회의 일반 이론이 말할 기회를 잃어버린 것이 아닐까 하는 상황이었다.

이렇듯 20세기 후반 사회과학은 언어 상실의 상태에 빠져 있었다고 하겠다. 이러한 상황에서 가장 필요한 것은 앞으로 도래할 사회를 대담하게 구상하고 그것을 설명할 수 있는 새로운 언어의 창조이었을 것 같다. 이러한 필요에 조응해서 자기조직(self-organizing) 또는 자기생산(autopoiesis)[7]을 열쇠말로 하는 다양한 거대 사회이론의 부활이 제창되었는데, 소통(communication)[8]행위론, 자생적 질서론, 언어게임론도 이와 같은 상황에서 현대사회를 정확하게 묘사하려고 하는 새로운 이론을 겨냥한 시도들이라고 평가할 수 있겠다. 이들 이론의 접근 방식

지금까지의 발상틀로는 해결할 수 없는 문제들을 발생시키는 것은 사실이다.

7 오토포이에스(autopoiesis)는 그리스어 αὐτο(autos, 자기, 자신)과 ποίησις(poiesis, 제작, 생산, 동사형 poiein 제작하다)의 합성어로 자신(의) 생성 혹은 자신(의) 산출 등의 뜻을 가진다. 그래서 우리말로는 '자기생산' 혹은 '자가생산', '자동생산'으로 번역할 수 있다.

8 잉글리시 'communication' 및 도이치어 Kommunkation을 우리말 발음으로 '커뮤니케이션'으로 그대로 사용하고 있으나, 필자는 '소통(疏通)'〔또는 '교통(交通)'〕으로 번역하고자 한다.

에 공통적인 문제의식을 감히 추출해 보면, 그것은 '스스로 조직하는(self-organizing) 사회현상'을 설명하고 해명하려고 하는 과제에서 비롯된 것이 아닌가 생각한다.

제2차 세계대전 이후부터 본격적으로 시작된 현대사회는 목적합리성을 극한까지 비대화하면서 오로지 사회제어나 사회설계의 가능성만 추구한 시대였다고 하겠다. 그러나 사회가 점점 다양하게 분화하여, 복잡성이 엄청나게 높아가는 상황에서 이와 병행해서 개인들의 가치관과 사회관도 세분화되고 있어, 어떠한 사회이론에 의하더라도, 전체 사회를 획일적인 관리·통제의 대상으로 취급할 수 있을 만큼 모든 것을 정확하게 파악할 수 있는 사회상(社會像)을 획득한다는 것은 상당히 어려운 상황에 처해 있다. 이로 인해 체계(system)가 요소에 기존의 양식(pattern)을 억누르고 질서를 유지하는 '타율형'의 사회관을 넘어서서 여러 가지 요소들의 상호관계 속에서 적극적 퇴고(推敲, feed-back)[9]를 통해 내발적으로 질서가 형성되어 가는, 말하자면 '자율형'의 사회관을 모델화하고자 하는 시도가 이루어지고 있는 것 같다.[10] 특히 20세기 후반에 현대사회가 스스로를 적확하게 파악하는 이론을 아직 찾지 못하고 있다는 전제하에 다른 어떠한 사회학적 연구보다도 현대사회의 현상에 관한 하나의 이론을 구축한다는 임무가 우선시되어야 할 것이라고 주장하며 체계이론의 입장에서 이른바 사회학적 자기생산체계이론(Autopoiesische Systemtheorie)을 구축하고 사회의 일반 이론의 가능성을 모색하려고 시도했던 학자가 니클라스 루만(Niklas Luhmann)[11]이었다고 말

---

9 보통 잉글리시 'feed-back'을 우리말 발음으로 치환해서 '피드백'으로 표현하거나 또는 한자말 '환류(還流)'로 번역하는 것 같다. 시스템이, 마치 작자가 자신이 쓴 글을 추후에 '여러 번 생각하여 고치고 다듬는 작업을 하듯이, 소통(kommunikation)에서 환계(umwelt)로부터의 투입(in-put)을 고려해서 하는 스스로 작동을 한다는 의미에서 필자는 'feed-back'을 '퇴고(推敲)'로 의역하고자 한다.

10 이러한 배경에는 과학기술이 국경을 넘었듯이, 경제 문화 등의 영역에서 상호 커뮤니케이션이 국경을 넘어서 전(全) 지구적 지평에서 수행된다는 이른바 글로벌화(Globalisierung)가 된 현실적인 상황이 있다고 말할 수 있다.

11 니클라스 루만의 간략한 개인적 이력에 대해서는 루만(2015: '옮긴이 해제') 참조.

할 수 있다(Luhmann, 1984).

사실, 현대사회에 관한 일반 이론 차원에서 생기는 문제는 사회현상의 일부인 법현상을 사회학적으로 분석할 때도 필연적으로 직면하게 된다. 사회현상의 일부로서 법현상에 대한 사회학적 분석과 해명은 거시적 법사회학의 과제인데, 19세기 말에서 20세기 중반까지 거시법사회학의 이론적인 발상틀을, 좀 무모하게 느껴지긴 하지만 아주 단순화해 본다면, 한편에서는 근대사회의 법 원리하에서 에를리히(Eugen Ehrlich, 1862~1922)의 '살아 있는 법' 개념을 받아들이고 그 '살아 있는 법'의 근대화 과정 또는 베버(Max Weber, 1864~1920)의 '자본주의적 합리성' 개념을 전제로 지배의 정당화 과정으로서 법의 변동을 분석·서술하는 이른바 '근대화론적 법사회학'과, 다른 한편에서는 자본과 노동의 갈등적 사회관계에서 국가권력의 의사가 관철되어 가는 과정으로서 법현상을 분석하는 마르크스(Karl Marx, 1818~1883)의 이론에 기초한 '비판적 법사회학 및 그 아류적인 법학'이 서로 대립하면서 전개되어 왔다고 할 수 있다. 그러나 이러한 발상틀의 대항도식은 20세기 후반 특히 소련을 주축으로 한 사회주의 진영의 붕괴 이후, 그리고 21세기에 들어오면서 이전만큼 영향력을 갖지 못하게 된 듯하다. 부분사회학으로서 법사회학은 사회이론 일반으로부터 이론적 공급이 없이는 독자적으로 생존할 없다. 그래서 20세기 후반부터 거시법사회학은 기능부전의 상태에 있었다고 말할 수 있을 것이다.

그러면 현재 한국의 법사회학의 연구 현황은 어떠할까? 사실 우리는 그렇게 생각하지 않을 수도 있겠지만, 한국이 세계에서 차지하고 있는 학문적 위치가 주변부에 불과하기 때문에 과학기술의 발전과 그에 따라 세계사회의 정치경제적 변동을 조망하고 우리 법체계의 변화를 사회학적으로 연구하는 체계적인 거시법사회학이라는 학문 영역은 아직 제대로 성립되지도 못했다는 것이 옳다. 이론적 방법론에 관한 확고한 지주를 결여한 채 기껏해야 가끔씩 재판 과정, 분쟁처리, 법률가, 법의식 등등의 연구가 약간의 고답적인 시각에서 행해지는 것이 현재의 수준이 아닌가 생각한다. 법사회학 분야에는 사회학적 방법론에 입각한

이론을 구축해서 한국의 법현상을 분석하고, 미시적·거시적으로 파악할 수 있는 한국적 법사회학의 모델을 개발하는 작업은 여전히 남아 있는 커다란 과제라고 할 것이다.[12] 또 한국에서 법을 사회학적 방법으로 연구하는 경우, 특히 권위주의적 정치 상황에 영합해서 법을 사회통제의 수단으로서 이해하는 형사법적 사고가 법학자의 뇌리에 강하게 자리 잡고 있는 듯하다.

세계적 수준에서 조망하는 경우, 오늘날 우리 사회만 보더라도 사회의 급격한 변화 속에서 사회구조에 내재하는 질서 장치가 힘을 잃고 국가 법제도상의 규범이나 절차나 제재력에 의하지 않으면 분쟁 해결이 곤란한 경향이 확대되고 있다. 이와 더불어 다른 한편에서는 복지국가적인 개입의 수단으로서 '규제입법'이 점점 증대하고, 또 특정의 사회 목적을 실현하기 위해서는 법에 의한 사회설계가 어떻게든 필요하다는 요청도 높아지고 있다.

여기에서 루만의 사회체계이론 전반을 논의하려는 것이 아니라 루만의 사회체계이론에 터를 잡고서 현대법의 현상을 사회학적으로 파악하자고 했던 루만의 시도, 즉 자기생산적-체계론적 법이론 및 법사회학 그리고 그것의 실정법학을 위한 이론적 기여 가능성을 간략하게 소개하려고 한다. 루만의 체계론적 법사회학의 본격적인 내용으로 들어가기 전에 우선 예비지식으로 몇 가지를 검토하기로 한다. 그래서 먼저 체계란 무엇인가, 그리고 그것을 어떻게 인식할 수 있는가를 보고(II) 그러한 체계이론의 성격을 규정하고 체계이론이 지금까지 어떻게 전개되어 왔는가를 간단히 살피고(III), 그다음에 이를 전제로 루만의 법체계이론을 개괄적으로 정리하고(IV), 루만의 체계이론이 실정법학에 어떠한 기여를 할 수 있는가, 다시 말하면 실정법학과 자기생산적 법체계론의 관계를 언급한 뒤(V) 이를 전제로 하여 루만의 자기생산적 법체계이론에 대한 필자 나름의 의

12 제2차 세계대전 후 서유럽, 북아메리카 등의 법학계에서 '법사회학의 고유성'에 관한 논의가 전개되었던 것은 사실이지만, 그것이 어느 정도까지 확정되었는가에 대해서는 의견이 분분했다.

견을 피력해 보고자 한다(VI).

2. '체계(system)'를 어떻게 인식할 수 있을까?

1) '체계'의 어원

먼저 'System'이라는 말 자체에 대해 생각해 보기로 한다. 유럽 언어권(특히 잉글리시 및 도이치어권)에서는 system이라는 말은 표기가 동일하고 의미도 통일적으로 사용된다. 어원적으로 보면, system은 '결합하다'를 뜻하는 그리스어 'σύστημα'(시스티마)을 어원으로 한다. 그런데 'σύστημα'는 그리스어의 'σύνισταναι'(시니스타나이)를 바탕으로 만들어진 어구이다. 'σύνισταναι'(시니스타나이)는 'σύν'(신)+"ἵστημι'(이스티미)를 합해서 만든 동사(動詞)이다. 앞의 'σύν'(신)은 '함께'를 의미하고, 뒤의 "ἵστημι'(이스티미)는 '세운다', '축조하다' 등과 같은 뜻을 가진 말이다. 어원적으로 보면, 'system'은 '함께 세워진 것' 또는 '하나로 축조된 것' 또는 '통합된 것' 등과 같은 의미를 가지고 있다고 하겠다.

여기서 제일 먼저 제기되는 문제는 유럽어 system을 우리말로 어떻게 번역할 것인가라는 것이다. 한국에서는 system이 분과과학이나 개별과학 분야에서 그리고 연구자에 따라 또 사용 맥락에 따라 계(系), 계통(系統), 체계(體系), 제도(制度), 방식(方式), 기구(機構), 조직(組織), 체제(體制)) 등으로 번역되고 있는 듯하다. 한편, 일본학자들은 system을 한자어로 조어하지 않고, 잉글리시 발음을 가타가나로 표기하여 'システム(시수테무)'라고 쓴다. 한국에서는 사회학이나 법학에서 한자말 '체계(體系)'로 번역해 사용한다. 그래서 필자는 어차피 우리가 한자어로 번역해서 사용한다면, 루만의 사회체계이론(soziale systemtheorie)과 관련해서 정태적·존재론적 냄새가 나는 '체계'라는 용어보다 동태적인 느낌이 드는 '체제(體制)'라는 용어가 루만이 사용하는 system의 개념에 더 적절하다고 생각하여 후

자의 사용을 제안했던 적도 있다(강희원, 1996: 352~390).[13]

2) 시스템분석적 및 시스템공학적 사고

인간 사회의 복잡한 문제의 해석과 해결을 위해 자각적인 방법으로서 시스템분석(system analysis)을 하면서 다시 경제·교통·통신·군사 등의 분야에서 실현적인 설계나 처리를 할 수 있는 시스템공학(system engineering)이 본격적으로 전개된 것은 제2차 세계대전 이후의 일이라고 할 수 있다. 제2차 세계대전 중에 개발되었던 핵폭탄이나 전파병기 등 군사상의 기술혁신(inovation)을 계기로 20세기 중엽 이후부터 인류는 '과학기술혁신'을 통해 긍정적 및 부정적인 양면에서 대전환기를 맞이하게 되었다. 시스템분석과 시스템공학은 복잡한 정보처리를 가능하게 하는 사이버네틱스(cybernetics, Kybernetik)에 크게 의존하고 있으며 컴퓨터의 발달에 의해 실재적으로 가능해졌다고 해도 좋을 것이다. 시스템분석과 시스템공학은 현상을 관찰하고 문제를 명확히 하고 가설을 정식화한 뒤 모델을 작성해서 주어진 가설을 정련한다는 경험주의적 기법에 기초하고 있다. 그러므로 이것은 종래의 과학이 해온 '가설→관찰 실험→가설 수정'이라는 시행착오의 방법과 실질적으로 다르지 않다. 시스템분석과 시스템공학은 모델의 설계나 가설의 검증에 컴퓨터기술을 이용한 정보의 투입(in-put)과 모의실험(模擬實驗 또는 이를 축약해서 '模驗', simulation)을 하고 배출(out-put)로서의 결과가 가설에 부적합한 경우 가설(혹은 시스템 그 자체)의 변경을 시도하는 퇴고를 되풀이하며 고도로 정밀하게 체계적인 분석의 과정을 취한다는 점에 그 특징이 있다. 이러한 방법은 군사와 기업 등의 현장에서 큰 효과를 올렸으며, 더 넓게는 환경문제, 쓰레기 처리, 주택문제 범죄예방 기획, 항만 건설이나 공항 건설과 같은 거대 기획

---

13 이 글에서는 system을 한자말 '체계'로 번역하되, 공학적 및 분석적 측면을 강조하는 경우 '시스템'이라는 용어를 사용하고자 한다.

(프로젝트), 나아가서는 연구개발계획, 사회복지체계에서 '세계모델'에 의한 성장의 한계 분석 등에 이르기까지 다방면에 응용되고 있다. 그것 자체가 고도로 합목적 체계인 법의 영역에도 시스템분석과 시스템공학의 적용 범위는 아주 넓을 것이다.[14]

3) 존재 인식의 이론으로서 체계이론

오늘날 공학, 물리학, 사회학, 법학 등 각종 개별학문 영역에서 '시스템'이라는 말이 사용되는데, 이에 관한 엄밀하고 통일적인, 말하자면 학제(學際)적인 정의는 되지 못하는 상황이다. 그렇지만 각 학문 영역에서 사용하는 개념을 종합해 보면 아주 추상적이긴 하지만 대개의 경우, 시스템은 '서로 영향을 미치는 요소로 구성되는 정신적 또는 물질적 또는 기능적 또는 구조적 통일체'를 말한다.

시스템이라는 말의 용법과 관련해서 유물론적 또는 물질주의적인 입장에서 보면 구조와 기능, 즉 기구의 의미를 강조하게 된다. 어떻든 시스템은 몇 가지 요소로 구성되고 시스템에 포함되는 모든 요소는 반드시 자신 이외의 요소에 어떠한 영향을 미치고, 시스템은 시간 또는 시간을 변환할 수 있는 순서 및 집합(전순서집합)에 따라 동작하는 일체를 말한다. 또 시스템은 그 자신이 시스템이면서 동시에 다른 시스템의 일부가 될 수도 있는데 이러한 하부의 시스템을 서브시스템(subsystem)이라고 한다. 우리는 오래전부터 과학 특히 물리학, 천문학,

---

14 첫째, 입법 정책의 분야에서는 법이 관계하는 환경(공해) 산업·노동(특히 고용)·사회보장·주택·교통·통신·범죄 등등의 문제들은 다소간 이미 시스템분석과 시스템공학의 응용이 되고 있으며 입법 목적을 위한 독자적 분석도 필요할 것이다. 이들과 더불어 국가의 조직법도 입법, 사법, 행정, 전반에 걸쳐서 또 지방자치 정당 등의 조직도 모두 시스템분석과 시스템공학의 유용한 적용 문제가 된다. 둘째, 현재 아직 상당히 행해지고 있지는 않지만, 법의 해석에도 법원의 판결과 함께 비교 테스트를 시도하는 데에서도 시스템분석과 시스템공학을 구체적으로 시도해 볼 의미는 적지 않을 것이다. 셋째, 법 인식에서도 시스템분석과 시스템공학은 유효한 방법이 될 수 있다.

생물학 등의 분야에서 은하계, 태양계, 생태계 등과 같은 말을 통해 부지중 '계(system)'를 인식하고 있다고 할 것이다.

최광의로 생각해 보면 우리는 '카오스(Chaos, 混沌)가 아닌 그 무엇', 즉 '일정한 질서나 양식으로 정리 또는 정돈되어 있는 그 무엇'을 지칭할 때, 계(系, 體系, system)라는 말을 쓴다. 즉, 시스템은 질서(order, ordnung)와 양식(pattern, stil)을 나타내는 어떠한 구조(structure, struktur)를 의미한다. 그러므로 체계론적 사고를 철학적으로 규정해 본다면, 이것은 존재에 관한 인식 형식라고 말할 수 있다. 어떠한 존재(being)가 어떻게 존재하여 통일적으로 인식될 수 있는가라는 질문에 대한 답, 다시 말하면 존재의 본질에 대한 이성적 인식 활동의 결과인 이론, 즉 '테오리아(*θεωρία*: theōria)'[15]라고 할 것이다. 예컨대, 사회적 법체계론은 법이 법체계로서 존재하며, 그렇게 기능한다는 법의 존재 현상, 즉 법존재의 현상 형식에 관한 이론이라고 할 수 있다.

3. 사회과학 분야의 체계론 전개

루만의 법체계론에 들어가기 전에 먼저 사회과학 분야의 체계이론 전개 과정을 간략히 보는 것에서 시작하고자 한다. 오늘날 사회과학 분야에서는 사회현상을 체계 개념을 사용하여 모사하는 것이 거의 일반화되어 있다. 사실, 법이나 국가 분야에서의 (광의의) 시스템적 사고는 고대(예컨대, 플라톤)까지 거슬러 올라갈 수 있다. 사회 분야에서 일정한 목적의식을 가지고 (협의의) 시스템공학적인 발상을 분명하게 제시했던 대표적인 예는 몽테스키외(Charles De Montesquieu,

15 'Theoria'는 아리스토텔레스의 『니코마코스 윤리학』 10권에서 나오는 말로서 관조(觀照) 또는 관상(觀想)으로 번역된다. 이것은 순수한 이성의 활동에 의해 진리나 실재를 인식하는 것을 의미한다. 그러한 탐구 활동의 결과가 바로 이론이다.

1689~1755)에 의한 근세의 권력분립론에서 찾을 수 있다.

사회과학 분야에서 체계이론은 사고적 특징에 입각하여 유형화해 보면 기계(론)적 체계론(mechanical system-theory, mechanistische systemslehre 또는 mechanistische systemstheorie)에서 유기체(론)적 체계론(organic system-theory, organistische systemslehre 또는 organistische systemstheorie), 그리고 자기조직적(자기기술적) 체계론(self-organizing system-theory, selbstorganisierede systemstheorie)으로 전개되어 왔다고 말할 수 있다. 특히 20세기 후반에 들어와 '체계이론의 발상틀 전환'이라는 슬로건 아래 자연과학 및 사회과학을 아우르는 범과학적 일반 이론으로서 체계의 '자기생산성' 또는 '자기조직성'이라는 새로운 이론 구상이 제시되었는데, 이러한 이론 구상은 부분의 특질이나 의의는 전체와의 관계에서 비로소 본격적으로 파악될 수 있다는 것이 핵심이다.[16] 이후부터 사회과학 분야에서 전개된 기계(론)적, 유기체(론)적 및 자기조직적 체계론을 차례로 간단히 살펴본다.

1) 기계(론)적 체계론

기계(론)적 체계론을 특징짓는 것은 실체론적인 요소환원주의 혹은 기계론적·결정론적·인과론적 접근 방법이다. 르네상스 이래 갈릴레오 갈릴레이(Galileo Galilei, 1564~1642)에서 아이작 뉴턴(Isaac Newton, 1642~1727)에 이르는 자연과학의 발전과 종교개혁, 그리고 자본주의 경제체제의 확립 등 일련의 동향은,

16 체계이론에 의한 발상틀의 전환을 주창했던 사회과학자 중 루만 외에 한 사람을 더 거명하라고 한다면, 무엇보다 아메리카합중국의 볼딩(Kenneth E. Boulding, 1910~1993)을 들 수 있다. 볼딩의 체계이론은 그 거대한 이론적 이미지를 가지고 있다는 점에서 루만과 상당히 유사하고 아주 인상적이다. 여기에서 볼딩의 체계이론에 대해 자세히 언급할 여유가 없지만, 볼딩은 세계의 토탈시스템(total system)으로서 파악하려고 시도했다는 점에서 그 이론적 구상이 상당히 추상적이긴 하지만 사회과학도에게 시시하는 바가 크고 흥미롭기 때문에 참조할 가치가 있다고 하겠다. 볼딩도 많은 책을 저술했는데, 체계론과 관련해서 Boulding(1985) 외에도 Boulding(1978) 등이 있다.

한편에서는 방법론적 개인주의가 사회이론의 출발점이 될 것임을 시사했던 점에서, 또 다른 한편에는 실증주의적 방법론을 급속하게 주류적인 발상틀의 자리에 오르게 했던 점에서 중대한 의의가 있다. 아주 개괄적이지만 이러한 맥락에서 사회계약이나 고전파경제학의 이론적 전제가 되었던 근대적 인간관 혹은 스코틀랜드의 경험론(귀납주의)과 유럽 대륙의 합리론(연역주의) 간의 방법론적 대립, 18세기 프랑스의 계몽사상, 그리고 콩트(Isidore-Auguste-Marie-François-Xaviér Comte, 1798~1857)에서 시작되는 실증주의적 사회학 조류 등이 그 전환된 발상틀과 함께 자리매김할 수 있겠다. 또 법이론(또는 법적 사고)에서도 근대 계몽기의 자연법이론을 필두로 기하학적·수학적인 논증 방법을 모델로 개념을 명석화 하고 그 증명을 엄밀화 했다. 특히 도이칠란트에서는 실정법에 관한 이른바 개념법학(Begriffsjurisprudenz)이 성립했는데, 이것은 법률학을 규범에 관한 엄밀과학으로 고양시킬 수 있다는 신념의 표현이라고도 말할 수 있다. 물론 실제로는 더 다양한 조류를 관찰할 수도 있겠지만 아주 단순화해서 말한다면, 늦어도 19세기 초부터는 사회과학 분야에서도 자연과학의 방법론을 모델로 사회현상에 대한 실증주의적 분석이 사회이론의 중심적 역할을 담당하게 되었음이 확실하다. 그 후 익히 알고 있듯이 '모든 예단과 선입견을 버리고 사회현상의 배후에 작용하는 사회법칙을 발견해라'라는 구호 아래 사회이론의 과학화가 전성기를 맞이하게 된다.

19세기에 위와 같은 방법론에 입각하여 가장 큰 성과를 올렸던 분과학문은 사회과학의 여왕이라고 칭했던 경제학이었다.[17] 유럽 근대경제학파의 핵심을

---

17 역사적으로 볼 때, 경제학은 그 성립기부터 뉴턴이 모델로 준 자연과학의 엄밀성에 견줄 수 있는 과학이 되기를 스스로 바라고 있었다. 19세기 경제학은 가장 진보적이고 가장 야심적인 인문과학의 하나이었다. 왜냐하면 경제학은 부(富)에 관한 카테고리나 형식논리에 관한 연구라는 순수한 측면과 예컨대 물리학과 같이 경험에 기하여 검증될 수 있다는 응용적 측면으로 나눌 수 있다고 보고 있었기 때문이다. 부(富)의 증대 원인을 탐구하고자 했던 애덤 스미스에서 출발했던 경제학은 19세기 말에는 이미 경제법칙에 관해 수학을 사용하여 공식화된 장치를 갖게 되었다.

담당했던 신고전파 경제학은 합리주의적 경제인(Homo economicus)로서의 인간관을 전제로 시장을 통한 자원의 적정분배에 의거한 개인들의 집합으로서의 사회에서 예정조화가 결과하는 것을 수학적으로 증명하는 학문으로서 성립했다고 할 수 있다(佐和隆光, 1982: 57). 특히 제2차 세계대전 후인 1950~1960년대에 유럽 및 앵글로아메리카의 선진 자본주의국가들은, 소비에트연방을 주축으로 한 사회주의국가들과 대립하면서, 경제성장을 달성한다는 일원적인 목표를 추구하는 시대적 맥락에서 시장경제의 예정 조화를 신봉하는 고전파이론과 이것과는 일견 모순될 것 같은 케인스이론[18]을 종합한 아메리카합중국산(産) 절충주의 경제학, 즉 신고전학파적인 종합을 이룩했던 것이다.

그러나 1970년대에 들어와서는 이러한 이론 동향에 대해 이른바 급진적 경제학으로부터 비판이 나왔다. 즉, 경제학적 인간상에 의해 상정되는 이론적 전제의 비현실성과 이데올로기성을 고발하고, 요소론적·수량적인 방법의 한계를 지적하며, 더욱더 전체론적·대항문화적·인간학적 접근의 필요성이 제창되었다(佐和隆光, 1982: 148 이하). 이것은 환언하면 요소론적 수량적인 실증주의에 대한 행위자나 사회가 가진 '의미적 차원'에서의 반란이라고 부를 수 있을지도 모른다. 생각건대, 실증주의가 사회이론의 자연과학화를 급속히 추진했던 시기에 도이칠란트 정신과학의 전통 속에서 '의미-해석-이해'의 복권을 내건 주장이 등장했고, 이것이 딜타이(Wilhelm Dilthey, 1833~1911), 베버, 하이데거, 가다머(Hans-Georg Gadamer, 1900~2002) 등에 계수되고, 또 현재까지는 현상학적 사회학, 인류학적 방법론(ethonomethodolgie), 상징적 상호작용이론 등의 사회이론에서 계승·발전되고 있다. 이러한 '의미학파'의 동향은 실증주의 이론의 일면화에 대해 유력한

18 케인스이론은 후생경제학(Welfare Economics)을 신봉하는 아서 세실 피구(Arthur Cecil Pigou, 1877~1959)와 같은 신고전파경제학자의 견해를 전제로 하면서도 그들의 개인주의적인 접근 방식과 결별하고 '사적' 생산의 총계가 반드시 생산의 최대화와는 일치하지 않는다고 보고 국가에 의한 개입을 정당화하는 이른바 '거시경제학적인' 처리 방식을 채택했던 것에 그 핵심이 있다고 말할 수 있다.

대항 개념을 형성하고 있는 점에 주목할 가치가 있다.

다시 경제학에 눈을 돌려보면, 1980년에 들어와 케인스주의적 국가 개입을 엄격히 비판하는 이론 조류로서 이른바 보수경제학이 대두된다. 시장원리로의 회귀를 주장하는 통화주의(monetarism),[19] 공급중시경제학(供給重視經濟學, supplyside economics),[20] 합리적 기대형성학파(合理的 期待形成學派)[21] 등의 말하자면 초기고전파에 대한 비판과 하이에크(Friedrich August von Hayek, 1899~1992)에 의한 '설계주의적 합리주의'에 대한 비판이 그 전형이다. 특히 하이에크의 자유주의적 논의는 유익한 제도가 모두 설계의 선물이고, 그와 같은 설계만이 제도를 우리의 의도에 따라 유익하게 했거나 할 수 있다는 신념에 기해 전통·습관·역사 일반을 경멸하는 데카르트적 설계주의에 대한 전면적 비판을 기도하는 것이고(Hayek, 1973: 8ff), 케인스주의에 대한 단순한 비판에 그치지 않는 광범한 사정 범위를 가진 이론 구상으로서 무시할 수 없는 위치를 차지하고 있다.

---

19 케인스학파의 재정금융 정책을 비판하고 1960년대에 등장한 경제학파로서 그 주창자는 시카고학파의 대표자인 M. 프리드먼(Milton Friedman, 1912~2006)이다. 이 학파의 사람들을 통화주의자(monetarist)라고 부른다. 통화주의의 핵심은 물가와 명목국민소득의 변동을 좌우하는 주요 요인이 화폐량(화폐공급량, 즉 머니서플라이)의 변동에 있다고 이론으로서, 신화폐수량설(new quantity theory of money)라고도 한다.

20 공급 중심 경제학(Supply-side economics)은 거시경제학의 일파에서 공급 측면의 활동에 주목하고 공급력을 강화함으로써 경제성장을 한다고 주장하고 있다. 아메리카합중국의 저널리스트이자 정치경제학자인 주드 바니스키(Jude Wanniski)에 의해 명명되었다.

21 합리적 기대가설(rational expectation hypothesis)은 사람들이 모든 정보를 효율적으로 이용하고 합리적인 기대감 형성을 하면, 그것은 평균적으로 올바른 것이 되어 잘못된 사태는 생기지 않는다는 경제학적 가설인데, 이 설에 기하여 경제 분석을 했던 것이 합리적 기대형성학파이다. 이들은 케인스 정책의 단기적·장기적 무효성을 주장한다. 이 이론은 기대의 역할을 도입하고 수학식을 많이 사용해서 계량모델을 비판했지만, 그 기본 전제가 너무 현실에서 벗어나고 경제학의 허구성을 한층 확대시켰다.

2) 유기체(론)적 체계론

유기체(론)적 체계론은 기계(론)적 체계론의 이른바 요소환원주의적 접근 방법을 비판하면서, 전체는 부분의 총화 이상의 창발적인 특성을 가지고 있다는 것을 강조하며 사회에 대한 인식에서 유기체와의 유사성을 부각하는 전체론(wholism)적인 인식 방법론이다. 예컨대, 콩트의 역사적 발전이론에 다윈(Charles Robert Darwin, 1809~1882)의 진화론을 결합시켰던 스펜서(Herbert Spencer, 1820~1903)의 사회유기체론에서는 이미 이러한 경향의 맹아를 찾을 수 있다. 그러나 20세기 초두에는 이러한 류의 소박한 실증주의를 과학화하기 위한 재검토작업이 진행되었고, 실증주의를 둘러싼 담론은 과학적 방법론의 차원에서 논리실증주의와 비판적 합리주의의 대립 도식을 축으로 전개되었다.

여기에서 과학적 방법론 자체를 자세히 논의할 여유는 없지만, 유기체적 체계이론의 단초를 이해하기 위해서는 제2차 세계대전 후의 아메리카합중국에 전개되었던 과학적 방법론에서 체계 개념의 변화를 주목할 필요가 있다. 요소환원주의에서 관계론적인 접근으로의 전환이 자각적인 발상틀로 등장한 것은 1940년에서 1960년대에 걸쳐 아메리카합중국을 중심으로 하는 시스템과학의 전개과정에서였다. 구체적으로는 베르탈란피(Ludwig von Bertalanffy, 1901~1972)를 중심으로 하는 일반체계이론, 비너(Norbert Wiener, 1894~1964)나 애슈비(William Ross Ashby, 1903~1972) 등에 의한 사이버네틱스(Cybernetics), 파슨스(Talcot Parsons, 1902~1979)의 구조-기능주의체계이론, 이스턴(David Easton, 1917~2014)의 정치체계론 등이 그것인데, 이들 체계발상틀은 전후 아메리카합중국의 경제성장 정책의 기둥으로서 기능하고 복잡한 제어 기계나 조직관리체계의 설계, 경제 정책의 제언, 사회지표나 계획의 이론적 기초 등을 통해 제2차 세계대전 후의 번영에 기여했다. 이들 체계 개념은 총체적으로 체계의 환경적응-균형-호메오스타시스(homeostasis, 항상성)적 안정성이라는 이미지를 공유한다. 이들 체계발상틀에 접근하는 관점과 관련해서는 상호 비교(相互比較), 사회변동론의 규정짓기, 이데올로기 비판 등 다양한 측면을 떠올릴 수 있겠지만 여기에서는 분석이 법체계이론과 가장 밀접한 관계를 가지고 있는 사회통제〔social control, 또는 사회제어(制御)〕 문제에 한정해서 보기로 한다.

제어이론(control theory 또는 통제이론)과 관련해서는 먼저 사이버네틱에 주목해야 한다. 싸이버네틱에서 연구 대상은 퇴고 과정을 매개로 한 정보에 의한 목표치의 제어로 요약된다(Bateson, 1972: 제5부 인식론과 생태학의 '인공두뇌학적 설명'). 물론 그 직접적 대상은 정보통신기기나 정보처리 기술이기 때문에 이것을 직접 사회과학에 가지고 들어올 수 없지만, 사회의 일반적 구조로서 부정적 퇴고 제어(negative feed-back control)라는 발상은 사회시스템 이론가들에게 커다란 영향을 주었다. 예컨대, 파슨스의 사회체계론은 한편에서는 행위체계에서 AGIL[22]의 4기능 간에 싸이버네틱적인 제어위계(cybernectical control hieracy)의 관계를 설정

22 파슨스가 제창한 체계모델, 즉 네 기능 도식이라고도 한다. 특히 생명계 이상의 체계로서의 요구(needs)충족을 가지는 실제에 적용되는 모델이다. 통상 이러한 체계는 밖으로 나가면 환계(외계)에 대해 일정한 관계를 유지해야 하는 동시에, 안에서는 그 기능 요소의 분화와 통합 문제를 안고 있다. 마찬가지로 또 체계는 그 요구충족과 관계에서 목적 자체에 대한 직접적인 지향과 목적 달성을 위한 수단의 확보에의 지향과 양쪽에 활동을 조정해야 한다. 파슨스는 이 성질을 달리하는 두 가지 방향으로 기능적 과제(요건)에 대응하는 기능벡터축을 (1) 외적-내적(external/internal) 및 (2)충족적-수단적(consummatory/instumental)이라고, 그 조합에 의해서, 임의의 체계 내에는 늘 네 개의 다른 기능분화된 하위체계가 존재한다고 한다. AGIL 도식은 네 가지 기능분화된 하위체계(네 개의 기능 요건에 대응)의 대문자를 따서 명명된 것이다. 즉, 적응(adaption; A): 외적·수단적 기능요건의 충족에 대응. 주로 해당시스템의 활동을 위한 시작을 외계(환경)에서 조달하는 기능에 의해 성립되고 동시에 시스템 전체의 외계에 대한 광의의 적응(해당 환경의 수정, 제어, 수탈 등을 포함)을 조절한다. 목표달성(goal-attainment; G): 외적·충족적 기능 요건 충족에 대응. 이것은 조달된 자원을 동원·관리하고, 시스템 전체의 목표를 달성한다는 활동으로 구성되다. 통합(integration; I): 내적·충족적 기능요건의 충족에 대응. 이것은 시스템 내의 여러 부분이 잘 통제되고 제멋대로 행동하는 것을 피하고 전체적으로 안정된 일관성을 유지하도록, 즉 시스템을 기능장애나 갑작스러운 변화로부터 보호 작용을 한다. 잠재성(latency: L): 내적·수단적 기능요건의 충족에 대응, 패턴 유지와 긴장-처리(pattern-maintenance and tension-management)를 포함한다. 이는 한편으로는 여러 부분의 활동을 적절하게 동기부여 체계 전체의 활동을 장기간 유지하는 동시에 그 가정에 축적되는 체계 없이 긴장을 방출하는 기능을 조절한다.

하고, 다른 한편에서는 법규범의 기능이 싸이버네틱을 통한 일탈 행위에 대한 사회통제 메커니즘으로 정의된다. 전자의 4기능 간의 위계(位階, hierarchy)는 L(가치 영역)→I(규범 영역)→G(정치 영역)→A(경제 영역)의 순위로 구조화되고, 상위의 것은 정보에 기초해서 하위의 것을 제어하는 기능을 한다.[23] 그러므로 사회시스템은 최종적으로는 문화적 가치체계에 의해 제어되고 이는 동시에 사회시스템의 구조 변동이 문화적 가치의 진황 의해 안내되는 것을 의미한다.

그의 상호행위이론의 출발점은 가장 단순한 상호행위 도식인 2인 행위자로 되는 상호행위 시스템에 있다. 여기에서 양자는 서로에게 자신의 요구충족을, 자신의 행위에 대한 상대방의 행위에 의존하고 있다고 생각된다. 이들 두 사람을 가령 행위자 A와 행위자 B로 가정한다면, A는 자기 행위에 대한 B의 행위를 제재(sanction)로 자기 행위를 조정하지만, 이것은 B에 의해서도 마찬가지다. 그러므로 이러한 상호행위 상황에서 양자의 욕구충족이 최적화되기 위해서는 상호에게 상대방의 행위 선택을 충분한 확실성으로써 기대할 수 있어야 한다. 여기에 이중의 상호 의존성, 즉 이른바 더블 컨틴전시(double contingency, 이중적 우발성)라는 상황이 생긴다. 이러한 문제에 대해 파슨스가 준 해답은 경제적 인간(Homo Economicus) 대신에 규범주의적인 사회적 인간(Homo Sociologicus)을 공리주의적 인(人)으로 상정하는 것이다. 이를테면 A와 B 두 사람의 상호행위가 쌍방의 적절한 욕구충족에 연결되기 위해서는 상보적 기대를 쌍방이 품고 있을 필요가 있고, 그 전제조건과 안정조건으로서 불가결한 것이 사적 가치를 넘는 공통 가치에 기한 규범적 문화의 공유라고 생각했던 것이다. 그러므로 사회체계는

---

23 정확하게는, '정보'에 의한 제어란 역방향으로 '에너지」에 의한 조건의 위계(hierarchy)인 A→G→I→L가 설정된다. 체계의 균형→교란→파급 절차→재균형이라는 과정에서 주요한 기능을 수행하는 것은 어느 쪽인가라고 하면, 전자이고, 기능요건의 충족(→체계의 존속)을 향한 제어(control) 작용이 중시된다. 이러한 제어 작용의 상대적 강도와 유효성이 사회체계의 정상/변동을 좌우하는 요인이 되는데, 그때 다른 조건이 일정하면, 중요한 교란적 영향력의 충격이 가해진 장소가 통제위계(control hierarchy)의 상위인 만큼 구조 변동을 야기할 개연성은 크게 되고, 결국 사회체계의 구조 변동은 문화패턴의 변화에서 이해된다.

사회화 과정을 통해 공통 가치를 인격체계(personality system)에 내면화하고 사회 차원에서 역할 분화를 통해 역할기대의 안정화를 보증해야 한다. 그리고 역할 구조에서의 일탈에 대해서는 제재에 의한 사회통제가 요청된다는 것이다.[24]

요컨대 파슨스의 정식화는 목적의 임의성(randomness)을 전제로 하는 공리주의적 인간관의 가정에서는 도출될 수 없는 사회질서의 규범적 측면에 일정한 해답을 주고 있다. 공통 가치를 내면화한 역할인(役割人)을 상정한 것에 의해 그 일탈에는 법이나 도덕 등의 사회통제를 과하는 것으로 개인의 자유와 사회질서는 양립한다는 사회관이 귀결되는 것이다. 여기에서 법의 기능은 공식적인 사회통제의 기제(메커니즘)에 의한 사회통합의 유지기능, 즉 제재를 통한 동조성 유지와 일탈제어이다.

그러나 이러한 이론 구성에는 각 방면에서 비판이 나왔다. 아메리카합중국 산업사회의 안정성을 정통화(正統化, authorizing)하는 보수적 균형 모델에 불과한 것이라는 마르크주의와 급진적 사회학으로부터의 이데올로기 비판이나 공통 가치의 내면화에 의한 질서 문제의 해결은 파슨스 자신이 출발점에 둔 주의주의(主意主義)의 자기부정에 빠져버린다는 내재적 비판 등이 대표적이다. 결국 파슨스의 해답은, 한편에서는 주의주의(主意主義)의 준거 모델이었던 공리주의에서, 타산적 책략적인 때로는 규범이나 도덕의 준수도 손익계산으로 처리하는 행위자상(像)을 빼버리고, 다른 한편에서 체계의 유지를 기능의 준거로 하여 기능 요건의 작용이 모든 체계 목적을 지향시켜 조화하는 것과 같은 모델을 낳게 되었다는 비판을 받을 수밖에 없다.

---

24 파슨스가 이와 같은 정식화를 했던 배경에는 그가 말하는 '힘과 사술'을 이용하여 자기이익을 추구하는 행위는 세계공황과 같은 혼란시대에서는 아메리카합중국적인 현실이었으며, 이것은 자기이익의 추구를 제어하는 가족연대의 기제(메커니즘, mechanism, Mechanismus)와 '시장교환의 자발적 강제'가 충분히 가능하지 않은 것에 기인하는 것이기 때문에 '정치'에 의해서도 우선 가족과 사회를, 결국 이들을 규정하고 있는 국민의 가치 태도, 즉 앵글로색슨적인 프로테스탄트 이념과 가치(더 구체적으로는 도구적 능동주의)라고 하는 실천적 문제의식이 있었다고 하겠다.

3) 자기조직적 체계론

아메리카합중국에서 20세기 중반에 형성되었던 다양한 체계발상들은 제2차 세계대전 후 급격하게 발전했던 산업사회의 구조를 설명하기 위한 것인데, 1970년대에 접어들면서 그러한 발상들이 암묵 중 의존했던 산업사회의 기반이 동요하기 시작하며 사회적 복잡성은 더 고도화하고 이와 더불어 가치관이나 사회관은 훨씬 더 다원화되었다. 이에 체계이론은 종래의 사회관리나 사회제어라는 발상 대신 자율성이나 환계(umwelt)와의 공생을 중시하는 사회이론을 구상하는 방향으로 전개되기 시작했다. 다시 말하면 사회이론에 관한 아메리카합중국의 담론에서는 제어중추가 없는 부분의 협동현상에 의해 거시(macro) 질서가 성립해 가는 기제를 이론적으로 설명하는 논의가 중심이 되었다. 즉, 사회이론에서 자기조직성 개념이 집중적으로 주목을 받았던 배경에는 이러한 시대 상황이 있었다고 할 수 있다.

그런데 자기조직성 개념의 핵심은 바로 자기준거(또는 자기언급)의 모순(패러독스)이라는 난제(aporia)였다. 애슈비[25]의 순수한 자기조직화의 논리적 불가능성의 정리(定理)로 요약되듯이 프로그램 하는 것(프로그램자, 기획자)의 프로그램 되는 것〔피(被)프로그램자, 피(被)기획자〕과의 일치(자기와 자기에게 작동하는 자기와의 일치)는 불가피하게 논리적인 모순을 발생하게 한다. 그러므로 종래는 자기언급의 모순은 형식논리학(formal logic)이 취급할 수 없는 맹점으로서 무시 내지 배제되었다고 할 수 있다. 그러나 자기조직성 모델은 이러한 자기언급 과정이 바로 시스템을 활성화하는 계기라고 하여 이를 자기 자신 속에 적극적으로 포섭하려는

---

25 애슈비는 런던 태생의 의학자, 정신과 의사로서 복잡계연구의 선구자이다. 사이버네틱스를 포함한 일반 시스템 이론이나 복합계에서 큰 영향력을 갖고 있었음에도 불구하고 그는 잘 알려진 과학자는 아니다. 그의 연구는 허버트 사이먼, 노-바-토, 스태퍼드, 비아, 스튜어트 카우프만 등 복잡계연구자들에게 큰 영향을 주었다. 1948년 애슈비는 호메오스타트(Homeostat)를 완성했다.

것이었다.

체계가 그 자체의 조직을 내발적으로 형성해 간다는 자기조직성 모델의 원형이 제시되었던 것은 역시 생화학과 열역학이라는 자연과학의 영역이었다. 이러한 이론적 과제에 천착했던 두 조류에 주목해 보기로 한다. 하나는 체계자기언급성(體系自己言及性, self-reference)이라는 폐쇄적인 원환(円環)에 속에 그치면서도 악순환을 실제 풍요한 순환으로 재파악해 가는 방법이며(Teubner, 1998: 736) 이것은 칠레 출신 신경생리학자의 마투라나(Humberto Romesín Maturana, 1928~)와 바렐라(Javier Francisco Varela Garcia, 1946~2001)에 의해 '자기생산체계(autopoiesis system) 이론'으로 정식화되었다.[26] 그들의 아이디어를 계승하면서도 사회이론으로서의 독자성을 가진 체계이론을 구성했던 것이 바로 루만이다. 또 다른 하나는 비평형(非平衡)개방계로서의 체계 내부에 발생한 '동요'가 자기촉매적으로 증폭되어서 새로운 질서가 역동적으로 형성되어 가는 과정을 대상으로 하는 것으로 열역학(熱力學)에서 러시아 출신 프리고진(Ilya Romanovich Prigogine, 1917~2003)의 산일(散逸)구조론,[27] 아이겐(Manfred Eigen, 1927~)[28]의 자기촉매적 하이포사이클론

---

26 마투라나의 자기생산체계론의 제창은 1980년대의 과학에 충격을 주었는데, 루만이 그것을 사회체계론에 받아들였던 것은 사회과학의 분야에도 파문을 던졌다. 시스템의 자기조직과 자기언급에 그치지 않고, 자기생산에 의한 체계/환계의 경계의 자기설정, 부분과 전체, 관찰자와 시스템, 자아와 타아의 관계 등에 널리 미치는 근본적인 수정을 가능하고 필요하게 하기 때문이다. 그러나 사회체계이론은 그 자체도 미완성이고 또 그것을 적극적으로 채용했던 루만도 그 숙성화의 도중에 많은 문제를 남기고 1998년 죽었다.

27 개방체계(開放系, open system, Offenes System)의 이론으로서 외계와의 사이에서 에너지(열이나 일)뿐만 아니라 물질(분자, 이온, 전자 등)의 교환도 하는 열역학적인 시스템을 말한다. 기상학, 천체 물리학, 지질학, 생물학 등의 분야에서는 개방계가 중요한 역할을 담당한다. 비를 내리는 구름이나 생물 등은 개방계의 예이다. 예를 들면 생물은 호흡이나 대사를 통해 끊임없이 외계와 물질을 교환한다. 개방계의 경계는 선택적으로 물질을 통과시키는 경우도 있다. 이 경우 시스템은 어떤 종의 입자에 대해 개방적이지만, 다른 종의 입자에 대해서는 닫혀 있다. 프리고진(I. Prigogine)에 의하면, 개방계라는 말을 최초로 사용한 것은 벨기에의 생화학자 드페이(Raymond Defay, 1897~1987)라고 한다.

28 하켄은 도이치 생물물리학자로서 1976년 노벨 생물학상 수상자이다.

(hypercycleology),[29] 하켄(Herman Harken, 1927~)의 상승협동론(上昇協同論, synergetics) 등이 대표적인 연구이다(Prigogine and Stengers, 1984; Jantsch, 1980; Harken, 1981 참조).

그 외에도 이른바 신과학(뉴사이언스)의 전개와 호응하는 자기조직성 모델이란 직접 관계는 없지만, 사회과학의 분야에서 이성에 의한 사회설계를 통렬하게 비판하고 암묵적 전통이나 관습에 의거한 개개인의 행위가 의도하지 않았던 결과로서 생성되는 '자생적 질서' 모델을 제창했던 것이 하이에크이다. 복잡한 사회질서는 인간의 의지나 기도의 산물이 아니라, 사회는 개개인의 자유로운 시행착오의 결과로서 스스로 나타나게 된다는 그의 주장은 넓은 의미에서 사회의 자기조직성이라는 개념에 포함하여 고찰하는 것이 가능하다(Dupuy, 1988: 53).

여기에서 간단히 살펴보았듯이 위로부터의 사회제어를 통한 균형을 유지하는 사회관을 대신해 사회 자체의 내측에서 자율적으로 질서가 성립되어 가는 사회관을 이론화하는 시도가 20세기 후반부터 '자기조직성'을 열쇠말로 해서 왕성하게 논의되어 왔다. 지금까지의 사회학 이론에 시야를 한정해서 보면 구조-기능주의나 분쟁이론과 같은 미시(Micro)이론은 사회를 오로지 균형/대립의 도식으로 파악하는 한편, 다양한 소(小)발상틀(mini-paradigm)군은 주관적인 의미 차원에 그치고, 어떻든 사회를 유효하게 이론화할 수 없다는 딜레마를 가지고 있다. 이러한 상황에서 등장했던 자기조직성 이론은 다양한 이론가가 다양한 시각에서 제창하고 있다는 것이 현재 상황이고, 아직 통일적인 발상틀이 존재하는 것은 아니다. 그러나 자기조직성 이론의 구축을 지향하는 시도는 사회구성원의 자율적인 상호행위 연관을 사회질서의 문제에 가교하려고 하는 점에서 소규모 발상틀의 약점을 극복하려고 할 뿐만 아니라 균형/대립보다는 오히려 자율적 공생이라는 측면에 빛을 비추려는 점에서도 사회이론에 새로운 출구를 제시한다고 할 수 있겠다.

---

29 'hypercycle'은 자기복제하는 RNA(리보핵산) 분자가 관여하는 화학반응회로인데, 이는 생명의 기원에서 작동되었다.

그러면 위와 같은 예비지식을 토대로 루만이 법체계에 관해 주장하는 자기생산적 체계이론(autopoiesis system theorie)에 대해 좀 더 보겠다. 우선, 여기에서는 루만의 사회체계이론을 간략하게 검토하여 그의 법사회학의 이해를 위한 예비지식을 얻으려고 한다.

4. 루만의 사회체계이론

사회를 하나의 체계로 파악하고 그 구성 요소의 작동과 그것들 간의 기능 관계를 분명하게 하려는 사고법은 오늘날 사회과학 전반에 공통적일 뿐만 아니라 그 소박한 형태는 아마 법학, 정치학의 초기까지 거슬러 올라갈 수 있다. 그러나 복잡성이 끊임없이 항진하는 현대사회의 곳곳에 눈을 돌려 주체 간의 행위를 체계 연관으로 파악하고 거시적인 관점에서 현대사회와 부분체계를 기능적으로 분석하는 점에서 루만의 학문적 업적에 각별한 주목을 하지 않을 수 없다.[30] 그렇지만 여기에서 필자는 루만의 업적 전체를 보려는 것 아니라 아주 일부에 한정하면서 그것도 사회체계와 법체계의 파악 방법에 필수적인 최소한의 범위에서 그의 기본적 관점과 주제 및 방법을 아주 선택적으로 보기로 한다.[31] 사실, 루만의 저서들을 완전하게 이해하는 것은 상당히 어려움이 많은데, 문장의 회삽(晦澁)함에도 원인이 있겠지만, 그의 관심 영역 및 (사회라는) 연구 대상이 광범하고 또 복잡하다는 것에 가장 큰 이유가 있다. 그 저작이 너무 많다는 것 자체가 이론의 전모를 파악하기 어렵게 하고 있으며, 무엇보다 그의 관심 대상의 폭이 넓고 사용되는 개념이 기초적인 것만으로도 다수이므로 상호 관련하여 복잡함

30 사회과학에서 루만의 업적은 어쩌면 베버(Max Weber)의 업적을 능가할지도 모른다. 그러나 그의 엄청난 저작은 용어법의 난해함에 의해 전체를 파악하는 것도 어렵고 또 그것을 요약하는 것은 지난하다고 말하지 않을 수 없다.

31 루만의 체계이론의 입문서로는 Luhmann(2005)과 Berghaus(2011)을 참조.

을 증가시키기 때문이다.

루만은 『사회체계이론』의 서문(Luhmann, 1984: 12; 루만, 2007: 55)에서 논의하려는 기본적 개념, 즉 '의미(sinn)', '시간(zeit)', '사건(ereignis)', '요소(element)', '관계(relation)', '복잡성(komplexität)', '우발성(혹은 불확정성, kontingenz)', '행위(handlung)', '소통(커뮤니케이션, kommunikation)', '체계(system)', '환계(또는 환경, umwelt)', '세계(welt)', '기대(erwartung)', '구조(struktur)', '과정(prozeß)', '자기준거(selbstreferenz)', '폐쇄성(geschlossenheit)', '자기조직성(selbstorganisation)', '자기생산(autopoiesis)', '개(별)성(individualität)', '관찰(beobachtung)', '자기관찰(selbstbeobachtung)', '기술(記述, 또는 묘사, beschreibung)', '자기기술(또는 자기묘사, selbstbeschreibung)', '일체성(또는 단일성, eintheit)',[32] '재귀(reflexion)',[33] '차이(differenz)',[34] '정보(information)', '상호침투(interpenetration)', '상호작용(interaktion)', '(전체) 사회(gesellschaft)', '모순(widerspruch)' 및 '갈등(konflikt)'을 열거했다. 이들 기본 개념의 수가 무려 32개에 이르는 점만 보아도 그의 관심의 폭을 충분히 짐작할 수 있다. 이들 개념은 현대 사회학이 자주 사용하는 개념이기 때문에 별로 놀라울 정도는 아니라고 할 수 있지만, 현대사회의 문제를 망라하는 기본적 개념이고 우선 기본 개념의 목록만 보아도 루만의 문제 관심이 얼마나 방대하고 깊은지 엿볼 수 있다. 물론 여기에서 이들 개념 전부에 대해 논의할 수도 없고, 그렇게 할 여력도 없다. 이들 중 몇몇에 대해서는 언급할 것인데, 바로 뒤에서 약간 언급하듯이, 이들 개념에조차 다수의 의미와 문제성이 포함되었다. 그렇기 때문에 루만의 저서와 논문에서 이것들이 종횡으로 구사될 뿐 아니라 그의 문장 또한 회삽하고 난해하여 요약하기 어려운 것은 당연할지도 모른다.

루만은 파슨스의 구조-기능주의(構造機能主義, structural-functionalism)[35]에서 출

32 박여성은 'Einheit'를 '단위'로 번역하고 있다(Luhmann, 1984: 12; 루만, 2007: 55).

33 박여성은 'Reflexion'을 '반성'로 번역하고 있다(Luhmann, 1984: 12; 루만, 2007: 55).

34 박여성은 'Differenz'을 '구별'로 번역하고 있다(Luhmann, 1984: 12; 루만, 2007: 55).

35 구조기능주의는 파슨스(Talcott Parsons)가 제창한 사회시스템 연구 방법으로 구조 분석과 기

발하면서도 좀 더 기능주의적으로 천착해서 이른바 '기능-구조주의'체계이론(functional-structural system theory)을 연마하고, 더 나아가 1970년대 중반 이후에는 자기조직성 개념을 도입하여 이른바 자기생산체계이론[36]의 구축을 향해 활발한 논의를 전개했다.[37]

능 분석을 통합하고자 하는 입장이다. 구조는 사회시스템의 상대적으로 안정된 부분이고, 이것에 대해 기능이란 이 구조에 대한 사회시스템의 요소의 작용으로 구체적으로는 개인이나 집단의 활동이 사회에 미치는 작용을 의미한다. 기능은 구조의 유지에 적극적으로 작용하기도 하고 소극적으로 작용하기도 한다. 구조는 기능적 요건이 충족되지 않으면 그것이 충족하는 방향으로 변동된다. 사회시스템은 경제학이 대상으로 하는 수량변수만으로 파악되는 것이 아니라 그 대표적 예인 가족·조직·지역사회·국가사회 등 모든 사회시스템은 지위·역할의 배치로서 구성되어 있으며, 이 지위와 역할의 배치가 사회시스템의 구조라고 한다. 어떻든 구조기능주의의 입장은 구조에 주안점을 두고 있기 때문에 '사회화'와 '사회통제'라고 하여 중시한다. 결국 구조기능주의는 사회변동을 분석하는 데는 적합하지 않다는 비판을 받는다.

36 자기생산체계(autopoiesis system)는 자기 자신을 재생산하고 유지해 가는 체계를 이른다. 'autopoiesis'라는 개념은 1972년 칠레의 신경생리학자인 움베르토 마투라나와 프란시스코 바렐라가 살아 있는 세포들의 생화학적 자기유지를 기반으로 만든 용어이다. 자가생산이론은 체계이론에 적용되었다. 자기생산이란 단어는 스스로 무(無)에서 무엇을 만들어내는 것은 아니며, 오히려 이 개념은 체계가 자신의 고유한 역동성으로부터 체계의 존속을 유지한다는 것을 표현하기 위해 사용된다. 이러한 작동적 폐쇄성과 역동적 개방성은 생물학적인 자동생산체계의 특징이라고 볼 수 있다. 또한 자기생산 체계는 폐쇄적인 동시에 개방적인 체계이다. 자기생산 체계는 구성 요소와 작동의 측면에서는 폐쇄체계이지만, 물질과 에너지의 측면에서는 개방체계로 볼 수 있다. 자기생산의 핵심적 항목은 다음의 세 가지로 정리할 수 있다. ① 자기생산 체계는 자기구성 요소로부터 자기구성 요소를 재생산한다. ② 자기생산 체계는 스스로 환경과 경계를 긋는다. ③ 자기생산 체계는 자기구성 요소들 사이의 상호작용을 통해 자신의 상태를 변형해 나가며(자기준거), 다음 단계에서 변형한 지점이나 상태로 진입한다(재투입)자기생산이란 하나의 체계가 체계 고유의 작동을 오로지 체계 고유의 작동들의 연결망을 통해서만 생산할 수 있다는 뜻이다. 그리고 이 체계 고유의 연결망은 다시 작동을 통해 생산된다. 한편으로 자기생산은 작동상의 폐쇄성 테제를 뜻한다. 즉, 체계는 자기 스스로를 생산한다. 체계는 마치 어떤 컴퓨터가 자신의 프로그램을 스스로 개발할 수 있는 것처럼 체계 고유의 구조를 생산할 뿐 아니라 작동 차원에서는 자율적이기도 하다. 체계는 어떠한 작동도 환계로부터 직접적으로 수입할 수 없다. 이러한 작동상의 폐쇄성은 자기생산체계가 작동을 생산하기 위해 필요로 하는 작동을 자신의 고유한 작동의 연결망을 통해 생산한다는 것이다.

37 루만은 자기조직성 개념은 구조 차원의 자기재생산만을 문제로 하는데, 자기생산(성)이라는 개념은 요소의 재생산도 시야에 넣는 점에서 후자의 우위성을 주장하는 듯하다(Luhmann, 1984; 루만, 2007: 69 이하; Luhmann, 1988; 14). 이와는 반대로 오토포이에시스 개념을 정상

1) 이론적 출발점: 체계과 환계의 구분

사회체계론을 사회학의 일반론으로서 재정식화에는 우선 체계/환계[38]의 관계에서 출발하는 것이 필요하다. 체계이론이란 체계와 환계의 차이(또는 구분 또는 분별)를 전제로 세계(welt)를 기술(묘사)하는 이론이다. 그러므로 체계와 환계의 구분은 관찰자의 입장에 따라 다른데, 어떠한 경우든 체계는 환계 없이는 존재할 수 없지만 체계는 그 구조에서 보면 환계를 지향하고 있다는 것이 기본이다. 그리고 환계는 체계를 통해서만 그리고 체계와 관련해서만 통일성을 가질 수 있다. 그렇다고 해서 환계가 체계에 의존하고 있다든가 또는 체계가 제멋대로 환계를 처리할 수 있다고는 할 수 없으며 또한 체계/환계의 발상틀에서 가장 핵심적인 귀결은 어떠한 체계의 환계와 그 체계의 환계 중 여타 체계는 구별되어야 한다는 것이다. 물론 체계의 내부에서 다시 다른 체계/환계의 차이에 의한 분화가 있을 수 있다. 그래서 각각의 체계 중 체계 형성이 반복될 수 있기 때문에 체계분화(systemdifferenzierung)의 이론은 전통적 '전체와 부문'의 차이를 대신해서 복잡도가 높은 '다양성의 통일'이라는 동태적인 의미를 가진다. 그리고 이러한 체계/환계의 차이와는 별도로 체계 존재의 전제로서 요소(element)와 관계(relation)의 차이가 있고 이러한 차이 또한 하나의 '일정한 통일'을 의미한다. 체계의 형성과 변화는 요소들 간의 관계 형식에 따라 이루어지는데, 요소들 또한 체계를 통해서만 기능적 일체로 존재할 수 있다(Luhmann, 1984; 루만, 2007: 제1장 참조). 체계/환계의 구분은 '안〔內〕과 밖〔外〕'과 '자(自)와 타(他, 非自)'라는 철학상의 난문으로 연계되고, 연속과 비연속의 문제도 관련되어 있다. '안〔內〕'과 '자(自)'도

적 균형을 지향하는 호메오스타시스의 일종이고, '동요'를 통한 역동적인 질서변동을 처리하는 점에서 자기조직성 개념의 우위성을 주장한다. 자연과학의 영역에서 이들 용어의 원(源) 의미를 개관하기 위해서는 특히 Jantsch(1980)과 Maturan and Varela(1984)가 유익하다.

38 한국에서는 도이치어 Umwelt를 보통 '환경(環境)'으로 번역하는데, 필자는 이를 '환계(環界)'라고 번역하는 것이 더 적절하다고 생각한다. 그래서 '환계'라는 용어를 선호한다.

큰 것[大]과 작은 것[小] 등 여러 가지로 구성될 수 있으며, 그것에 따라 '환계'도 크게 변동한다. 그 경우 극소화의 측면에서는 "'보는 자신을 보는' 자신을 다시 보는 자신'이 무엇인가라는 의문이 제기되고 극대화의 측면에서는 '초우주'의 '밖'은 무엇인가라는 극한 문제에도 접속된다. 이들 문제는 뒤에 언급하게 될 자기준거론과도 관련이 있기 때문에 이후 다시 보기로 한다.

2) 복잡성과 감축

당초 공학 분야에서 시스템분석이라는 방법론은 복잡성[39]에 대한 대처 필요에서 비롯된 것이다. 복잡성의 인식은 1970년대부터 사회 및 다양한 기술의 복잡화를 통해 한층 더 심화되고, 그것에 대한 과학적 접근의 한계나 의문도 시스템분석과 시스템공학에 대한 재검토를 촉구하게 되었다. 그러한 복잡성의 문제는 많은 사회과학자의 공통적 관심사이며, 구조적·기능적 관점에서 여러 가지 인식 방법이나 접근 방법이 생기게 되었다.

요소의 수가 증가하면, 체계 안에서 조합의 가능성도 비약적으로 커진다. 모든 체계는 양적 증대에 따라 상호관계의 가능성 중에서 선택하고, 필요에 따라 스스로를 분화하는 것은 어쩔 수 없다. 동시에 그것에 의해 체계를 유지할 수 있는 기회를 얻게 된다. 복잡성(또는 복합성)은 체계보다도 훨씬 더 많은 요소를 품고 있는 환계에서 더 크다. 체계의 복잡성과 환계의 복잡성은 서로 높이고 "체계 자체의 복잡성이 증대하면, 규정될 수 있는 환계의 복잡성도 증대한다. 최종적

---

39 이 개념에 대한 단행 논문 중에 루만은 "그것이 이론적으로 불충분한 채 여러 가지로 사용되고 있다"고 지적한 다음에, 그 일반화를 진행하면 결국은 '다양한 것의 통일성이라는 고전적 문제'로 된다고 하고, 다음과 같이 지적한다. 즉, '복잡한 대상이란 다양한 것인 동시에 통일적인 것이다'. 다만 복잡성은 '그것 자체로 통일성을 의미한다'고 생각해야 할 것이 아니고 여러 요소들의 관계를 구조적으로 선택해서 시스템 과정의 통일이 가능하게 된다(Luhmann, 1982: 204ff).

으로 무규정 그대로의 복잡성이 바로 세계이다. 세계는 가능한 사건의 총체이고, 모든 내-외부 지평의 전체이기 때문에 될 수 있는 한 복잡성에는 무규정성이 붙어 있다. 그런데 중요한 것은 복잡한 것 그 자체가 가지는 통일성이다. 복잡한 대상이란 다양하고 동시에 통일적이다"(Luhmann, 1982: 204ff). 그리고 세계의 복잡성은 환계 구조에 의해, 체계의 복잡성은 체계 구조에 의해 파악되고 감축된다. 즉, 체계는 여러 종류의 가능한 선택지를 취사하는 작용을 통해 복잡성을 감축한다는 것이다. 따라서 사회체계에는 복잡성의 파악과 감축의 기능을 가지고 있을 수밖에 없다.

3) 자기준거체계론과 자기생산론

보편성을 찾는 이론은 대상뿐만 아니라 이론 자체도 대상으로 해야 하기 때문에 자기준거적(selbstreferntiell)일 수밖에 없다. 일반적으로 체계도 체계의 요소구성과 체계의 기본적인 작동(operation)에서 체계 자체에 의거하여 성립한다. 자기준거의 개념은 어떠한 요소·과정·체계가 각각 그것 자체로서 통일체인 것을 표[言表]하고 있다는 것, 바꿔 말하면 자기준거적인 체계란 그것을 성립하는 요소들 간의 관계가 모두 체계에 의한 요소의 자기구성을 계기로 만들어졌고, 결국은 체계가 그러한 방법에 의해 스스로의 자기구성을 계속적으로 재생산하는 경우를 가리킨다. 이와 같은 체계이론은 과거의 '자기조직성(self-organization)'을 넘어서 자기생산(autopoiesis)의 개념을 취하는 것에서 더욱더 전진한다. 자기생산적 체계라는 일반적 개념에 의해 모든 체계에 대한 일련의 중요한 진술을 총괄하는 것이 가능하고, 사회-체계와 진화와의 관련도 분명해서, 그러한 것으로 사회체계의 특별한 위치와 그 내부에서의 여러 체계의 환계 설정도 분명해지기 때문이다. 이러한 견지에서 보면, 체계의 생산이란 바로 체계의 자기생산이다. 이러한 체계자기생산론으로의 발상틀의 교체에 의해 체계이론이 거론하는 기본 문제는 환계에 대해 열린 체계의 전 영역에 미치도록 변해왔다(Luhmann, 1984;

루만, 2007: 제1장과 '들어가기' 참조).

4) 의미와 행위 및 소통

인간의 지향과 선택은 항상 무엇인가 의미 있는 것에 관한 것이다.[40] 또 의미 지향은 자기준거적이고, 체계의 복합성(또는 복잡성) 및 환계의 개방성과도 관련 있다. 의미의 차원은 사상(事象)-시간-사회라는 세 차원(dimension)으로 나뉘고, 이들 각각은 대항적인 두 개의 지평(사상에서 내부와 외부, 시간에서 과거와 미래, 사회에서 자아와 타아 등)에 의해 구성된다. 의미 및 3차원의 분화는 진화에서 획득물이지만, 그중에서도 문자의 사용은 소통(kommunikation)의 사회적 효과를 (시간적으로나 공간적으로도) 크게 확대하게 되었다. 그러한 것으로 의미의 3차원은 상호 작용하여 복잡성을 증대시키고, 그 복잡성의 감축 전략도 다양화해 간다. 사회의 소통은 보통 정보의 송신자와 수신자의 이극(二極) 과정으로 보이지만 소통이 의미적인 선택의 처리 과정인 점에서 보면, 정보는 전달에 앞에서 선택을 하기 때문에 소통은 오히려 3극의 선택 과정(dreistelliger Selektionsprozess)으로 보아야 한다. 소통은 이들 선택의 통일과 그것에 의한 복잡성 감축에 의해 체계 자체는 자족적(autarkic)은 아니지만 소통적 종합이라는 자기조건화에 의해 자율성(autonomie)을 얻을 수 있다. 그렇지만 정보의 전달과 수용과 거부는 자아와 타아의 '이중적 불확정성(duppelte kontingenz 또는 이중적 우발성)' 때문에 다양한 선택으로 불확실한 소통이 될 수 있고, 소통 불능이라는 패러독스에도 빠진다. 여기에서 언어와 상징(symbol)의 매체(media)에 의한 정보처리 능력을 통해 소통 과정을 자기재귀적으로 구성할 필요가 생기고 소통체계를 행위체계로서 자

---

40 이 점에서 루만의 인식론은 인간의 의식에 나타난 것(현상)을 사변적(思辨的) 구성을 떠나서 충실히 포착하고, 그 본질을 직관(直觀)에 의해 파악, 기술한다는 공통적인 지향성(志向性)을 가지고 있다는 현상학적 인식론에 입각하고 있다.

기기술을 하면서 자기생산적 사회체계를 형성한다(Luhmann, 1984; 루만, 2007: 제4장 참조).[41]

5. 루만의 자기생산적 법체계이론

루만은 법에 관한 체계론적 기술은 여러 저서에 다발적으로 전개되고 있는데, 특히 그의 주저 『제도로서 기본권(Grundrechte als Institution)』(Luhmann, 1965), 『법사회학(Rechtssoziologie)』(Luhmann, 1987; 루만, 2015), 『사회의 법(Das Recht der Gesellschaft)』(Luhmann, 1993; 루만, 2014), 등에 다채로운 체계적 논의가 집중되어 있다. 앞에서도 언급했듯이 루만의 사고틀이 너무나 복잡하고 다양하기 때문에 법에 관한 견해조차 전체적인 소개는 단념할 수밖에 없다. 여기에서는 최소한의 한도에서 가장 기본적이라고 생각되는 몇 가지의 논점을 요약적으로 언급하고 구조론적 고찰에 도움을 두려고 한다. 그래서 먼저 루만이 어떠한 법 개념을 가지고 있는지를 보는 것에서 시작하고자 한다.

1) 루만의 법 개념

(1) 규범적 기대의 제도화로서 법

인간은 자아와 타아가 각자의 체험과 행위가 서로 얽혀서 이중의 불확정성이

41 사회체계에서 소통의 중요성은 앞의 볼딩도 강조하지만, 루만의 소통론은 사회과학적 개념장치와 이들의 관계의 다양성 때문에 훨씬 다채롭고 복잡한 것으로 되어 있다. 소통이나 행위도 고도로 복합적인 사상의 통일로서 파악되어 결국은 사회체계의 자기생산적 일체(一體)에 귀결된다고 해도, 루만의 소통론에서 무엇을 섭취할 수 있는가는 그 자체 하나의 이론 과제가 될 것이다. 위의 문제 외에도 루만이 논고했던 문제는 진리와 이데올로기, 모순과 분쟁, 심리체계론 등 인식과 실천의 양면에 걸쳐서 많은 분야에 확장되어 있다.

중첩하는 복잡한 기대 구조의 세계에 살고 있다. 서로의 기대가 어긋나는 불확실성에서 생기는 과오의 위험성을 피하기 위해 상호 대응의 단순화와 기대를 기대하고 과오를 방지하는 규범적 규율(規律, rule)이 필요하다. 그 준칙은 때때로 깨지기도 하지만 예측 가능한 일탈과 위배에 대해 규범적인 규제를 가하는 처리의 기제를 준비해야 한다. 그것은 단순히 위반에 대한 제재의 준비에 그치는 것이 아니고, '기대의 기대'의 기대에 지지되는 행동기대의 제도화이고, 사람들은 이 '제도화된 기대'를 기대하는 방식으로 선택적 기제로 들어가게 된다. 이러한 과정에서 진화한 법의 영역은 위반의 처리에서 물리적 힘(physische Gewalt, 폭력)이 우위에 오는데, 그것은 문자 그대로의 물리력은 아니지만 단순한 강제도 아니고 사회에 예상되는 기대를 의무화하는 제도적인 최종적 수단에 불과하다. 사회체계는 일탈 행위를 피하도록 하는 선택(즉, 법 준수 행동)으로 안내하는 규범을 준비할 필요가 있다. 법의 형성은 이러한 기대 행동의 제도를 총체로서 사회적으로 탐구된다(Luhmann, 1987; 루만, 2015: 제1장 및 2장 참조).

(2) 사회의 면역체계로서 법

루만은 생물체의 면역체계에 비유해서 법을 파악한다. 즉, 법은 '사회의 면역체계(das soziale Innunsystem)'로서 기능한다. 법은 '생길 수 있는 분쟁을 선취하여(im Vorgriff aud mögliche Konflikte)' 형성되고 현실의 분쟁 상황에 유효하게 작용하도록 기대된다. 이것을 위해 법은 '정/부정(recht/unrecht)'의 도식과 발달한 사회에는 '허용/금지에 의한 이부호화(二符號化, Zweicodierung nach erlaubt/verboten)'에 의해 법의 독자적인 면역체계 효과를 목적으로 한다. 그러한 의미에서 법은 (법체계만의 도식을 사용하는 점에서) 법의 소통체계의 교란을 방지하는 자율적인 체계이다(Luhmann, 1984; 루만, 2007: 제9장).[42]

---

42 그 표현법은 달라도, 대부분의 법학자는 이와 같은 의미에서 법의 특성을 파악하고 있다. 그러므로 이러한 루만의 지적은 그의 독자적인 견해라고는 할 수 없다.

2) 자기생산체계로서 법

사회에는 엄청난 복잡성이 내재되어 있어서 잠재적인 사건들이 항상 일어날 수 있는 가능성으로서 소용돌이치고 있다. 그러므로 사회는 그러한 가능성 속에서 선택을 하고 개인이 직면하는 결정 불가능성을 기대 밖의 위험(risiko, isk)으로 전환하여 기대 위반의 처리를 위한 기제(mechanismus)를 마련해 두는 것이 요청된다. 그렇게 개인들은 비로소 자기의 행위를 유의미하게 (그러므로 기대할 수 있는 것으로서) 제어할 수 있게 된다. 이것이 루만의 출발점이다. 법도 이러한 구조의 일종이고, 그것은 기대 밖의 것이 생겨도 어디까지나 당초의 기대를 고수할 수 있다는 기대를 보증할 수 있게 된다. 이것이 법체계의 기능인 것이다. 루만은 법체계를 일종의 자기생산체계(autopoiesisches system)로 정의하여 현대사회에서 이러한 기능이 어떻게 실현되고 있는가를 분석한다. 자기생산체계로서 법이 그 기능을 구체적으로 어떻게 전개하는지 살펴보면, 다음과 같다.

(1) 일체적인 자기생산체계

루만에 의하면, 법체계는 고유한 일체성을 가진 것으로 이해해야 한다. 그러나 지금까지 법현상을 기술하는 시도는 상호 대립하는 다양한 법 이미지에 대한 확산을 어쩔 수 없게 했다. 그러므로 루만은 법체계의 일체성(einheit)을 해명하는 데에 자기생산(autopoiesis) 개념의 도입이 큰 이점이 있다는 것을 증명하려고 한다. 자기생산체계란 자기 자신을 구성하는 요소의 작용을 통해 자기 자신을 구성하는 요소들을 자율적으로 재생산할 수 있는 체계를 말한다. 여기에서 체계의 일체성은 체계를 구성하는 요소(예컨대 법률행위) 또는 이들 요소가 상호 연결되는 절차(예컨대 매매계약)의 법적으로 유의미한 구성으로 파악된다. 체계의 일체성은 구조 차원의 일체성(예컨대, 법규범)의 재생산을 의미하는 동시에 그것에 의거하는 체계 요소의 일체성(법적으로 유효한 행위 연관)의 재생산에도 의존하고 있다. 체계의 일체성과 요소의 일체성은 어떠한 사상에 대한 법적인 의미 부여라는 동일한 절차, 말하자면 동시에 구성되는 것이다. 자기생산체계는 이러한 작동을 유지하기 위해 긍정(Yes, 正)과 부정(No, 負)으로 구성된 부호(code)상의 차이를 항상 이용 가능한 것으로 제공해야 한다. 이러한 2항 부호는 법체계에서는 합법/불법이라는 형식을 취한다. 이것이 수법자(受法者) 각인에서 소통(커뮤니케이션)의 주제를 제어해서 법적으로 유효한 행위 연관을 보장하게 되는 것이다(Luhmann, 1988: 13ff). 이러한 기능을 통해 법에 고유한 자율적인 언설 공간이 개시된다.

(2) 폐쇄적인 자기생산체계

사회체계는 완전히 폐쇄적인 자기생산체계이다. 그 요소는 각인의 소통이고, 소통은 언어부호에 준거할 때 유의미하게 성립하며, 그 외부에도 내부에도 초월적인 근거를 필요로 하지 않는다. 그것은 사실적 수행성에 의해 기초되어 있으며, 완전히 자율적이고 자기생산적이다. 법체계는 이러한 전체 사회체계의 내부에서 분화된 부분체계의 하나이고, 자기의 고유한 기능(=규범적 기대의 지시)을 수행한다. 이러한 고찰에는 현대사회가 고도로 기능분화를 마친 사회이고 이는 이미 되돌릴 수 없는 사회 진화의 성과로서 승인해야 한다는 루만 자신의 시대 인식이 반영되어 있다. 과거의 다기능적인 사회제도(예컨대 가족을 상기하라)가 해체되어 가는 이상 그것을 대신해서 특정 기능에만 대응하는 자기준거적·자율적·폐쇄적 체계를 정비할 수밖에 없다. 그러므로 어떠한 기능체계도 다른 체계를 대행할 수 없다. 1기능-1체계는 시대의 요청인 것이다. 그렇기 때문에 각각의 기능체계는 고도의 자율성을 획득한다. 체계의 기능은 자체 조작에 의해서만 재생산되기 때문이다. 기능체계는 자기변경적인 체계이고 이는 자기의 고유한 기능에 의해서만 기능적 등가물을 발견하여 그 자체의 작동을 계산하고 그 자체 구조를 변경하게 할 수 있다(Luhmann, 1987: 13).

이러한 사회체계론은 법체계에도 그대로 타당하다. 어떠한 사상에 규범적 의미를 부여하는 것은 법체계 자체이고 법의 변경도 법에 준거해서 행해진다. 그리고 이는 자기의 재생산에서 폐쇄적인 체계이기도 하다. 왜냐하면 체계의 내부 조작은 체계 자체의 논리에 의해 결정되기 때문이다. 법체계의 경우 살아 있는 사회적 필요(needs)를 그대로의 형태로 체계 내부에 가지고 들어오는 것은 허용할 수 없고, 법적으로 가공되어 비로소 체계의 요소가 된다. 기능체계는 환계로부터의 투입(input)에 의해 직접 조종되는 것은 아니다. 그러나 동시에 그것은 환계에 대해 열려 있기도 하다. 기능체계는 자기 자신의 내부 망막(Screen)에 환계를 투영하고 환계로부터 학습할 수 있다. 그 학습도 체계 자체의 자율적인 작동에 의해 행해지는 자기학습인 것은 말할 필요도 없다. 그러므로 법체계가 얼마만큼의 환계학습 능력을 가지는가는 자기 내부 구조의 복합성의 정도에 달려 있다. 이러한 담론은 이전부터 법률학이 추구해 왔던 법적 의미 공간의 자율성이라는 과제를 체계론적으로 재구성했던 것이라고 할 수 있다.

(3) 정합적인 자기생산체계

그러면 법체계에 특정화된 기능이란 무엇인가? 일반적으로 정의하면, '법은 시간적·내용적·사회적 차원에서 정합적으로 일반화(또는 범례화)된 규범적 기대의 형성 혹은 재생산을 위해 분쟁규율적인 견지(見地, perspective)를 이용하는 규율(Luhmann, 1987: 27)로서 정식화된다. 규범이 존재한다는 것은 어떠한 사람이 가지고 있는 기대와 다르게 전개될 수 있다고 예견되더라도 자기의 기대를 정당한 것으로 고수할 수 있도록 기대가 규범적으로 구조화되어 있는 것을 의미한다. 법이란 바로 구조화된 규범적 기대의 일종이다.

그런데 법이 규범적 기대로서 관철되기 위해서는 세 차원에서 범례화(凡例化, generalisierung, 또는 일반화)[43]가 되어 있어야 한다. 우선 일반화된 문서(textuale

43 필자는 도이치어 Generalisierung와 Verallgemeinsierung에 대해 전자는 '표준으로 만든다'는 의미에서 '범례화(凡例化)'로, 후자는 '누구에게 일상적으로 만든다'는 의미에서 '일반화(一般化)'로 번역하고자 한다.

gernalisierung, textual generalization)로 확정되지 않으면 법으로서의 기능을 수행할 수 없다. 그다음, 시간적으로 고수된다는 의미에서는 '제재(制裁, sanction)'의 확보가, 사회적으로 고수된다는 의미에서는 '상정된 임의의 제3자'의 지지를 조달할 수 있는 '제도화(institutionalisierung, institutionalization)'에 의해, 그리고 내용적으로 고수된다는 의미에서는 기호(symbol, 文字)를 통한 '프로그램화(programierung, programming)에 의해서이다(Luhmann, 1987; 루만, 2015: 210). 그리고 위와 같은 세 차원에서 정합적으로 범례화(또는 일반화)된 규범적 기대만이 법으로서의 효력을 획득하고, 분쟁 발생의 예견에 의해 또 분쟁해결의 과정에서 일반화의 정도가 검증(test)된다.[44] 그러나 법 운영은 임시적(ad hoc)인 것이 되어서는 안 된다. 그것은 암묵의 요해든, 또 위반에 대비해서 의식적으로 참조되든 그렇지 않든 어떻든 일반적인 규율 형태가 되어야 한다. 즉, 법규범은 각인의 일상적인 행동을 통해 또 특히 분쟁의 기회를 이용해서 부단하게 시련과 검증을 계속 받고 있다.

---

44 예컨대, 유럽에서 크리스트교 말씀(Dogma)은 적어도 프로그램화(성서)는 되었지만, 시간적으로는 공적인 제재를 결하고 있다. 혼인은 계속되어야 한다는 관념은 사회적인 범례화는 있을지 모르지만 시간적 내용적인 범례화는 불완전하다. 또 도로교통법상의 속도제한은 사회적인 범례화에서 항상 리스크를 안고 있다. 그 외에도 내기마작, 매춘, 경범죄법의 규정 등과 같이 널리 사회에서 행해지고 있는 행위를 금지하는 규범은 아마 사회적인 범례화에서 나아가 시간적 범례화에서도 리스크를 안고 있을 것이다. 그러나 이를테면 규범의식이 풍화하든, 이들은 의연하게 법이고(변경 가능하기 때문에 이제 변경되어 있지 않기 때문에 — 실정법) 그것은 일반적인 규율형식으로서, 필요하면 각인의 기대의 정당성을 담보할 수 있기 때문이다. 법은 항상 의식적으로 준수될 필요는 없고 직접적으로 동조 행위를 명하고 있는 것도 아니다. 보편은 의식되지 않아도, 문제가 생기는 때에 항상 참조될 수 있는 가능성을 가지고 있는 점에서 이것들은 법으로서 기능을 유지할 수 있다(예컨대, 제재의 행사가 당사자뿐만 아니라 사회적으로도 '불연(不然)'한 사건으로서 이해되든, 기대외(期待外)로의 처리법으로서 참조되는 한에서). 법이 유효하기 위해서는 제재의 가능성, 공적 담당자의 설치, 사회적 합의(준법의식) 및 법문서(legal text)라는 다양한 요소를 필요로 하자만, 제1차 기능은 어디까지나 기대의 보장기능에 있다. 다만 법의 내용이 현저히 사회의 수요에서 멀어진 때에는 그것이 참조되지 않는다고 하는 의미에서 유효성을 상실하는 경우도 있을 것이다. 그러한 한계를 그리는 것은 분쟁의 기회에 이용되는 검증(그것이 이용되지 않는 경우도 포함해서)에 의해서다. 아마 루만이 생각하는 것은 이러한 법이었던 것이 아닐까라고 추찰해 본다.

그러므로 법체계의 변동은 원칙적으로는 분쟁 처리를 통한 점진적 과정에 따르는 것이라고 할 수 있다. 이것은 법체계가 규범적 폐쇄성에 준거하는 한 필연적인 요청이라고 해야 한다.

그러나 실정법 단계의 법체계는 동시에 신속한 법 변경(또는 법 개정)의 가능성도 제도화하는 것에 성공했다. 자기생산체계(autopoiesis system)로서의 법체계는 법의 정립·변경 자체를 법적 결정에 맡길 때 출현한다. 법이 타당하다는 것은 법에 준거해서 결정된 실정적인 것이기 때문이다. 법은 법체계에 의해서만 법이 될 수 있다. 즉, 법을 법체계 내부로 주입할 수 있는 것에는 법 이외의 외부 기관이나 권위는 존재하지 않는다. 실정법이란 법 변경의 합법화이고, 법은 법에 의해서만 타당하다. 그러한 조작을 실행하기 위해 법체계는 자기의 내부에 규범적 폐쇄성을 위한 기관과 인지적 개방성을 위한 기관을 분화시켜서 양자를 적절하게 연결시킨다. 즉, 규범성(規範性)을 담당하는 것은 '재판(rechtsprechung)'인데, 재판에서는 구조화된 규범적 기대가 구체적인 개별 분쟁을 통해 부단하게 검증을 받는다. 그리고 인지성(認知性)을 담당하는 것이 '입법(Gesetzgebung)'인데, 입법에서는 개방적인 인지적 가능성 중에 어느 하나가 규범적 기대로서, 범례화 된 규율로서 선택된다.

개인들은 이 결정에 우선 일괄적인 승인을 부여할 것이다. 이는 결정 '내용'에 대한 합의 형성을 의미하는 것이 아니라 그러한 합의가 '상정'되는 것에 의거한다. 물론 이는 합의 형성의 비용을 절약하는 것이다. 법적 결정기관은 '상정된 임의의 제3자'의 위치에 설정되므로 각인에게 결정을 받아들일 '태세'를 기대할 수 있다. 다른 한편 개인들은 체계 결정을 학습해서 필요 이상의 부담을 경감한다. 여기에는 법체계 대한 '체계신뢰'가 작용한다. 법체계가 제공하는 것은 정당한 기대를 지시하는 일반적 규율이고, 이것이 각인에게 직접적인 동조 행위를 강요하는 것은 아니다. 물론 각인은 이러한 규율을 전제로 할 때 기대외(期待外)를 우려하는 부담을 면제받을 수 있고 자기의 행위를 자유로이 선택할 수 있다는 이점이 있다.[45]

그런데 실정법이 결정에 의해 타당하다는 언명은 입법자에게 완전한 재량(free hand)이 부여되거나 법체계가 자의적으로 원리 부재의 결단주의에 의해 지배되어 있다는 것을 의미하지 않는다. 법체계의 핵심은 법의 자기생산적 재생산이지만, 그것은 법체계의 내부 구조나 규율을 사실적으로 수행하는 사회와의 적합성에 의해 제약된다. 환언하면, 예컨대 결정 자체는 임의적이고 우연적인 것이라도 새로운 결정은 종래까지의 결정의 집적 내에 들어와야 하므로 임의성은 결정의 단계에서 희석된다. 만약 법적 프로그램이 모순에 차 있고 조작적으로 예측 불능이 된다는 결과를 피하려면, 모든 법은 변경될 수 있지만 모든 것을 한꺼번에 변경할 수 없다는 것을 상기해야 한다. 또 결정에 의해 타당한 것은 동시에 결정에 의해 변경될 수 있기 때문에 결정자는 변경하지 않는 것에 변명 의무를 부담하게 되고, 다른 한편으로 법 변경에 따른 비용을 반대자에게 맡길 수 있게 된다. 그러므로 법의 정당성은 변경될 수 있는 것임에도 당장 변경되지 않는다는 사실에서 찾을 수 있다(Luhmann, 1988: 27). 법의 타당성을 기초하는 것은 법에 준거한 결정과 변경 가능성 자체이다.

다만 특히 주의를 환기해 두고 싶은 것은 실정법이 결정에 의해 변경된다는 것의 제1차적인 의미는 이를 도구로 사회 설계를 하는 것에 있지 않다. 법체계가 관여할 수 있는 것은 사회의 기능의 아주 일부에 불과하다. 왜냐하면 사회에는 법체계 이외에도 다수의 기능체계가 존재하고 각각 고유한 자율성을 가지고 활동하기 때문이다. 그러한 고도로 복잡하고 다원적인 사회를 법에 의해 계획하는 것은 불가능하다. 되풀이해서 강조하고자 하는 것은 법의 기능은 일반적 규율이라는 형식으로서 각인에게 예측 가능한 기대를 제공하는 것이고, 우선 그것을 만족시키면 충분하다는 것이다. 그러나 사회는 급속하게 변모하고 있으며 법체계의 진화가 재판 절차를 통한 점진적인 개량에만 한정되어 있다고 한다면,

---

45 문화적·사회적 제도가 가진 부담면제기능에 대해서는 Gehlen(1961)와 Gehlen(1986) 참조. 루만은 겔렌(Gehlen)의 인간학에서 아마 상당히 강한 영향을 받은 듯하다.

시간적인 비용이 증대되고, 기존의 법체계와 사회적합적인 법과의 사이에 간극이 생기는 것은 틀림없다. 이러한 딜레마에 대처하기 위해 학습하기 위한 특별한 기제로서 설치된 것이 입법기관이다. 즉, 사법적 적응은 '장기적 변화'에 대응하고, 이는 사회의 기대 구조를 법적 판단의 집적에 반영하는 것이기 때문에 하이에크가 말하는 '노모스(nomos)'에 유사한 작용을 한다. 또 입법적 적응은 '단기적 변화'에 대응하고 법체계의 적응 부전을 해소하기 위해 새로운 법을 선택한다(Luhmann, 1985: 119). 이러한 점에서 루만의 주장은 하이에크의 주장과 상당 부분 서로 겹친다. 여기에 이른바 현대 국가에서 법화 문제(法化問題, Die Problematik der Verrechtlichung)[46]에 관해 상세히 논의할 수는 없지만, 현대의 법체계에서 최대 난제는 이와 같은 단기적인 학습 양식(mode)이 체계의 일체성을 위협하는 점이라고 루만은 생각하는 듯하다. 그 이유는, 하이에크도 주장하고 있듯이 현대국가에서 입법부는 법체계에 관여할 뿐 아니라 정치체계도 관여하고 있기 때문이다(Hayek, 1973: 132ff).[47] 법은 사회에서 학습해야 하지만, 개방성은

46 법은 근본적으로 타율적 기제이다. 자유주의적 질서관에 의하면 국가와 사회라는 구분을 전제로 국가에 의한 개입을 억제해서 사회의 자율성을 확보하고자 한다. 그런데 산업사회는 그 구조적 모순 때문에 사회에 대한 복지국가적인 개입 정도가 점차 강화되어 사회의 자율성이 위축되어 가고 있다. 이러한 현대국가적 현상을 법의 측면에서 보면, 자율적인 생활세계(Lebenswelt)가 법에 의해 규율됨으로써 생활세계의 법화(Verrechtlichung) 현상이 생긴다. 하버마스가 말하는 이른바 생활세계의 식민화가 법화 문제이다.

47 일반적인 규율형식으로 사회의 구성원에게 허용되는 행위의 범위를 확정하는 사법(유럽 대륙의 실천에는 반하겠지만, 우세한 앵글로색슨적 실천에 보조를 맞춰 형법은 공법이 아니라 사법에 포함한다)과 정부 조직의 구서원만을 구속하는 공법이 공히 입법부에 의해 제정되고 특히 그것이 입법의 일반원리에 대한 사고도 정말 공법 법률가의, 즉 법률가의 법에는 거의 공감을 가지고 있지 않다. 조직 내 전문가의 수중으로 떨어져버렸다는 것, 즉 본래는 노모스(그리스어 νόμος, pl.: νόμοι, 라틴어 표기 nomos)의 기관이어야 할 입법부가 이제 테시스(Tesis)의 사고에 의해 점령되는 것, 이것이 현대의 큰 문제이다. 하이에크는 이러한 사태를 승인할 수 없다. 그러므로 그에게 (아마 최대의) 과제는 '사법의 복권'이다. 다른 한편 규율도(명시적이지는 않지만) 역시 사법의 이미지를 중심으로 법체계(rechtssystem)의 기능을 생각하는 것이 아닌가 추찰해 본다. 그러나 사회에 대한 법체계의 응답성을 유지하기 위해서는 공법의 증대를 거부할 수 없다. 오히려 루만에게 중요한 것은 공법과 사법을 고도의 불확정성

법에 의한 사회 설계로의 길을 여는 동시에, 다양한 결과 지향성을 법체계에 혼입하게 하는 사태를 초래하고 있다. 여기에서 제기되는 문제가 법체계는 이러한 복잡성에 견디고 있는가이다. 이 질문이 바로 루만에게 법화 문제의 핵심이다.

그런데 법체계가 자기준거적으로 재생산되기 위해서는 다양한 구별이 법체계의 내부에 구성될 필요가 있다. 앞에서 언급한 사법과 입법의 분화가 그 일례인데, 이와 병행적인 것으로서 규범적 폐쇄성과 인지적 개방성, 비(非)학습과 학습, 조건 프로그램(konditionalprogram)과 목적 프로그램(zwecksprogram) 등의 구별이 존재한다. 법체계는 이들 구별항을 지속적으로 매개하는 것을 통해 자기 자신의 일체성을 유지한다. 예컨대, 조건 프로그램은 법체계에 의해 불가결한 기술이고, 법적 프로그램의 핵심을 이루는 것이다. 이미 기술했지만 조건 프로그램이란 '만약 A이면 B'라는 도식 속에 다양한 사건을 배치하기 위한 기술이고, 어떤 관계에 규범적 성질을 부가하기 위한 조건(A)가 존재하는지 여부는 사례마다 인지적으로 확인되어야 한다. 여기에서도 규범성과 인지성이 일정한 형식으로 결합되어 있다. 그리고 입법을 통해 A와 B를 각각 분리하고 별개의 항목으로 바꾸는 것도 가능하다. 그러나 '타당한 결과'를 조건화하는 것은 기대의 범례화라는 법체계의 기능에서 보면 적당하지 않다고 루만은 생각한다. 결과 지향성은 목적 프로그램에 적합하며, 이는 기본적으로 정치체계의 기능에 속한다. 법은 땅값의 하락을 조건으로 토지전매를 금지할 수 없다. 그러한 정책 목표를 법에 의해 실현하려면 조건 프로그램으로 변환할 필요가 있다. 그러나 이 경우 법은 아주 개별적인 것으로 되든지, 그렇지 않으면 목적 지향적 혹은 윤리적인 것으

(그러므로 높은 가능성)을 품고 있는 '실정법'의 메커니즘을 매개로 어떻게 상호 증진케 하는가라는 시각이다. 이러한 양자의 입장 차이에는 혹은 앵글로아메리카법적 발상과 유럽 대륙법적 발상의 차이가 반영되어 있을지도 모른다(Lempert, 1988). 노모스(nomos)는 고대그리스에서 규칙이나 습관, 법률 등 사회제도에서 도덕 관념적인 규범을 의미한다. 이러한 의미에서 잉글리시 'autonomy'에서 볼 수 있는 접미사 '-onomy'의 기원이 되었다. 이에 반해서 테시스(Tesis)는 기업, 정부 등 조직 내부의 규율을 말한다.

로 될 위험에 직면한다.

(4) 자기준거적 자기생산체계

법이 결과를 지향하는 것이라면 극도로 단순한 인과 가설을 조건 프로그램에 부가할 수 있는 법해석을 경유해야 한다. 법해석은 사이버네틱스에서 말하는 '군더더기〔冗長性, redundanz, redundancy〕'로 작용하고 복잡한 사상의 패턴화를 통해 예측 가능성을 높이는 기능을 수행한다. 법적 의미 공간은 환계로부터 높은 자율성을 가지고 있어 자기의 고유한 논리에 의해 불확정인 미래의 일을 단순화하는 것이 가능하다. 그러나 순수한 목적이나 결과가 법적 판단을 좌우하는 것은 회피해야 한다. 이는 임시적 결정을 대량생산 한 나머지 법체계의 자기생산성을 위기에 빠뜨릴 위험이 크다.

이러한 구별이 유지되어야 할 궁극적 이유는 법체계가 '동어반복(totologie)' 혹은 '모순(paradox)' 위에 구축되어 있기 때문이다.[48][49] 법체계는 가장 기본적인 2항 부호(code)로서 합법/불법이라는 구별을 이용한다. 그렇지만 법체계는 이러한 구별이 과연 합법적으로 설정되었는지 여부를 스스로 결정할 수 없다는 것이다. 이것이 바로 법체계에서 자기언급의 패러독스이다. 또 실정법의 정의에 의

48 실제로 법체계가 얼마나 동어반복 혹은 모순 위에 구축되어 있는지에 관한 구체적인 예를 우리 헌법에서 찾아보기로 한다. 헌법 제1조 2항은 '대한민국의 주권은 국민에게 있고 모든 권력은 국민으로부터 나온다'고, 제2조 제1항은 '대한민국의 국민이 되는 요건은 법률로 정한다'고 규정하는데, 전자에서는 국민이 대한민국 이전에 존재하고 있으나, 후자에서는 대한민국 이후에 비로소 국민이 존재한다. 헌법 제2조 제1항에서 보면 상위규범인 헌법이 그 하위 하위규범인 법률에 의해 결정된다. 양 조문은 논리적으로 모순이다. 이것은 최고규범이라는 헌법의 자가당착이라고 할 것이다.

49 사족이긴 하지만, 루만이 의도하는 바는 패러독스를 드러내 보이고 패러독스적인 사회를 실현하는 것은 아니다. 오히려 사회에 불가피적으로 수반하는 패러독스를 사회 자체가 어떻게 은폐하고 있는가를 묘사하는 것, 말하자면 그러한 패러독스 회피의 지혜를 배우는 것, 그리고 위기에 빠진 탈(脫)패러독스화 전략을 지시하고 새로운 구별이 형성될 징조를 선취하여 제시하는 것이다. 여기에는 종래의 사회이론이 난국으로서 회피했던 계기를 시스템의 진화 요인으로서 재구성하는 관점이 도입되고 있다.

하면 법은 법에 의해서만 타당해지는데, 이것은 분명히 동어반복이다. 예컨대 헌법은 최고 법규이다. 이는 주권자인 국민의 의사에 의해 정립되었기 때문인데 국민을 주권자로 규정한 것은 헌법 자체이다. 과연 헌법이 먼저인가, 그렇지 않으면 국민이 먼저인가? 또 헌법에 규정된 헌법 개정 절차를 이용해 국민주권의 원리를 부정하는 개정을 하는 것이 합헌적인가 혹은 그렇지 않은가? 이를 형식 논리학에 의거하여 일의적으로 결정하는 것은 곤란하다. 오토포이에시스의 정의 자체가 동어반복(同語反覆性)의 극치이다. 실질적인 기점을 두지 않은 한 모든 기술은 동어반복인 것이다. 그렇지 않으면 모순에 빠진다. 이것을 회피할 수 없다. 그러나 형식논리학이 배제하는 이들 동인이야말로 자기생산적인 질서를 기술한 출발점이다.

동어반복은 순환적이고 대칭적인 사태인데 체계가 존속하기 위해서는 이러한 모순을 비대칭화하는 기제가 필요하게 된다. 그러므로 체계는 자기 내부에 다양한 구별을 설정해 동어반복를 비대칭화하고, 은폐 내지 희석화해야 한다. 우리는 법체계의 반성사 및 이를 위한 개념과 이론을 법의 탈(脫)동어반복화 내지 비(非)모순화를 향한 고난의 역사로 파악할 수 있다(Luhmann, 1988: 16~17). 이 과제를 달성하기 위해 지금까지 실제로 다양한 의미론(semantik)이 사용되었다. 신분적 위계(hierarchy)와 자연적 질서 등에서 시작해 이성이나 사회계약 혹은 사회의 계급 구조, 그리고 장밋빛의 미래까지 법의 타당성을 보장한다는 변명으로 혹은 그것을 비판하는 근거로 동원되었다. 그러면 현대의 법체계가 의거하는 동어반복화의 의미론은 무엇인가? 루만은 인지성과 규범성이라는 구별항(區別項)을 적절하게 접합하는 것이라고 주장한다. 예컨대 입법과 재판의 구별은 '법에 기한 법의 결정'이라는 동어반복을 '실정법의 제공'과 '정치적 결정의 합법화'라는 상호 교환관계에서 지연시켜서 표면적으로는 동어반복을 비대칭화하는 데에 성공했다(Luhmann, 1981: 167ff). 적어도 법체계의 내적 관점에서 이러한 구별은 유효하게 작용하며, 남겨진 문제는 입법부의 정통화로 집약되고, 이는 민주주의를 매개로 한 '정부의 인기'로 이해된다. 그러나 동어반복과 모순을 궁극적으로 해소하는 구별을 세우는 것은 불가능하므로 현대의 동어반복의 전략도 영속적인 보장은 아니다. 사회의 진화에 따라 법체계(rechtssystem)는 자기 의미론의 변경을 강요받을지도 모른다. 그러한 사회 진화의 동향에 대비하기 위해 법이론은 체계 자체의 타자에게 기능적으로 분화된 체계의 내부 구조를 더 잘 보이도록 하기 위한 작업에 착수해야 한다(Luhmann, 1988: 162). 법체계는 제1차적 코드인 합법/불법을 유지하기 위해 시간적·공간적으로 한정된 고유한 제2차적 코드를 필요로 한다. 이는 정의와 형평, 원칙과 예외, 법령과 판결 등의 구별이고, 이러한 구별을 유지하여 모순에도 불구하고 체계를 지키는 것과 동시에, 제1차적 코드 자체를 지키는 것(결정불능을 회피하는 것)이 가능해진다. 이들을 충분히 구별하고 접합하는 것, 그렇게 해서 비로소 법체계의 일체성은 유지될 수 있다.

6. 법학과 루만의 체계이론적 법사회학

1) 법학에 있어 법의 인식: 네개의 법상(法象)

루만의 자기생산적 체계적 법이론 및 법사회학이 실정법학에 어떠한 기여할 수 있는가를 파악하기 위해서는 우선 실정법학이 법에 어떠한 태도를 취하는가, 즉 실정법학이 법을 어떻게 인식해 파악하는가를 알 필요가 있다. 물론 실정법학의 법 인식 태도는 법을 실무적으로 취급하는 사람에 따라 상당히 다양할 수 있다. 따라서 이를 유형화하기는 쉽지 않다. 그렇지만 여기에서 실정법학이 취하는 '법 인식의 경향' 또는 '법사고의 특성' 및 '법에 대한 태도'에 따라 몇 가지로 단순하게 모델화하려고 한다. 지금까지의 실정법학에서 전개되는 법에 관한 인식 경향과 태도를 일정한 틀을 통해 위치를 정리하는 것이다. 여기에 첫 번째로 제기되는 문제는 무엇을 실정법학으로 볼 것인가, 즉 실정법학의 범주를 어떻게 보는가이다. 여기에서 실정법학이란 한국의 현재적 법 실무를 지지하는 법적 이론만이 아니라 역사적으로 특히 근대국가 성립 후에 국가법적 실무에 영향을 미쳤던 과거의 실정법학적 사고나 이론까지도 포함해서 보기로 한다. 물론 이들 이론을 일의적으로 분류하는 것은 정말 곤란하다. 그러므로 여기에서 필자가 시도하는 도식화에 지나친 단순화와 변형(déformation)이 있다는 것은 당연하다. 여기에서 필자는 이러한 무리를 무릅쓰고서 그 준비 작업으로서 논의를 좀 더 단순화하기 위해 편의상 하나의 도식(matrix)으로 배치하는 방법을 사용하기로 한다. 그러나 그럼에도 이러한 단순한 도식적 분류가 법학이 지닌 일정한 경향성을 좀 더 선명하게 한다는 의미에서 좀 더 큰 설명력을 가지지 않을까 생각한다.

그 방법은 다음과 같다. 먼저, 구체적인 법적 사건에 대한 법적 판단(또는 결정)이 어느 쪽으로 지향하는가에 따라, 즉 법의 형식성을 중요시하는가, 그렇지 않으면 법의 실질성을 중요시하는가에 법적 사고를 양극화한다. 이를 단순화시켜 용어화하면 '형식성 지향-실질성 지향'의 단면에서 실정법학의 사고를 구분한다. 그다음 이러한 법적 판단(또는 결정)들이 시간적 차원에 어떠한 정합성을 가지는가, 법의 외적 정합성을 중요시하는가, 그렇지 않으면 법의 내적 정합성을 중요시하는가에 따라 실정법학의 태도를 양극화한다. 이를 단순화시켜 용어화하면 '내적 정합성 지향-외적 정합성 지향'의 단면에서 실정법학의 태도를 구분한다. 이들 두 가지의 양극화된 실정법학의 사고와 태도의 경향성을 나타내는 것을 평면 도식으로 종합하여 표기한다. 이렇게 하면 '형식성 지향-실질성 지향'을 일방 측으로, 그리고 '내적 정합성 지향-외적 정합성 지향'을 다른 일방 측으로 설정된 4분면으로 나누어 실정법학의 법 인식 태도, 즉 법상(法象, Rechtsbild)을 가시화할 수 있다.

좀 자의적이긴 하지만 이렇게 설정된 사분면의 각 상한에 법상을 대표한다고 생각되는 실정법학을 하나씩만 상정해서 배치해 본다면, 〈그림 11-1〉과 같이 I 영역에 (좁은 의미에서의) 법말씀론(rechtsdogmatik, 이것은 실정법률의 해석이론을 취급하는 영역을 말한다),[50] II 영역에 자연법론, III 영역에 사회학적 법학, 그리고 IV 영역에 법정책학을 각각 배당할 수 있다.

각 사분면에 배치된 대표적인 실정법학의 사고방식을 이미 설명한 루만의 체계이론적 시각에 입각해서 약간 더 분설해서 보고 또 루만의 체계이론적 시각이 이들 실정법학에 어떻게 기여할 수 있는지를 실험 삼아 생각해 보기로 한다.

---

50 도이치어 'Rechtswissenschaft'는 우리말로 '법학'이라고 번역하는 것이 보통이다. 그런데 한국 법과대학에서 교수되고 있는 내용을 보면, 그것은 도이치어 'Rechtswissnschaft'라기보다는 오히려 구체적 사건에 대한 법 적용을 전제로 하는 'Rechtsdogmatik'이라고 할 수 있다. 'Rechtsdogmatik'은 이라는 말은 우리말로 번역하여 조어하기가 쉽지 않은 용어이다. 한국의 법학문헌에서 많은 사람이 'Rechtsdogmatik'을 '법해석학', '법교의학' 등으로 번역하거나 또는 도이치어를 그대로 사용하는 듯하다. 그러나 '법해석학'이라고 번역할 경우 'Juristische Hermeneutik'과 혼돈을 일으킬 염려가 있다. 외국어를 번역하여 우리말 용어로 조어할 때에는, 무엇보다도 당해 외국어와 우리말의 의미를 분명히 파악하고 또 언어관용을 고려해야 한다. 그다음 언어가 의미를 전달하는 기호라는 측면을 생각하지 않으면 안 된다. 즉, 의미론적 삼각관계, 즉 의미(또는 사상: Bedeutung oder Gedanke)와 기호(또는 표현: Symbol oder Ausdruck)와 지시물(또는 대상: Referent oder Objekt)의 관계가 일치할 때, 대화자 간에 그 의미가 가장 분명하게 전달될 수 있다는 것을 생각하지 않으면 안 된다. 필자는 이러한 전제를 고려하면서, '법해석학' 또는 '법교의학'이라는 표현보다 도이치어 'Rechtsdogmatik'의 내용과 의미 그리고 기능을 더 잘 지시할 수 있는 다른 우리말 표현이 없을까 생각해 보았다. 'Rechtsdogmatik'이 'Recht + Dogmatik'의 합성어이며, 'Dogmatik'은 'Dogma'에서 나온 파생어라는 사실에 착안하여, 'Dogma'(복수형: Dogmen)의 의미를 가장 잘 전달할 수 있는 표현이 우리말에는 어떤 것이 있을까 찾아보기로 했다. 'Dogma'는 그리스어 'dokein'에서 파생된 것이다(dokei moi=es leuchtet mir ein: 나에게 분명하다). 'Dogmen'은 철학적 또는 신학적 기본진리로서 '철학파의 최고 가르침' 또는 '형이상학에 기초되어 있는 확신' 등을 의미한다. 이렇게 볼 때 'Dogma'는 한자어인 '敎'나 순수한 우리말인 말씀과 상통한다. 그런데 말씀이란 단어는 우리의 일상생활 언어이며, 또 종교인들 사이에서 실제 'Dogma'와 유사한 의미로 사용되고 있다. 그래서 필자는 'Dogma'를 말씀으로 번역하여 법학용어로 사용하고자 한다. 즉, 'Dogmatik'은 말씀론으로, 'Rechtsdogma'는 '법말씀'으로, 'Rechtsdogmatik'은 '법말씀론'으로 조어하여 사용한다. 여기에서 '법말씀론'이라는 것은 한국에서 통상적으로 '법률해석론'이라고 하는 분야와 같고 내용에서는 '실정법학'과 거의 같다고 할 것이다. 한국 법과대학에서 강의되는 실정법률의 해석을 취급하는 헌법학, 행정법학, 민법학, 상법학, 형법학, 노동법학, 민사소송법학, 형사소송법학 등은 법말씀론의 한 영역이라고 할 수 있다.

그림 11-1 법인식의 4개 차원

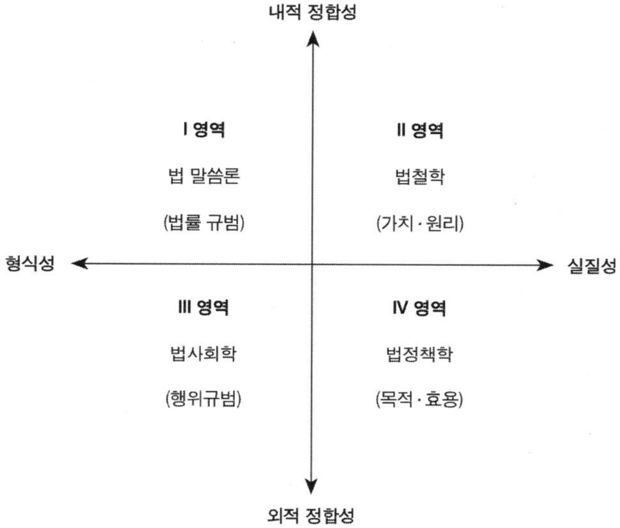

(1) 법말씀론

일반적으로 말하는 '실정법해석학' 또는 '실정법교의학' 또는 '법률학' 또는 필자가 명명하는 '실정법말씀론'이 I 영역에 배치될 수 있는데, 이것이 바로 한국에서 통상 법학이라고 부르는 분과학문이다. 여기에서 가장 극단적인 태도를 생각하면, 국가법 이외의 법원 일체를 인정하고, 이를 대전제로 하는 3단 논법에 의해 항상 일의적으로 법적 결정을 내리는 전형적인 연역적·공리적 발상법의 강한 영향력의 흔적을 엿볼 수 있다. 이 경우 어떻든 I 영역의 특징은 법적 추론에서 '포섭(包攝, Subsumtion) 모델'을 사용하여 법률의 공평한 적용을 요청하는 형식적-절차적 정의를 기둥으로 '합법성원리'에 대한 준거를 거론할 수 있다. 또 사회관계를 '권리-의무관계'로 번역하는 것이 중요한 임무로 인정되고, 특히 재판을 통한 분쟁 해결을 지향하는 경향이 강하며 활동을 통해 준거 지향성, 법적 안정성, 예견 가능성 등의 실현을 겨냥한다. 그러므로 법말씀론에서 채용되는 법적 프로그램은 통상 'if A, then B'라는 형식을 취하는 이른바 '조건 프로그램'(Luhmann, 1987; 루만, 2015: 394)이다. 이 프로그램은 미리 정통성을 인정받기 위해 법적 판단의 결과가 정당한 것인가의 여부는 2차적인 문제에 그치고, 오히려 주된 관심사는 다른 조건 프로그램과의 '정합성', 즉 실정법률 해석에서 법체계의 '내적 일관성'에 있다.

실정법체계는 고도의 자율성이 요구되며, 무엇보다 정치체계로부터 엄격하게 분리가 지켜져야 한다. 이것에 의해 한편에서는 보편적 규율을 매개로 한 행위자 간의 이해 조정 및 법적 결정의 정당성 중립성이 담보되고, 다른 한편에서는 정치권력에 대한 유효한 통제가 기대되는 것이다. 이것을 다른 각도에서 보면, 사법적 판단은 법규에 의해 구속된다는 것을 전제로 해야 하고 현행법 비판이나 법 변경의 요구는 오로지 정치체계를 수신자로서 제기해야 한다. 이들은 통상 근대의 법 진화를 결정했던 고전적 법 개념의 핵심으로 인정되는 사고방식이다.[51]

물론 이러한 정식화는 사태를 극히 단순화하고 실제 법의 형식성에 대한 사회적 환계로부터 항상 도전이 존재하고 법체계도 그것을 비밀히 학습해 왔던 것도 의심하지 않는다. 베버의 진단을 빌리면 근대란 형식형리성과 실질합리의 긴장 그 자체에서 관찰해야 한다. 그러므로 고전적 법 개념으로서 추출된 개념들은 법말씀론이 그러한 문제에 대해 오로지 어떠한 단순화를 실행하여 대응해 왔는가라는 관점에서 준거하고 근대법체계의 중심적인 의미론[52]을 재구성했던 것

51 크게 보면 현대법학에서 법 개념과 관련해서 두 개의 개념군을 축으로 대립점이 형성되어 있다고 할 수 있다. 즉, 한 축은 '권리(사적권익)', '재판(분쟁해결)' '형식적 정의', '법적 (준칙 지향적인 규범적) 사고', '법적 안정성'을 중시하는 '고전적 법 개념'의 측이고, 또 다른 한 축은 '공익실현', '능력', '정책(계획)', '참가', '실질적 정의' '과학적(결과 지향적 공리적) 사고', '합목적성'을 추구하는 '새로운 법 개념'의 축이다. 이러한 대립진형은 위의 도식과 연계해 본다면, 전자는 〔I〕 영역에, 후자는 〔IV〕 영역에 해당하는 것이라고 할 수 있다.

52 Luhmann(1980: 18ff)에 의하면, 상당히 높은 차원에 일반화되어 있고, 상대적으로 특정 상황에서 자립된 의미라는 정의가 부여된다. 사회에는 시대에 따라 규격화되고 전형화된 '의미'가 존재하는데, 그는 이것을 체계의 진화에 관련시켜서 동시에 상대화하려고 한다. 예컨대, 근대의 'Semantik'으로서는 이성 주체 사회계약 법의 지배 등을 생각할 수 있다. 이들은 특히 우발

으로 파악해야 한다. 근대적인 법사고의 기본 이념으로서 정식화되는, '형식성-내적 정합성'에 준거하는 법 개념은 복잡성의 고도화에 대응하기 위해 근대가 발견한 하나의 문제 해결 방식으로 이해할 수 있다. 그러나 이러한 규율 지향형의 감축 양식은 복지국가의 진전과 더불어 실질성이나 효율성이라는 관점에서 어쩔 수 없이 동요가 일어나고, 제어(control) 사고와 반성(reflection) 사고의 전개에 학습하라는 요구에 대응할 수밖에 없었다. 이른바 고전적 법 개념의 의미론적 틀 내에서 수행되는 것인가, 그렇지 않으면 그러한 의미론 자체가 위기에 처해 있다고 보아야 하는가에 대해서는 담론이 나뉘지만, 어떻든 감축 양식의 자기완결성을 법체계의 내적 폐쇄성이라는 것만으로 이해할 수 없게 되었다는 것만큼은 확실하다.

(2) 법철학

그러면 법이념이나 가치 등을 주된 인식 대상으로 하는 법철학에 해당하는 II 차원으로 눈을 돌려보자. 그 대표로서 예컨대 자연법론을 생각한다면, 물론 자연법론에는 다양한 조류를 상정할 수 있겠지만, 여기에서는 가장 극단적인 형태로 정식화되는 경우 시간적·공간적 간격을 초월하여 영원하고 보편적으로 타당한 형이상학적 이성법을 법의 근본에 두었던 형식적인 근대자연법론적 사고에 한정해서 생각해 보기로 한다. 이성에 의해 파악 가능한 자연법칙에서 연역적으로 도출하는 원리들에 의해 실정법의 정당성을 음미하는 입장으로서 이해할 때, 법말씀론과는 다른 의미지만, 여기에도 역시 기계론적 체계의 공리적 논증 방법에서 오는 과도한 영향을 볼 수 있다. 그러나 당연하지만 이러한 단순화가 아마도 사태를 정확하게 파악하고 있지 않다는 것은 물론이다. 자연법론이 가지고

적으로 선택되었음에 불구하고, 상응의 문제 해결 능력(복잡성의 감축, 패러독스의 은폐)을 가지고 있었기 때문에 비교적 장기에 걸쳐서 안정화되어 왔다. 문제는 사회의 진화적 잠재력을 관찰하는 것이고, '근대미완의 프로젝트'을 완수하는 데 있는 것이 아니다. 하버마스와의 차이는 명백하다.

있는 변용(variations)은 도저히 이러한 틀 안에 넣을 수 없다. 그렇지만 법을 법정립기관의 자의에 맡기지 않고 어디까지나 법 내재적인 '가치'나 '원리'에 의거하면서 가치상대주의나 공리주의를 극복하고 '실질적 정의'에 실천적으로 헌신하고자 하는 점은 다양한 자연법학적 견해 사이에서 대개 의견의 공유가 보인다. 이러한 경우, 역시 탐구의 중심에 놓인 것은 정의론이고, 이는 반드시 보편적일 필요는 없다. 예컨대, 시대와 더불어 변동 가능한 '암묵지(暗黙知)'나 '슬기(prudence)'[53]에 의거하려는 것에서 절차적 정의를 대화적 합리성의 입장에서 복권시키려는 것까지 아주 폭넓은 견해가 존재한다. 그러나 여기까지 개념을 확대하면, 자연법학에 한하지 않고 오히려 법철학 일반의 과제를 의미하는 것이 되겠지만, 어떻든 거기에는 실정법체계의 존립 근거를 단순한 결정에서 구하는 것이 아니라 법적 사고에 내재하는 정당성 기준을 해명하려는 지향성을 읽어낼 수 있다. 환언하면, 법 프로그램을 단순히 조건 프로그램의 논리정합적인 체계로서 파악할 뿐 아니라 정합성 자체의 존재 방식을 일종의 목적 프로그램을 사용하여 검증하는 작업이 요청되는 것이다. 역시 법의 외부에 규정된 실체적인 것에 의해 법체계를 재단할 수 없는 이상 법 내재적으로 생성되는 정의 기준을 어떻게 논증하는가, 혹은 개개의 법적 판단의 정당성을 어떻게 기초하면 좋은가가 문제로 제기되어야 한다. 또 이것을 우리의 관심에 끌어와서 말한다면, 자기조직하는 사회에 가장 적합적인 법체계의 정의성 기준이란 무엇인가를 물어야 할 것이

---

53 일본학자들은 'Prudence'를 '현려(賢慮)'라 번역한다. 그런데 순수한 우리말로는 '슬기' 또는 한자어로는 '지혜(智慧)' 또는 '현명(賢明)'이라고 번역하는 것이 더 타당할 것이다. 도이치어 'Jurisprudenz' 또는 잉글리시 'jurisprudence'는 본래 '법적 지혜'를 의미하는 말인데, 법학 분야의 분과학문으로서 Jurisprudenz를 말하는 경우 앵글로아메리카법권(圈)에서 실정법학에 내재된 법의 이념이나 원칙 등을 논의하는 분야를 말하고 유럽대륙철법권(圈)에서는 법실무의 추상적 이론이나 논리를 다루는 분야를 말한다. 그래서 일본에서는 '법리학(法理學)' 또는 '법철학(法哲學)'으로 번역된다. 필자는 '실정법의 이치'에 관한 체계적인 의론(議論)이라는 의미에서 'Jurisprudenz'(또는 jurisprudence)의 번역어로 '법리학'보다는 '법리론(法理論)'을 선호한다.

다. 그때 하나의 착상(힌트)이 되는 것은 자기조직론의 공통항으로서 규율의 사실적 암묵적인 수행이라는 사태의 제기이다. 이러한 관점에서 법철학의 대상인 '법적 슬기(juris prudence)'[54]라는 관점이 아주 매력적인 것으로서 부상한다. 그러나 지금 이 문제를 충분히 전개할 힘이 없다. 여기서는 간단하게 문제 제기에 그친다.

(3) 법사회학

위에서 언급했듯이, 여기에서 말하는 법사회학이란 법사회학 일반을 말할 것이 아니다. 굳이 말하자면, 여기에서 법사회학이란 법의 기능이나 작용을 사회학적인 관점에서 파악하고 이해하는 이른바 사회학적 법학을 말한다. 물론 사회학적 법학을 대표하는 사고방식도 아주 다양하다. 이들 중에서 실용주의적인 견지에서 법 작동의 기초와 적용의 대상이 되는 사회적 사실을 더 완전하고 총명하게 반영하는 법제도의 탐구를 겨냥했던 아메리카합중국 법학자이자 법철학자인 로스코 파운드(Roscoe Pound, 1870~1964)를 예로 생각해 본다(Pound, 1959: 350). 그 외에도 예컨대 '살이 있는 법(Lebebdes Recht)'을 주창했던 도이치 법사회학자 에를리히도 여기에 포함시킬 수도 있다. 그는 '살아 있는 법' 연구에서 아메리카합중국의 리얼리즘법학에 이르기까지 기본적으로는 법현상의 사회적 측면에 주목하며 종래의 법말씀론의 형식성을 비판하고 법과 사회 사이에 생성하는 문제를 실증적인 방법에 의해 해명하려 했다. 구체적으로는 재판의 과정에 주목하는 것으로서 법 담당자의 활동이나 분쟁처리 과정에 대한 분석을, 행위규범에 주목하는 것으로는 관행 조사나 법의식 조사를 통한 경험과학적인 연구를 주요 과제로 설정했다. 예컨대 한국에 일부 소개된 제2차 세계대전 후의 일본

54 일본학자들은 'juris prudence'를 '法の賢慮' 또는 '法的 賢慮'로 번역한다. 위에서 언급한 바와 같이 필자는 '법의 슬기'(또는 법의 지혜) 또는 '법적 슬기'(또는 법적 지혜)로 번역하고자 한다.

법사회학은 에를리히의 영향을 강하게 받았다고 할 수 있는데, 이러한 류의 법사회학이 '살아 있는 법의 근대화'라는 과제를 전면에 내놓으며 전개했던 조류속에 있었던 것은 의심할 여지가 없다. 그 배경에 법률학의 과학화라는 강한 동기가 작용하는 것은 분명하지만, 여기에서 말하는 과학화란 '소재연(所在然, sein)'과 '소당연(所當然, sollen)'[55]의 이원론을 전제로 한 경험과학적 실증 연구로 가는 길을 의미했던 것에는 주의를 요한다. 극단적인 단순화는 신중해야 하는데, 여기에는 법말씀론의 연역논리적 방법에 대한 경험주의로부터의 도전이라는 구도가 은연중 숨어 있기도 하다. 어떻든 법체계의 내적 정합성에 주목하는 것만으로 법현상의 현실적 이해로서 불충분하고, 오히려 법적 사실에 대한 주목에 의해 법말씀론의 불비를 보충하는 것이 사회학적 법학의 기본적 과제였다고 요약할 수 있다. 바꿔 말하면, 사전에 정당성이 부여된 조건 프로그램의 정합성을 취급하는 법말씀론에 대해 조건 프로그램과 사회적 환계의 상호작용을 분석하는 것으로 법적 결정의 사회에 대한 정합성을 사후적으로 검증하려는 것이 사회학적 법학의 역할이었다. 그러나 법말씀론이 실제 행해온 것이 규범 및 판결의 정확성을 확보하는 것뿐 아니라 그 해석이 사회에 미치는 귀결과 끊임없는 왕복운동이었다는 것은 틀림없다. 그러므로 사회학적 법학은 결국 법말씀론의 보조적 학문으로서 병행하거나 자칫하면 그것에 흡수되어 버릴지도 모르는 불안정한 입장을 운명으로 하는 것이다. 다른 한편, 법사회학의 고유 영역을 획정하는

55 도이치어 'sein'과 'sollen'이라는 동사는 주로 철학 분야에서 특히 신칸트학파에 의해 'das Sein'과 'das Sollen'이라는 명사적인 형태로 사용된 것으로서 일본에서는 일찍이 이를 '존재(存在)'와 '당위(當爲)'로 번역하여 사용했는데, 한국에서도 이를 그대로 받아들여 사용해 오고 있다. 그런데 저자는 고봉 기대승(高峯 奇大升, 1527~1572) 선생과의 논쟁에서 퇴계 이황(退溪 李滉, 1501~1570) 선생이 사용했던 어법을 'das Sein'과 'das Sollen'을 번역·조어하는 데에 살리고자 한다. 그래서 das Sein은 '소재연(所在然, 그렇게 있는 바)'으로, das Sollen은 '소당연(所當然, 당연히 그러한 바)'으로 번역하고자 한다. 그리고 도이치어 'können'이나 'müssen'이라는 동사를 명사적으로 사용하는 경우에도 '소능연(所能然, 그럴 수 있는 바)' 그리고 '소필연(所必然, 반드시 그렇게 되어야 하는 바)'으로 번역·조어하고자 한다.

작업은 종래부터 필요성이 주장되어 왔지만, 여전히 달성되었다고 말하기 어려운 상황에 처해 있다. 루만이 사회학적인 법사회학이 가능할 수 있는가라고 물을 때(Luhmann, 1987; 루만, 2015: 73) 또 경험과학적인 법사회학을 구축하려는 노력이 역할, 직업, 커리어, 재판 과정, 의견, 태도라든가 하는 개념을 사용해서 구조화된 작은 체계 또는 거의 구조화되어 있지 않은 대량의 동형인자(同型因子)를 연구 대상으로 하는 것에 그치고, 복잡하고 큰 체계의 구조로서 법을 연구 대상에서 빼놓는 것이라고 비판할 때(Luhmann, 1987; 루만, 2015: 83), 그가 제기한 문제는 앞으로 우리가 대답해야 할 과제로 계속 남게 된다.

(4) 법정책학

여기에서 법정책학이란 경제학적 내지 사회공학적 의사결정론에 기한 입법정책이나 법률의 해석정책을 법이론적으로 재구성하는 것이고, 통상은 이율배반(trade-off) 관계에 있는 정책과학상의 '효율성 원리'와 법학상의 '정의 원리'의 조정을 도모하고 이와 더불어 종래의 법말씀론의 한계 타개를 겨냥하는 실정법학의 한 영역이다. 현대사회에서 분쟁 지향형 소송에 비해 상대적으로 정책 지향형 소송이 증가하고, 개인의 권리의무에 관한 규범의 수보다 상대적으로 자원분배에 관한 규범의 수가 증가하고 있는 현상에서도 분명하게 알 수 있듯이, 종래의 '법적 결정 모델'에서 '목적-수단적 결정 모델'로의 경사 현상이 광범하게 일어나고 있다. 이에 양자 간의 심각한 딜레마에 어떻게 대응해야 하는가라는 의문이 제기되고 있다. 이러한 문제에 대처하기 위해서는 의사결정론을 '법'적으로 재구성하고, 현재의 실정법체계와 결부하여 법제도 또는 규율의 체계를 설계하여 현재 우리 사회가 직면한 각종 사회문제를 제어하고, 그 해결을 위한 방책을 법적 의사결정자 또는 법적 정책결정자에게 조언하며, 이들에게 제공하는 일반 이론적 틀 및 기법이 개발될 필요가 있다. 여기에서는 정의와 효율의 이율배반 관계가 의식되고 있는데, 아메리카합중국의 이른바 '법과 경제학'에서도 볼 수 있듯이, 효율성 원리로의 경사를 더 강화하는 경우 법은 정책의 수단으로 전환된다. 현재 제정된 법률은 어떠한 입법 목적을 가지고 있는 것이 통례이고, 특히 자원분배 규범에서는 입법 시에 구체적 정책을 목적으로 하는 것이 많다. 바로 이들 법률은 특정 목적을 달성하기 위한 법적 수단은 무엇인가라는 목적-수단결정 모델에 기초해서 제정된다. 그러므로 IV 영역의 법 개념을 판박이(stereotype)화 하면, 주로 행정절차의 관점에서 '목적-수단' 사고에 준거해 '효율성' 원리를 기준으로 결정 내지 시행되는 것이다. 또 정의성 기준에 대해 일의적으로 확정하는 것은 불가능하고 결국 다양한 이익분배의 변수 조합을 고려하고 효율성 원리와 균형에서 결정하는 수밖에 없다. 여기에서 이용되는 것은 고전적 법 개념에서 원칙적으로 배제되었던 '목적 프로그램'이고, 어떤 결정이 환경과의 관계에서 어느 정도의 유효성을 가지는가는 그 결과에서 사후적으로 판단할 수밖에 없다. 다른 한편, 법정책학과 직접적인 관계가 있는 것은 아니지만 예컨대 민법말씀론에서 이익형량론이 '결과 지향성'에 대한 의존도를 높여감에 따라 여기에서 검토한 목적-수단적인 접근 방법으로 경도하게 된다. 그러나 다종다양한 이익이나 정책 과제가 어디까지 법적 사고와 양립 가능한가는 미지수이고 너무 성급하게 법체계의 내적 정합성을 완화하는 것은 지나치게 위험이 클 수 있다.

2) 실정법학에 대한 기여 가능성

위와 같이 실정법학에서 법 인식의 태도를 도식적으로 생각해 보는 것은 법현상을 다양한 각도에서 살피며 법체계의 특성을 선명하게 설명하려는 것이 목적인데, 이러한 방법은 법현상을 지나치게 단순화하는 것이긴 하지만 각 실정법학에서의 고유한 법상을 제공해 줄 수 있어 유용하다. 그러나 이들 방법이 분석의 대상으로 하는 법현상을 바로 법이라고 할 수 있도록 하는 공통적 속성은 무엇인가라는 문제에 대해서는 확실한 합의가 있다고 할 수 없다. 거기에는 법을 사회 제어의 수단이나 국가권력의 정당화, 정책 목표의 실현을 위한 도구로 보는 '수직적 시각'에서 권리의무 관계를 규율하는 일반적 규율로 인정하는 '수평적 시각'까지 상당한 차이가 있다. 법현상의 어떠한 측면에 무게를 둔 분석이 유효한가라는 판단은 아마 사회적 맥락과의 관계에서 혹은 분석자의 인간관, 사회관, 과학관에 의해 영향을 크게 받지만, 역시 다양한 법 개념을 통일적 관점 아래 종합하려는 시도라는 의의는 상실되지 않았다. 이러한 방향을 향한 접근 방법으로서 각각 대립점을 의식하면서도 몇 가지 패턴으로 유형화하여 상호 관련을 고찰하는 경우가 있다.

법의 유형화라는 방법이 전체적인 관점에서 법체계를 분석할 때 상당히 유효한 안목(perspective)을 제공하는 것이 분명해졌다. 그러나 동시에 매트릭스의 네 가지 차원을 포괄적으로 설명하는 것이 여전히 곤란한 작업이라는 것도 확실해졌다. 루만이 법체계를 자기생산체계(autopoietisches system)로서 모사할 때, 과연 이러한 과제는 어디까지 달성할 수 있을까? 여기에서 그 개략만을 제시하고자 한다.

루만에 의하면, 지금까지의 법사회학이 법체계 전체에 대한 적절한 묘사를 할 수 없었던 것은 법의 '내적 관점'과 '외적 관점'을 충분하게 매개하는 개념이 없었던 것에 유래한다. 법의 내적 관점이란 현실적으로 따르는 법적 규율을 자기 행동의 지침으로 승인하는 사람의 관점에 서는 것을 의미하며, 여기에서 규율의 타당성(또는 효력, geltung)은 규율의 사실적 실행에 해소되어 그것만을 꺼내서 문제로 할 수 없는 틀로 되어 있다. 예컨대, 법말씀론의 관점에서 '궁극의 승인 규율'(한국의 경우 주로 헌법에 준거하여 법원과 공적 기관 그리고 사인이 법을 확인할 때 복잡하지만 통상은 조화된 습관적 활동의 총체를 지시한다)의 타당성에 관한 언명은 통상 암묵의 전제가 되는 경향일 수밖에 없다. 루만은 이를 법체계의 자기묘사, 즉 자기관찰(selbstbeobachtung)이라고 한다. 이것을 승인할 때 법말씀론은 '완전한 내적투명성'을 희생으로 하면서도, '자기신뢰'(자기확신)에 기해 자기 자신을 재생산하는 것이 가능하게 된다. 역으로 관찰자는 외적 관점에서 자기 자신은 규율로부터 일정한 거리를 두면서, 규율의 작동 양식을 객관적으로 관찰할 수 있게 된다. 법사회학은 외적 관점에 입각해서 법현상을 관찰하는 것이다(Luhmann, 1988: 17ff). 그러나 당연하지만 이러한 외부 관찰에 의해 법이론(특히 법말씀론)을 치환할 수 없다. 외부 관찰은 증명성을 획득하는 대신, 자기신뢰를 포기해야 하며 역으로 법체계의 재생산에는 자기신뢰의 계기를 결여할 수 없기 때문이다.

객관적 관찰이라고 하지만 규율의 내적 관점에서 완전히 격리되는 때 법현상의 묘사는 일면적인 것이 된다. 규율에 대한 일치를 보이는 관찰 가능한 행동의 규칙성(예컨대 법규범의 준수율)이나 규율의 위반에 가해지는 제재의 규칙성(예컨대, 법규범의 관철률) 등을 산정하여 상당한 정도로 예측하는 경험과학적인 방법은 확실히 법현상의 일면을 인식할 수 있지만, '법적 규율'에 대한 언명으로서는 불충분하다. 왜냐하면 그러한 방법으로는 비나 눈이 내린다는 것을 의미하는 비나 눈의 형상과 정지하라는 것을 의미하는 빨간불(적색 신호등)을 유의미하게 구별할 수 없기 때문이다.[56] 그러므로 법사회학이 수행하는 역할은 규율의 내적 관점에서의 현상을 외적 관점에서 관찰하는 것이다. 법이론은 법체계의 자기묘사를 수행하는 것이고 법사회학은 이러한 법체계의 자기묘사를 다시 외부에서 묘사하는 의미에서 외부 관찰의 가능성을 전제로 한다(Luhmann, 1988: 19). 루만은 이러한 두 가지 관찰 형식을 법체계의 외부에서 법규범의 '기능'을 묻는 방법으로 매개하려는 것이다.

그러면 외부 관찰이라는 관점에서 위의 도식의 네 개 영역은 이러한 관련 속에 놓여 있을까? 환언하면, 법체계의 내적 관점에서 묘사되는 네 개의 관찰 형식은 상호 어떠한 연관을 가지고 외부에서 관찰되는가? 루만의 논의를 아주 단순하게 말한다면, 다음과 같은 지위를 부여할 수 있다.

---

56 이와 관련해서 H.L.A. 하트는 규칙의 내적 측면과 외적 측면이라는 용어를 사용해서 법의 개념을 파악할 수 있다고 하는데 극단적인 외측 측면에서의 법의 파악이 법사회학의 관점이라고 할 수 있다(Hart, 1961; 하트, 2001: 117~118 참조).

I 영역은 법체계의 자기묘사의 핵심 부분이며 법체계의 폐쇄적 재생산(자율성)을 지지하는 불가결적 요소이다. 여기에는 법적 규율 상호의 내적 정합성이 법규범에 준거한 해석을 통해 부단하게 자기재생산되어야 한다. 법은 법에 준거하면서 자기생산적 재생산의 그물망(network)으로 편성된다. 특히 법말씀론은 법체계의 '반성적 기제(mechanism)'로서 자리매김되고 법체계의 작동 양식을 내적 관점에서 묘사하는 기능을 수행하는 것이 기대된다. 이는 규범의 적용이나 재생산을 규범적으로 기초하는 부문이다.

그러한 작업은 실제 III 영역에 대한 참조를 통해 실행된다. 즉, 재판 절차라는 위반 처리의 기제를 매개로 고수되어야 할 규범적 기대는 부단하게 확인(혹은 비밀리에 변경)되고 있으며, 이 결정은 종래의 규범체계와 정합적인 것이 되어야 한다. 그러나 재판의 기제에서는 어디까지나 분쟁의 찬스를 이용해서 규범적 기대의 고수를 표명하는 것이 제1차적 기능이고, 이에 일종의 정책결정 기능을 부담하려는 시도를 루만은 승인하지 않는다. 이러한 견해를 기초하는 것은 고도로 복잡한 현대사회에 적응하기 위해 법체계는 고도로 추상적 일반적인 규율의 체계를 발전시켜야 하고, 각인은 이를 전제로 하지 않으면 자기의 결정을 예상할 수 없지만 그렇기 때문에 각인에게 자유로운 선택의 가능성이 개시되는 일견 이중적인 관계에 대한 통찰인 것이다. 그러므로 법체계는 사회에서 적용되는 행위규범의 개별적인 내용에 대해서는 무관심일 수 있다. 오히려 그것을 방임하는 편이 분쟁의 기회를 이용하여 재생산되는 법체계의 진화에서는 유리한 것이다.

그러므로 IV 영역을 직접적으로 법체계에 내재화하는 것도 신중하게 회피되어야 한다. 조건 프로그램이 바로 법규범의 핵심이며 안이하게 목적 프로그램을 도입하는 것은 위험(Risiko)이 아주 크다. 목적 프로그램의 경우는 정치 프로그램이기 때문에 법체계는 자기 내부에 구별을 설정하여 법 변경의 필요에 대처한다. 이것이 입법과 사법의 구별에 대응하는 것이다. 입법이란 법 변경의 제도화이고, 법체계의 학습 과정의 장(場)이다. 현대사회는 이러한 구별을 이용해서 서로 모순되는 듯한 규범적 비학습과 인지적 학습을 매개하는 것에 성공한다. 그런데 이러한 구별을 해체하는 방향으로 현대적 법체계가 전개되고 있다면, 짐작하건대 루만은 위험한 징후로 판단할 것이 틀림없다. 체계의 진화는 구별을 해소해서가 아니라 어디까지나 구별을 지켜서(혹은 구별을 재생산해서)만이 실현되는 것이다(Luhmann, 1988: 153~165).

그러면 II 영역에서는 어떠한 지위가 부여될 수 있을까? 루만의 논의는 실체적인 것에 의해 체계를 근거지우려는 일체의 시도를 거부하는 태도로 일관한다. 즉, 체계의 자기생산에 형이상학적인 이성이나 자연 인간본성이라는 개념을 채용하려고 하지 않는다. 그렇다고 전통이나 민족정신, 신체성이라는 반자연적인 것에 기대되는 것도 아니다. 문제인 것은 '변하지 않는 것'은 없고, '가능하지만 필연적이 아닌 것(불확정성)'의 선택 및 구조인 것이다. 혹은 하버마스(Jürgen Habermas)와 같이 합의(consensus) 원리에 의존하기도 어렵다. 고도로 복잡한 사회에서 소통이나 합의를 조달하는 것은 비용이 크고 또 비현실적이며, 통상 체계는 오히려 무언의 행동 조정과 합의의 상정에 의해 운영되기 때문이다. 그러므로 법체계에서 '정의'란 어떠한 가치에 의존하는 것이 아니라, 사회적 복잡성에 합당하는 법체계의 확보, 즉 사회라는 환계에 적절하게 응답하는 법 개념의 '일관성'과 그것에 기한 법적 결정의 상호 일관성으로서 이해되어야 한다(Luhmann, 1987: 42~43). 미리 결정된 규범으로 사회를 재단하는 것이 아니라 일관성 있는 결정을 하기 위해 사회변동에 맞춰 규정을 정밀화·추상화해 가는 것, 그것이 법체계의 사명이라는 것이다. 그러한 의미에서 정의 원리를 법적 결정의 지도원리로 고안하는 것이 오히려 루만의 눈으로 본 II 영역의 기능이다.

이 같은 검토를 통해 이제 자기생산체계이론에 기한 법에 관한 사회학적 기술, 즉 루만 법사회학이 차지하는 위치가 어느 정도 분명해졌을 것이다. 실정법학은 사회학과 달리 '결정의 학'이기 때문에 그러한 법적 결정에서 사회학으로부터 직접적인 도움을 얻을 수 있으리라는 것은 거의 기대할 수 없다. 그러나 실정법학은 사회학과 협동하여 자기 자신의 선택성을 성찰하고, 많은 가능성 중에서 자신의 기본적 결정을 어떻게 유의미한 선택으로 취할지를 기술해 줄 수 있

다(Luhmann, 1987; 루만, 2015: 종장).[57]

루만의 사회학적 관점에서, 예컨대 헌법에 의해 보장된 기본권을 생각해 보면 기본권이 제도로서 파악되는 것은 당연하다. 기본권 개념은 사회학에서는 규범복합체를 나타내는 것이 아니고, 사실적 행태(行態, verhaltens) 기대의 복합체이다. 자유·평등 등의 기본권 슬로건도, 이에 대응하는 헌법 조문도, 상징화, 제도화된 태도 기대이다(Luhmann, 1965). 기본권의 '자연법적' 기초의 시도는 오늘날 불가침 불가양의 기본권이라는 규범적 요청을 남겼을 뿐이고 도이치 기본법도 인민의 이름으로 그것에 대한 '신앙고백'을 하는 것에 불과하다는 것이다(Luhmann, 1987: 3장). 인간의 자유와 존엄의 개념은 인간이 개인 인격으로서 자기표출을 하기 위한 기본 조건을 나타내는 것이다. 그렇지만 헌법 교과서에서 전개되는 헌법말씀론(verfassungsdogmatik)이 놀랍게도 인간학이나 사회과학을 고려하지 않고 이들 개념을 해석하고 있으며 이러한 헌법말씀론은 고대 그리스 아리스토텔레스적 수준에 그치고 있다는 루만의 표현(Luhmann, 1987: 4장)[58]은 어쩌면 당연한 귀결일지도 모른다.

---

57 루만은 기본권의 사회학적 이해와 그것에 입각한 법해석학 비판을 하고 있다. 이러한 시각은 한국 헌법학계에 큰 영향을 줄 수 있다. 왜냐하면 이러한 입장은 법가치론과 사회학적 고찰이 교착하는 점에서 앞으로도 중요한 문제를 던지고 있기 때문이다.

58 여기에서 루만이 물론 가치허무주의(Nihilismus)나 냉소주의(cynicism)에 동조하는 것은 아니다. 그는 자유와 존엄은 인간이 개인으로서 사회화(혹은 상호행위의 파트너로서 개인화)될 수 있기 위한 전제조건이라고 명언하고 존엄은 자기표출의 성과이고 그것 없이는 인간 자신의 인격성을 행사할 수 없다고 한다. 이러한 근본의 인식에 입각해서 그는 자유와 존엄의 보장은 국가권력이 미치지 않는다고 주장한다. 그렇기 때문에 '기본권'도 그것을 보장하는 것은 아니고, 다만 자유와 존엄이 (전 국가적 법익이라고 하는) 상징적 기능을 하고 있다고 생각한다. 그래서 그는 기본권말씀론의 현대적 위치를 거론하고 그것이 학문적 진리나 인격이론도 접촉을 가지지 않는다는 내재적 귀결을 예리하게 지적하고 있다. 또한 이러한 입론은 루만의 (근대적 '이성'의 계몽에 정면에 대치했다) '사회학적 계몽'이라는 포스트모던의 입장 설정과 어떻게 융합할 것인가라는 의문이 야기되기도 한다. 이러한 점은 법학상의 가치 문제도 사회학적 관점에서 보면, 제도로서 파악된다고 하는 당연한 전제에 불과한 것인 아닌가 생각된다.

7. 결어

초기 루만의 체계이론은 '기술지배주의(technocracy)의 이론'으로서 평가절하되었던 적도 있었다. 그런데 그의 이론의 전체적 모습과 내용을 자세히 알고 보면, 의외적일 만큼 통속적인 사회공학적 모습과는 떨어져 있다는 것을 알 수 있다.[59] 루만은 사회를 법에 의해 설계한다든가 통제할 수 있는 대상으로 생각하지 않는다. 법은 우선 개인들의 기대를 정당한 것으로 인정할 수 있을 뿐이고, 오히려 법체계가 사회의 변동에 적응해야 한다. 그러므로 루만에 의하면, 현대의 법체계가 품고 있는 곤란성은 고도로 기능분화를 이룩한 사회에 적합한 법 개념을 가지고 있지 않다는 점에 집약되어 있다고 할 수 있다. 그렇다고 법체계가 그의 환계를 적확하게 묘사할 수 있는 법 개념을 조급하게 포기해서는 안 된다. 이 점과 관련해서 체계와 한계의 '구별을 지켜라'라는 루만의 자기생산적 체계이론적 처방전은 현대법을 이해하는 데에도 아주 유의미하다고 할 것이다. 그의 처방전에는 법체계가 자기생산적 재생산을 유지하기 위해 그것 이외의 방침은 없다는 그 자신의 시대 인식이 반영되어 있다. 사회는 점점 복잡성의 정도를 높이고 있는데 법은 그것에 제동을 걸 수 없다. 법체계에서 가능한 것은 사회의 진화를 추인하든가 그렇지 않다면 기껏해야 사회 진화의 가능성을 제시하는 정도일 것이다. 그러한 의미에서는 루만을 하이에크와 함께 보수파의 이론가라고

---

59 하버마스와 루만의 논쟁은 크게 논의를 불러일으켰는데, 논쟁을 편집한 원저의 제목 Theorie-Diskussion Theorie der Gesellschaft oder Sozialtechnolgie: Was leistet die Systemforschung?(이론 논의 사회이론 또는 사회공학: 체계연구는 무엇에 기여하는가)의 영향도 있었지만, 루만이 극단적인 사회공학자라는 이미지가 적지 않게 유포되었던 것 같다(Habermas and Luhmann, 1971). 그러나 자기생산적인 체계이론은 설계나 제어에서 자율성과 환계감도(環界感度)로, 계획이나 실행에서 진화와 형태 발생으로, 강제된 조직에서 자기조직화로 그리고 구조안정에서 역동적 안정으로 견지(Perspective)를 전환했다. 루만의 체계이론은 반드시 사회공학적인 것은 아니다. 그래서 루만의 모습을 사회공학자로서만 구성해서는 아니 되지 않을까 생각한다.

부를 수 있을지도 모른다. 어떻든 현대의 보수적 사회이론은 사회 진화를 이론화하는 것이 사실이지만, 하이에크는 개인의 자유를 최우선적 가치로 두고 있어 보수주의적 색채가 강하다고 평가할 수 있다. 그러나 루만은 (기능체계에서 인격체계에 이르는 다양한) 체계의 자율성이 사회 진화의 가장 중요한 동인으로 인정하므로 보수주의적으로 보일 수도 있겠지만, 그의 입장이 체계 유지적인 규범적 관점이 아니라 제3자적 또는 관찰자적 입장에서 사회현상을 기술하는 것에 불과하기 때문에 오히려 정치적으로 중성적 또는 중립적이라고 해야 하지 않을까 한다. 루만의 자기생산체계이론은, 그 주창자인 루만 자신이 내심 가지고 있는 정치적 경향이 진보 또는 보수 또는 그 외 어떠하든, 현대사회를 설명하는 사회이론으로서, 게다가 복잡성이 점점 더 가속적으로 고도화되는 현대사회에 관한 거시적인 사회이론으로서 무시할 수 없는 중요성을 가진다고 해야 할 것이다.

법은 전체 사회체계의 하위체계이다. 법은 인간이 다른 인간과의 사회적 공존과 질서를 위해 만들어낸 인간의 규범이다. 물리체계는 물론 다른 생물의 생명체계에는 이와 같은 규범체계는 없다. 도덕과 함께 법은 인간의 행동을 규제하는 가치, 즉 평가체계로서 사회의 인간관계 중에서도 특이한 규범, 즉 규율체계의 영역을 형성한다. '사회가 있으면 법이 있다(Ubi societas, ibi ius)'라는 법언(法諺)처럼 법은 '사회의 법'인데, 사회는 '어떻든 정치적으로 구성된 사회'이고, 법의 제정이나 운용에도 항상 권력관계가 얽혀 있으며, 법체계의 실효성도 크게 힘에 의존하고 있다. 법이 도덕과 달리 주로 행위의 외면성에 착안하고, 강제 권능에 의해 의사의 실현을 도모한다는 것이 이와 같은 힘의 체계로서의 특색이다. 역사적 현실에서 자주 그랬듯이 이 같은 법의 존재 성격 때문에 실정법은 권력 의사를 실현하는 수단으로 사용되고, 억압 등 인간 소외의 용구도 될 수 있다.[60] 따라서 개인 인격 가치의 자각을 위해 권력(자)가 실정법을 악용하지 못하도록 하는 기본 규칙(basic rules)과 기제, 즉 입헌적 법치주의와 제도를 법질서의

60 이것은 인간의 '사회공간의 왜곡'을 의미한다.

기초에 두고 있다. 법은 일반적인 질서에 대해서도, 자유의 평등보장[61] 실현에 대해서도 공정성과 실효성을 위해 가능한 한 명료하고 체계적인 규정으로 표현되어야 한다. 해석과 적용 또한 공정 명료한 체계성을 필요로 한다. 법은 권력의 체계인 동시에 정의의 체계이다. 진보된 사회에서는 실체법뿐만 아니라 절차법이 공정한 정의를 공준으로 하며 법 집행이 자의적이지 않도록 정합적으로 구성된다. 그러나 역사적 현실에서는 법이 문제가 아니라 법의 권력이 문제였다. 그래서 권력자와 법조인도 법에 의해 규율되고, 이들의 자의가 법에 의해 통제되는 경우, 즉 진정한 의미에서 법의 지배(rule of law)에 이르렀다고 한다.[62] 법은 언어를 매개로 규범 의미를 표시하고 사회 면역을 담당하는 소통체계이다. 말로 표현된 규범은 많은 경우 상당히 다의적이고 여러 가지(때로는 완전히 서로 대립하는) 입장에서 다양한 해석이나 변질이 가해질 수 있으며, 정의의 이념에 대해서도 왜곡이나 기능 장애가 생길 수 있다. 이러한 의미에서 실정법이 루만의 말처럼 자기생산적 체계라고 하더라도 인간의 존재 모습을 반영한 불완전하고 복합적인 규범체계인 것은 부정할 수 없다.

---

61 이와 관련해서 롤스(John Rawls)가 말하는 정의의 제1원칙 참조. 롤스에 의하면, 사람들이 협력을 통해 자신의 목적을 달성하기 위해 사회를 구성한다. 그러나 이들의 이해관계가 서로 상충하기 때문에 상반되는 이해관계를 조정하고 제한하는 원칙이 필요하다. 이것이 바로 정의의 원칙이다. 이 원칙은 당사자들의 개인적 지위와 직위를 모르는 입장, 즉 원초적 입장에서 합의 선택되어야 모든 사람에게 동등하게 적용될 수 있다. 여기에서 정의의 두 원칙이 나온다. 첫째 원칙은 권리와 의무, 즉 시민의 평등한 기본적 자유를 보장하기 위한 것이고, 두 번째의 원칙은 사회적·경제적 이익의 할당, 즉 사회적·경제적 불평등을 인정할 수 있는 조건을 제시하기 위한 것이다(Rawls, 1971: 81 이하; 롤스, 1979 참조).

62 '법의 지배(rule of law)'는 '법치주의(rule by law)'와는 방향이 다르다. '법의 지배'는 '권력자에 대한 법에 기한 **인민의 지배**'를 의미하는데, '법치주의'는 '인민에 대한 법률에 의한 **권력자의 지배**'이다. 이렇게 본다면, 한국의 헌법학에서 사용하는 '법치주의'라는 용어는 권력자 중심적인 표현이기 때문에 국민주권원리에 배치되는 것으로서 수정되어야 한다고 생각한다.

참고문헌

강희원. (1996). 「루만의 체제이론과 현대법의 이해」. 한국법철학회(편), 『현대법철학의 흐름』. 법문사, 352~390쪽.

佐和隆光. (1982). 『經濟學とは何だろうか』. 岩波書店.

Ashby, W. R. (1956). *Design for a Brain: The Origin of Adopitve Behavoir*. Chapman&Hall.

Bateson, G. (1972). "Cybernetic Explanation." in: Steps to an Ecology of Mind, Harper & Raw〔박대식 옮김. (2006). 『마음의 생태학』. 책세상〕.

Berghaus, M. (2011). *Luhmann leicht gemacht: Eine Einführung in die Systemtheorie*. Köln/Weimar Wien〔이철 옮김. (2015). 『쉽게 읽는 루만』. 한울〕.

Gehlen, A. (1961). *Anthropologische Forschung*. Hamburg.

Gehlen, A. (1986). *Der Mensch: Seine Natur und seine Stellung in der Welt*. Wiwsbaden.

Giddens, A. / J. Turner(ed.). (1987). *Social Theory Today*. Stanford University Press.

Hart, H. L. A. (1961). *The Concept of Law*. Oxford: Oxford University Press〔오병선 옮김. (2001). 『법의 개념』. 아카넷〕.

Habermas, J. / N. Luhmann. (1971). *Theorie-Diskussion Theorie der Gesellschaft oder Sozialtechnolgie: Was leistet die Systemforschung?* Frankfurt.

Hayek, Friedrich August von. (1973). *Law, Legislation and Liberty*, Vol.1. University of Chicago Press.

Jantsch, E. (1980). *The Self-Organizing Universe. Scientic and Human Implications of the Emerging Paradigm of Evolution*. Pergamon Press Inc.〔홍동선 옮김. 1989. 『자기조직하는 우주: 새로운 진화발상틀의 과학적 근거와 인간적 함축』. 범양출판사〕.

Haken, Hermann (1981). *Erfolgsgeheimnisse der Natur*. Synergetik: Die Lehre vom Zusammenwirken. Stuttgart: Deutsche Verlags-Anstalt.

Boulding, K. E. (1978). *Ecodynamics: A New Theory of Societal Evolution*. Sage.

Boulding, K. E. (1985). *The World as A Total System*〔이정식 옮김. 1990. 『토털 시스템으로서의 세계』. 범양사출판부〕.

Kuhn, Tomas S. (1962). *The Structure of Scientific Revolution*. University of Chicago Press〔김명자 옮김. 1992. 『과학혁명의 구조』. 두산동아〕.

Luhmann, N. (1965). *Grundrechte als Institution*. Berlin.

Luhmann, N. (1980). *Gesellschaftsstruktur und Semantik* Bd. 1, Frankfurt.

Luhmann, N. (1981). *Ausdifferenzierung des Rechts*. Frankfurt.

Luhmann, N. (1988a). "The Third Question: The Greative Use of Paradoxes in Law and Legal History." *Journal of Law and Society*, Vol.15, No.2(Summer), pp.153~165.

Luhmann, N. (1988b). *Die soziologische Beobachtung des Rechts*, Franfurt.

Luhmann, N. (1984). *Soziale Systeme: Grundrriss einer allgemeinen Theorie*. Frankfurt am Main〔박여성 옮김. (2007). 『사회체계이론 1, 2』. 한길사〕.

Luhmann, N. *Das Recht der Gesellschaft*〔윤재왕 옮김. (2014). 『사회의 법』. 길〕.

Luhmann, N. (2005). *Einführung in die Theorie der Gesellschaft*. Heidelberg〔윤재왕 옮김. (2014). 『체계이론의 입문』. 새물결〕.

Luhmann, N. (1987). *Rechtssozilogie* (3. erw. Auf.) Opladen〔강희원 옮김. 2015. 『법사회학』. 한길사〕.

Pound, R. (1959). *Jurisprudence I*. West Publishing.

Rawls, J. 1971. *A Theory of Justice*〔황경식 옮김. (1979). 『사회정의론 제1부 원리론』. 서광사〕.

Prigogine, Ilya Romanovich and I. Stengers. (1984). *Order out of Chaos*. Bantam Books.

Skinner, Q. (ed.). (1985). *The Return of Grand Theory in the Human Science*. Cambridge University Press.

Teubner, G. (ed.). (1985). *Dilemas of Law in the Welfare State*. Berlin.

Teubner, G. (ed.). (1988). *Autopoietic Law: A New Approach to Law and Society*. Berlin.

제12장

루만의 체계이론과 한국의 형사법 상황

안성준 | 학교법인 대진교육재단, 김&장 법률사무소

1. 루만과 그의 체계이론

1) 학자로서 루만

루만(Niklas Luhmann, 1927~1998)은 독일국가사법시험을 합격한 법률가로서 사회생활을 시작했다가 1960년 하버드 대학교에서 유학하며 파슨스(Talcott Parsons)와 그의 기능주의적 체계이론을 접하고 사회학자로서의 길을 걷기 시작한다. 루만은 1966년 1년 만에 사회학 박사학위(「형식적 조직의 기능과 그 파생 문제」, 책은 1964년에 이미 출간되었음)와 행정학 분야에서 공교수 자격을 취득(「공행정에 있어 법과 자동화」)하고, 1968년부터 빌레펠트 대학교에서 최초의 사회학 단과대학을 설립하는 데 참여했으며, 1993년 그 대학에서 정년을 마친다. 그는 하루 일과 중 식사와 산책 시간, 강의를 제외하면 모두 독서와 창작을 했고, 일정한 곳에 머무르기를 좋아하지 않고 돌아다니기를 즐겨했다고 한다. 그는 읽었던 책에서 얻은 생각들을 카드에 정리하고 주제에 따라 상호 참조하는 방식으로 분류하여 보관했는데, 이것이 루만의 가장 중요한 유산으로 평가되는 카드정리 상자(Zettelkästen)이다. 카드에 정리된 내용들을 조합하여 가능성을 시험했다고 한다.

70권의 단행본과 500편 이상의 논문 등 그가 남긴 학문적 업적은 그의 끊임없는 관찰과 연구의 결과이다. 지금까지 주장되어온 철학, 사회학, 현상학, 인류학 등 사회과학과 자연과학 거의 전 분야의 서양 학문에 대한 깊은 통찰뿐 아니라 동양 철학에 대한 높은 식견을 저서에서 관찰할 수 있다. 그의 저술은 오토포이에시스(자기생성적) 시스템만큼이나 자동적으로 떠오르는 생각을 적은 것이고, 그는 한 번 썼던 것은 기본적으로 고치지 않았다고 한다. 그러므로 그의 이론은 매우 난해하고, 창조적이다.[1]

2) 루만의 체계이론과 법체계이론 개관

체계이론의 가장 큰 특징은 사회를 거대체계로 보는 일반 이론이라는 것이다. 마치 그리스의 학자들이 세상을 하나의 물질로 본 것과 대비되는 것이다. 아리스토텔레스 이래 신에 의해 창조되어 선재되어 있다는 국가 사회이론은 근대사회의 인간 중심의 사회이론과 유물론적 사회이론으로 발전한다. 그러나 근대사회이론 역시 사회를 주어진 소여로 파악한다는 점에서 고대적 관점과 다르지 않았다. 루만에게 있어 복잡하고 불확정적인 사회는 선재되어 있지 않고, 불변의 가치를 지닌 무엇도 존재하지 않는다.

일반적으로 파슨스를 비롯한 기능적 체계이론을 주장하는 학자들은 대부분 전체 사회(Gesellschaft)에 관한 통일된 이론을 수립하려고 시도한다. 루만 역시 구조화된 사회에서 볼 수 있는 복잡성의 감축적 기능(부담경감 기능)에 착안하여 복잡한 현대사회를 고도로 추상적인 차원으로 파악하고 체계라는 순수단일성(Einheit)을 강조하는 거대 사회이론을 완성한다. 루만에게 사회적 체계는 유의미하게 관련(의미 맥락, Sinnzusammenhang)된 행태들이 구조[2]화된 체계를 의미하는

1 독일어 신조어인 'Soziologendeutsch'는 루만 사회학의 난해함을 지칭하여 '난해한 독일어'란 뜻을 가지고 있다고 한다.

것이다. 전체 사회는 사회적 체계의 하나이고, 부분 사회도 각자의 체계를 구성하며, 각 체계는 단일성을 유지하고, 체계 이외에 다른 체계는 환계(umwelt)이므로 각 체계는 서로에 대해 환계이다.[3]

19세기 후반부터 형성된 법사회학은 사회학의 성장에 따라 파생된 학문으로서 법과 사회의 관계를 더 추상적으로 파악하여 사회의 가변성과 불확정성(우연성)을 중시했다. 모든 사회에서 승인할 수 있는 일반적으로 타당한 법규범이나 규범적 상수는 현대사회의 추상적 차원에서 견지될 수 없다.[4] 사회가 존재한다

---

2 루만에게 구조는 '선택성 강화'이다. 전통적으로 구조는 '상대적인 항상성'을 의미했지만 루만은 구조를 통해 선택결정의 경감 효과를 증대시킨다. 구조는 의식되지 않은 선택 행위로 선택의 범위를 한정하는 것이다. 선택 작용에서 구조는 선택을 두 번 적용하는 것처럼 작용하여 선택을 강화하는 것이다〔이중적 선택성(doppelter Selektivität)〕. 공통적 전제에서 출발함으로써 성립하는 것이고, 비의도적인 것이며, 불분명하고, 비구속적이다. 구조를 통해 가능성의 일부를 기대 가능한 것으로 고정시킨다. 구조는 세계의 진정한 복잡성을 은폐하고, 위배당하지 않도록 유지한다. 고도로 발전된 사회일수록 구조의 적응성이 고조되고, 안정화되어 세계의 복잡성을 은폐하고, 기대위배 문제에 대처하게 되는 것이다.

3 루만의 체계/환계이론에서 두 번의 패러다임의 전환이 있다고 한다. 초기의 환계에 열려 있는 체계/환계이론은, 체계와 환계 사이의 경계를 통해 상호 기대를 보장하고, 상호 수용 가능성의 선택에 결정된다는 이론으로 전환되었다가 종국적으로 생물학적인 오토포이에시스(자기생성)이론을 받아들여 '자기준거적이고 자기생성적 체계' 이론으로 이행된다. 즉, 환계개방성의 개념을 체계 자체의 개방성과 폐쇄성을 조합하는 자기준거성으로 대체했다. 자기생성적 체계이론에 의하면, 체계는 체계가 필요로 하고 사용하는 각종 일체성을 스스로 산출하고, 체계의 단일성과 체계를 구성하는 요소(의사소통)도 스스로 창출한다. 하나의 체계는 기능적 분화에 따라 나타나는 특유성으로 닫힌 체계이지만 환계와 관련하여 노출된다. 체계는 환계와 의사소통이 없고, 의사소통이 현실화되는 순간 그것은 환계의 작용이 아닌 사회 내재적 작동이 된다. 즉, 환계에 대한 의사소통을 할 수 있을 뿐이다. 사회는 재귀적 의사소통적 폐쇄성을 기저로 환계에 대해 열린 체계이다. 개방성과 폐쇄성의 차이는 반대가 아니라 하나의 상승관계이다. 개방성은 닫힌 자기생성을 전제로 하고 곧바로 폐쇄성을 지지한다. 여기서 의사소통(kommunkation)이란 체계의 요소이자 작동인자로서, 체계를 통해 의사소통이 구조화되고, 의사소통의 작용이 체계이다. 즉, 구조는 커뮤니케이션들을 결합시키기 위해 사용될 때에만 실재로서 가치를 갖는다. 이는 의식적인 것과 무관한 것이다.

4 N. Luhmann, *Rechtssoziologie*(3. Aufl.), Opladen, WV(1987), p.11〔『법사회학』, 강희원 옮김(한길사, 2015)〕. 루만의 '법사회학' 강의를 책으로 묶어놓은 루만의 중기 저작에 해당한다. 이 논문에서 인용하는 글의 대부분은 이 책의 내용이라고 할 수 있다. 다만 이 책은 루만 법사

는 자체에서 특정 법규범의 타당성이 나올 수 없는 것이다. 자연법이론은 더 이상 주장되지 않고, 진화 사상에 포섭되어 불변의 본질적인 가치들에 대해 상대화, 세속화, 시간화의 가능성을 제공해 준다. 그 무렵 대부분 사회이론이 해체 과정에 있었고 현재까지도 통일된 사회이론이 정립되지 못한 이상 고전적 법사회학의 사회이론과의 연계 시도는 더 이상 발전하기 어려워졌다.[5] 루만은 사회체계이론을 법사회학 영역에 끌어들인다. 복잡한 법질서가 구조화되면 조화가능성 또는 양립가능성의 문제가 제기되고, 일정한 가능성이 현실화 되면 다른 가능성이 배제되며, 배제된 가능성은 새로운 가능성의 구축을 가능하게 한다. 현대 법치국가에서는 법체계 내부에서 다른 가능성과 행동 방식을 찾아 나서고 구조적으로 의존하게 된다. 그리하여 이러한 가능성의 상호 제한에도 전체적으로 더 많은 가능성이 사용됨으로써 구조에 따라 사회체계의 복잡성이 증대하고, 더욱 고차원적인 질서를 구축하게 된다.

법체계는 고유한 성질인 규범적인 성격을 가진 닫힌 체계(normativ geschlossenes System)이다. 각종 사건은 자연적 맥락에 있던 구성요소이지만 동시에 하나의 구성요소로 기능하는 규범적 맥락에 근거하여 규범적 성격을 갖게 됨으로써 법체계에 특별한 지위를 부여한다. 규범적 성질은 반사실적으로 안정된 기대의 형성을 정당화한다. 한편 법체계는 환계에 대해 인지적으로 열린 체계(ein kognitiv offenes System)이다. 누군가의 출생이라는 인지적 요소를 학습하는 것은 법적으로 아무런 의미가 없지만, 누군가의 권리 능력이 문제되었을 때 그것을 판단하는 것은 규범적으로 관련된다. 규범적으로 닫혀 있으면서 인지적으로 열려 있는

회학 후기 저작인 『사회의 법(Das Recht der Gesellschaft)』보다 좀 더 이른 시기에 나온 것으로 루만의 1970년대 이후 자기생성적 체계이론(autopoietische Systeme)에 관해서는 그가 2판의 종장을 새로 기재하면서 내용을 추가하는 데 그친다.

5 그러한 시도를 한 사회학자인 마르크스, 마인, 뒤르켐, 베버 및 이들과 다른 위치에 있지만 체계이론과 법사회학에 큰 공헌을 한 파슨스, 에를리히의 각 이론과 그 한계에 대해서는 Luhmann(1987: 12~26) 참조.

법체계에서 체계는 환계로 재생산을 제공하지 않고 차별화한다. 그러나 이러한 자기생성적 폐쇄성 때문에 환계와 차이가 발생하고, 환계와의 관계에서 인지적 태도가 높게 요구된다. 규범적 성질은 법체계의 고유한 성질이므로 환계에서 유입될 수 없기 때문에 종교나 도덕과 같은 환계에서도 규범적 성질은 유입되지 않는다. 다만 법체계가 법외적 규범(예컨대 신의성실, 선량한 풍속) 등과 관계했을 때 이를 통로로 법적 성격을 얻는 것이다.

3) 이 글의 목적

최근 루만 법사회학의 최종본이라고 할 수 있는 『사회의 법(Das Recht der Gesellschaft)』[6]이 번역된 것을 비롯하여 루만의 법사회학에 관한 일반론에서 개별적인 이론에 이르기까지 여러 가지 논문과 번역서가 있다.

루만은 '법사회학'에서 사회체계와 법체계의 구조적인 변동(발전) 과정을 기능적으로 분석하는 데 법의 발전사를 설명하는 개념 도식을 제시하면서 원시법에서 현대산업사회의 실정화에 이르기까지 법체계를 분석했다. 이 글의 대부분은 그 실정화 과정에 관한 설명(Luhmann, 1987: III장)과 실정화된 법의 현대적 위기(Luhmann, 1987: IV장 6절, V장 3절)에 관한 것이다. 루만이 사회구조의 변화에 따라 법이 실정화되는 과정을 관찰한 주된 대상은 서양법이겠지만, 대체로 서양법을 계수한 한국의 (형사)법체계를 관찰하는 것에 루만에 필적할 다른 방법론이 있을 수 없다고 감히 생각해 본다.

더 나아가 한국의 형사법의 현상(現象)을 루만의 법체계이론, 그중 법의 실정성과 관련된 분석을 바탕으로 살펴보기로 한다. 루만의 체계이론에 관한 주된

---

6 윤재왕 교수께서 2014년 2월에 난해한 책을 유려하게 번역했다. 그 밖에도 2012년에는 그야말로 루만의 주저라고 할 수 있는 『사회의 사회(Die Gesellschaft der Gesellschaft)』도 장춘익 교수께서 번역했다.

비판 중 하나는 유용성에 관한 문제이다. 하지만 루만의 이론은 어떠한 실천적 지침을 제공하는 것이 아니다(홍성수, 2010: 274). 그럼에도 루만이 연구되고 추앙받는 것은 루만이 관찰자로서 통찰한 사회에 관한 이론이 매우 정치하고, 누구도 접근하기 어려울 만큼 다양한 범위와 깊이가 있기 때문이다. 루만이 관찰한 법역사의 산물을 흥미롭게 음미하는 한편 한국 사회를 재귀적으로 관찰함으로써, 즉 자기 자신의 입장에서 관찰한 우리 법의 모습과 타자(필자)의 입장에서 기술된 우리 법체계의 모습을 통해 더욱 세련되게 우리가 관여하는 이 체계의 모습을 그려보는 것에 대한 기대를 가져보고자 한다.[7]

2. 법체계의 구조적 변동 과정

1) 사회적 체계의 환계로서 전체 사회

루만은 사회 진화에 관한 관념을 응용하여 사회의 발달에 따라 사회체계의 구조가 어떻게 진화하는지 설명한다. 전체 사회란 아주 복잡하고 불확정적인 환계로부터 행위의 상호의미 관계를 항상적으로 유지할 수 있는 하나의 사회적 체계로서 파악된다(Luhmann, 1987: 132). 이를 위한 선택급부[8]는 체계 내에서 이루

7 루만의 법사회학 이론 중 우리의 주제와 관련되지만 직접적이지 않은 부분은 다소 그 내용이 장황하더라도 각주에서 설명하기로 한다.

8 루만에게 급부(leistung)는 체계의 작용으로서 산출된 결과이다. 통상 법의 기능(funktion)으로 행위 조정(verhaltenssteurung)과 분쟁 해결(konfliktlösung), 사회적 상호작용(질서)의 유지를 들고 있으나, 루만은 '이것은 정치나 도덕체계 등 다른 사회체계에서도 존재하는 현상으로 법의 특유한 기능이라고 할 수 없다'고 한다. 이러한 것들을 법체계에서 산출되는 '급부'라고 표현하면서 '기능'과 개념적으로 구분한다. 한편 루만은 법의 기능은 '규범적 기대의 형성과 안정화'이고, 이는 법의 실정화를 통해 이루어진다고 한다(Luhmann, 1987: III장 참조). 한편 법의 기능과 관련하여 좀 더 자세한 문헌 중 단행본은 루만(2014: 제3장), 논문은 Ders(1981) 등을 참조하기 바란다. 덧붙이면 루만에게 '기능'은 그 체계에서 등장하는 문제

어진다. 전체 사회는 다른 사회체계들이 연결될 수 있는 최종의 기축적인 감축을 규율하는 구조(부담경감의 기능)를 가진 사회체계이다. 그렇다면 전체 사회는 어떠한 사회인가? 이에 관해 고대 유럽 사회에서 자명한 전제는 인간이 자유, 덕, 행복, 법을 사회의 살아 있는 부분으로 생각한다는 것이다. 사회를 구체적 인간의 결합체로 보았다. 비인간적인 자연을 제외한다면 사회의 환계는 다른 사회, 즉 다른 인간으로 구성된 사회가 고려될 뿐이고 사회적 경계로서는 영토적·혈통적 경계가 주로 상정되었다.

그러나 체계이론에서 사회적 체계는 살아 있는 부분이 아니라 서로 유의미하게 관련된 행위들이 구조화된 체계이고, 구체적인 인간은 포함되지 않고 배제된다. 인간은 심리적 체계에 의해 조종되는 유기체로서 생존하고, 사회와 다르다. 심리적 유기체적 체계를 가진 인간에 구조적으로 허용된 가능성은 전체 사회로서 체계에 구조적으로 허용된 가능성과 다르고, 인간 유기체의 현실적인 조종행위와 전체 사회가 여러 행위의 상호작용에 의해 형성되는 의미맥락에 따라 가능성의 선택이 이루어지는 구조에 의해 형성되는 모습과는 다르다. 인간과 전체 사회는 사회적 체계 속에 속해 있으나 서로에 대해 환계인 것이다.

2) 법체계의 발전 과정

이러한 사고 전환은 인간관계의 정당성을 인간의 본성과 사회의 부분으로서 인간의 생활 조건에서 도출했던 고대적 시각을 더 이상 유지할 수 없도록 한다. 법은 사회체계의 경계와 선택 양식을 규정하는 여러 구조 중 하나이고, 인간 역시 사회 자체의 수준에서 제도화되어야 한다. 즉, 인간은 규범적 행동기대의 정합적 범례화 없이 자신의 방향을 정할 수 없고, 자신의 기대를 기대할 수 없기 때문에 법은 반드시 구조이어야 하며, 그래야 전제조건 없이 법이 구축 가능해

해결과 관련된 개념으로 사용되지만, 그것은 그 체계의 고유성을 나타내는 표지로 이해된다.

진다.

사회적 체계는 환계를 고려할 때, 과도한 복잡성에 대해 대안이 풍부한 더 높은 적응 형식을 고안한다(Luhmann, 1987: 136). 복잡성과 불확실성이 높아지지만 사회적 생활은 기회든 위험이든 간에 추가적인 가능성을 얻는 것이다. 이러한 적응 형식은 우연히 생성되지만 사용·유지된다. 그 결과 무연관성(Indifferenz)을 강화하고 적응과 자기 유지의 고유한 형식을 더 발전시키고, 더 많은 가능성 중에서 선택을 안정화하기 때문에 모든 경우 그들의 상태는 이전보다 높은 선택성을 가진다. 그리하여 사회체계에서 진화는 처음에는 가능성에 관한 하나의 '우연적' 과잉생산이지만 그다음에는 점증적으로 구조 의존적이다.

전체 사회체계의 구조가 이러한 변화에 어떻게 반응하는가에 관해, 진화적 성과가 안정화되려면 더 많고 다양한 종류의 행위를 허용해야 한다는 것, 즉 사회의 좀 더 많은 상태와 호환될 수 있어야 한다는 것이다. 구조는 이러한 자유 허용과 동시에 규범적 기대에 대한 현재의 과잉공급에 직면해서 기대를 거부할 수 있는 가능성을 더 많이 가져야만 한다. 산출되는 복잡성과 불확정성에 상응하는 추상화와 위험이 제도화되어야 한다. 제도화되는 범례화의 기제와 내용에 따라 유의미한 합명제에 이를 수 있게 된다. 개개의 범례화 기제는 그 전제나 유효성에 따라 상호 조절되고 변화한다. 타당한 법을 선택하는 특별한 장치는 법체계가 아닌 다른 체계에서 만들어지고, 법체계를 위해 '제정(gesetzt)'한다. 이와 같은 논의와 관련하여 정리하면, 복잡한 체계들의 진화를 위해 세 가지 종류의 기제들이 함께 작용하고 있음을 알 수 있다. ① 가능성의 과잉(Überschuß)이라는 의미에서 변이산출(Erzeugung von Varietät)의 기제, ② 쓸 수 있는 가능성의 선택과 쓸 수 없는 가능성의 배제라는 기제, ③ 선별 영역에 남아 있는 높은 복잡성과 불확정성에도 선택된 가능성의 유지와 안정화(Bewahrung und Stabilisierung)의 기제가 그것이다(Luhmann, 1987: 139).

사회체계에 관한 일반 모델을 법이론과 관련시키면 다음과 같은 가설을 만들 수 있다(Luhmann, 1987: 139).[9]

9 다만 이러한 도식은 루만의 법 형성 이론과 궤를 같이한다. 법 형성 이론이 정태적 관점에서 서술된 것이라면 이 부분의 가설은 진화적이고 가변적으로 파악한 것이다. 참고로 루만의 법 형성 이론은 다음과 같이 축약할 수 있다(Luhmann, 1987: II장 참조). (1) 기대의 형성: 고도로 복잡하고 불확정한 세계에서 형성되는 사회적 행동은 감축급부를 필요로 하는데, 이것은 자아(ego)와 타아(alter ego, 단순한 타인이 아니라 독자적인 체험과 행동의 원천을 의미함) 상호 간의 행동기대를 가능하게 하는 기대 구조, 즉 기대의 기대 위에서 선택적으로 조종된다. 이러한 기대의 기대로 선택되는 통합 영역에서 규범성을 찾을 수 있게 된다. 기대의 기대는 재귀적〔기대의 기대의 기대(제1기대에 대한 제2기대), 기대의 기대의 기대의 기대(제2기대에 대한 제3기대), 기대의 기대의 기대의 기대(제3기대에 대한 제4기대〕으로 발전할 가능성에 따라 변화하고, 기대의 훼손과 새로운 기대의 형성으로 새로운 균형 상태로 진입하게 된다. 기대의 복잡성과 상호 연관성에 따라 불확정성과 오류 위험이 증대하기 때문에 단축, 단순화 및 부담경감이 필요하다. (2) 인지적 기대와 규범적 기대: 인지적 기대는 기대위배의 상황, 즉 기대위배가 명백하여 현실에 확실하게 구축될 수밖에 없는 경우에 이미 형성된 기대가 학습을 통해 좌절된 현실에 적응하는 경우의 그 기대를 인지적 기대라고 하고, 그러한 기대위배가 있을 경우에도 기대를 고수하고 항(抗)위배적(enttäuschungsfest)으로 현실을 고수하는 경우를 규범적 기대라고 한다. 사회가 현실 적응이 필요하면 기대를 인지적으로 제도화하고, 기대의 안정과 사회적 통합이 우선적으로 고려되면 기대를 규범적인 영역으로 확대한다. 사회의 복잡성이 증대되면 인지적 기대와 규범적 기대가 분화된다. 기대의 규범화는 시간적 차원에서 위배에 견딜 수 있는 안정화된 규범이 필요로 하기 때문이다(시간적 범례화). (3) 제도화: 사회적 차원에서 이러한 기대 구조는 제도화될 수 있고, 제3자의 기대된 합의(근대 법 이론에서 상정한 현실적인 합의가 아니다)에 의해 지지될 수 있다. 제도화는 경제성(제도적 감축)을 의미한다. 기대의 기대로부터 예상되는 합의, 예상을 벗어나지 않으므로 구체적인 검증이 필요 없을 정도의 통상적인 행동을 통해 제도화는 달성된다. 제도화 덕분에 의사소통이 신속, 정확, 선별이 가능하고, 사회적 복잡성의 증가라는 조건 아래 더 강력한 의제적 합의를 상정하는 것과 특별한 기능의 제도화(절차)를 제도화하는 것을 전제로 한다. 절차의 제도화와 규범 자체의 제도화가 제도화의 내용이다. (4) 사항(내용)적 차원: 이러한 기대 구조는 동일한 의미를 통해 외부적으로 고정되고, 기대의 상호 관계를 창설하며, 체험과 위배의 조화와 대체 가능성이라는 의미 맥락 속으로 들어오게 된다. 기대 맥락의 동일화는 고도로 복잡하고 불확정적인 세계기획을 얻을 수 있다. 즉, 동일화된 의미 맥락은 항상 유지될 수 있고, 세계기획의 요건들이 처리 가능한 체계 안으로 남게 된다. 기대 맥락의 동일화를 통해 기대의 보존, 유지가 가능한데 다양한 추상화 단계에 따라 개인, 역할(기대를 수행할 수 있는 범위의 기대다발), 프로그램(언어적으로 확정된 결정 준칙), 가치(선호성의 관점)와 연결되는데, 현대사회에서는 이를 전체로서 맥락의 원리로 파악하게 된다. (5) 정합적 범례화로서 법: 범례화는 기대를 다른 가능성에 대해 상징적으로 면역시켜 주며, 무해한 무관성을 가능하게 하여 필요적 감축 절차를 지지한다. 루만은 정합적으로 범례화된 규범적 행동기대(kongruent generalisierten normativen Verhaltenserwartungen)를 사회체계의 법이라고 명명한다. 법을

(1) 전체 사회체계는 복잡성이 증대하는 만큼 분절적(segmentärer) 부분체계 형성에서 기능·특화적 부분체계 형성으로(funktional-spezifizierte Teilsystembildung) 재구조화된다.[10] 이것은 변이의 증대, 부분체계에 있는 규범적 기획을 포함한 체험과 행위 가능성에 대한 과잉산출, 이에 의한 선택 강제를 야기한다.

(2) 법의 영역에서 이와 같은 발전은 법 특유의 상호행위체계(절차)의 완분화(Ausdifferenzierung)에 의한 선택 작용 속에서 진행된다. 법 특유의 상호행위체계는 사회에서 매우 자율적으로 법에 관한 구속적인 결정을 내리는 담당자가 되고, 그러한 범위는 점점 증대한다.

(3) 사회 차원에서 인지적 기대와 규범적 기대의 구분이 점차 늘어나는 결과, 법 자체는 독립되고 법의 의미구성체(Sinngefüge)는 더 구체적인 관념에서 더 추상적인(더 변이가 풍부한) 관념이 된다.

이와 같은 세 가지 기제는 법 형성에서 서로 다른 차원과 관련되어 있다. 가능성의 과잉생산은 규범적인 것(시간적 차원)과, 법 특유의 상호행위체계 완분화

이렇게 정의함으로써 부분체계로서 구조적 완분(Ausdifferenzierung) 가능성이 생긴다.

10 분절적 분화와 기능적 분화는 뒤르켐이 파악한 사회구조의 변동 형식이다. 뒤르켐에 의하면, 사회의 발달에 따라 사회구조가 분절적 분화(segmentäre Differenzierung)에서 기능적 분화(funktionale Differenzierung)로 점진적으로 변동하게 된다. 분절적 분화는 사회의 복잡성 정도가 동일한 또는 유사한 단위로 나누어지는 것을 의미한다. 기능적 분화는 사회가 분업적으로 각각 특별한 기능을 수행하는 다양한 부분체계로 분리되어 사회의 복잡성이 증대하는 것을 의미한다. 사회가 주로 분절적으로 분화된 경우, 그 사회는 공통된 내용의 집단의식을 통해 도덕적 규율의 형태로 통합되고, 그 도덕적 규율의 위반에는 억압적으로 반응한다. 사회는 기능적 분화를 통해 집단적 표상의 공통성이 해소되는 대신, 어떤 유기체의 종류에 다른 부분의 결합을 가능하게 하는 유기적 연대가 나타난다. 법의 구조는 억압적인 제재(repressive Sanktion)에서 회복적인 제재(restitutive Sanktion)로 변동한다. 복구적인 제재는 단순히 손해를 제거하고, 이로써 각 부분이 다시 기능하는 것에 그치고, 집단의식의 침해에 대해서는 보복하지 않는다. 이 두 가지는 모든 사회에서 나타나는 것임에도 사회체계의 기본적인 분화와 관련되는 것이다.

는 제도화(사회적 차원)와, 규범의 추상화와 안정화는 내용적 차원과 관련되어 그 의미는 법의 구성체로 들어와 보존된다. 이들 기제는 사회적 복잡성 아래 서로 보완적인 기여를 하고, 사회체계 내에서 함께 작용하게 된다.

3. 사회 발전과 법체계의 변화

시대를 거슬러 살펴보면 인간은 모든 사회에 법을 생성시켰고, 그 점에서 등목적적(äquifinal)으로 작용했다. 그러나 법은 매우 상이한 규범 관념, 제도, 일탈이익과 절차 양식을 가지고 있고, 법 이외의 사회구조와 다양한 방식으로 맞물려 있다. 이제 원시시대부터 현대사회에 이르기까지 다양한 법체계를 살펴봄으로써 초기 단계에서부터 진화가 어떻게 진행되는지를 검토할 것이다.

고대의 법문화는 형식이 산재되어 있고 이질적이고 다양한 법질서가 존재한다 할 수 있지만 일부 법제도에 대체로 유사한 제도[11]가 발생하기도 한다. 이러한 법질서의 다종성은 초기 단계의 진화를 가능하게 한다. 루만에 의하면, 귀납적으로 공통분모를 찾는 방식을 취해 자연법적 탐구를 하거나 일반적인 법이론에서 연역적으로 도출된 내용을 탐구하는 것은 적절한 방법이 아니다. 체계이론적 방법에 따라 앞서 설정한 전제, 즉 법은 규범적 행동기대의 정합적인 범례화라는 사실을 그 시대의 규범과 비교하여 살펴보아야 한다. 기능적으로 등가적인 문제 해결 방식으로 이종성(Verschiedenartigkeit)을 살펴봄으로써 그 시대를 규정할 법체계의 내용을 살펴보는 것이다. 다음의 구분은 연대기적 구분이 아니라 상대적인 구분이다. 현시대의 사회체계라도 각 시대적 구분에 대응한다면 그 시대의 법체계로 보아야 한다.[12]

---

11 전형적인 예로서 유언에 의한 상속의 결과나 계약적 구속의 생성이 매우 동일하다고 한다 (Luhmann, 1987: 146의 각주 17 참조).

1) 원시법

(1) 사회의 낮은 단계의 복잡성

고대사회의 기본 원리는 친족의 원칙이다. 구속적인 법적 권능은 친족으로부터 독립하여 존재하지 않고, 사회적 기능은 친족적인 밀접성을 근거로 자연적인 기반, 사회적 지지, 정당성을 얻는다. 친족 단체가 성장하면 분절적 분화가 나타난다. 각 사회마다 다양한 습속과 관념이 존재하지만 상대적으로 낮은 복잡성 위에 고정된다는 공통성이 있다. 이러한 사회에서는 법의 타당성에 관한 특별한 규준을 파악할 필요성이 없으므로, 역할 중립적인 법 관철력은 존재하지 않고, 개별적 규범의 타당성 역시 절대적이지 않으며, 규범 변경의 상대적인 용이성이 나타난다. 규범의 안정화 방식은 제재[13]가 아니라 낮은 복잡성으로 인한 선택 가능성의 결여에 있다.

(2) 규범 적용의 직접성과 변이(선택 가능성)의 결핍

원시사회에서 규범, 즉 반사실적으로 유지되는 기대는 존재하더라도 관철력이 떨어지고, 족장의 힘에 법이 종속된다. 한편 법 형성의 원초적 기제가 구체적으로 직접 작용하게 된다. 즉, 기대위배에 대해 분노의 직접적인 폭발이 나타나

---

12 이 점에서 이 글의 작성이 필요한 것이다. 즉, 한국의 법체계와 형사법이 어떤 법문화를 담고 있는지를 살펴보는 것이다.

13 기대위배에 대처하는 과정에서 나타난 여러 가지 모습으로서 무시, 담합, 적응(인지적 기대), 협조, 용서, 사라짐, 분노, 변화(규범적 기대에 대한 학습 의지의 표현) 등이 있을 것이나, 현대사회에서 규범적 기대를 관철하는 가장 중요하고 전형적인 방법이 제재이다. 제재는 기대를 고수한다는 결의를 가장 분명하게 표현하는 방식이다. 규범 개념의 정의에 관해 통상 시도되는 방식, 즉 위배 사건에서 제재를 가하려는 태세로부터 규범 개념을 정의하는 것은 용이하지만, 이러한 정의는 규범 위반 행위에 대한 대응 가능성의 목록을 심히 제한하게 되고, 기대의 고수가 기대의 관철(규범의 타당성에서 나온다)보다 중요하다고 잘못 이해하게 된다. 규범에는 제재 이외에도 다른 반사실적인 안정화라는 기능을 수행하기 위한 등가적인 다른 전략이 존재함을 유의해야 한다.

고, 이는 물리적 폭력[14]의 직접적 행사(자력구제)를 의미한다. 폭력에 의한 자력구제, 피의 복수, 맹세, 저주 등의 원시적인 법제도는 법 관철이 아니라 기대 자체의 보존과 유지에 관한 것이다. 기능적으로 친족 집단의 연대가 법 위반보다 오래 지속된다. 씨족의 고유법이 유일한 법이므로 선택 가능성의 결핍 상태에 머문다. 효력에 기해 스스로 관철되어야 하는 규범구성체(Normgefüge)로서의 법 관념은 결여되어 있다. 규범은 새로운 종류의 사건의 결정과 대립적인 법적 기대에 대한 논증 및 평가를 위한 도움을 제공할 수 없다.

---

14 루만의 '물리적 폭력' 이론은 상당히 흥미롭다. 기대위배의 처리 방법이 항상 준비되어 있어야 하는데, 그것이 물리적 폭력이다. 물리적 폭력은 물리적 효력이 아닌 의미적·상징적 측면이고, 상징적 범례화를 통해 그 의미를 획득한다. 즉, 물리적 폭력이 지닌 권력으로서 가치는 폭력 사용을 중단 또는 배제할 수 있는 기제로서 그 중립화 가능성이 중시되는 것이다. 그러므로 물리적 폭력은 물리적 강제(zwang)와 동일시해서는 안 되고, 기대의 이행을 강요하는 것을 포함한다. 물리적 폭력의 현실적 사용은 가장 부적절하고 비경제적인 강제 수단이고, 이는 성공이 아닌 좌절이다. 원시적인 단순사회에서 물리적 폭력은 원초적·억압적·보복적 폭력 사용과 관련하여 이해되었고, 법의 존재 근거로서 기여했다. 물리적 폭력은 인간의 신체적 본질을 근거로 하는 것이므로, 현대사회에서도 제거가 불가능하고, 이를 법 밖에 두어서는 법은 법답게 남아 있을 수 없게 된다. 물리적 폭력이 존재해야 규범기획은 유지될 수 있고, 이상적인 법을 요구할 수도 있는 것이다. 현대사회에서 기대의 기대 가능성의 확실성 보장은 물리적 폭력이라는 상징적 최후 수단에 근거하고 있다(물리적 폭력에 의한 엄호). 권력의 기초로서 물리적 폭력은 역할, 신분, 지위, 가치를 전제로 하지 않고 힘만을 전제로 하므로, 높은 독립적인 특성을 가지고 있어서 기존의 구조로부터 자유롭고, 의미 맥락과 무관하게 폭넓게 사용되며, 법이 복잡하더라도 통일적으로 조직 가능하다는 장점이 있다. 한편 사회발전 과정에서 법과 물리적 폭력의 관계 재구조화가 이루어지게 된다. 근세에는 물리적 폭력 사용에 관한 의사결정을 하는 정치적 집중이 국가의 수중에 확보됨에 따라 규범적 기대에 효과적 우위를 보장하여 표출 수단으로서 폭력 행위를 점차 포기시키는 역할을 했고, 물리적 폭력의 현실적 행사는 불필요하게 되었다. 다만 물리적 폭력이 행사되면 어떠한 경우에도 혼란을 야기하고, 이는 정치적 실패를 의미한다. 현대에서 물리적 폭력은 법의 자명성 요소가 되어 더 이상 기대에 대한 효과적이고 독립적인 자기주장의 형태를 가지지 못한다. 법의 상징과 증거로서 기능을 상실하게 되고, 법적 증거는 물리적 폭력보다는 더욱 추상적이고 분화된 방식으로 제시되어야 한다. 폭력의 대체물은 법이 추상적으로 정식화할 수 있고 양립하는 규범들의 구성체이며, 구체적인 사건에서 확정될 수 있다는 것을 표현해야 한다. 이로써 사실 문제와 법 문제가 분화되고, 이러한 분화는 법 창조에서 고도의 자율성을 부여하게 되며, 사건의 해결에서 판결로서 나타난다(Luhmann, 1987: 106~114).

원시적 생활은 단지 현재적인 생활과 의사소통이 존재하기 때문에 다른 가능성의 갑작스러운 출현에 대해 현재를 보호하는 상징적 수단에 대한 뚜렷한 선호가 발생하고, 신성 또는 전통적 상징에 대한 수요가 후퇴하는 곳에서 생활기술적으로 필요한 법이 성립한다. '신법(fas)'과 나란한 '인법(ius)'이 성립하고, 그러한 한도에서 전통 의식은 상당히 주변적인 성격을 띠며, 그것이 현재에 단지 구체적이고 빠르게 이해되어 유지되는 한 갱신을 방해하지 않는다. 그러나 신성한 의식이나 법적으로 특화된 의식은 분명한 형식에 의해 인법과의 의미 연관을 배제한다. 의식으로서 법적 행위는 현재적 행위이고 법적 주장의 구체적 현존으로 나타나는 것이지 과거에 대한 해명이나 미래의 선택으로 나타나지 않는다. 이는 시간적 차원에서 규범화를 방해하고, 과거와 미래에 대한 2차적 고찰 단계가 없음을 의미한다.

(3) 응보와 호혜

원시사회의 구조적 조건에 상응하는 정의의 관념은 나타나지 않는다. 그러나 법의 시간적 가교, 내용적 동질성, 사회적 차원이 함께 존재하는 아주 지대한 영향력을 가진 관념적 동기가 있는데, 바로 응보와 호혜의 관념이다.

응보의 원칙에서 법은 여러 사람의 행위 사이에 시간적 연관에 의존하는 요구로서 이해되고 제도화된다. 위법에는 예방적 방어나 적정한 상태를 넘는 응보가 있어야 한다. 상당한 시간이 지나거나(피의 복수가 세대를 넘어 행해지는 경우도 있다) 당초의 법적 기대로는 상상할 수 없는 행위를 할 수도 있다. 응보는 원초적이고 거의 무전제적으로 법이 제도화할 수 있는 시간적·내용적·사회적 범례화이고, 가장 먼저 생각해 낸 법원칙이다. 이것은 기대의 기대를 유지한다. 복수는 당초 무제한적이고 '정당하게' 거침이 없다. 탈리오(talionis)의 원칙과 정확하게 정해진 배상 목록에 의한 제한은 후기 원시사회의 문화적 성과이다.

호혜의 원칙은 응보와 달리 긍정적 결과를 얻기 위한 것이다. 그 특징은 다수 당사자의 급부가 시간적 차이와 내용적 상이에도 불구하고 의미 연관이 산출될 수 있다는 점이다. 성과의 대향성(Gegenläufigkeit), 즉 주고받음은 형식적 균형으로 나타나고 이를 통해 시점, 성과, 사람의 현격한 이질성이 정당화될 수 있다. 그러나 호혜는 응보와 달리 원시사회에 존재한다거나 자체적으로 제도화되었다고 전제할 수 없다.[15] 물론 시간적 수급 조정을 위한 제도가 있기는 하지만 이것은 반대급부의 제공이 아니라 그 자체로서 기대될 수 있는 개별 급부에서 이루어진다. 개별급부가 제도화된 의무 또는 제도화된 권력 행사의 기회로서 제공될 때 반대급부가 의무화되는 것이다.

응보와 호혜는 행위기대의 정합적 범례화를 표현하는 법의 기본 사상이다. 시간적 간극, 행위 사이의 유의미한 내용적 다양성 간극, 기대위배와 적극적 급부의 경우 사람들 사이의 간극이 있는 곳에서도 적용된다. 그러나 이것이 타당성 있는 법규범을 존재하게 하는 추상적 규준을 의미하는 것은 아니다. 원시법의 후기 단계에서, 특히 이미 어느 정도의 정치적 조직과 함께 조정 절차 또는 판결 절차의 맹아를 알고 있는 사회에서는 이러한 법사상에 대한 표준적인 특징이 응보 및 호혜와 관련된 평등의 원칙으로 인식·적용되는 것을 관찰할 수 있다(Luhmann, 1987: 157).

(4) 원시법의 애로와 발전 가능성

원시법의 가장 큰 역기능은 피의 복수로 발생하는 사회적 비용이다. 이러한 역기능은 자력구제에 관한 조건 부과 및 그 집행과 기능적으로 등가적인 제재수단(예컨대 초자연적 제재, 단순히 창피를 주고 수치스럽게 하지만 비폭력적인 제재)을 통해 완화될 수 있지만 일소될 수는 없다. 법의 추상화 가능성과 세밀화 가능성은 제재의 대담성에 의해 저지되고, 해결 가능성의 정치한 목록을 준비할 수 없기 때문에 좀처럼 발현되지 않는다. 과거 사실을 해명하고 판단하는 규준이 정밀하지 않으므로 법적 사건에서 사실적 정보를 만족스럽게 처리할 가능성이 부

15 여기에 대해 대부분의 법인류학자는 반대한다.

족하다는 점이다.

원시법에서 추가적 발전 가능성은 '행위와 응보 사이에 시간적 간격이 허용된다'는 것에 있다. 분쟁 사건을 규율하는 데 작용하는 숙려와 사회적 영향이 개입할 수 있는 것이다. 널리 유포된 망명권(Asylrecht) 역시 1차적으로 시간을 얻는 기능을 한다. 중재와 조정, 행동과 억압의 감시를 위한 단순한 절차가 발생하고, 이들 절차는 자력구제의 합법성에 관해 조건을 정하는 방식으로 제도화할 수 있다. 다만 주목할 것으로 중간 과정, 협상, 분쟁의 의미는 법의 확정이나 관철보다는 법의 정지에 있다는 것이다. 이로 인해 폭력 행위가 중단, 지연 또는 회피된다. 이러한 상호행위체계(절차)는 때로는 씨족의 지도자나 권력을 보유한 제3자를 등장시켜 의견과 압력을 조성하지만 구속력 있는 법적 근거를 통한 권리의 확정에 따라 분쟁을 종결하는 결정 절차로 생각되지 않았고,[16] 결정에 따라야 한다는 것이 특별히 규범화되어 있지도 않았다. 이런 방식으로 절차적 성질의 상호작용체계는 문화 유형으로서 만들어지고 관습화되는 것이므로 구속력 있는 결정을 하는 법원이 후에 성립하는 것은 무(無)에서 창조가 아니라 오히려 신뢰할 수 있는 것, 확증된 것과 연계되면서 달성될 수 있었다. 이 점에서 기대위배 사건에 대한 시간적 여유는 법적 관념의 요인이자 본질적인 조건이라고 할 수 있다.

다른 유형의 발전적 진보는 주술적 형식화와 의식화에서 본다. 지금의 관점에서 본다면 원시법의 형식주의는 무의미한 엄격성을 보여주고 있다. 즉, 잘못된 몸짓이 신을 화나게 하고, 잘못된 말이 법을 불법으로 바꾼다. 이것으로 과도한 판단의 부담을 덜어주는 것은 분명하다. 의식주의(Ritualismus)의 기능은 법 형식의 추상 작용과 역할 중립성에 있다. 그것을 통해 상황에 의존하지 않고, 형식

16 포스피실(Leopold Pospisil)의 연구는 카파우쿠파푸아족(Kapauku Papuas)의 사례를 들면서 추장의 규범 해결을 위한 호소로서 분쟁을 해결하는 데 최후 수단은 눈물이라고 한다(Luhmann, 1987: 159 참조).

으로서 다툼을 배제할 수 있게 된다. 원시사회에서 분규의 평화적 해결 작용을 담당한다. 결국 바로 신성한 의식주의와 전통적인 형식제도는 원시적인 법에서 근세 이전의 고등문화로 이전할 수 있는 불변 요소를 제공하는 데에 적합하다. 그래서 원시적인 법 이상의 중요한 기능을 유지하는 것이다.

한편 경제의 발전과 광역적 상거래 관계의 발생으로 분쟁이 더 자주 발생하고, 법적 문제로서 다투는 사건의 수가 증가했으며, 분쟁의 해결을 위한 결정이 필요하고, 법 기제에 의거한 신용 문제도 등장한다. 자력구제와 투쟁이 점차 불편해지고, 법적 분쟁을 지속적으로 숙고하는 절차의 제도화에 대한 필요가 발생하며, 실체법에서는 자력구제에 기해서 불가능했던 민법과 형법의 분리에 대한 요구가 발생한다. 화해와 투쟁이라는 원시적인 선택은 구속력 있는 법원의 결정이라는 새로운 형식으로 대체된다.

그러나 법적 사건을 위한 결정 절차의 정비는 사회의 정치 시스템에서 어떤 선행조건이 충족될 경우에만 가능하다. 특별한 정치적·행정적 역할과 상호행위 체계의 분화는 법의 추가적 발전에서 단지 하나의 원인을 제공할 뿐 아니라 중요한 필수적인 조건이다. 정치적 지배가 친족 관계에서 벗어나고 그것과 독립해 비교적 자율적으로 구성됨으로써 그 가능성이 나타난다. 이렇게 되는 역사적 원인으로 민족 이동, 군사적 정복(신대륙 침략과 개척), 용수 시스템의 구축과 관리(강과 계곡이 풍부한 아시아와 이집트), 도시 형성을 수반한 자생적 경제발전(고대 지중해 지역)을 들 수 있다. 안정화의 수단은 더 이상 선택의 결핍이 아니라 물리적 폭력의 집중과 조상 숭배에 의존하지 않는 추상적 범주와 주술적·종교적 정당성에서 나온다. 구속력 있는 결정에 대한 가능성은 어느 정도의 선택 폭을 가지고 제도화되어 선택을 실행할 절차의 조성 가능성을 의미한다.[17]

---

17 법 발전이란 사회적으로 처리할 수 있는 복잡성이 얼마나 증가하는가에 좌우된다고 할 수 있다. 개별의 기능 영역에 고도의 복잡성이 형성되면 일단 사회는 위기에 처하게 된다. 이를테면 의례적 의식의 증가, 불안의 개인화, 도덕의 범례화, 정치적 권력 지배, 경제적 가동 능력의 증가를 통해 위기에 처한다. 이러한 경우 비교적 짧은 시간 내에 보충적인 전제조건이 사

2) 전근대적 고등문화의 법[18]

(1) 사회의 불충분한 기능적 분화

고등문화를 가진 전근대적 사회는 종교 영역뿐 아니라 경제 영역과 정치 영역에서 이미 각각의 특수한 작용에 의해 정당하게 완성된 기능 중심을 두고 있다. 성직자는 사건의 종교적 해석만 다루는 것이 아니라 종교 자체의 해석을 취급한다. 비친족 사이의 경제적인 필요 조정에 기여하는 시장이나 저장과 분배의 중심지에서 일정한 범위 내에 통상 관철될 수 있는 결정을 내리게 된다. 지방 개별 권력의 힘을 능가하고 정치적·행정적인 질서 작용을 위한 필수 불가결한 정치적 지배가 있다. 그러나 일상생활의 관점에서 보면 이들 도시의 기능 중심은 오직 예외적 상황만을 관장한다. 고래의 친족질서에 속해 있던 민중은 도시 외곽에서, 비교적 독립적으로 '가(家)'와 '촌(村)'에서 살았으며, 전승된 생활 방식의 틀에 고정되어 있었다. 따라서 법에 대한 수요는 증가하지만 오늘날의 관념에서는 아직 극히 적은 것이다.

후 보완되지 않으면 사회의 안정성을 위협하고 퇴행적 전개를 야기하는 불균형이 위기를 구조화한다. 과도기를 거치고 선행 형식(의식화된 법규범, 조정 절차, 피라미드식 위계 등)은 전도기능(傳導機能, Überleitungsfunktion)을 수행한다. 선행 형식은 정치적으로 구성되고 고도로 문화화된 사회의 새로운 질서에 거의 단절 없이 전수될 수 있다. 더 높은 복잡성, 즉 변화와 선택의 풍부성은 스스로 가장 안정적인 안정화 요소가 되고, 그렇게 될 경우 퇴행적 전개는 생길 가능성이 없어진다. 사회는 높은 복잡성의 수준에서 바로 이 복잡성에 의해 스스로 안정화된다(Luhmann, 1987: 165~166 참조).

18 전근대적 고등문화의 법을 가진 사회로 중국법권, 인도법권, 이슬람법권, 그리스·로마법권, 유럽대륙법권, 앵글로색슨법권을 상정할 수 있는데, 마지막의 두 개 법권에서만 고도로 세련된 사회체계의 내적인 분화 가능성이 법 영역에 충분히 발현되어 그 후 계속적인 발전, 즉 법의 실정화를 감당할 수 있는 기반을 제공하는 법질서가 탄생한다. 하지만 이들 법권에 대해서도 효력이 있는 규범이 너무 다양하여 법사회학의 테두리 내에서 규범구성체 자체를 적절하게 취급하는 것은 불가능하므로, 몇몇 기본 경향, 주로 법 생성의 조건과 법 체험의 일반적인 양식에 한정하여 검토할 수밖에 없다.

(2) 제한적 법문화

① 초기 고등문화의 법

초기의 고등문화에서 정치적 부분체계와 종교적 부분체계는 혈족질서에서 벗어나기는 했지만 서로 분리되지 않았고, 종교적인 법이 발달하여 절차적인 통제와 발전이 제대로 이루어질 수 없었다. 그리하여 법은 대개 실제와는 동떨어진 경향을 보였고, 자의적인 처리가 이루어지는 경우가 많았으며,[19] 문제 상황에 대응하는 방책을 형성하지 못했다. 법의 합리화의 동인은 상품거래 증가의 문제에 있었던 것이 아니라 '모든 생활 관계의 종교적 평가에 대한 일정한 신앙심 있는 사람들의 필요'에 있었으므로, 법의 체계화와 합리화는 방해를 받았다.[20]

② 법규범의 불변성

전근대적인 고등문화에서 정합적인 범례화 기능을 충족하는 관념 형태와 추상도는 그것이 만들어진 법 적용 절차에 근거하고 있다. 제한된 선택 여지를 가진 이러한 절차의 결정 작업이 법 형성의 토대이다. 아울러 입법 행위 또는 법학적 반성 역시 법 형성에 기여한다. 법은 비록 그것이 관직이나 정치적으로 확보된 물리적 폭력의 투입 태세에 의해 보장된다고 하더라도 내용적으로 법률가법(Juristenrecht)이다. 법 발전의 동인은 법적 거래나 법적 분쟁에서 법 자체의 문제와 규범화 요구에서 나오는 것이지 법의 도움으로 사회적 현실을 계획적으로 변화시키려는 의도에서 나오는 것이 아니다. 법률가법은 추상성과 유형적 다양성에 의해 탄력적으로 유지되고 사회적 욕구의 점진적 변화에 적응할 수 있지만, 원리상 변화를 겨냥해 계획된 것은 아니다. 개인 또는 개별 법률가의 체험 지평

19 다만 메소포타미아에서는 종교적·경제적 그리고 정치적·군사적 제도와 재판권이 일찍 분화해서 거래법이 형성되어 통용되었고, 이는 '신성한 법'(이슬람법이 가장 대표적이다)의 토대이다.

20 이와 달리 종교적인 구속과 거리를 두고 정치적 지배자가 가(家)에 결속되어 가부장적인 지배형태가 되는 경우로서 호머시대의 그리스가 그 대표적인 예이다.

에서 법의 구성으로 나아간 다양한 취사(取捨) 사슬은 더 이상 선택적 행위로 가시화할 수 없다. 그래서 전체로서의 법은 하나의 결정 절차에 포함될 수 없다. 법의 모든 의미 맥락을 위해 절차가 존재하는 것이 아니고, 모든 법이 결정할 수 있는 것으로 상정되지 않으며, 변경 가능한 것으로 상정되지도 않으므로, 규범의 축적은 결정의 변화 가능성에서 생겨나지 않는다. 상정된 법의 근본적인 불변성에 따라 모든 기대의 불확정성은 단지 주관적인 것으로 나타나고, 결정 상황은 단순화되며, 가변성의 문제를 수용할 수 있도록 작동되는 입법 절차는 보장되어 있지 않다. 이러한 법문화는 작동 재량을 제도화하여 선택 가능성을 예견할 수 있다는 특징이 있다.

③ 인지적 기대와 규범적 기대의 기능적 혼재

전근대적 고등문화에서 법규범의 본질적인 부분은 변하지 않는 것이고 임의 처분이 허용되지 않는다. 규범의 타당성 근거와 내용의 분리는 아직 생각할 수 없다.[21] 법은 타당성과 내용에서 '참으로(wahr)' 상정되고, 규범적인 성질에도 불구하고 인지적 기대의 취급 방식으로 처리된다. 즉, 반(反)사실적이고 지속적인 효력의 특수한 기능을 보장하기 위해 진실성은 필수적인 것으로 보인다. 그러므로 법에서 인지적 기능은 완전히 분리될 수 없고 학습 가능한 지식으로 상정된다. 세계상(Weltbild)은 규범적 기대와 인지적 기대의 기능적인 혼재로 인한 부동(不動)적인 융합에 의거한다. 사회의 불충분한 기능적 분화는 규범적 기대와 인지적 기대의 불충분한 분리에 대응하고 있다.

(3) 전근대적 고등문화법의 의의와 가치

① 정치적 급부로서 법

고대 도시국가의 역사에서 보듯이 법은 지배자의 가(家)로부터 대개 독립하여

---

21 이것은 절대적인 창조신이라는 중세적 관념을 통해 가능해진다.

재판 절차에서 종교적으로 정립되는데, 이러한 법은 '정치적 기능 중심의 사회적 우위'를 전제한다. 이러한 전제 아래 로마법이란 위대한 법학적 성과가 나올 수 있었고, 무엇보다도 비자연적이지만 거래 친화적이고 실무적인 법적 구성이 이루어졌다.[22] 고대 지중해 지역에서 법이 전문적이고 세련되었던 것은 도시의 정치적 설립, 즉 원시 전통의 가와 혈족을 초월하는 폴리스의 건설에 기인한다. 정치질서는 씨족 집단 사이의 분쟁뿐 아니라 그와 무관한 개인 사이의 관계에도 구속력을 요구하는 데에 성공했다. 그리스인이 야만인 왕국에는 없는 것으로 생각했던 고유한 정치적 급부는 지배와 결정의 관철이 아니라 인간, 즉 다르게 행동할 수도 있는 생물로서의 인간에 관한 법의 제도화에 있는 것이다. 인간은 선택의 자유를 가지고 있는 행위자로서 법과 사회에 편입되어야 하고, 이를 위해 법적으로 정돈된 결정 절차가 필요한 것이다. 이는 자유로운 인간 공동생활을 이성적 법 형식의 실현 조건으로 보는 고대 유럽전통 전체에 해당하는 것이다.

② 위계적 지배질서의 규범화

위계적 지배 형태에서 상부와 하부의 구분이라는 암묵적인 형상에 의해 처음에는 전혀 함께 소속될 수 없는 구조상의 다양한 것이 통일체로 녹아들어가 자연적이고 해체할 수 없는 상호 연관으로서 제도화된다. 구체적 특징으로는 (1) 상부에서 하부로 지향된 일반적인 명망 격차이다. 즉, 하나의 대체적인(정치적으로뿐만 아니라 종교적으로 정당화되고 경제적·군사적·학문적인) 서열 차이가 설정되어 신분상징, 동일 지위자 및 상급 지위자 간의 교류를 위한 상이한 말투까지 포함해서 다른 의사소통 양식과 같은 여러 가지 제2차적인 기제에 의해 가시화되고 또 지지된다. (2) 이러한 서열 차이에 상응한 임무배분이다. 즉, 높은 서열의 역할을 가진 사람에게 낮은 서열과는 다른 활동이 할당되므로 상이한 규범과 자유

---

22 예컨대 물건이 유래한 매도인이 아니라 매수인에게 하자위험을 부담시키는 사고 또는 현재(과거가 아니라)의 점유로부터 소유권을 추정하는 사고가 그러하다.

가 부여되어 높은 서열에 있는 자의 활동이 더 중요한 것으로 간주된다는 것을 의미한다. (3) 비대칭적인 의사소통 구조이다. 지시 권능은 상부에 있고 하부에는 복종 의무가 있다. (4) 상응하는 역할의 지속적인 지정이다. 이는 영속적인 행동 가능성, 상황과 관계없는 타당성을 의미한다. 이러한 위계에 따른 고유권의 인정은 위계 구조에 관해 선택지 없이 안정화되어 있다는 것을 의미한다. 소수 지배 계층만이 관직을 둘러싸고 경합하고, 정치와 행정을 선택 문제의 영역으로 취급할 수 있게 되었으며, 피지배 계층에게는 다른 질서나 독자적 지위가 상정될 수 없었다. 지배자의 측면에서 선택의 부재는 고도의 '신분정합성(Statuskongruenz)'을 전제했다. 이는 사회적 신분을 배분하는 규준이 너무 다양해서는 안 된다는 것을 의미한다. 근세 이전 사회의 위계 구조는 기능분산적 범례화와 선택지 부재에 의해 확고해지고, 사회체계의 통합 근거가 된다. 이로써 법에 대한 수요와 법의 가능성을 제한하는 일정한 일반 조건들이 미리 정해지는 바, 왜 전근대적 사회가 불충분한 기능적 분화를 전제로 하는지 이해할 수 있다.

③ 사법 절차의 제도화

사법 절차의 제도화는 이전보다 더 높은 복잡성과 추상성의 차원에서 충족된다. 소송이라는 방법으로 구제받을 수 있는 제도가 만들어지고, 법관의 기대의 기대는 최종적으로 결정 요소로서 수용되며, 결정 절차에 따라 법이 시간적·사회적·내용적 차원에서 정합적으로 된다. 법적 절차의 제도화는 사회구조와 연계되고, 발전 수준에 종속적이다. 이는 정치적 지배의 분리를 전제하고, 법관 중립의 원칙으로 상징화된다. 고대 사회의 규범으로서 주술적 요소는 결정의 보조 수단이 된다. 결정 과정의 완분화의 요청에 따라 절차나 법관에 대한 규범적 기대가 나타난다. 즉, 상호행위체계의 특화, 법관 개인적 인격의 중립화, 모든 참여자에 대한 '자신을 다른 역할'로 지향하는 것의 배제, 여론 반응(공분)의 무시, 법원과 법 절차의 구별이 그것이다.

고등문화의 사법 절차는 모든 차원에서 기대의 범례화가 이룬 다양한 진화적 성과의 조합이고, 법의 정합성 수준을 고양한다. 처음에는 진화적으로 비개연적이지만 상호 강화되고 전제조건이 되기 시작하여 부분적으로 현실화되는 과정에서 비로소 조금씩 나타난다.

④ 규범의 결정 프로그램화

상호작용체계의 작용으로 기대의 기대가 안정화되는 과정에서 다양한 관점이 통합되고, 법적 논증의 발달과 그에 상응하는 법관의 결정이 내려지며, 객관적 규준이 집적되고, 규준에 반하는 사람이 고립되는 의미 집적이 이루어진다. 신분권과 토지소유권에 관한 논쟁에서 동인을 찾을 수도 있고, 로마법상 청구권(vindicatio)에서 실체법의 생성을 위한 근원과 결과를 읽을 수도 있으며, 범법자에게도 권리와 보호가 부여되는 법 절차도 소개된다. 이를 통해 법은 더 추상 단계에 도달하고, 결정 프로그램[23]의 성격을 띠게 된다.

⑤ 자연법과 노모스의 구별

법질서는 기본 성격에서 불변의 것으로 이해되더라도 선택지에 따라 사회마다 상이하게 변경될 수 있다. 그리스에서 자연법과 노모스(nomos)에 기한 실정법의 구분은 이러한 사고에서 비롯된다. 자연법의 개념은 관습의 변화나 입법에 의해 다양한 내용으로 변형되는 가변적인 법과 변하지 않은 법을 구분하는 데에 필요하다. 또한 이 시대 후기의 사고에 나타나는 바와 같이 자연적이라는 것과 동등한 것(인위적으로 다르게 선택되지 않은 것)에 대한 함축적인 연관은 여기에 그 뿌리가 있다. 노모스 개념은 자연법의 안티테제(antithese)이고, 이점을 통해 비로소 중요한 법 개념으로 평가절상 된다. 피세이(physei, physis의 복수형, '자연'을 의미)에 의해 타당해지는 법과 노모이(nomoi, nomos의 복수형)에 의해 타당해지는

23 프로그램이란 언어적으로 확정된 결정준칙을 의미한다. 프로그램에는 조건 프로그램과 목적 프로그램이 있다. 법체계에서 프로그램이란 헌법, 법률, 명령, 규칙 등이 대표적일 것이다.

법의 구별은 법의 선택성을 이해하면서도 실정법에 한해 제한적으로만 파악하고자 하는 것이다. 아리스토텔레스 이래로 '실천(praxis)', 즉 인간 행위의 선택성으로 이해되는 사고(실천철학으로서 윤리학)가 등장한다. 그 후 피시스(physis)와 노모스(nomos)의 구분이 훨씬 더 정교한 로마법사상으로 계수될 때와 그 이후로 중세에서 자연법(lex naturalis)과 실정법(lex positiva)의 위계적인 법원(法源) 구분 형식이 등장했을 때 비로소 자연법사상은 그 보호 아래 결정으로 정립된 법으로서 실정법(das positive recht)을 전개할 수 있는 이론적 근거를 획득한다.

⑥ 정의 관념의 법 개념화

법의 복잡성이 현저히 증대해 법이 특화되어 추상화되고, 전근대적 고등문화에서와 같이 부분적인 선택적 분화와 변동을 하게 되면 결국 법 원리가 추상적인 규준으로 정식화되어 기존의 법에 대한 척도로서 분리될 가능성이 생긴다. 그 결과 법 원리는 공평과 정의의 사상으로 하나의 범례화 된 도덕 형식을 수용한다.

이러한 법 원리는 원시사회의 권력과 재산 배분에 대한 수정 필요성의 상황에서 정식화되었다. 즉, 정치적 지배자가 분명한 목적으로 돌보는 과제는 강자에 대해 약자를, 부자에 대해 빈자를 보호하는 것이다. 이러한 의도가 법과 입법의 개념 속으로 들어간다.[24] 정의의 척도를 문제로 거론하고 개념적으로 설명하는 것은 그리스의 폴리스 덕분임이 틀림없다. 그리스적 법사상에서 행위뿐 아니라 법 자체에 이의를 제기할 수 있도록 하는 정의의 개념에 이른다. 응보와 호혜라는 원시적인 규준에서 더 추상적인 양식을 끌어내 내재적 제약을 극복하고 더 복잡한 생활 관계에 맞추려 한다. 이렇게 하여 법 원리는 새로운 역사적 내용을 얻는다.

24 이에 관한 가장 오래된 언급은 메소포타미아의 입법례에 있고, 지중해 지역의 고대 도시국가에서도 이런 경향이 나타난다(Luhmann, 1987: 187의 본문과 각주 121 참조).

정의는 규범적 행동기대에 대한 범례화의 정합성을 위한 하나의 상징으로서 합리성과 평등으로서 정의된다. 여기에서 평등이란 시간, 실질적 본질 연관 및 합의 능력에 관한 규범의 관철을 의미한다. 즉, 평등은 자명하고 지속성을 지닌 합의를 의미한다. 나아가 그에 상응하는 의도에서 중용(das Maßvolle)과 중도(die Mitte)라는 사상이 등장하게 된다. 이 사상은 이성적인 상태에서 모든 가치와 극단적 입장에 대한 등거리를 유지한다는 것이다. 여기에서 하나의 합명제가 나타나는데, 극단적 가치에 대한 동일 간격의 유지를 통한 의미(Sinn) 안에서 기대할 수 있는 합의와 계속적인 타당성을 보장한다는 것이다.

정의라는 기준은 점차 탈신화화(脫神話化) 되고 윤리화 되며 규범이라는 방식으로 지배자와 법관을 수신자로 한다. 그 결과 법에 대한 기능으로 대체되는 것이 아니라 오히려 타당한 법규범에 대한 일종의 초규범으로 대체되고 지배자에게는 덕으로 대체된다. 전근대사회의 정의 관념 역시 사회구조에 상응하고, 사회가 도달한 복잡성의 정도와 일치하며, 법 제정을 위한 프로그램적 성격의 규준을 아직 발전시킬 수 없다는 것에 대응한다. 법 원리로서 정의 중 일부는 법의 불충분성에 대한 반성과 합리화로서, 일부는 새로운 법 발전의 동인으로 작용한다. 이 점에서 전근대적인 고등문화는 구체적인 체험 가공과 추상적인 경험 가공 사이의 중간적 상황에 있다는 것과 그 자체에 조준된 가능성이 불충분하게 실현되었다는 특징이 있다.

전근대적인 고등문화에는 이미 상대적인 독자성을 가진 법 발전이 있었고, 법의 제한된 개념적 학습이 있었으며, 개별 법제도 또는 논증 원칙이 사회에서 사회로 이전되기까지 했다. 그렇지만 법 기술적 추상성, 절차적 갱신, 법률적 고안의 과정은 독자적인 길을 간다. 이들 사회의 법질서는 기본 경향·추상 능력의 한계, 절차적으로 조직된 결정 자유의 범위, 인식적 기대와 규범적 기대의 분리 정도에서 무엇보다도 법의 복잡성, 변화성, 비판 능력에 관한 사회구조에 의해 결정된다. 하지만 우리가 법규범의 발전 한계를 밝힐 때, 즉 실정법으로의 이행이 사회학적으로 새로운 무엇을 가져오는가를 인식할 때 법 양식의 통일성과 한계는 가장 분명하게 드러날 것이다.

3) 법의 실정화

(1) 사회구조의 변화에 따른 법 양식의 변화

최근 사회의 복잡성이 급속히 증가해 새로운 종류의 문제들이 거의 모든 의미 영역에서 제기되었고 법 영역에서도 제기되었다. 사회적 복잡성의 증대는 결국 사회체계가 기능적 분화를 진행한다는 것에 기인한다. 기능적 분화의 진행에 따라 사회의 특수한 문제들을 해결하기 위해 사회의 부분체계를 형성한다. 사회적 발전은 점차 더 추상적이고 전제가 많으며 구조적으로 더 위험한 완전분화[25]를 가능하게 한다. 그 중요한 결과로는 여러 가능성이 과잉생산 된다는 것이다. 그렇지만 이러한 가능성은 제한적 범위 내에서 사실상 현실화될 수 있고, 따라서 의식적인 선택이 증가하는 과정을 요구한다.

부분체계의 기능적 관점이 추상화되면 사회가 역동화된다. 부분체계 특유의 가능성 지평은 사회가 가진 공통의 신뢰 관념과 공통의 외부 경계를 통해 더 이상 통합될 수 없음을 의미한다. 이것은 시간관념이 미래 개방적으로 변경되어야 하고 계획이 필요하다는 것으로 표현된다. 체험과 행위의 가능성이 폭발적으로 증대되면 불확정성도 증가한다. 모든 파악할 수 있는 의미는 다른 가능성으로 나타나고 관련 문제로 제기된다. 의존성과 대체 관계가 가시화되고, 합리적 계획과 생산의 기회 및 합리성의 조건에 의한 과잉요구도 나타난다. 합리성은 예전보다 더 달성될 수 있을 것 같기도 하고(발전), 더 달성할 수 없을 것 같기도 하다(퇴행). 이러한 변화에서 사회의 모든 부문에 대한 적응 압력이 나오는 것은

---

25 예컨대 경제적 수단의 공급뿐만 아니라 배분을 위한 체계, 자녀 양육과 보호와 같은 의무적인 목표뿐만 아니라 연구와 연구에 관한 연구와 같은 선택된 목표를 위한 체계, 교육뿐만 아니라 교육학을 위한 체계, 집단적인 구속력을 가진 결정의 산출뿐만 아니라 그것의 정치적인 준비를 위한 체계, 사법뿐만 아니라 입법을 위한 체계 등이 있다.

분명하다. 각각의 실제적 상태는 많은 가능성 중 더 높은 선택성을 가진 하나의 선택이다. 모든 긍정은 더 많은 부정을 내포하고 있다. 모든 구조와 부분체계는 무관련성(Indifferenz)을 증대시키든 탄력성(Elastizität)을 증대시키든 이러한 사실들을 고려해야 한다.

이러한 상황에서 규범적 행동기대를 정합적으로 범례화 할 필요성은 역시 변화한다. 가장 중요한 전체 사회적인 기제들, 즉 진리, 사랑, 권력과 경제적 수요조절의 각 기제는 제각기 특수한 기능을 지향하면서 내적 규준, 즉 그것에 내장된 균형감을 상실한다. 각각의 기제는 이제 사회에 정해져 있는 그 자체의 자유에 대한 외부적 제약을 통해 사회적 수인성의 한계 내에서 유지되어야 한다. 이러한 제약은 더 이상 본성이라고 파악된 자명성에 의해 사물의 본질로 간주되지 않고 규범적인 규칙, 급부 의무, 기대 가능성, 우선순위 등으로 생각된다. 그 외에도 기능적 분화는 사회 내부적 문제와 갈등을 증가시켜 범례화의 모든 수준에서 결정 부담을 증대시킨다. 전체 사회의 부분체계들은 이전보다 더 서로 의존하게 된다.[26] 그러나 동시에 부분체계들은 각자의 기능을 변함없이 확실히 제공하기 위해 다른 영역에서 자기가 지배할 수 없는 변동으로부터 보호되어야 한다. 부분체계 상호 간의 의존성과 독립성은 동시에 증가한다. 그렇지만 개별적으로는 다양한 마찰과 그에 따른 조정의 필요가 생기고 이들을 극복하는 것이 법에 요구된다. 그래서 처분의 자유와 보호에 대한 요구가 증대한다. 이러한 요구는 일방의 자유가 상대방을 불안정하게 하지만 충족되어야 한다. 이러한 문제의 심각한 증상을 의식하게 된 것은 19세기 말경 계약의 자유와 한계에서였다. 여기에서 기능적 분화로 생긴 문제들이 나타나는데, 문제점은 개별 법제도의 측면에서 익숙했던 법적 형상이 의문시되고 불확실해진 것, 그리고 도그마틱

---

26 즉, 경제가 정치적 보장과 조종결정에, 정치가 경제적 성공에, 과학이 재정과 정치의 계획 능력에, 또 경제는 과학적 탐구에, 가정은 정치적 완전고용 프로그램의 경제적 달성에, 정치는 가족의 사회화 작용 등에 의존하게 된다.

(dogmatic)의 균열에서 나타난다. 많은 새로운 현상이 즉석에서 거칠게 처리되고, 도그마틱에 근거해서 처리되지 못한다. 이들 현상은 법을 과잉생산하고, 법률적 개념 기교는 사안 처리의 수준을 현저히 저하시킨다. 법관의 판단 업무를 아무리 새롭게 평가한다고 해도 이들 문제는 종래의 법률가법의 수준과 형식으로는 더 이상 해결할 수 없는 것이 분명하다. 그것이 법으로 해결될 수 있는 한, 이러한 문제는 점차로 입법[27]을 요청한다.

(2) 고대, 중세법의 실정화[28]

중세 이래 입법의 법적 지위는 불확실하다. 법적 불안정성이 높은 경우 지배자의 명령과 규범 제정은 거의 구분되지 않는다. 명령이나 제정된 규범이 법으로 편입되는 것은 절차에 따라 안정적으로 생기는 효과가 아니라 시간, 습관, 공지 가능성의 문제이고, 적응 가능성 및 정치권력의 문제이기도 하며, 위기에서

---

27 입법은 근대의 창조물이 아니다. 이미 메소포타미아의 초기 고등문화에서 입법이 실행되었고, 고전시대에도 입법에 의한 법 정립이 완전하게 실행되었다. 대대적인 개혁적 입법 작업이 특히 아테네와 로마에서 정치적·종교적 법문화의 초기 형식에 대해 전통의 한계를 형성하는 과정에서 수행되었고, 중국 진나라(B.C. 221~207)의 법률과 같이 거대한 영역의 정치적 통합을 달성하는 역할도 한다. 고등문화의 경계를 넘어서지 못한 사회조차 그 사회가 정치적인 결정 권한을 대체로 분리하고 있는 한, 전승된 법과 지배자로부터 강제되는 명령이 병존하고 있다. 견고한 정치적 지배가 있었던 더 고도로 문명화된 사회에서, 특히 고대세계의 거대하고 관료적으로 관리되고 있는 국가에서 법을 개관할 수 있도록 관리하고 통일적으로 정리하는 것에 대한 정치적 관심이 형성되었는바, 이러한 관심은 법의 집대성으로 나아갔고, 특히 불확실하거나 다툼이 있는 복잡한 법 분야를 권위에 의해 성문화하여 확정하고 새로 공포하거나 선별적으로 정리하여 편찬하고 개정했다. 이러한 것들은 이미 메소포타미아, 중국, 후기 로마, 비잔티움, 사산 왕조, 고대 멕시코에 전래되었다. 그것과 함께 수행된 정치적 목표는 대개 독자적인 입법적 성격이었다기보다 오히려 1차적으로는 질서 유지적인 재판권의 성격이었다. 즉, 법의 통일성, 공공성과 접근 가능성의 확보, 지역적 분열 및 변형, 권력적 영향으로부터 사법(司法)의 독립성을 유지하는 데에 있었다(Luhmann, 1987: 192~193).

28 루만 법사회학에서 실정법 이론은 매우 중요한 부분을 차지한다. 법 형성 과정은 입법자가 관여하는 것이 아니라 사회 전체가 관여된다. 사회적으로 구속력 있는 법이 되기 위한 모든 법적 사고가 절차라는 여과기를 통과해야 한다. 법적 타당성과 관련하여 그것은 인과적으로 발생하는 것이 아니고, 실정법의 제정이라는 선택결정에 따라서 법의 타당성이 귀속되는 것이

초래되는 압력과 상황 의존적 설득력의 문제이기도 하다. 객관적으로 보면 입법에 대한 이러한 제약은 임의적인 가능성에서 유의미한 선택을 효과적으로 할 수 있는 제도나 결정 과정이 없다는 데 이유가 있다. 또한 주제의 측면에서 이러한 제약은 모든 법이 자의적으로 입법에 의해 만들어지거나 변경되는 것이 아니라 자연적이고 진실하며 전승에 의해 타당한, 즉 불변적인 법의 테두리에서 단지 제한된 영역만이 중세의 초기 내지 중기에서 언급되었듯이 '시대적인 차이(diversitas temporum)' 또는 '자연적인 다양성(varietas naturae)'이라는 세부 사항에 대한 적응을 위해 입법으로 처리될 수 있다는 관념으로 나타난다. 그래서 제정법은 법질서의 구성 부분으로 생각될 수 없다. 이는 그 자체가 아니라 제정법의 외적 기반에 의해 법적 성격을 가졌기 때문이다.

그럼에도 법은 '신적'인 법(göttliches Recht)조차도 수많은 경우 의식적이건 무의식적이건 변경될 수 있다는 것이 분명하다. 왜냐하면 규범의 형성은 기대에 대한 기대를 고려해서 확산되고 수정될 수 있기 때문이다. 신에 의해 창설된 법은 신에 의해 정통성을 부여받은 입법자를 통해 재구성되고 보완되어 부연되었

다. 실정법은 입법자의 결정 행위에 있는 것이 아니라 부단한 현실적인 법 체험에 있는 것이다. 결국 법의 실정성이란 법이 결정(입법자)의 결정에 의해 제정될(선택될) 뿐만 아니라 결정에 근거해서 (불확정적이고 변경 가능하게) 타당함을 의미한다. 법의 실정성으로 인해 법의 불확정성과 복잡성은 엄청나게 높아져서 기능적으로 분화된 사회의 법 수요가 충족된다. 법의 불확정성과 복잡성은 새로운 종류의 구조적 전제조건과 조직화 가능성, 새로운 종류의 위험과 결과의 문제와 같은 '다른 수준'으로 옮아가고, 새로운 정합성의 확보에 의해 현실화된다. 고도로 추상화된 사회의 발전에 아무런 법적 제약이 없게 되고, 그때그때 법률화되고, 법적 해결이 가능해진다. 법의 범례화는 시간적·내용적·사회적 차원에서 이루어진다. 실정화된 법만이 한편으로 사회적 체계를 구조화하고 안정시키고, 다른 한편으로 변하는 환계의 요구에 대한 적응력을 유지하는 이중의 과제를 관장할 수 있다. 법의 실정성은 법의 자기규정성이다. 실정법의 유효성은 법체계의 자기결정에 근거하는 것이지 근본 규범이나 상위규범에 부합하기 때문이 아니다. 법의 완전분화와 기능적 독립화가 이루어짐에 따라 규범의 현실화와 관철 가능성에 의존하면서 규범화 과정이 더 간접적이고 재귀적으로 되고, 더욱 철저하게 관철될 수 있다. 결정 프로그램으로서 법 구조는 조건 프로그램화(if…, then…)되면서, 결정 과정을 단순화함으로써 수직적 의사소통 방식의 부담을 경감시킨다.

다. 그러나 법규범의 정당화될 수 있는 가변성은 좁은 한계 내에서 이루어졌다. 원칙적으로 법의 타당성은 변하지 않는 것으로 간주되고 변화는 불변의 타당한 규범에 기초하는 것이지, 부단한 적응에 의한 적절성에 기초하는 것이 아니다. 그러므로 법적 타당성은 그 자체로 문제시되어서는 안 되고, 불확정적인 것에 의해 정당화될 수도 없다. 신법에 대한 구법의 우위, 즉 법 '제정'의 금지가 아니라 법 '변경'의 금지는 중세 초기에 제도적으로 처음 확실하게 보장되었다. 법원(法源)에 관한 로마법 이론은 예컨대 법규범이 성립하는 여러 양식을 구별했지만, 뒤늦게 법의 더 추상적인 타당성 규준의 개발을 시작했다. 입법이 허용되었음에도 법은 전체적으로는 오래된 것이고 진리나 신성한 약속, 전통에 의해 타당한 법이었을 뿐 만들어지고 언제든지 변경할 수 있는 실정적인 법은 아니었다.

근대 이래 실정화의 방향에서 법을 재편성하는 것은 고대 유럽적 전통의 사유 양식과 제도에서 준비되고 있었기 때문에 별 마찰 없이 실행될 수 있었고 입법을 위한 더 높은 필요성에서 대두했다. 로마 말기의 법 실무에서 황제의 입법을 위한 모델이 있었다. 그 모델은 중세에 추상적 형태로, 즉 구체적인 것을 한정하는 사회적 맥락 없이 계수되고 문화적 모델로서 수용될 수 있었다. 입법은 처음으로 발명된 것이 아니라 고유한 제도에서 발전된 것이다. 입법은 혁신에 따른 예견 불가능한 위험을 피하기 위한 설득력 있는 논거를 제공했다. 그래서 입법이 법 형성의 형식으로 고안될 가능성이 확보되었고 정당성은 전통에 의해 가능했다. 신법, 영구법, 자연법 그리고 실정법으로 구별하는 법원(法源)과 법 종류(rechtsarten)에 관한 위계적 질서 관념은 일반적으로 수용된다. 이러한 사고에 따라 높은 단계의 법에 의해 낮은 단계의 법을 정당화하고 제한하는 엄격한 형식이 굳어졌다. 이 경우에도 많은 경우와 마찬가지로 위계적 사고는 관계를 드러내지 않고 유동화하는 도식으로서 기여한다. 변동은 조금씩, 별 의식 없이 이루어진다. 상위의 법이라는 이름 아래 그리고 테두리 내에서 입법은 다시 도입될 수 있고 확장될 수 있었다.

중세 이래 구법 적용의 원칙은 정치적 권력자에 의해 계수되고, 유지되었다. 그러다가 새롭게 제정된 불안정한 법의 효력도 오래된 법과 같은 구속적 효력을 인정하기 시작했고 법 제정의 행위, 특히 특권의 분배는 이해관계자 또는 국가의 유력자들과 합의되었으며 계약 형식으로 포장되었다. 그러나 장기적으로 진화적 성과는 이와 상반된 방향을 향하고 있었다. 입법자는 그가 제정한 법에 구속되지 않는다는 원칙이 수립되고 법은 언제든지 변경될 수 있다는 더 높은 위험이 제도화된다. 게다가 지배자의 인격과 입법자로서 해야 할 역할이 지금까지보다 훨씬 분명하게 분리되었다. 지배자는 더 이상 국가일 수 없고 단지 국가에서 하나의 역할을 할 뿐이다. 그래서 사람은 공직에 의해 그리고 공직을 통해서만 법을 변경할 수 있다. 그러나 고대 특히 아테네의 법 역사가 가르쳐주듯이 법률을 변경하기 위한 절차를 법 형식적으로 갖추는 것만으로 충분하지 않다.[29] 법에 대한 불복종과 법률에 대한 변경 욕구는 구별되어야 하는 것이다. 근대 국가의 형태에서 비로소 '절대적' 지배에 대한 요청이 해소되면서 충분히 개방적이고 1차적으로 정치적인 목표를 지향하는 의사 형성이 나타났다.

(3) 근대, 현대법의 실정화

이런 상황에서 일부 정치적 체계들은 지배자의 법 파괴에 대한 피지배자의 저항과 국가권력 담당자의 법 제정에 대한 일반 국민의 반대를 개념적·제도적으로 구별할 수 있도록 만들고, 여기에서 법률을 부단히 변경할 수 있고 선택 가능성이 풍부하고 잘 정비된 정치적 준비를 위한 기초를 발견한다. 절차의 확립,

29 아테네 법 실무가 불안정했다는 것이 후세에 전해지고 있는데, 그 불안정의 이유는 무엇보다도 업무와 조직에 따라 충분하게 분화되고 기능할 수 있는 정치(특히 예로부터의 종족 반목에서 비롯된 당파에 대한 고질적인 반감에서)가 부재했다는 것에 있었던 것 같다. 아테네의 입법(nomothesie)에는 편찬된 법 전체를 해마다 검토할 기회가 제도화되어 있었다. 아테네의 입법은 법을 불확정적으로 파악하는 전형적인 경우로 간주할 수 있다고 해도 고대 도시국가는 법을 체계로서 완전히 실정화할 만큼 크거나 복잡하지 않았다.

기관과 사람의 구별, 불복종과 변경 욕구의 구별, 저항과 반대의 구별 및 정치적 과정의 제도화라는 이 모든 조건은 사회구조의 변화와 더불어 규범 영역 밖에서 새로운 종류의 결정 문제들이 생기지 않았더라면 법의 실정화에 도달하지 못했을 것이다. 원시적인 자력구제법에서 고등문화의 법으로 넘어가는 전환기에 거래경제, 개인의 토지 소유, 빈자와 약자의 보호, 정치적·군사적으로 중요한 지위의 보호라는 새로운 종류의 문제 상황과 결정의 필요성 때문에 통일적인 구법에서 민사법과 형사법의 절차적 분화로 대체되었듯이 당초에는 신분적 사회질서에서 산업화된 사회질서로 구조가 변하고, 그다음 이러한 새로운 사회유형에서 점증적으로 발생하는 여러 문제를 해결하기 위해 이제 공공의 법에 근거한 결정에 주도적인 역할을 맡기게 된다. 법 도그마틱의 전통적 기초에는 구조화된 더 높은 복잡성을 가진 의미 형상이 이미 제시되어 있었다. 그래서 '법전 편찬(Kodifikation)'은 합리화와 체계화를 위한 명백한 경향에도 불구하고 항상 본질적으로 기존의 법과 연계될 수밖에 없는 발전을 한다. 계몽주의가 전승된 법을 해체하고 이성적으로 재구성할 것을 요청하는 등의 모든 급진성에도 입법 작품에는 이전에 발견되어 정리되고 수정·보완된 법이 주종을 이룬다.[30] 이 시대에는 법을 이성적으로 성찰하고 입법자에게 법 전체를 개정할 수 있는 권능을 유보한다는 요청이 관철될 수 있었지만, 원리적으로 가변적이고 부단히 적응하며 이러한 가능성에 기해 효력을 갖는 법에 대한 요청은 관철될 수 없었다.

법의 완전한 실정화는 공법 분야 또는 노동법, 주택법과 같이 일의적으로 편입시킬 수 없지만, 어떻든 전통적인 도그마틱의 관념 영역 밖에 보금자리를 잡을 수 있는 법 분야에서 토대를 가졌다. 여기에는 오늘날 일반적으로 구속력 있는 새로운 종류의 법 양식이 성립할 수 있는 자유로운 공간과 필요성이 있었다.

---

30 예컨대 프랑스의 '시민법전(code civil)'은 완전히 의식적으로 관습법(coutumes)으로 돌아갔고, 프로이센의 '일반란트법(Allgemeine Landrecht)'은 의식적으로 로마법의 판덱텐(Pandekten) 법학을 독일화한 것이다.

그렇지만 특히 초창기에 처리할 수 없을 정도로 매우 많은 입법적 규율의 문제가 발생했던 것처럼 많은 입법의 문제가 생기는 곳에는 국가기구의 영속적인 기능 요소로서 법치국가의 정서된 입법 절차 확립이 필수적이라는 것이 19세기 중에 드러난다. 이에 따라 정치적인 결정을 준비하는 데 복잡성이 증대하여 정치체계에서 특수한 정당정치적 영역의 완전 분리가 요청된다. 이 모든 것을 위한 사회구조적인 전제조건은 기능적 분화의 진전 및 부분체계의 특화와 아주 복잡하게 연관되어서 다중적으로 얽혀 있다.

국가적·정치적 생활의 제도적 요소로서 입법 절차를 확립하는 것은 결정의 제정성이라는 의미에서 실정적인 법으로 전면 전환하기 위한 필수 불가결한 전제조건이다. 따라서 실정화에 대한 이념사적 준비(die ideengeschichtliche Vorbereitung)와 실정법이라는 법학적 개념은 처음부터 입법 절차와 관련되어 있다. 그러므로 입법 절차는 이론적으로 불충분한 추상성 수준에 고정되어 있다. 입법 절차의 정착과 더불어 입법의 작업 방식과 결과가 분명해짐에 따라 미지의 새로운 국가(적극 국가나 복지국가 또는 사회국가)에 대한 공포가 감소하는 한편, 입법의 내재적 제약에 대한 통찰은 증가한다. 모든 법이 법률의 일반적인 형태로 만들어질 수 없고 입법자의 프로그램적 확정도 타당한 법의 의미를 완전히 고정할 수 없다는 인식이 불가피하게 나타난다. 그 결과로서 20세기에는 불변적인 원리 또는 법원 관념은 승인받지 못하고 실정성의 토대 위에 법관법(Richterrecht)에 새로운 강조점을 두게 된다. 법관법 또는 법관의 법 창조라는 이름 아래 고전적인 법률가 법을 재수용하는 데에 관심을 모은다. 이를테면 법관에게 정치적 중립성, 사회적 법의식의 표현, 결정 결과에 대한 책임, 법 도그마틱의 형상을 신중하게 변환시키는 섬세함이 강조될 때 그러하다. 하지만 여기에는 분화된 결정 과정에서 법관이 그 지위에서 특수한 기여를 정당화하고자 하는 주장이 따라온다. 즉, 이러한 주장은 법의 제재 수단에 대한 법관에 의한 통제가 직접적이라는 것, 법관이 사건에 가까이 있고 그의 일상적인 법 경험이 구체적이라는 것, 법관이 불완전하게 결정된 규범을 파악하고 있다는 것, 법관의 결정이 법률에 의해 프로그램적으로 고정된 것이지 최종적으로 고정된 것이 아니라는 것에서 나온다. 이 모든 것은 보충적으로 입법 과정을 환기한다.

이러한 관점이 서로 밀접하게 연관되어 있다는 것은 법률가의 직업적인 자기 이해와 에토스(보편적 윤리)도 법의 실정성을 지향해서 전환된다는 징후로 간주할 수 있다. 법관의 결정이 늘 불확정적으로 선택되어 재현되는 것은 아니지만 입법과의 분업적 기능 공동체에서 법 선택과 실정성을 가지고 있다. 입법에 대한 고려는 법관의 의무이자 자유이다. 법관이 입법 이후 가능한 교정의 방향을 알고 있다면 그는 더 선명한 법 발전을 수행할 수 있다. 한편 오늘날 법의 실정성은 입법 권한이 법 전체를 관장하고 있다는 사실에 의해 충분하게 파악될 수 없다. 법의 실정화라는 발전 과정에서 문제되는 것은 오로지 기존 법 구성체에 대한 입법자적 권능의 추가가 아닐뿐더러 법의 위계성이 사라지는 단계, 즉 더 높은 법원(Rechtsquelle)에 대한 믿음이 떨어져나간 후 실정법의 단순한 잔재가 아니다. 실정성이 법의 제정성을 기초로 유효하다는 것을 의미한다면 제정, 즉 결정이 법의 기반이 된 이후부터 비로소 말할 수 있다. 그리고 제정은 단지 그 선택성 자체가 법의 안정화를 위해 이용되는 만큼만 법의 기반이 된다. 실정법은 더욱 고차적인 규범이 그것을 허용하기 때문이 아니라 자신의 선택성이 정합적 제정 기능을 충족하기 때문에 타당한 것이다.

결정에 의해서만 타당하고 결정을 통해 변경될 수 있는 실정법으로의 이행은 다시금 법 양식 전체를 변경하고 행위기대의 정합적 범례화가 추구되고 보장되는 의미 차원을 변경한다. 법의 복잡성과 불확실성은 구조적으로 가능해져 엄청나게 늘어난다. 가능성 지평의 폭발적 확장으로 개별적인 법규범과 법 개념이 전혀 변하지 않더라도 법의 질은 변한다. 이러한 법의 실정화 과정이 전체 사회체계의 기능적 분화의 완성과 상호 의존적으로 결부되어 있다는 것은 결코 우연이 아니다. 기능적 분화는 전체 사회의 부분체계의 관점을 특화하고 추상화하며, 이들 부분체계에 상이한 기능으로써 상이한 가능성 지평을 배당한다. 우리는 이것을 가능성에 대해 구조적으로 조건 지어진 과잉생산이라고 했다. 이런 변동은 처리할 수 있는 많은 가능성을 정해진 절차에 수용할 정도의 법과 풍부한 가능성, 감축을 담당할 수 있는 원리를 요구한다. 사회체계의 기능적 분화와 법의 실정성은 복잡성과 우연성이 측정할 수 없을 정도로 넘치고 있다는 기본 특징, 즉 전체 사회의 체계 내적 선택 과정을 유발하는 자기과부하에서 수렴된다.

이러한 변동은 법의 관념적인 자리매김과 성격 규정에 영향을 미친다. 인간의 선택 영역과 그것에 의한 세계의 유의미한 구축은 항상 사회구조에 달려 있다. 단순한 사회는 비교적 구체적이고 의인적인 세계상을 가지고 있다. 이러한 세계상에는 알 수 없는 두려운 것을 위한 잔여 범주가 있고 규정할 수 있는 복잡성과 비교해 볼 때 규정할 수 없는 복잡성 부분이 훨씬 많아 선택성은 거의 조직되어 있지 않다. 단순한 사회는 세계에 의해 과도하게 요구받고 있다고 느끼고 세계를 최대한 구체적이고 불변적인 것으로 확정한다. 한편 근대 이전의 고등문화는 자신의 법을 세계질서로 파악한다. 이에 반해 사회체계의 기능적 분화로 말미암아 가능성은 사회구조의 변동과 함께 변화하고 세계 자체 속에서 고정될 수 없어 사회에는 과잉적인 자기요구가 생긴다. 그렇게 되면 법에도 이에 상응하는 이해가 생기게 된다. 법은 규범적인 전제 속에 안착하고 그러한 전제 위에 같은 내용으로 결정될 수 있다. 법은 결정 프로그램으로서 자신의 적합성을 스스로 입증해야 한다. 그래서 법의 실정성은 법의 증대된 선택성으로 파악할 수 있다. 체험과 행위로서 가능할 수 있는 지평이 확장되어 불변적이라고 생각되었던 자연법을 다른 가능성의 관점으로 가져온다. 세계질서로서 불변적인 것으로 전제되었던 것이 이제 선택으로 인식된다. 법의 실정성은 헌법에서 도출되는 것이 아니고(헌법이 실정성을 부인하고 자연법이나 변경할 수 없는 법으로 신봉할 때에도 법의 실정성은 역시 타당하다), 일정한 결정에 규범적 타당성을 부여하는 근본 규범과의 논리적 연관에서 도출되는 것도 아니며(법의 실정성은 기껏해야 그러한 근본 규범의 이념을 통해 상징화되고 법학적으로 구성될 수 있을 뿐이다), 사회발전의 결과로서 기능적 분화에 의해 과잉적인 가능성이 만들어져서 모든 법을 불확정적인 것으로 나타나게 하는 경향을 가진 사회구조와 상관관계가 있다.

4) 실정성의 위험과 파생 문제

법의 실정화는 개별적인 규범, 제도, 사고상(思考像)의 연속성에도 불구하고 더 높은 복잡성으로 법의 구조를 총체적으로 재편한다. 그래서 실정화는 정치체계와 법적 절차에서 결정 전제와 문제만 변경시키는 것이 아니라 전체 사회 자체가 가진 사회체계의 규범적 구조도 변경한다. 총체적인 사회체계에서 법의 지위를 바라보면 법규범은 오로지 특정 역할을 위한 결정 프로그램이 아니라 본래적 의미에서 전체 사회적인 상호작용에 대한 참가자 모두의 기대 구조로 보이는 것이다. 그렇게 되면 법이 실정적인 것으로 전환하는 과정의 광범위한 조건들로부터 발생하는 아래와 같은 파생 문제들이 나타난다.

(1) 위험의 상승

첫 번째는 '엄청난 위험의 상승(immense steigerung der risken)'인데, 이것은 법의 실정화와 결부되어 있지만 당연히 수많은 법제도(예컨대 계약의 자유, 기업의 법인격 인정, 영업 인가 등)와도 결부되어 있다. 이 위험은 이미 근대 초기에 '주권적(souverän)'이나 '절대적인(absolut)' 정치적 지배가 괄목할 정도로 형성되었다는 것에서 의식되었다. 이 위험은 정치적 폭력(politische Gewalt) 및 그것에 의한 법의 장악과 연계되어 남용이나 자의의 위험으로 기술되었던 것이다. 이는 19세기에 법치국가의 관념에서 법의 정치권력에 대한 우위가 요청됨으로써 해소되는 것처럼 보였다. 그러나 새로운 실정적 법 구조가 갖는 위험은 오로지 법 자체에서만 저지될 수 있는 것이 아니다. 이미 일반적이고 정합적으로 범례화 된 기대는 생활 영위를 위한 안정성을 보장할 수 없다. 사회와 법의 새로운 발전과 함께 이러한 불확실성은 증가하고 형식을 변화시킨다. 다른 사람에 의한 위해(危害, Gefährdungen)는 법의 형태로 더 많이 방어될 뿐만 아니라 허용되기도 한다.

위해는 이미 상당한 정도로 법 자체에서 생긴다. 그래서 위해에 대한 전선 구축은 더 이상 불법에 대한 합법의 토대와 관련되는 것이 아니다. 이는 법 자체에서 위험의 규제와 배분으로서 진행된다. 예컨대, 법률은 변경될 수 있으나 오직 헌법의 테두리 내에서 또는 특별한 조건 아래서 가능하다든가, 계약은 해지될 수 있지만 법정 사유가 있어야 한다든가, 권리는 박탈될 수 있지만 오로지 공공이익을 위해 가능하고 보상해야 한다든가, 예측 가능하고 전형적으로 손해를 끼치는 경향이 있는 행동은 허용되지만 위해 책임(Gefährdungshaftung)을 부담한다든가 하는 것이다. 법적으로 허용되는 그러한 위협에 직면해서 확실성 문제는 재정의되고 다시 지각되어야 한다. 이제 더 이상 불법적 행위에 대한 안전, 권리보호가 문제되는 것이 아니라 합법적 행동에 대한 안전 그리고 이와 함께 법 자체에서 법정책적 감독과 적응을 요구하는 서로 상반되는 복잡한 예방 조치가 문제된다.

(2) 법에 대한 불가피하고 합리적인 부지

법은 근대에 이르러 복잡해져 개개인이 목록과 내용을 더 이상 알 수 없다. 법률가의 전문 지식마저 정상인의 관용적인 지식이라는 의미나 전문적인 특수화의 방향에서 벗어나 협소한 단편적인 영역으로 집중될 수밖에 없다. 즉, 법관은 주석서를 참고로 하고, 결정 작용의 원활성을 위해 법 지식만으로 해결할 수 없는 부분에 대해 의사, 변리사, 회계사, 과학자들에게 조언을 구할 수밖에 없다. 법의 부지는 오래전부터 있어왔지만 그것이 법 문제의 해결에서조차 예외가 아니라 원칙이 되고 있다. 법에 대한 불가피하고 합리적[31]인 부지는 근대법 자체가 거의 알지 못했던 사실이다. 법의 부지 문제는 그 위험성이 은연중에 총체적으로 얻은 신뢰와 자신의 특별한 생활 상태에 따라 얻은 약간의 주요 정보를

31 여기서 '합리적'이란 의미는 법의 가변성이 계속됨에도 법률가가 과거의 법 목록부터 모든 법을 다 저장하는 것이 불합리하다는 측면에서 사용된 표현이다.

가지고 별 탈 없이 사회생활과 법 생활을 해야 하는 개인에게 전적으로 전가된다는 것에 있다.

(3) 자기 기대의 범례화: 비국가적 법의 증가

실정법의 또 다른 위험은 전체 사회의 부분체계로서 자신의 고유한 기대를 범례화 하는 방식의 전환이 바로 그것이다. 즉, '비국가적(nichtstaatliches)' 법의 증가이다. 특히 경제·노동·직업 영역의 약관이나 규제 약정, 기업 내규 등이 폭증하는 것을 관찰할 수 있다. 이러한 것들은 입법자가 그것에 관여하지 않거나 폐해가 생기는 경우에 예외적으로 관여하는 등의 방법으로 필요시에 규제를 보충하는 것이다. 이렇게 2차적으로 생겨난 법의 특수성을 순수하게 법학적으로만 인식하는 것은 어렵다. 그 특수성은 성립 형식에 근거하는 것이 아니다. 간접적이긴 하지만 법률에 기초할 수 있는데, 예컨대 계약 자유나 소유권에 근거하고 있다. 그 특수성은 단지 특정 상황, 특수한 역할 또는 특별한 사회체계에만 타당하다는 것에 있는 것도 아니다. 이 점에서 광의의 제정법에 해당한다고 할 수 있다. 이러한 법의 성격은 제도화하는 부분체계, 제도화 형식, 그것을 수용하는 주체에 따라 정해질 것이다. 비국가적, 2차적 법이 형성되는 방식은 전체 사회구조와 발전 상태에 독립적일 수 없고 고도로 복잡하고 유동적인 사회에서만 발달할 수 있는 특별한 기제, 즉 공식 조직(formale organisation)에 기초한다. 이러한 법도 실정법이 지닌 부담경감 효과를 가지고 있고, 사람들은 그 법이 가지고 있는 특유한 형식을 승인함으로써 구성원으로서 가입되며, 가입자는 법의 제도화적 조건을 준수해야 한다. 이처럼 부분체계의 법도 실정화될 수 있지만, 한편으로 전체 사회체계의 제도화와 정치적 통제 제한이 상실된다. 이러한 기제의 위험과 문제점은 전체 사회의 개입 방식이나 구제 방법 및 집행 절차가 불분명한 점에 있고, 전통적인 도그마틱의 해결 모델이 적용될 수 없다는 데 있다. 결국 전체 사회 자체는 조직에서 생성되는 부분체계의 법을 책임질 수 없고, 2차적 법의 장점을 손상하지 않고 규범 형성을 가능하게 하면서 수용 가능한 한계 내에서 유지되도록 사회 내부적인 유동성에 개입하는 방식을 취해야 할 것이다.

(4) 세계사회의 법적 문제

하나의 거대한 통일체를 추구하는 전체 사회의 체계(gesellschaftsystem)와 영토적 사법관할 내에서 발효된 실정법과의 괴리가 증대한다는 것에 관한 문제이다. 광대한 사회체계는 사실상 사람들 사이의 모든 관계를 포함하는 통일적 세계사회(weltgesellschaft)[32]로 성장하고 있다. 하나의 세계사회가 다수의 중요한 관점에서 이미 형성되었음에도 법 형성은 여전히 국지적 정치체계에 맡겨져 결정 절차에 의해 조종되고 있다. 그래서 세계사회의 수준에서만 해결될 수 있는 문제가 정치적 부분체계에서 더 이상 문제화되지 않거나 단지 국지적 시야에서만 문제화되어 더 이상 법의 형태로 해결될 수 없는 상황이 개진되고 있다.

일부 예외적인 경우가 있기는 하지만 사실상 보편적 의사소통 가능성과 보편적인 세계평화가 이루어지고 있다. 세계사회를 초래한 원인은 전체 사회체계가 기능적 분화로 이행한 데 있다. 종교, 경제, 교육, 연구, 정치, 여행, 매체체계가 고도의 자립성을 획득하여 영역적인 사회 경계를 허물었기 때문이고, 부분체계는 다른 부분체계와 그때그때 다른 사회 경계를 요청한다.[33] 영역적인 사회 경계는 존재할 수 없고, 모든 기능의 총체는 전 지구적인 사회적 상호작용체계, 즉 세계사회에서 종합될 수 있다는 것이다. 이러한 세계사회는 전체적 발전의 불균형으로부터 발현하는 문제로 제기된다. 지역 간 상이한 발전 상태가 현저하게 부각되고 있지만, 근대사회의 구조 원리와 관련하여 기능적 분화에서 생기는 불균형(인구 증가, 요구 수준의 팽창, 파괴 기술의 발달 같은 것)이 장기적으로 더욱 문제가 된다. 정치적 수단이라는 구조적인 조건이 붙은 이러한 문제의 해결은 불가

---

32 루만의 세계사회에 관련된 논문으로 Luhmann(1971) 참조.

33 이는 전근대적 고등문화에서 종교적·정치적 관점에서 다양한 경계 규정을 낳음으로써 드러났다고 한다(Luhmann, 1987: 335).

능하다. 이러한 문제를 해결할 수 있는 정합적인 범례화 기제도 마련되지 않았다. 정치와 법은 최근까지 전체 사회의 진화에서 가장 중요한 위험 담당자였음에도 세계사회의 위험에는 대처하기 곤란한 것이다.[34]

4. 한국의 형사법 상황과 체계이론

1) 형사법이론과 체계이론

루만의 법체계이론은 형사법에서도 그대로 적용될 수 있다. 형사법 역시 복잡하고 불확실한 사회 속에서 복잡하고 불확실한 기대 맥락과 다른 유형적 상황에서 행위자로부터 기대되는 행동을 공식화하여 표준화하는 절차를 통해 예측가능성과 일관성을 제공하는 규범이다. 실행되는 규범, 기대, 행동은 결과적으로 개인이 예견 가능한 태도로 행동할 것이라는 기대를 기대하고, 이를 제도화하며 안정화시킨다. 그럼으로써 직접적인 사회적 결속 또는 직접적인 사회적 접촉에 기반을 둔 두터운 신뢰의 부재 속에서도 상호 협력을 용이화 하는 사회적으로 규정된 역할을 제도화한다. 형사법 규범은 일상생활에서도 지향되고, 행위자는 일반적으로 지켜져야 한다는 믿음에 기초한 특유의 역할 속에서 사람들에게 신뢰를 제공한다. 법체계는 법을 위반한 행위에 직면하여 행동이 의문의 여지 없이 허용될 수 없음이 명백하다는 규범적·징벌적인 반응을 보임으로써, 그

---

34 루만은 세계사회의 문제점을 진단하고, 자연법사상으로 해결할 수 없음과 국제법의 사회학이 등장하지 않았음을 언급한다. 그리고 세계사회는 일차적으로 인지적인 기대태도에서 형성되는 것이고, 진화에 관한 주도적 지위는 규범적 기제에서 인지적 기제로 이행하고 있다고 한다. 다만 세계사회에 관한 법적 문제에서 구체적인 해결책을 제시하기보다 인지적 양식에 우위를 부여한 결과로서 법 자체가 변화할 가능성을 실정성의 관점과 법의 기능수행 방식(정합적 범례화)에서 모색하는 데 그치고 있다(Luhmann, 1987: 340~343).

리고 사회의 다른 사람의 규범적 기대를 안정화하고, 기대를 고수함으로써 규범의 구속력을 확보한다. 범죄행위는 세계의 구체적인 위험을 초래하는 것에 더해 규범의 타당성에 대한 단순한 거부를 표명하는 이상의 것이다. 형벌은 생명, 자유, 재산 등 피고인의 수중에 있는 것을 대상으로 삼아 규범의 타당성을 고수하는 모순적인 메시지를 제공한다. 형벌의 요점은 명시적으로 행위자나 다른 사람의 위법행위를 저지하는 것이 아니라 규범이 타당하게 존재하는 사회체계 내에서 다른 사람들의 의사소통을 통해 저지른 행위가 금지되어 있음을 확인시켜 주는 것이다.[35]

2) 현대 법체계 구조의 반영으로서 한국의 형사법

한국 사회는 세계에서도 예를 찾아보기 힘들 정도의 축약적인 발전이 진행되었는바, 그 과정에서 정치체계의 불안전, 경제적 가동성의 증가, 개인의 불안정 등으로 형성된 복잡성과 불확정성의 위기로 인해 자칫 과도기적이고 퇴행적 전개가 발생할 수 있었다. 그러나 이로 인한 위험의 구조화 가능성을 여러 선행 형식(규범 의식, 조정, 위계 등)을 활용하여 비교적 잘 극복하면서 사회 전체뿐만 아니라 하위체계로서 법체계의 새로운 질서들을 안정화시키는 단계에 진작 접어들었다고 할 것이다.

1953년 형법[36]이 실체법으로 제정되어 대폭적인 수정 없이 현재까지 시행되

---

35 이 부분은 루만의 이론을 형법이론에 채용했던 야콥스(Günther Jakobs)의 표현을 응용한 것이다. 이에 관해서는 Ohana(2014: 359) 참조하기 바란다. 다만 야콥스는 루만의 체계이론을 그의 형법이론에 전면적으로 도입한 것은 아니고, 행위의 구조, 과실의 본질과 범죄의 책임성, 형벌의 의미와 기능에 대해 체계이론을 차용한다. 예컨대 기존의 범죄성립 3단계론을 합법/불법의 2항 코드와 대비하면서 책임 능력자에 대해 구성요건 해당성 및 위법성을 인정하는 것을 부정한다(Ohana, 2014: 358, 361 참조).

36 한국 최초의 근대형법은 형식적인 면에서 갑오경장 이후 1905년에 제정된 '형법대전'이라고 할 수 있다. 이 형법전은 '대명률'과 '대전회통'을 참작해서 만든 것이지만, 내용적인 면에서

고 있다. 또한 1954년 형사소송법이 절차법으로 제정되어 형사 절차에서 피의자나 피고인의 인간의 존엄[37] 및 인권 보장과 절차 보장의 요구를 반영한 몇 차례 개정을 거쳐 현재까지 시행되고 있다. 형사법 영역에서 근현대 사회의 복잡성과 불확정성 속에서 국민들의 기대의 기대 수준이 고양되어 형성된 복잡성의 감축 과정에 따라 선택된 국민의 범례화 된 정합적 기대가 반영되어 실정법의 구조적 가변성에 따라서 새로운 입법 작용으로서 나타나고, 체계분화와 프로그램의 분화가 이루어져 헤아릴 수 없는 부분체계가 생성되어 특별법상 처벌 조항이 양산되어 왔다. 한편 한국 형사법과 형사 절차에 관한 사건 실무에서 개별 사건의 처리, 판례의 축적, 헌법재판소의 활동 등에서 나타난 많은 성과가 재귀적으로 결정 절차와 실무에 반영되거나 다시 입법으로 반영되는 등 법체계 내부의 의사 표시 작동과 체계/환계의 관계가 높은 수준의 복잡성에서 활성화되어 환계로부터 유입되는 유의미한 복잡성을 개량된 선택 기술로서 감축하는 방식으로 정치체계, 경제체계, 시민사회체계로부터 이전되어 와서 규범 문제로 되는 것들을 해결하는 법체계의 폐쇄적 작동 과정을 쉽게 관찰할 수 있다. 실정법의 사회체계의 안정화 기능과 환계의 요구에 대한 적응력이 한국의 법체계에서도 관찰되는 것이다.

그러나 루만이 밝힌 실정법의 위기 상황이 그대로 한국에 노정되어 있음도 간과할 수 없다. 정치권력에 의해 만들어진 위헌적인 법률[38]을 그대로 적용한

근세성을 면하지 못하고 있다고 할 것이다. 한편 우리 형법은 독일형법과 그 초안, 1940년 일본형법 가안을 참작하여 만들어진 것으로 알려져 있다(김영환, 2013: 29, 30).

37 참고로 루만은 일반 조항이나 근본 규범의 존재 가능성을 부정하므로, 자연법적 관점에서 인간의 자유보장을 위한 기본적 권리로서 인권 관념이나 존엄 관념을 인정하지 않는다. 다만 법의 규범성 확보(기능적 특화) 과정에서 인간의 존엄이나 인권의 관념은 어떤 법적 결정 과정에서도 규범으로 취급되는 것으로 확보되고, 반증이 시도될 수도 없는 실정법의 내용이 되므로, 그에 대한 위배처리 방식을 사전에 규정하여 확립시키는 것이 보장되고, 이러한 규범에 대해서는 위법에 대한 간접적인 적응학습을 배제한다(Luhmann, 1987: 217~218 참조). 그러나 이 역시 절대적인 것은 아니고 가변적인 규범인 것임은 자명하다.

38 '대통령 긴급조치' 제1호, 제2호, 제9호의 위헌성에 관한 헌법재판소의 결정에 관해서는 헌법

판결 작용, 권력에 대한 반작용으로서 발생한 1971년 이른바 '사법파동', 정치권력과 경제권력, 구조적인 비리 행위에 대한 온정적인 양형 경향과 그에 대한 국민과 사회의 비판, 성폭력 범죄 등 흉악 범죄에 대한 국민의 법 감정을 충실히 반영하지 못한 것에 따른 국민의 양형 비판 및 관용과 불관용 사이의 논란 등 환계로부터 유입된 위험의 상승은 법치주의를 부르짖는 것만으로는 해결되지 않고 있다. 이는 사법 불신(결정 작용에 대한 규범력 저하 및 비관철률의 증가로 표현될 수 있을 것이다)의 원인이 된다. 대표적으로 도로교통법과 조세형법 분야에서는 기대의 범례화 대신 기대위배 체험의 범례화로 보일 정도로 위법이 일상화되어 있다. 이론적으로 사회예방적 형법이론, 특히 환경 범죄에서 위험형법이론, 적대형법의 도입 가능성에 관한 주장은 사회체계의 안정화를 위한 새로운 선택 작용을 부추기고, 종래의 책임이론과 형벌이론을 대체할 새로운 설명과 규범화를 요구하기도 한다(실제 보호관찰제도의 확대나 성범죄자를 적대화 하고 이에 대한 엄벌주의와 신상공개제도 등 부수처분제도[39] 등으로 나타났다). 법에 대한 불가피한 부지는 과학·기술의 발전과 무관한 영역에서도 충분히 발생할 수 있고, 결정 작용의 원활성에 대한 문제를 낳는 것 이외에도 제정법의 위헌성으로 법체계의 규범적 성질에 관한 위계[40]를 훼손하기도 하며, 입법 과정에서 과오로 인해 법률 사이에 모순이 있거나 해석의 혼란을 가져오는 경우도 발생한다. 도그마틱이 근거가 되지 않아 새로운 현상들이 즉석에서 거칠게 처리되어 다양하지만 유사한 특별법으로 인한 법의 오염이 심화되고 있고, 그 위험은 국민에게 전가되는 문제가 발생하고 있다. 또한 실무적으로 불법성 판단에서 비국가적·제2차적 규범의 존재가

재판소 2013.3.21. 선고 2010헌바70 등 전원재판부 결정을 참조하기 바란다.

39 '성폭력범죄의 처벌 등에 관한 법률', '아동·청소년의 성보호에 관한 법률' 등에 마련되어 있다.

40 루만에게 법체계의 위계 구조는 상위규범이 하위규범의 법적 성질을 만들어낸다는 것이 아니라, 법의 자기영속성이 사건마다 확립되는 것에 좌우되는 2차적 구조이다(Luhmann, 1987: 358).

문제되고 있다. 기업 범죄(예컨대, 기업의 대표나 임원 관련 배임·횡령 사건)에서 법인의 정관이나 관련 내부 규정의 준수 문제는 고의, 불법영득의사(不法領得意思), 위법성 판단과 직결되고, 고도로 복잡한 내부 프로토콜에 관한 해석이 문제가 되는 사건도 상당수이며, 특히 기업이 행위의 준거가 된 내부 규정의 존재를 은폐하거나 해석을 조작하려고 시도함으로써 합법/불법 판단의 어려움이 심화되는 경우도 어렵지 않게 살펴볼 수 있는바, 제2차적 규범이 전체 사회의 체계적 통제를 벗어날 여지가 매우 많다.

이제 단상적으로 한국의 형사법에서 체계이론이 적용되는 모습과 가능성의 측면에서 두 가지만 고려하기로 한다.

3) 헌법재판소법상 소급적 효력상실 조항의 부자연적 정합성 발현

헌법재판소법 제42조 제3항은 위헌결정된 '형벌에 관한 법률 또는 법률의 조항은 소급하여 효력을 상실한다. 다만, 해당 법률 또는 법률의 조항에 대해 종전에 합헌으로 결정한 사건이 있는 경우 그 결정이 있는 날의 다음 날로 소급하여 효력을 상실한다'고 하여 형벌 조항의 소급적 효력 상실을 규정하고 있다. 형벌 조항에 대한 위헌결정에 소급효를 인정하는 것은 개별 사건에서의 정의 내지 평등의 원칙을 구현하는 측면이 있다는 취지에서 마련된 조항이다. 위헌적인 형벌 조항에 따라 처벌되는 피고인을 구제하는 것이 정의나 평등에 부합한다는 것이다.

그러나 같은 행위에 관해 과거 위반 당시나 헌법재판소의 위헌결정 이후 위헌적인 하자가 치유된 법이 새로 마련되어 같은 내용의 처벌이 가능한 경우, 즉 법체계의 관점에서 당해 행위에 대한 규범의 시간적 효력에 변화가 없어서 과거 행위에 지금의 법 조항을 적용해도 역시 처벌을 할 수밖에 없는 경우에도 위헌 형벌 조항의 소급효는 그대로 적용되는 것은 문제이다. 당해 법규범의 실질적 기능에 문제가 있는 것이 아니라 입법 과정에서 충분히 고려되지 못한 형벌 조항의 표현이나 기재 내용에 위헌적 흠결이 있어 형벌 법규의 위헌성이 인정되는 경우를 상정해 볼 수 있다.[41] 이 경우 규범 위배자는 위배 행위 당시나 위헌결정 당시까지도 용서나 양해가 이루어질 것을 생각하지 못했는데 우연한 기회 — 헌법재판소의 위헌선언 — 에 기대위배 행위를 모두 용서받게 되고(무죄판결), 심지어 형사보상까지 받게 된다. 이것은 대표적으로 부자연적인 기대의 정합적 범례화의 예로서 헌법재판소법 조항의 해석 귀결로 이루어진 것이고,[42][43] 그 결과로 발생한 위험(예컨대, 형사보상금)은 법체계를 넘어선 사회체계 전체가 부담하게 된다. 사회체계 내에서 의사표시 작용으로 규범 위배 행위를 확인했음에도 우연적인 가변성이 부자연적으로 작용한 것이다.

---

41 헌법재판소는 면책 조항이 없는 양벌규정에 대해 '종업원 등의 범죄행위에 대한 개인 영업주의 가담 여부나 종업원 등의 행위를 감독할 주의 의무의 위반 여부를 영업주에 대한 처벌 요건으로 규정하지 아니하고, 달리 개인 영업주가 면책될 가능성에 대해서도 규정하지 않고 있으므로, 책임주의에 반한다'는 이유로 여러 차례 위헌결정을 했다(헌법재판소 2007.11.29. 선고 2005헌가10 결정, 2009.7.30. 선고 2008헌가17 결정 등). 예컨대, 도로법상 제한중량을 초과하여 도로관리청의 차량운행 제한을 위반한 경우, 운전자가 사업주의 지시나 용인 없이 자발적으로 제한중량을 초과하여 운행하는 경우는 별로 상정할 일이 없을 것이다. 그러나 이 경우 사업자의 과거 행위는 위헌결정으로 인해 당해 처벌 조항이 소급적으로 무효가 되지만, 정확하게 같은 행위를 하는 현재 행위자는 그대로 처벌된다.

42 한편 대법원은 같은 내용의 양벌규정에 대해 면책규정이 없다고 하더라도 '양벌규정에 의해 사용자인 법인 또는 개인을 처벌하는 것은 형벌의 자기책임원칙에 비추어 위반 행위가 발생한 그 업무와 관련하여 사용자인 법인 또는 개인이 상당한 주의 또는 관리감독 의무를 게을리한 선임감독상의 과실이 있는 때에 한하여야 한다'고 판시함으로써 합헌적 해석을 하고 있다(대법원 2010.6.10. 선고 2009도1148 판결 참조).

43 한편 대법원은 '위헌결정의 소급효라는 입법적 결단에도 불구하고 그 효력이 다양할 수밖에 없는 위헌결정의 특수성 때문에 예외적으로 부분적인 소급효의 인정 또는 소급효의 제한 가능성을 부정할 수는 없다. 따라서 당사자의 소급적 권리구제를 위한 구체적 타당성의 요청, 소급효 인정에 따른 법적 안정성 또는 신뢰보호의 침해 우려, 구법에 의해 형성된 법적 질서 혹은 기득권과 위헌결정에 따른 새로운 법적 질서의 조화 등 제반 이익을 종합적으로 고려하여 맹목적인 소급효의 인정이나 부인이 오히려 정의와 형평 등 헌법적 이념에 심히 배치되는 것으로 인정될 때에는, 법문의 규정에도 불구하고 그 소급효의 범위를 달리 정할 필요성이 인정된다고 할 것이다'라고 판시(대법원 2011.4.14. 선고 2010도5605 판결)하여 해석에 의한 예외 인정 가능성을 두고 있지만, 앞에서 든 사례에 적용할 수 있을는지는 의문이다.

4) 형사법적 규범 위반에 대한 제재의 대안 가능성

사회체계에서 규범 위배적 상황을 처리하는 여러 방안에 대한 선택 가능성은 폭넓게 인정된다. 현대사회의 다수의 규범 기획은 정합적인 행위기대의 안정화를 위해 실정법의 침해에 대한 여러 가지 행동선택 방안이나 개입 방안을 마련했고, 이것은 기대위배 이전에 준비되어야 한다. 여기에는 기대위배를 당한 자의 행위잠재력이나 감정의 절제 가능성, 반응의 자제 가능성, 기대 구조에서 당해 규범이 차지하는 순위, 상황의 항상적 요소, 합의 또는 화해 가능성 등 다수의 고려 요소가 포함될 수 있을 것이다(Luhmann, 1987: 62).

규범 위배에 대한 대처의 다양한 스펙트럼 중에서 통상적이고 가장 중요한 방법이자 규범 고수의 가장 강력한 결의는 제재이다. 한국의 형사법 영역에서도 당연히 국가의 개입에 따른 제재로서 형벌이 우선시되고 거의 대부분을 차지한다. 그러나 모든 사회체계가 준비하는 대처 방식은 법 집행이라는 선택지(형벌)일 수 있지만, 다른 한편으로 법 집행을 대신하는 선택지가 상정될 수 있다. 규범을 통해 달성할 목표를 위해 기능적으로 등가적인 현실화 형식을 발굴해야 한다. 형벌은 사회정의, 응보, 재범 방지라는 추상적이고 2차적인 목표를 보호하는 프로그램이라고 할 것이나, 그와는 별도로 가해자 교화와 피해 회복이라는 직접적이고 1차적인[44] 규범 가치를 보호하는 프로그램이 요구되기도 한다. 이것은 회복적 사법 프로그램[45]으로 대표된다. 분쟁의 해결에 관해 국가 주도의 상·하향 방식을 지양하고, 사회적으로 낙인찍기와 자기낙인화를 방지하고 재범을 감소시키며, 당사자가 속해 있는 하부 지역사회체계 내에서 주도적으로 상호 교통과 공감을 지향하는 것이다. 소년사법제도, 경죄, 가정폭력 사건 등의 영역에

---

44 이는 원시법에서 규범 적용의 특질이다.

45 앞서 본 호혜의 원칙을 떠올리게 한다. 회복적 사법 프로그램의 기원을 원시법에서 찾는 문헌이 자주 보인다(이에 관해서는 조윤오, 2011: 153 참조).

서 우리 소년법의 화해권고제도는 회복적 사법 프로그램을 일부 도입한 것이라고 평가할 수 있다. 세계 각국에서 다양한 회복적 사법 프로그램을 제재의 대안으로 선택하고 있는 것에 비추어 한국에서도 기대위배에 대한 치유적·회복적·원호적인 다양한 대처 방안의 마련이 요구된다고 할 것이다.

참고문헌

김영환. (2013). 「한국에서의 독일형법계수」. ≪한양법학≫, 24권, 41집, 29~30쪽.

루만, 니클라스(N. Luhmann). (2014). 『사회의 법(Das Recht der Gesellschaft)』. 윤재왕 옮김. 새물결출판사, 제3장.

조윤오. (2011). 「소년범죄자에 대한 회복적 사법 연구」. ≪이화여자대학교 법학논집≫, 제16권, 제1호, 153쪽. http://www. restorativejustice.org/university-classroom/01introduction/tutorial-introduction-to-restorative-justice/outcomes/restitution 검색일: 2013.1.2).

홍성수. (2010). 「인간이 없는 인권이론?: 루만의 체계이론과 인권」. 한국법철학회. ≪법철학연구≫, 제13권, 제3호, 274쪽.

Ohana, Daniel. 2014. "Günther Jakobs's Feindsstrafrechts: A dispassionate account." in Markus Dubber(eds.). *Foundational Texts in Modern Criminal Law*, p.359.

Luhmann, N. (1971). "Die Weltgesellschaft", Archiv für Rechts- und Sozialphilosophie 57.

Luhmann, N. (1981). "Die Funktion des Rechts: Erwartungssicherung oder Verhaltenssicherung?" *Ausdifferenzierung des Rechts*. Frankfurt, a. M.

Luhmann, N. (1987). *Rechtssoziologie*(3. Aufl.). Opladen, WV.

제13장

경제학과 루만

화폐가 커뮤니케이션 매개체로서의 역할을 하는 커뮤니케이션 시스템으로서의 현대 화폐경제

유근춘 | 한국사회정책연구원 선임연구위원

1. 서론

이 장의 목적은 경제학과 루만이라는 제목이 나타내는 바와 같이 사회의 다양한 전문적인 시스템(예를 들면 경제, 정치, 법, 학문, 예술, 교육 등)에 관해 설명을 시도하는 루만이 경제학에 관해 무엇을 설명하는가를 경제학을 전공한 사람의 관점에서 제시하는 것이다. 경제학을 전공한 사람은 많은데 그러면 필자의 관점이 대표적인 관점일 수 있는지가 문제가 될 수 있다. 따라서 정확히 말하면 경제학을 전공한 필자가 개인적으로 가지고 있던 문제의식과 그에 대한 답으로 느껴지던 루만의 사회의 경제에 대한 생각에 대한 필자의 생각이라고 할 수 있겠다. 이러한 생각의 의미는 주관적일 수밖에 없지만 다행히 루만이나 경제학에 관심 있는 분들에게 조금이라도 도움이 될 수 있으면 좋겠다는 바람에서 집필되었다.

필자가 한국에서 1980년대 초반 경제학을 전공하면서 느꼈던 가장 기본적인 갈등은 수학과 통계학을 바탕으로 최적화의 사고방식과 실증을 강조하는 주류 경제학의 사고틀과, 불평등, 노사 문제 등 사회의 갈등에 대한 인식을 바탕으로 현실의 문제 해결에 기여하는 것을 강조하는 경제학 흐름 사이에 존재하는 갈등이었다.

이러한 갈등은 저자에게는 '사회현상으로서의 경제는 무엇인가?'라는 질문으로 나타났다. 이는 먼저 다음과 같은 주류 경제학에 대한 비판을 의식하고 나타난 질문이었다는 점을 인정해야 한다.

- 주류 경제학은 사람과 사람 사이의 관계를 다루지 않고 사람과 자연과의 관계만을 다룬다.
- 주류 경제학의 기본 구조인 주어진 조건하의 최적화는 논리이지 사회적 소통이 아니다.
- 주류 경제학의 방법론적 개인주의에 입각한 효용극대화나 이윤극대화가 사회 차원의 다른 더 긴급한 요구를 고려할 때 인간의 경제행위를 결정하는 현실적 기준이 될 수 있는가?
- 주류 경제학의 기본 문제인 희소성의 문제를 개인 욕망에 비해 희소한 자원의 문제로 보는 관점은 사회적 희소성을 잘 나타낼 수 있는가?

첫 번째의 비판은 주로 마르크스주의 경제학자들에 의해 행해지는 것으로 주류 경제학이 생산함수를 바탕으로 한 사람과 자연 사이의 관계를 분석하는 데 주력하고 가치의 분배 등 사람과 사람 사이의 이해관계를 분석하는 것은 가능한 회피한다는 것이다.

두 번째 비판은 하이에크(Friedrich August von Hayek) 등이 한 비판으로 최적화를 경제학의 기본틀로 하는 경제학이 논리의 측면이 강하고 실제적인 정보와 소통의 측면을 등한시 한다는 점이다(Hayek, 1945).

세 번째와 네 번째의 문제의식은 루만의 입장에서 나오는 것으로 인간과는 독립적인 사회적 차원에 속하는 경제가 방법론적 개인주의나 인간의 의식 차원에 입각한 효용극대화나 이윤극대화와 얼마나 양립할 수 있는가라는 의문점에 기반한 것이다. 역시 희소성의 문제도 독립적인 사회적 차원이 아닌 인간의 관점에서 보는 것이 얼마나 현실적일 수 있을지에 대한 의문점에 기반한 비판이다.

이러한 네 가지 비판 중 루만의 사회의 경제라는 관점에서 접근되는 것은 첫 번째의 마르크스주의적인 비판을 제외한 다른 세 가지 관점이다. 이는 통상의 가장 강한 비판을 제외한다는 점에서는 불만족스러울 수도 있으나 사회적인 현상의 가장 기본적인 관점을 커뮤니케이션(communication, 의사소통)으로 보고 접근하는 것이어서 일단 근본적이고 일관성 있는 설명으로서 의미가 있다고 할 수 있다. 따라서 일단 이러한 근본적이고 일관된 루만의 관점에 의해 설명되는 경제에 대한 이해를 알아보고 그것의 의미를 살펴보는 것이 이 장의 목적이다. 이는 주류 경제학이 사회현상으로서의 경제 현상을 제대로 인식하고 밝히지 못하고 있다는 문제의식에 대해 주로 개인과 구분되는 독립적인 사회현상이 무엇인지, 그리고 그러한 사회현상으로서의 현대 경제가 어떠한 것일 수 있는지를 설명하는 것이다. 이는 주로 루만의 사회의 경제라는 관점에 입각한 설명으로 다음과 같은 내용이 설명된다.

첫째, 개인과 구분되는 독립된 커뮤니케이션 시스템(의사소통체계)으로서의 사회를 설명한다. 이를 위해 행위, 의미, 의식 시스템과 사회 시스템이 다루어진다.

둘째, 기능분화 한 현대사회의 부분 시스템으로서의 현대 화폐경제를 설명하기 위해 먼저 현대사회의 기능분화와 그를 뒷받침하는 의미기대구조를 설명한다.

셋째, 이어 기능분화 한 부분 시스템으로서의 현대 화폐경제를 설명한다.

넷째, 결론적으로 상기한 논의들이 현대경제학에 시사하는 점을 요약 제시한다.

2. 행위, 의미, 의식 시스템과 사회 시스템

1) 행동과 행위의 구분

인간의 동작 혹은 움직임을 관찰할 때 의도된 의미를 전제하는지 여부에 따라 행위(action)와 행동(behavior)을 구분한다(Luhmann, 1988: 272; Ryu, 2003: 111 주 339). 행위는 의도된 의미를 전제하는 경우이고, 행동은 이러한 의미 전제 없이 움직임만이 관찰의 대상이 되는 경우이다. 예를 들면 인간의 움직임을 마치 떨어지는 낙엽과 같이 관찰하는 것이다.

이렇게 보면 인간 사회에서 중요한 관찰의 대상이 되는 것은 주로 의미가 전제되는 행위이다. 관찰에서 의미가 전제된다는 것은 결국 행위는 의미에 의해 이끌어진다는 것을 의미한다고 볼 수 있다.

2) 의미의 지시 구조와 접속 그리고 기대 구조(〈그림 13-1〉 참조)

루만에게 의미는 인간 의식과는 독립적으로 존재하는 자연물로서 이해된다. 이를 자연적 의미라 할 수 있다(Luhmann, 1984: 92~93; Ryu, 2003: 55~56, 90~93). 자연적 의미는 자연물이기 때문에 이를 규정할 수 있는 방법이 여러 가지일 수 있다. 루만은 현상학적 관찰을 통해 이를 양 측면(two sides)을 가지는 형식(form)으

그림 13-1 지시 구조로서의 자연적 의미, 접속 그리고 기대

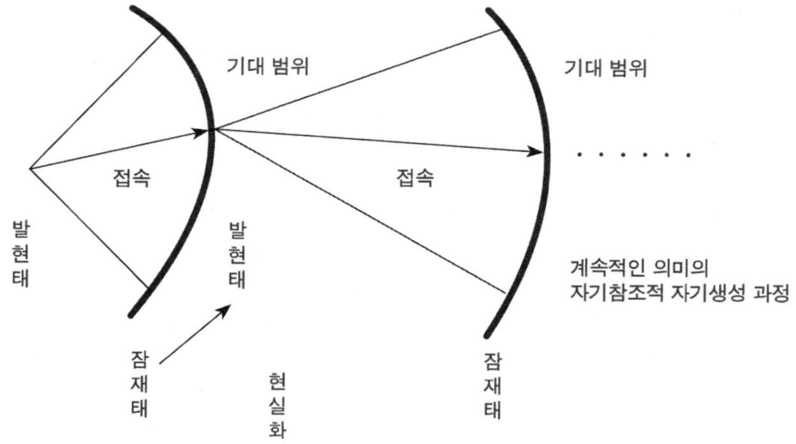

자료: 유근춘(2010: 3 그림 1).

로 규정한다. 이때 양 측면은 발현태/잠재태 혹은 실현태/가능태라고 규정된다(Luhmann, 1997: 142; Ryu, 2003: 91). 양 측면의 관계는, 선택의 대상을 생각(의식 시스템의 경우)이나 테마(의사소통 시스템의 경우)로 본다면, 이들은 선택이 되어 현실화 되면 발현태(혹는 실현태)로 되고, 선택이 안 되어 현실화가 안 되어도 없어지지 않고 잠재태(혹은 가능태)로 뭉뚱그려 보존이 된다. 이때 선택된 생각이나 테마가 잠재태(가능태)에 보존된 생각 혹은 테마 중의 하나로 이어지는 선택이 이루어지는데 이를 접속이라 하고, 이러한 선택이 이루어지는 양 측면의 관계를 지시 구조라 한다. 즉, 선택된 발현태(실현태)에서 선택될 발현태(실현태)를 포함하고 있는 잠재태(가능태)로의 지시 방향이 존재하는 구조를 가진 것이 자연적 의미가 되는 것이다.

그리고 접속이 이루어질 때 이를 원활히 하기 위해 잠재태(가능태) 중 선택된 현재의 발현태(실현태)와 접속이 이루어질 수 있는 생각 혹은 테마의 범위, 즉 기대범위를 제한하는 것이 필요하다. 이러한 접속 가능성을 제한하는 의미의 구조를 기대(expectation)라 한다.

3) 시스템과 구조의 차이점

이후 시스템의 개념을 사용할 때 논의의 일관성을 보장하기 위해 시스템 개념의 가장 핵심적인 측면을 확정해 놓을 필요가 있다. 이는 시스템과 자주 혼동되는 구조의 개념과 비교하여 보는 것이 좋다. 시스템의 핵심은 단위로 인식되는 것을 가능하게 만드는 경계가 있다는 것이다. 이는 필연적으로 경계 안과 밖의 구분을 가져온다. 시스템 경계의 밖을 환경이라 한다. 기본적으로 시스템

그림 13-2 시스템과 구조의 차이점: 경계의 유무

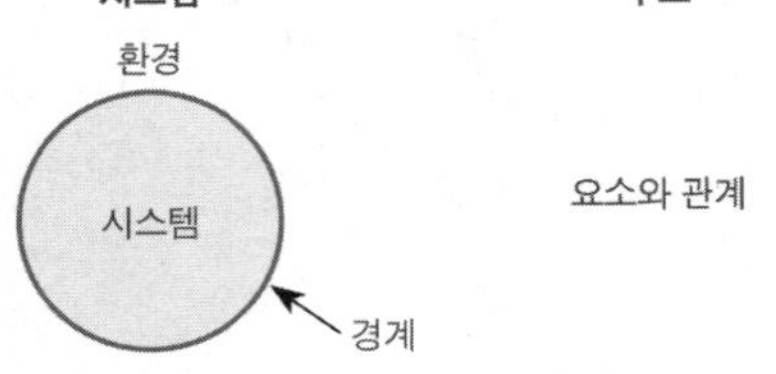

자료: 유근춘(2015: 4).

의 경계는 환경을 배경으로 설정이 된다. 따라서 시스템과 항상 동반되는 개념은 환경과 경계이다. 반면 구조는 경계의 개념 없이 요소와 관계들로 이루어지는 제약 조건을 주로 의미한다.

4) 커뮤니케이션과 커뮤니케이션 시스템으로서의 사회 시스템

다음으로 경제 시스템이 속한 사회 시스템을 정의해야 한다. 사회 시스템은 커뮤니케이션 시스템이다. 따라서 사회 시스템을 정확히 정의하기 위해서는 커뮤니케이션에 대한 이해가 필요하다. 루만에게 커뮤니케이션은 정보의 선택, 통지의 선택 그리고 이 둘을 구분한 여러 가지 가능한 조합 중에서 선택하는 이해라는 총 세 가지 선택의 통합체로 이해된다(〈그림 13-3〉 참조).

첫째, 정보의 선택은 말해진 것과 그로 인해 제외되는 것을 구분하는 선택이다. 예를 들어 '비가 온다'는 선택은 '눈이 오는 것' 혹은 '해가 쨍쨍 내리쬐는 것'을 제외하는 선택이다. 이는 의미의 세계에서 차이에 의해 이루어지는 선택이다.

둘째, 통지의 선택은 통지자가 말한 것이 그에게 귀속되어 책임이 그에게 있다는 내용과 그에게 귀속되는 어떤 이유의 선택을 바탕으로 선택이 이해된다는 내용이 담겨 있다. 예를 들어 '비가 온다'라는 통지는 '누가 그에게 날씨에 대해 질문을 했거나' 혹은 '우산을 가져가라는 의사표시를 하고 싶어서'이거나 혹은

그림 13-3 세 가지 선택의 통합체로서의 커뮤니케이션

자료: 유근춘(2010: 5 그림 2).

'집에 머무르는 것이 더 좋다는 의사표시를 하고 싶어서' 등의 통지 이유의 선택과 연결될 수 있다.

셋째, 이해가 선택이 되는 이유를 알아야 한다. 이해가 선택이 되는 이유는 통지와 정보 사이의 한 특정한 차이를 선택하고 다른 가능한 차이를 제외한다는 내용을 포함하기 때문이다. 예를 들어 통지자가 '비가 온다'라는 말을 한 것(정보의 선택과 통지)에 대해 '우산을 가져가라'는 말을 한 것이 아니라, '외출하기보다는 집에 머무르는 것이 더 좋다'라는 의사표시(통지의 선택)로 이해하는 경우 이러한 정보와 통지 사이의 한 특정한 차이를 선택한 것(선택으로서의 이해)이 된다.

5) 자기참조적 자기생성 시스템으로서의 사회 시스템(= 커뮤니케이션 시스템)

사회 시스템이 시스템으로서 가지는 근본적인 속성은 그 경계가 어떻게 그어지는가이다. 이를 설명하는 개념이 자기참조적 자기생성 시스템이다.

시스템에는 자기생성 시스템(autopoietic system)과 타자생성 시스템(allopoietic system)이 있다. 이 둘의 차이는 자기생성 시스템에서는 작동 결과가 시스템 자신의 생성이지만 타자생성 시스템에서는 작동 결과가 시스템 자신이 아닌 어떤 다른 것의 생성이라는 것이다. 전자의 예로는 생명 시스템, 의식 시스템 그리고 커뮤니케이션 시스템이 있다. 후자의 예는 일반적인 기계들이다. 예를 들어 어떤 특정 제품을 만들어내는 기계는 작동을 하면 기계 자신을 만들어내는 것이 아니라 자신과는 다른 그 특정 제품을 만들어낸다. 하지만 생명 시스템, 의식 시스템, 커뮤니케이션 시스템은 각각 작동의 결과로 자신, 즉 생명, 의식, 커뮤니케이션을 만들어낸다.

이때 자기생성 시스템이 자신을 만들어내는 방법이 자기참조 방식이다. 참조란 차이와 지시라는 두 개념으로 이루어지는 것으로서 어떤 것을 다른 것과의 차이라는 맥락에서 지시하는 것을 말한다. 이때 자기참조라는 것은 다른 것과의 차이라는 맥락에서 자기 자신을 지시하는 것을 의미한다.

그림 13-4 자기참조적 자기생성 작동으로서의 커뮤니케이션

자료: 유근춘(2010: 5 그림 3).

이렇게 자기 자신을 지시하는 과정을 통해 자신을 계속 만들어내면 자신들로만 구성된 영역이 발생하고 자연히 자신들과 자신들이 아닌 영역 사이에 경계가 형성된다. 그 결과 자기참조적 자기생성 시스템이 형성된다.

커뮤니케이션이라는 기본 작동(basic operation)의 경우 이러한 자기참조적 자기생성은 〈그림 13-4〉에서 보는 바와 같이 커뮤니케이션의 이해에 수반되어 수신자에게 발생되는 수락과 거절 중 하나를 선택해야 하는 압력에 의해 설명된다. 즉, 이러한 압력에 의해 수신자는 다시 커뮤니케이션을 시작하게 되어 커뮤니케이션이 동일한 커뮤니케이션을 발생시키는 자기생성을 하게 된다. 이는 바로 전의 동일한 커뮤니케이션을 참조하여 발생한 것이기 때문에 자기참조적이다. 이러한 커뮤니케이션에 커뮤니케이션이 계속 이어지게 만드는 수락과 거절의 압력이 존재하기 때문에 결국에는 커뮤니케이션이 존재하는 영역과 아닌 영역 사이에 경계가 발생하고 커뮤니케이션 시스템으로서의 사회 시스템이 발생하게 되는 것이다.

6) 사회 시스템과 의식 시스템의 관계

사회 시스템과 의식 시스템의 관계는 이 둘이 밀접한 관계가 있지만 서로 독립적이라 따로 나누어 생각해야 한다는 것이 주된 내용이다. 이는 통상 인간의 의식 시스템에 의해 사회 시스템이 구성된다는 생각을 청산해야 한다는 관점에서 중요한 사항이다. 이는 현실적으로 인간 의식이 사회에서 느끼는 부자유를 설명하기 위해서도 중요한 사항이다.

사회 시스템의 기본 작동은 커뮤니케이션(communication)인 반면 의식 시스템의 기본 작동은 사고(thinking)이다. 이렇게 시스템을 구성하는 기본 원소의 역할을 하는 기본 작동이 상이함에도 이 두 시스템이 서로 독립적이라는 현실을 인식하기 어려웠던 데는 두 시스템의 기본 작동이 공동의 매개체(medium)로서 의미(meaning)를 사용한다는 점에 있다. 이점을 이해하기 위해서는 앞에서 알아본 자연적 의미를 이해하는 것이 필요하다. 즉, 의미는 인간 의식 시스템의 속성이 아니라 자연물처럼 인간 외부에 존재하는 독립된 존재라는 것이다. 따라서 다른 두 시스템이 공동으로 동일한 매개체를 사용하는 것이다.

두 시스템 사이의 독립성은 의미접속의 독립성이다. 이러한 독립성을 잘 이해할 수 있는 질문은 사회적 인간의 행위를 예측하는 데 개인의 심리나 특성(개인적 사고의 기대구조)을 이해하는 것과 그들이 처한 사회적 상황의 특성(사회적 커뮤니케이션의 기대구조)을 이해하는 것, 어느 쪽이 더 유용한가라는 질문이다. 이에 대한 심리학의 연구 결과를 보면 사회적 상황에 근거한 행위 예측이 개인의 특성에 근거한 예측보다 압도적으로 더 유용하다는 것이다. 이는 개인의식의 의미접속과는 독립적인 사회적 상황에 근거한 의미접속이 존재한다는 것을 제시하는 현상이다.

이러한 사회 의미접속의 독립성은 개인의식의 관점에서 보면 사회화되어 비의식적으로 되는 부분이거나 혹은 달라서 강요되거나 부자유한 것으로 인식되는 부분이다.

3. 현대사회의 기능분화와 의미기대구조(유근춘, 2004b: 33~41의 요약 보충)

1) 시스템 분화

현대사회의 기능분화를 설명하려면 전체 사회 시스템의 하부에 다시 기능을 담당하는 하위 사회 시스템이 발생하는 현상을 설명할 수 있어야 한다. 이에 관한 설명이 시스템 분화이다. 이미 언급한 바와 같이 시스템의 기본적 특성은 경계와 이를 가능하게 하는 경계 밖의 환경이다. 이러한 관점에서 보면 전체 시스템의 부분 시스템은 자기참조적 자기생성 시스템으로서 자신의 경계를 스스로 긋는 작동이 있어야 하고, 이를 가능하게 하는 환경이 있어야 한다. 이를 나타낸 것이 〈그림 13-5〉이다. 이 그림은 전체 시스템이 부분 시스템의 내적 환경이 됨을 나타내고 있다. 부분 시스템이 스스로 경계를 설정하는 방식은 기능분화를 만들어 내는 의미기대구조에서 다루고 먼저 사회분화와 관련된 의미기대구조에 대해 알아본다.

그림 13-5 시스템 분화

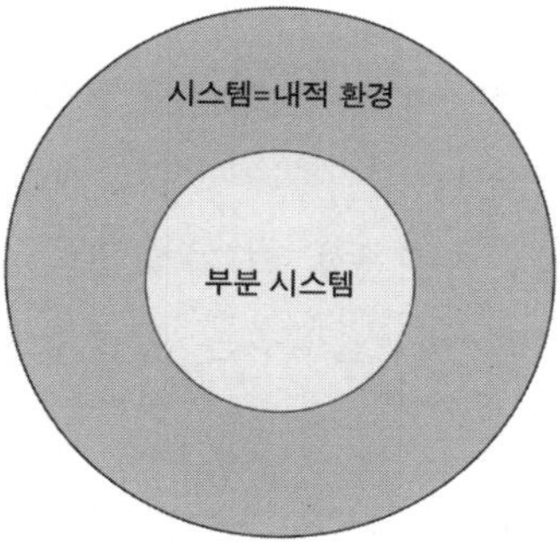

자료: 유근춘(2015: 17).

2) 사회분화와 의미기대구조

사회분화(social differentiation)는 일종의 시스템 분화(system differentiation)이다. 이에는 이론적으로 다양한 가능성이 있을 수 있지만, 현실의 역사적 사회에서 발견되는 종류에는 다음과 같이 네 가지가 있다. 즉, 구획분화(segmentary differentiation), 중심과 주변의 분화(differentiation according to center and periphery), 계층분화(stratificational differentiation) 그리고 기능분화(functional differentiation)다.

현실 역사에서 이러한 네 가지 종류의 사회분화 형태는 혼재된 경우가 많다. 부분 시스템(part system)과 내적 환경의 구분은 전체적으로는 바탕을 이루는 시스템과 겹치면서도 그 시스템을 각각 고유의 관점에서 보게 한다. 따라서 여러 부분 시스템들이 분화하면서 시스템 분화가 진전되면 시스템의 복잡성이 증가하고 시스템 분화의 바탕을 이루는 전체 시스템의 통일성을 파악하는 데에 어려움이 발생한다. 전체 시스템의 통일성에 대한 문제를 해결하는 한 가지 가능성은 지배적인 시스템 분화 방식(dominant differentiation form)을 정하고 이를 통해 통일성을 정의하는 것이다. 예를 들어 현대사회의 사회분화를 기능분화라 하는 경우 다른 분화 형태가 없다는 의미가 아니라 사회의 커뮤니케이션을 결정하는 의미기대구조가 주로 기능분화에 의해 결정된다는 의미로 해석하고자 한다.

3) 현대사회의 기능분화와 양가코드적인 의미기대구조

현대사회는 기능분화가 지배적인 사회분화이다. 다음의 두 가지 요소가 갖추어졌을 때 기능분화가 이루어졌다고 할 수 있다.

첫째, 하나의 독립적 기능이 한 부분 시스템에서만 수행된다. 둘째, 그러한 기능을 독립적으로 수행하는 부분 시스템이 독립하는 데는 특정한 의미의 구조가 필요한데 그 것이 양가코드(binary codes)이다. 기능과 그 기능을 독립시키는 양가코드의 결합은 사회 진화 과정에서 반복됨으로써 발생하는 관련성에 의해 성취된다. 이는 사회의 전문화 경향의 배후에 존재하는 의미 구조를 설명하는 것으로 이해하면 된다.

양가코드의 의미기대구조에 의해 전문화로 이해되는 현대의 기능분화를 발생시키는 행위가 가능해짐을 알아보겠다. 〈그림 13-6〉은 양가코드의 의미 구조와 행위를 나타낸다.

그림 13-6 양가코드의 의미 구조와 행위

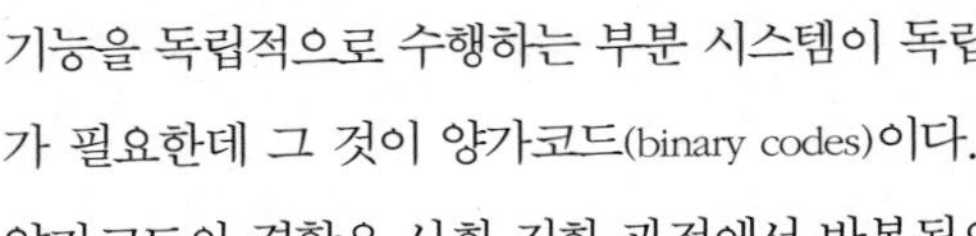

자료: 유근춘(2015: 20).

양가코드는 그 적용 범위에 들어오는 것은 무엇이든 예외 없이 제 삼의 가능성을 제외하면서 코드의 두 가지 값 중 하나에 배속시킨다. 이는 존재적 제약에 구애받지 않는 보편적 유효성을 가능하게 한다. 이를 통해 한 기능을 전담하는 전문화된 부분 시스템이 가능하게 된다.

또한 양가코드는 대조적인 것은 서로 이끌린다는 특성을 통해 차이를 통합시키는 특성을 완전하게 구현한다. 즉, 양가코드의 한쪽에서 다른 쪽으로의 이동은 양가코드의 차이 구조에 의해 내재화되어 있고 따라서 쉽게 가능하며, 이러한 양쪽 값의 작동상의 친화성(닫힘, closed)은 그 양가코드에 상응하는 기능 시스템의 독립을 필연적으로 가져온다.

이렇게 양가코드의 의미 구조는 한 가지 기능의 전담화와 독립성을 가능하게 한다. 또한 양가코드는 다음과 같이 이러한 전문화된 기능에 따른 행위를 가능하게 한다.

우선 양가코드의 두 가지 값은 동등하다. 양가코드의 어느 쪽이 다른 쪽보다 우세하면 양가코드 자체가 성립되지 않는다. 예를 들면 경제 시스템의 양가코드인 소유/비소유에서 소유가 비소유를 의미 없게 만들 만큼 선호되지 않는다. 즉, 적자를 시현하는 공장은 소유되기보다는 비소유되는 쪽으로 선호된다. 양가코드의 두 가지 중 어느 쪽이 선택되어야 하는가 하는 문제는 독자적인 프로그램이 해결한다. 이를 통해 행위가 결정된다.

그러나 양가코드의 구조를 보면 양쪽의 값은 상기의 동등성과 함께 근본적인 차이도 동시에 존재한다. 즉, 사회적으로 주로 한쪽의 값에만 행위나 작동이 접속된다. 이를 긍정의 값이라 한다. 예를 들면 학문 시스템에서는 사실임(true)/사실이 아님(or not)이라는 양가코드가 사용되는데, 통상 사실인 것에 반응하고 사실이 아닌 것은 특별한 관심을 불러일으키지 못한다. 그러나 적극적인 행위를 불러오지 못하는 부정의 값도 그 나름대로의 소극적인 역할을 한다. 즉, 긍정의 값에 대립함으로써 긍정의 값이 실현되지 않을 수도 있다는 의문을 불러 일으켜 반성(reflection)을 가능하게 한다. 이러한 반성을 통해 학문 시스템의 예를 들면 사실이 아님에 대한 반성을 논하는 오류론 등이 발전한다.

이렇듯이 양가코드의 긍정의 값과 프로그램을 통해 해당 기능을 담당하는 사회적 행위가 발생한다. 현대사회의 기능분화 시스템을 가능하게 하는 양가코드의 예로는 다음과 같은 것들이 있다.

- 경제 시스템: 소유/비소유(1차 분화), 지불/비지불(2차 분화한 화폐경제)
- 법 시스템: 합법/비합법
- 정치 시스템: 권력/비권력
- 학문 시스템: 사실/비사실

이렇게 기능분화가 지배적인 사회에서는 사회를 대표하는 합리성이 하나만 존재할 수 있었던 이전 사회(예를 들면 중심과 주변분화에서의 중심의 합리성, 계층분화에서의 최상위 계층의 합리성)와는 달리 사회에서 통용될 수 있는 합리성이 각 기능분화 시스템이 가지는 기능적 합리성의 수만큼 다수로 존재한다(다원주의 사회). 왜냐하면 기능에는 우열이 없으므로 모든 기능이 전체 사회의 문제없는 기능을 위해 똑같이 중요하기 때문이다. 따라서 각 기능 시스템마다 고유의 합리성이 존재하여 여러 가지 합리성이 한 사회에 동시에 존재하는 다원주의 사회가 된다.

4. 기능분화 부분 시스템으로서의 현대 화폐경제

1) 현대 화폐경제 시스템의 성립조건

화폐경제 시스템이 현대사회에서 기능분화 한 부분 시스템이 되기 위해서는 위에서 살펴본 바와 같이 두 가지 조건이 충족되어야 한다.

첫째, 현대 화폐경제 시스템에서 사회의 다른 곳에서는 수행되지 않는 전문적인 기능을 수행해야 한다. 둘째, 그러한 기능의 독립과 수행이 양가코드에 의해 이루어 져야 한다.

첫째의 조건은 경제문제인 사회적 희소성 문제를 해결하는 기능이 현대사회에서 경제 시스템 안에서만 이루어진다는 내용이다. 현대에서는 경제문제가 경제 분야에서 전문적으로 실행되고 있다는 것이 사회의 기본적인 기대 구조가 되었다는 점에서 첫째 조건이 충족되고 있다고 보아야 한다. 이러한 기본적인 기대 구조 뒤에는 이를 가능하게 한 현실이 존재했다고 볼 수 있기 때문이다.

두 번째의 조건은 양가코드 "지불/비지불"에 의해 충족된다. 이는 다음을 의미한다. 먼저 경제와 관련된 모든 현상은 지불/비지불의 양가코드 중의 하나로 배속된다. 다음으로 지불/비지불의 양가코드는 대조적인 구조와 논리적 대립에 가까운 구조를 가지고 있어 의미상 닫힌 구조를 이루고 있고, 이는 관련된 행위와 기능의 독립을 가져온다. 그리고 지불/비지불의 양가코드의 양쪽 코드값은 기본적으로 동등하여 우월하게 선호되는 값이 없다. 그러나 경제 시스템에서 행위의 접속을 가져오는 값은 "지불"이다. 즉, 일반적으로 지불하는 경우에만 원하는 행위 반응을 기대할 수 있다.

2) 화폐에 의한 희소성 문제의 복사와 해결

사회적 희소성의 문제가 경제 시스템이 해결해야 하는 문제이다. 대표적인 사회적 희소성의 문제는 희소성을 감소시키기 위해 행해지는 대표적인 행위인 점유 행위가 사회관계에서 일으키는 문제이다. 이는 점유라는 행위가 점유하는 사람에게는 희소성의 감소를 가지고 오지만, 동시에 모든 다른 사회구성원의 희소성을 증대시킨다는 점이다. 이는 최소한 두 가지 문제를 발생시킨다. 하나는 희소성의 감소와 증가를 동시에 가져오기 때문에 모순적으로 받아들여지지 희소성 문제의 해결로 받아들여지지 않는다는 점이고, 다른 하나는 희소성이 감소되는 쪽은 개인이거나 소수인 반면 희소성이 증가하는 쪽은 이를 제외한 다른 모든 사회구성원이므로 이들이 이러한 사태를 그대로 용인하는 것이 어떻게 가능하겠느냐는 문제이다.

이러한 문제점들의 해결의 단초는 경제 시스템의 1차 분화를 가능하게 한 양가코드인 소유/비소유에서 찾았다. 첫 번째 문제는 점유에 해당하는 소유에 대해 비소유라는 양가코드의 다른 쪽을 보게 만듦으로써 희소성이 동시에 증가하는 인식을 하지 못하게 하여 해결되었다. 그러나 두 번째 문제는 소유의 불평등 문제로서 여전히 존재한다. 그리고 소유/비소유의 관계는 다른 사회관계인 법이나 권력의 문제에서 완전히 독립되지 못하는 측면이 있어 경제의 완전한 독립이 이루어지지 못하는 측면도 있었다.

이러한 문제를 해결하여 완전한 경제의 독립을 달성한 것이 경제의 2차적 분화를 가능하게 한 양가코드인 지불/비지불이다. 화폐경제에서 희소성을 감소시키기 위해 점유를 하기 위해서는 지불을 하고 구입한다. 이때 다른 사람들의 희소성이 증대하는 것이 인식되지 않음은 물론 점유하는 사람이 지불하는 화폐가 다른 사람들에게 양도되고 이는 동시에 수령자의 희소성을 감소시킬 수 있는 구매력을 의미하므로 다른 사람들이 지불을 통한 점유를 반대할 이유가 없어진다. 따라서 점유라는 사회적 관계를 통해 발생하는 희소성의 문제가 완전히 해결되는 것이다.

더 나아가 지불/비지불은 소유/비소유에 비해 다른 사회관계와 거의 완전한 독립 관계를 이루고 있어 경제 시스템의 독립성이 거의 완전하게 이루어졌다. 그리고 희소성의 문제가 효용과는 전혀 상관없는 화폐의 액수로 복제됨으로써 인간의 개별성에서도 완전히 독립하는 결과를 가져왔다. 이로써 사회적 희소성의 문제는 지불/비지불이라는 양가코드에 의해 완전히 독립적으로 해결되고, 그 결과 화폐경제로서의 현대 경제 시스템이 완전히 독립 분화되었다.

3) 화폐의 커뮤니케이션 매개체로서의 특성

사회 시스템의 기본 작동이 커뮤니케이션이다. 따라서 사회 시스템의 부분 시스템인 경제 시스템의 기본 작동도 일종의 커뮤니케이션이다. 즉, 희소성과 관련된 의미와 행위가 다루어지는 전문적인 커뮤니케이션이다. 따라서 화폐는 커뮤니케이션의 매개체(medium)으로서의 특성이 있다. 이를 살펴보면 다음과 같다.

첫째, 커뮤니케이션의 가장 큰 문제는 커뮤니케이션 내용이 상대방에게 받아들여지는 것이다. 이를 위해 중요한 측면이 커뮤니케이션을 수락하는 동기이다. 이와 관련된 것이 상징적으로 일반화된 매개체(symbolically generalized medium)이다. 이는 현실에서 특별히 수락의 동기를 갖게 하는 사태라고 말할 수 있다. 그러한 매개체의 예는 사랑과 권력이 있고, 이와 똑같은 상징적으로 일반화된 매개체의 성격을 가지는 것이 화폐의 지불이다. 즉, 사랑하기 때문에 혹은 국가권력이 요구하는 것이기 때문에 어려운 요구라도 수락이 된다. 이와 똑같은 이유로 화폐를 지불하기 때문에 복잡하고 어려운 요구라도 수락이 될 수 있다. 이것이 화폐가 커뮤니케이션의 매개체로서 가지는 중요한 특성이다.

둘째, 매개체는 의미인 형태를 잘 반영하고 자유롭게 변화도 될 수 있도록 분해와 재결합이 자유로울수록 좋다. 화폐는 액수로 나타낼 수 있어 생각의 형태를 잘 나타낼 수 있음은 물론 분해와 재결합이 거의 무한대로 자유로워서 지불을 있게 한 생각의 형태를 지불의 항목과 액수로 표시할 수 있고 이렇게 지불된 화폐는 다시 지불의 수령자에 의해 임의의 다른 생각으로 신속하게 지불의 항목과 액수로 분해와 재결합될 수 있다.

4) 자기참조적 자기생성 시스템으로서의 현대 화폐경제의 구조

자기참조적 자기생성 시스템의 최우선 과제는 자기생성이 중단되지 않고 지속되는 것이다. 이러한 최우선의 과제가 해당 시스템의 구조를 결정한다고 볼 수 있다.

현대화폐경제의 기본 작동(=기본 구성 요소)인 지불 행위를 분석해 보면, 지불

그림 13-7 이중 순환으로서의 현대 화폐경제 구조

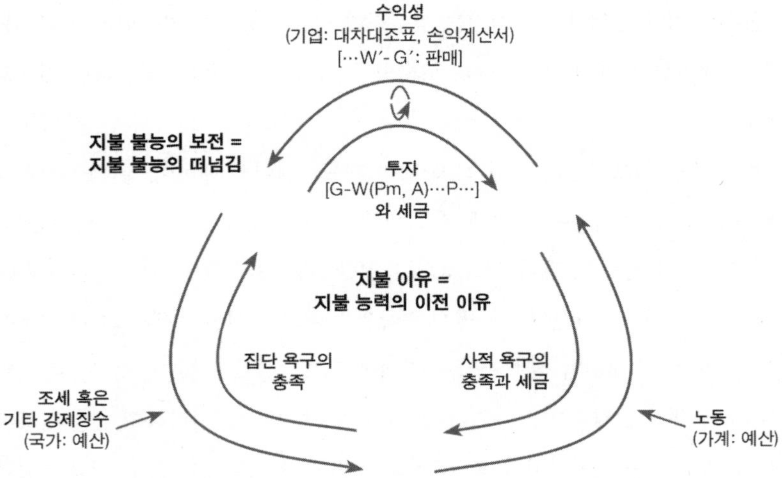

자료: Ryu(2003: 305); 유근춘(2004a: 65 그림 2).

자는 지불 금액만큼 지불 불능이 되고, 수령자는 수령 금액만큼 지불 가능이 된다. 따라서 지불 불능의 보전이 계속적으로 이루어지지 않으면 화폐경제의 기본 작동인 지불 행위가 불가능하게 되어 자기생성이 문제가 된다. 따라서 현대 화폐경제의 기본 구조는 계속적으로 지불 불능을 보전할 수 있게 하는 기전이다.

이러한 현대 화폐경제의 구조를 나타내는 것이 〈그림 13-7〉이 나타내는 이중 순환이다. 현대 화폐경제의 세 가지 구성 주체는 기업, 국가, 가계라 할 수 있다. 이들은 각각 이중 순환도의 위, 아래 왼쪽, 아래 오른쪽에 표시되어 있다. 기업은 지불을 할 때 적당한 이윤을 붙여 투자비용이 회수된다는 조건, 즉 수익성의 조건이 충족되지 않으면 지불을 하지 않는다. 이는 위쪽의 안쪽 화살표가 투자비용이 지불되는 과정을 나타내고 바깥쪽의 반대 화살표가 회수되어 지불 불능이 보전되는 과정을 나타낸다. 지불의 수익성 조건의 특징은 이 두 화살표를 이어주는 동그란 화살표가 나타낸다. 즉, 안쪽의 지불이 바깥쪽의 보전을 가져오지 않으면 지불을 안 한다는 의미이다.

이와 대조적으로 국가나 가계는 각각 집단욕구와 사적욕구의 충족을 위해 안쪽의 지불을 한다. 그러나 이러한 욕구의 충족을 위한 지불에 지불 불능의 보전이 기업처럼 이어지지 않는다. 따라서 각각의 안쪽 화살표에 대응하는 반대 방향의 바깥 화살표에 의해 그 나름대로 지불 불능의 보전이 이루어져야 한다. 국가의 경우, 조세 혹은 강제징수에 의해 이러한 보전이 이루어지고 가계의 경우, 자산소득이 크지 않은 한 일반적으로 노동에 의한 소득으로 지불 불능이 보전된다. 이러한 국가와 가계가 지불 불능에 빠지지 않고 계속 지불 행위를 하기 위해서는 바깥쪽 화살표에 의해 제시되는 예산의 범위 내에서 안쪽의 지출을 해야 한다. 이를 지불의 예산 조건이라 할 수 있다.

따라서 기업의 수익성 조건과 국가와 가계의 예산 조건이 지켜지면 화폐경제를 이루는 기본 구성 요소인 지불 행위는 계속적으로 가능해지고, 자기참조적 자기생성 시스템인 현대 화폐경제는 계속적으로 재생산될 수 있는 것이다. 이것이 현대 화폐경제의 구조를 이루는 이중 순환의 내용이다. 이는 현대 화폐경제를 기본적으로 제한하는 구조로서 이 논의에 따르면 현대 화폐경제를 다루는 경제학에서 다른 무엇보다도 우선적으로 고려되어야만 한다.

5. 결론

이상에서 필자가 주류 경제학을 배우면서 느꼈던 문제의식을 루만의 경제학에 대한 생각을 통해 어떻게 해결할 수 있었던가를 제시했다. 필자가 느꼈던 주류 경제학에 대한 문제의식은 사회현상인 경제를 다루면서도 경제문제로 인한 사회 갈등에 둔감하다는 것이었는데 이는 경제를 사회 차원이 아닌 개인 차원에서 다루려고 하는 주류 경제학의 방법론적 개인주의에 그 근본 원인이 있다고 생각했다. 방법론적 개인주의에 입각하는 경우 경제문제는 주류 경제학에서 보는 바와 같이 개인의 욕망에 비해 희소한 자원에 의해 발생하는 희소성의 문제를 해결하기 위한 제약조건하에서의 최적화라는 논리적 문제가 된다. 이렇게 되면 사회현상으로서의 경제현상에 대한 인식이 편협해지고 왜곡되어 진짜로 다루어야 할 사항들이 제대로 된 조명을 받지 못하게 된다.

이러한 문제점에 대해 루만의 '사회의 경제(Die Wirtschaft der Gesellschaft)'라는 생각은 많은 시사점을 주었고 많은 문제의 해결을 가능하게 했다. 이러한 해결 방향을 체계적으로 정리한다면 필자가 '사회경제학(social economy)'이라고 부르고자 하는 사회현상으로서의 경제를 설명하는 이론이 될 수 있다고 생각한다. 필자는 이러한 연구를 수행했고(Ryu, 2003) 그 주된 내용은 대략적으로 ① 생산력으로서의 사회, ② 커뮤니케이션 시스템에 속한 사회현상으로서의 경제현상 설명, ③ 사회현상으로서의 현대 화폐경제의 질서와 운행에 대한 설명이다. 이 중 위에서 제시한 내용은 주로 사회현상으로서의 경제현상이 어떻게 루만의 이론을 통해 설명될 수 있는가와 이에 따른 현대 화폐경제의 기본적인 이해이다.

이를 통해 경제를 사회현상으로 보는 경우 무엇이 우선적으로 고려되어야 하는가(의미, 커뮤니케이션 등)와 이에 따른 기존 주류 경제학과의 차이점들(사회현상으로서의 희소성, 커뮤니케이션의 매개체로서의 화폐, 화폐경제의 강조, 화폐경제구조로서의 이중 순환과 자본주의의 강조 등)이 시사점으로 제시되었다고 생각한다(유근춘, 2019, 178~179). 이러한 시사점이 필자가 의도하는 '사회경제학'에 대한 관심과 발전에 기여할 수 있기를 기대해 본다.

참고문헌

유근춘. (2004a). 「현대 화폐경제 질서가 보건의료조직형태의 이해에 주는 시사점」. 한국보건경제·정책학회. ≪보건경제와 정책연구≫, 제10권, 제1호(2004.6), 59~80쪽.

유근춘. (2004b). 「현대 서구 의료시스템의 분화방식에 따른 의사의 독점적 지위와 행위의 준거틀」. 한국보건사회연구원. ≪보건사회연구≫, 제24권, 제1호(2004.7), 31~52쪽.

유근춘. (2010.11.27). 「커뮤니케이션의 매개체로서의 '자연적 의미'가 사회시스템의 복잡성감소와 현실성에 가지는 의미」. 제5회 복잡계 컨퍼런스 발표 원고 - 새로운 소통의 양식: 복잡계로 본 소셜미디어. 복잡계 네트워크(COREN) 주최. 삼성경제연구소 복잡계센터 후원.

유근춘. (2015.4.24). 「의미와 행동, 그리고 사회통합, 근대 한국적 레짐의 기원과 진화」. 2014년 일반공동연구 제4차 세미나 발표 PPT. 아주대 세계학 연구소 등 주최. 한국연구재단 후원.

유근춘. (2019.5.17). 「독일 사회학자 루만의 사회의 경제」. 한독경상학회 춘계학술대회. 한독경상학회 자료집, 161~180쪽.

Hayek, F. A. (1945). "The Use of Knowledge in Society." *The American Economic Review* 35, p.519~530.

Luhmann, Niklas. (1984). *Soziale Systeme: Grundriß einer allgemeinen Theorie*. Frankfurt am Main: Suhrkamp.

Luhmann, Niklas. (1988). *Die Wirtschaft der Gesellschaft*. Frankfurt am Main: Suhrkamp.

Luhmann, Niklas. (1997). *Die Gesellschaft der Gesellschaft*, Frankfurt am Main: Suhrkamp.

Ryu, Gun-Chun. (2003). *Über die Wurzeln der Kostenexplosion im sozialen System der Krankenversicherung*. Lohmar - Köln: Eul Verlag.

지은이(수록순)

노진철

독일 빌레펠트 대학교에서 루만 교수의 지도로 사회학디플롬과 사회학 박사학위를 취득하였다. 1993년부터 경북대학교 사회학과 교수로 재직 중이고, 한국이론사회학회 회장 등을 역임했으며 현재 한국사회체계이론학회 회장으로 있다. 저서로는 『불확실성 시대의 신뢰와 불신』, 『불확실성 시대의 위험사회학』, 『환경과 사회: 환경문제에 대한 현대사회의 적응』 등 다수가 있으며, 논문으로는 「2016/17년의 촛불집회들과 대통령 탄핵: 루만의 사회체계이론의 관점에서」, 「한반도의 전쟁/평화-정치와 동맹, 그리고 북핵 위기: 자기준거적 체계이론의 관점에서」, 「코로나19 범유행 재난과 사회적 체계들의 교란: 자기생산적 체계이론의 관점에서」 등 100여 편이 있다.

이철

독일 빌레펠트 대학교 사회학대학에서 사회학 박사학위를 취득했으며, 현재 동양대학교 경찰범죄심리학과에 재직 중이다. 『사회적 체계들: 일반 이론의 개요』, 『사회의 교육체계』, 『사회의 학문』, 『예술체계이론』, 『사회의 스포츠』, 『사회이론입문』, 『사회이론인가, 사회공학인가?: 체계이론은 무엇을 수행하는가?』, 『쉽게 읽는 루만』, 『니클라스 루만: 인식론적 입문』, 『역설의 형식: 조지 스펜서-브라운의 「형식의 법칙들」의 수학과 철학에의 입문』 등을 번역하였다.

스벤 쾨르너(Swen Körner)

쾰른 대학교(Universität Köln)와 독일 쾰른체육대학교(Deutsche Sporthochschule zu Köln)에서 독일 현대문학, 언어학, 철학, 교육학, 체육학을 공부했으며, 2008년 다름슈다트 공과대학교(Techniche Universität Darmstadt) 인문학부에서 니클라스 루만의 사회체계이론 관련 논문으로 철학 박사학위를 취득하였다. 2009년부터 2011년까지 힐데스하임 대학교(Universität Hildesheim)에서 스포츠사회학 교수로 재직하였으며, 2011년 10월 독일 쾰른체육대학교 교육학 및 철학과 교수로 임용되었고, 2020년 훈련교육학 및 무예연구학과로 자리를 옮겨 경찰학, 테러이론, 문화이론, 체계이론 분야의 연구에 종사하고 있다. 대표적 저서로는 *Dicke Kinder revisited: Zur Kommunikation juveniler Körperkrisen*(2008), *Die Möglichkeit des Sports*(2012), *Höher-schneller-weiter. Gentechnologisches Enhancement im Spitzensport*(2012) 등이 있다.

김성재

1992년 독일 뮌스터 대학교 언론학과에서 언론학 박사학위를 취득하고 1994년부터 조선대학교 신문방송학과에 재직 중이다. 커뮤니케이션 이론, 매체철학, 매체미학 그리고 한국의 소리 커뮤니케이션을 연구하고 가르쳐왔다. 『체계이론과 커뮤니케이션』, 『매체미학』, 『상상력의 커뮤니케이션』, 『플루서, 미디어 현상학』 등의 저서와 다수의 논문을 썼다.

박충식

한양대학교 전자공학과에서 공학사, 연세대학교 전자공학과에서 인공지능 전공으로 공학 박사학위를 취득했으며, 현재 유원대학교 스마트IT학과에 재직 중이다. 현재 구성주의적 인공지능 기술 구현과 정보철학 연구를 진행하고 있다. 프란시스코 바렐라의『윤리적 노하우』를 공역하였고,『제4차 산업혁명과 새로운 사회윤리(포스트휴먼 사이언스 총서 3)』,『인공지능과 새로운 규범(포스트휴먼 사이언스 총서 4)』,『포스트휴먼 사회와 새로운 규범(포스트휴먼 사이언스 총서 5)』.『인공지능의 이론과 실제(포스트휴먼 사이언스 총서 6)』,『인공지능의 존재론(포스트휴먼 시대의 인공지능 철학 1)』,『인공지능의 윤리학(포스트휴먼 시대의 인공지능 철학 2)』를 공저하였다.

송형석

독일 쾰른체육대학교에서 철학, 교육학, 사회학을 공부하고 철학적 인간학 관련 논문을 제출하여 박사학위를 취득했으며, 현재 계명대학교 태권도학과에 재직 중이다. 인문학적 관점에서 스포츠, 태권도, 무예, 신체 등을 연구해 왔으며, 최근에는 니클라스 루만의 사회체계이론을 활용하여 이 주제들을 분석하고 있다.『스포츠와 인간: homo sportivus의 철학적 탐구』,『현대성, 몸, 그리고 스포츠』,『체계이론과 체육학』,『사회의 스포츠』 등 다수의 책을 단독 또는 공동으로 저술, 번역하였다.

김미경

독일에서 (여성)사회학, 사회정책을 공부하였고 귀국해 한국여성정책연구원에서 여성정책을 개발하였다. 현재는 재직 중이던 광주대학교를 잠시 휴직하고 광주여성가족재단 대표로 정책이 현장에서 실현되는 과정에 직접 참여하고 있다.

서송석

현재 서울여자대학교 독어독문학과 교수로 재직 중이다. 한국외대 독일어과를 졸업하고 독일 뒤셀도르프 대학교에서「니클라스 루만의 체계이론을 통한 괴테의 소설『빌헬름 마이스터』분석」으로 문학박사학위를 취득하였다. 주요 논문으로는「예술 및 문학사회학의 지평 확대를 위한 새로운 모색」,「니클라스 루만의 인간과 주체 개념」,「차이 생산으로서의 커뮤니케이션」 등이 있다.

전동열

독일 뒤셀도르프 대학교에서 문학박사(Dr. Phil.)를 취득했으며, 현재 홍익대학교 독어독문학과에 재직 중이다. 퍼스의 기호학 또는 기호 개념을 중심으로 칸트와 헤겔, 니체, 하이데거, 라캉과 들뢰즈의 철학을 다룬 논문을 발표했다. 근래에 발표한 논문으로는「라캉의 심리분석에서 기표, 의미작용과 사이버네틱스의 작동방식」(2016),「헤겔의 사고 체계 내 기호의 발생과 역할」(2017),「그래머톨로지에서 다이어그래머톨로지로」(2018),「칸트의 초월철학에서 기호와 규정 능력의 문제」(2018),「하이데거의 존재론에서 기호의 존재 방식과 "존재의 집"으로서의 언어」(2020),「니체의 기호: 지배력에의 의지로서의 기호 의지」(2021) 등이 있다.

유승무

한양대학교 사회학과에서 박사학위를 취득하였고, 현재 중앙승가대학교 불교사회학부 교수로 재직하고 있다. 최근에는 서구적 기원의 사회이론과는 다른 연기적 사회이론을 구성하고 그것을 실증하는 데 매진하고 있다. 저서로『불교사회학』(2010),『마음사회학』(공저, 2021년 출간 예정) 등이 있다.

전철

독일 하이델베르크 대학교에서 미하엘 벨커(Michael Welker) 교수의 지도로 화이트헤드의 창조성 연구로 신학 박사학위를 취득하였다. 현재 한신대학교 신학부 교수로 재직 중이며, 한신대학교 종교와과학센터(CRS) 센터장이다. 조직신학 연구와 함께, 종교와 과학의 대화 관점에서 알프레드 노스 화이트헤드, 그레고리 베이트슨, 니클라스 루만을 중심으로 하는 시스템이론의 연구 심화 및 국내외 학제 간 공동연구를 진행하고 있다.

강희원

제24회 사법시험을 합격하고 사법연수원을 수료해 변호사 자격을 취득한 후, 도이칠란트에 유학하여 프라이부르크 대학교에서 기초법학(법사회학과 법철학), 노동법과 민사소송법을 연구해서 법학 박사학위를 취득했다. 1991부터 경희대학교 법과대학 및 법학전문대학원의 교수로서 법철학, 법사회학, 노동법, 법조윤리 등을 가르쳐 왔다. 저서에는 『노동법기초이론』, 『노동헌법론』, 『노자의 사회적 자치법으로서 노사관계법』, 『근로계약법의 근본문제』 등 10여 권이 있으며,『노동철학(Remigius C. Kwant)』, 『법사회학(Niklas Luhmann)』을 번역했으며, 지금까지 언어철학, 문화철학, 환경철학 등의 관점에서 법의 문제를 조망하는 120여 편의 논문을 발표했다.

안성준

경희대학교에서 법학 박사학위를 취득하였고, 사법시험 제37회에 합격하여 사법부에서 부장판사로 재직하다 퇴임하였다. 현재 학교법인 대진교육재단 이사장 및 김&장 변호사로 재직하고 있다. 논문으로 「생명공학 시대에 있어 인간의 존엄론」, 「사회학적 법개념」, 「무의미한 연명치료 중단의 형사법적 검토」, 「인공자궁과 그 법적 함의: 이 특수한 가정적 현실을 둘러싼 법적 접근을 위하여」 등이 있다.

유근춘

서울대학교 무역학과(경제학사)와 서울대학교 보건대학원(보건학석사, 보건경제학전공)을 졸업하고 독일 쾰른 대학교 경제학 박사학위(재정학 전공)를 취득했다. 한국보건사회연구원 연구위원을 거쳐 현재 한국사회정책연구원 선임연구위원으로 재직 중이다. 사회현상으로서의 경제현상을 설명하는 '사회경제학'의 내용을 정립하기 위하여 루만의 사회학 이론과 기존 경제학의 해당 이론을 결합하는 작업을 하고 있다. 이 외에 보건경제, 사회재정, 사회정책에 관한 연구들이 있다.

한울아카데미 2294

내가 만난 루만

엮은이 | 한국사회체계이론학회
지은이 | 노진철·이철·스벤 쾨르너·김성재·박충식·송형석·김미경·
서송석·전동열·유승무·전철·강희원·안성준·유근춘
펴낸이 | 김종수
펴낸곳 | 한울엠플러스(주)
편　집 | 조인순

초판 1쇄 인쇄 | 2021년 4월 10일
초판 1쇄 발행 | 2021년 4월 15일

주소 | 10881 경기도 파주시 광인사길 153 한울시소빌딩 3층
전화 | 031-955-0655
팩스 | 031-955-0656
홈페이지 | www.hanulmplus.kr
등록번호 | 제406-2015-000143호

Printed in Korea.
ISBN 978-89-460-7294-7 93330 (양장)
978-89-460-8062-1 93330 (학생판)